조선총독의 지배정책

일제침탈사연구총서
총설
02

조선총독의 지배정책

동북아역사재단 일제침탈사 편찬위원회 기획
전상숙 지음

동북아역사재단
NORTHEAST ASIAN HISTORY FOUNDATION

| 발간사 |

    일본이 한국을 침탈한 지 100년이 지나고 한국이 일본의 지배로부터 벗어난 지 70년이 넘었건만, 식민 지배에 대한 청산은 이루어지지 못하고 있다. 일본의 독도영유권 주장은 도를 넘어섰다. 일본은 일본군'위안부', 강제동원 등 인적 수탈의 강제성도 인정하지 않고 있다. 일본군'위안부'와 강제동원의 피해를 해결하는 방안을 놓고 한·일 간의 갈등은 최고조에 이르고 있다. 역사문제를 벗어나 무역분쟁, 안보위기 등 현실문제가 위기국면을 맞고 있다.
    한·일 간의 갈등은 식민 지배의 역사를 어떻게 볼 것인가 하는 역사인식에서 기인한다. 역사는 현재와 과거의 대화이며 이를 기반으로 미래로 나아갈 수 있다. 과거 침략의 역사를 미화하면서 평화로운 미래를 말하는 것은 불가능하다. 식민 지배와 전쟁발발의 책임을 인정하지 않고 반성하지 않으면 다시 군국주의가 부활할 수 있고 전쟁이 일어날 위험성도 배제할 수 없다. 미래지향적 한일관계를 형성하고 나아가 동아시아의 평화와 번영의 기틀을 조성하기 위해 일본은 식민 지배의 책임을 인정하고 그 청산을 위해 노력해야 할 것이다.
    식민 지배의 역사를 청산하기 위해서는 식민 지배는 어떻게 이루어졌는지 그 실상을 명확하게 규명하는 일이 긴요하다. 그동안 일본제국주의에 맞서 조국의 독립을 위해 헌신한 독립운동가들의 활동을 찾아내고

역사적으로 평가하는 일에는 상당한 성과를 거두었다. 반면 일제 식민침탈의 구체적인 실상을 규명하는 일에는 충분한 노력을 기울이지 못했다. 제국주의가 식민지를 침탈했다는 것은 너무나 당연한 사실로 여겨졌기 때문에 굳이 식민 지배에서 비롯된 수탈과 억압, 인권유린을 낱낱이 확인할 필요가 없었는지도 모른다. 그러는 사이 일본은 식민 지배가 오히려 한국에 은혜를 베푼 것이라고 미화하고, 참혹한 인권유린을 부인하는 역사부정의 인식을 보이는 데까지 이르고 있다. 일제의 통치와 침탈, 그리고 그 피해를 종합적으로 조사하고 편찬할 필요성이 여기에 있다.

일제침탈사를 체계적으로 정리하는 일은 개인이 감당하기 어렵다. 이에 우리 재단은 한국학계의 힘을 모아 일제침탈사 편찬위원회를 꾸렸다. 편찬위원회가 중심이 되어 일제의 식민지 침탈사를 정치·경제·사회·문화 모든 방면에 걸쳐 체계적으로 집대성하기로 했다. 일제 식민침탈의 실체를 파악하기 위해 2020년부터 세 가지 방면으로 사업을 추진하고 있다. 하나는 일제침탈의 실상을 구체적이고 생생한 자료를 통해서 제공하는 일로서 〈일제침탈사 자료총서〉로 편찬한다. 다른 하나는 이들 자료들을 바탕으로 연구한 결과물을 〈일제침탈사 연구총서〉로 간행한다. 그리고 연구의 결과를 대중들이 이해하기 쉽게 〈일제침탈사 교양총서〉를 바로알기 시리즈로 간행한다. 자료총서 100권, 연구총서 50권,

교양총서 70권을 기본 목표로 삼아 진행하고 있다.

〈일제침탈사 연구총서〉는 일제침탈의 실태를 정치·경제·사회·문화 분야로 대별한 뒤 50여 개 세부 주제로 구성했다. 국내외 학계 전문가들이 현재까지 축적된 연구 성과를 반영하면서 풍부한 자료를 활용하여 집필했다. 연구자뿐만 아니라 교육 현장에서도 활용되고 일반 독자들도 이해할 수 있도록 집필하기 위해 노력했다. 연구총서 시리즈가 일제침탈의 역사적 실상을 규명하고 은폐된 역사적 사실을 기억하고 왜곡된 과거사에 대한 인식을 바로잡음으로써 역사인식의 차이로 인한 논란과 갈등을 극복하는 데 기여하는 디딤돌이 되기를 바란다.

2022년
동북아역사재단 이사장

| 편찬사 |

 1945년 한국이 일제 지배로부터 해방된 지 77년의 세월이 지났다. 그럼에도 불구하고 일본 사회 일각에서는 여전히 일제의 한국 지배를 합리화하고 미화하는 주장이 나오고 있으며, 최근에는 한국 사회 일각에서도 일제 지배를 왜곡하고 옹호하는 주장이 나오고 있다. 이는 한국과 일본 사회, 한일 관계와 동아시아 국제관계의 미래를 위해서도 결코 바람직하지 않은 일이다.
 이에 동북아역사재단은 일제의 한국 침략과 식민 지배에 대한 학계의 연구 성과를 총정리한 〈일제침탈사 연구총서〉를 발간하기로 하였다. 이에 따라 2019년 9월 학계의 전문가를 중심으로 편찬위원회를 구성하였으며, 편찬위원회는 학계의 연구 성과를 토대로 정치·경제·사회·문화 부문에서 일제의 침탈이 어떻게 이루어졌는지 정리하여 연구총서 50권을 발간하기로 하였다.
 주지하듯이 1905년 일제는 러일전쟁에서 승리한 뒤, 한국에 군대를 주둔시키면서 한국의 외교권을 빼앗고 통감부를 두어 내정에 간섭하였다. 1910년 일제는 군사력으로 한국 정부를 강압하여 마침내 한국을 강제 병합하였다. 이후 35년간 한국은 일제의 식민 통치를 받았다.
 일제는 한국의 영토와 주권을 침탈하였을 뿐만 아니라, 군사력과 경찰력으로 한국을 지배하면서, 정치·경제·사회·문화의 모든 부문에서 한국인의 권리와 자유, 기회와 이익을 박탈하거나 제한하였다. 정치적으로는 군사력과 경찰력, 각종 악법을 동원하여 독립운동을 탄압하고, 한국인의 정치활동을 억압하고 참정권을 박탈하였으며, 집회와 결사의 자유를 억압하였다. 경제적으로는 일본자본이 경제의 주도권을 장악하고, 일본인 위주의 경제정책을 수행했으며, 식량과 공업원료, 지하자원 등을 헐값으로 빼앗아 갔고, 농민과 노동자 등 대다수 한국인의 경제생활을 어렵게 하였다. 사회적으로는 한국인들을 차별적으로 대우하고, 한국인의 교육의 기회를 제한하고, 한국인으로서의 정체성을 박탈하여 결국은 일본의 2등 국민으로 만들고자 하였다. 문화적으로는 표현과 창작의 자유, 종교와 사상의 자유를 억압하고, 한글 대신 일본어를 주로 가르치고, 언론과 대중문화를 통제하였다. 중일전쟁, 아시아태평양전쟁을 도발한 뒤에는 인적·물적 자원을 전쟁에 강제동원하고, 많은 이들을 전장에 징집하여 생명까지 희생시켰다.

〈일제침탈사 연구총서〉는 침탈, 억압, 차별, 동화, 수탈, 통제, 동원 등의 단어로 요약되는 일제의 침략과 식민 지배의 실상과 그 기제를 명확히 밝히고자 하였다. 이를 통해 일제의 강제 병합을 정당화하거나 식민 지배를 미화하는 논리들을 비판 극복하고, 더 나아가 일제 식민 지배의 특성이 무엇이었는지, 식민 통치의 부정적 유산이 해방 이후에 어떤 영향을 미쳤는지를 밝히고자 하였다.

편찬위원회는 연구총서와 함께 침탈사와 관련된 중요한 주제들에 관하여 각종 법령과 신문·잡지 기사 등 자료들을 정리하여 〈일제침탈사 자료총서〉도 발간하기로 하였다. 아울러 일반인과 학생들이 보다 쉽게 읽을 수 있는 〈일제침탈사 교양총서〉를 바로알기 시리즈로 발간하기로 하였다.

일제의 한국 침략과 식민 지배의 역사는 광복 후 서둘러 정리해냈어야 했지만, 학계의 연구가 미흡하여 엄두를 내기 어려웠다. 이제 학계의 연구가 어느 정도 축적되어 광복 80주년을 맞기 전에 이와 같은 작업을 할 수 있게 된 것을 다행으로 생각한다. 한일 양국 국민이 과거사에 대한 올바른 역사인식을 갖고 성찰을 통해 미래를 향해 함께 나아갈 수 있기를 기대하면서 삼가 이 책들을 펴낸다.

2022년
동북아역사재단 일제침탈사 편찬위원회

차례

발간사 4
편찬사 7

서론 13

제1장 1910년대 현역 무관 총독의 '무단통치' 체제 구축

1. 무단통치체제를 구축한 초대 총독 데라우치 마사다케 40
2. 항일 민족운동을 강력히 탄압한 2대 총독 하세가와 요시미치 83
3. 소결: 군정(軍政)일치 일본 정치와 직결된 1910년대 조선총독의 무단통치 112

제2장 1920년대 무관 출신 총독의 기만적인 '문화정치'

1. '문화정치'를 표방한 해군대신 출신 사이토 마코토 3·5대 총독 135
2. 육군대신 출신 정치군인 야마나시 한조 4대 총독 174
3. 소결: 일본 정당정치와 '문화정치'를 표방한 무관 출신 조선총독 190

제3장 **1930년대 조선산업개발정책과 중일전쟁기 조선병참기지화**
   1. 만주사변과 우가키 가즈시게 6대 총독의
      '농공병진', '산업개발' 정책 204
   2. 중일전쟁에 '조선병참기지화'로 솔선한
      미나미 지로 7대 총독 243
   3. 소결: 일제의 침략적 군부파시즘화에 솔선한
      조선총독의 전쟁 지원 산업화정책 294

제4장 **1940년대 '태평양전쟁'기 '결전'에 대비한 총동원체제의 강화**
   1. 조선을 '결전체제'로 구축한 8대 총독 고이소 구니아키 306
   2. 조선 '결전체제' 유지에 박차를 가한 9대 총독 아베 노부유키 348
   3. 소결: '태평양전쟁'기 일본 결전체제에 조응한 조선총독의
      '결전체제화' 정책 376

결론 383

부록 395
참고문헌 413
찾아보기 436

서론

1. 연구 목적과 범위

　이 연구는 일본제국주의 식민지시기 '조선'[1]을 통치했던 각 조선총독의 지배정책을 통시적인 관점에서 고찰하고자 한다. 본 연구는 연구의 시각을 20세기 초 제1·2차 세계대전으로 전개된 전 지구적인 근대화의 전시 총력전/총동원 체제 구축이라는 세계사적인 맥락으로 확장하여 일본 제국주의의 조선 통치를 담당한 '조선총독정치'[2]를 고찰한다. 그럼으

---

[1] 일본은 1910년 8월 29일 한일병합조약 발효일에 칙령 제318호로 「한국의 국호를 개정하여 조선으로 하는 건」을 공포하고 조선총독부를 설치하여, 개항 이후 한국인의 자주적 근대 국가 건설의 지향 속에서 선포된 '대한제국'을 이른바 '일본제국'(제국주의 일본)의 식민 지역 '조선'으로 폄하하여 지역명으로 공식화해 사용했다. 일본 제국주의의 '조선'이라는 지역명은, 대한제국으로 이어진 이씨 왕조 '조선'과 한민족의 역사를 폄하하는 의미를 내포한 것이었다.
　이러한 의미에서, 이 책에서는, 일본이 한국을 병합한 이후 지역 명칭으로 사용한 '조선'이라는 단어는 일본의 식민지 한국 지배정책과 관련된 부분과 당시 보통명사처럼 사용된 '조선총독'이나 '조선총독정치' 등과 같은 경우에 한정해 사용했다. 일본제국주의의 식민지배와 직접 관련된 부분에서만 '조선'이라고 쓰고, 그 밖의 부분에서는 러일전쟁 전후 한국인들의 대자적인 민족의식이 각성되며 본격적으로 사용되기 시작하여 현재에 이르고 있는 '한국'이라는 용어를 사용했다. 같은 의미에서 '지배'와 '통치'라는 용어도, '지배'는 한국 정치의 입장에서 일본의 한국 식민지 지배정책을 설명하는 경우에, '통치'는 일본 정치의 입장에서 식민지 조선 지역에 대한 일본의 통치책을 언급하는 경우에 사용했다.

[2] 이른바 '총독정치'란 식민지 국가에 총독을 보내서 통치하는 제국주의 식민지정책의 한 형식을 말한다. 그러나 '조선총독'은 현역 무관이 '일본천황에 직예'한 특별한 지위로서 한국 지배의 전권을 위임받아 통치했다는 점에서 독특성을 갖는다. 그리하여 조선총독이 본국 정부에 대하여 정치적으로 갖게 된 상대적 자율성은, 형식적으로는 조선총독이 주요 사항을 내각총리대신을 거쳐서 결정하게 되어 있었지만 실질적으로는 천황에게만 책임지고 간섭이나 견제를 받지 않는 전제적인 통치권을 갖는 것이었다. 조선총독을 천황에 직예시킨 것은 그러한 의미를 내포한 것이었다. 이러한 의미에서 당대에도 '조선총독정치'라는 용어가 사용되었다(전상숙, 2012, 『조선총독

로써 일본제국주의의 조선 식민지배가 장기간에 걸친 서양제국이나 제국주의 열강의 식민지배에 비해서 상대적으로 짧았다고 할 수 있음에도 불구하고 비교할 수 없을 정도로 억압적이고 수탈적이었던 이유를 분명히 드러내고자 한다.

서양제국주의 열강이 동양으로 진출하며 시작된 동아시아의 근대적 변동 과정에서 아시아의 유일한 제국주의 국가로 성장한 섬나라 일본이 이웃한 한국을 '병합'한 것은 제국주의의 기본 동인인 경제적 요인보다 '국방(國防)'을 구실로 한 대륙침략전쟁과 국내적 모순의 전가 등 지정학적인 요인이 우선한 것이었다.[3] 이를 통시적이고 종합적으로 고찰하지 않으면 일제의 조선 식민지배정책이 갖는 민족적 억압과 수탈의 본질을 간과하기 쉽다.

일본이 한국을 '병합(倂合)'한 것은 단순히 경제적인 목적에서 식민지화한 것이 아니었다. 반도 한국을 '일본제국'[4]의 영토로 영구히 복속하려는 것이었다. 이를 상징적으로 나타내는 것이 1910년 8월 29일 '일한병

정치연구』, 지식산업사, 7쪽).

3   김운태, 1986, 『일본제국주의의 한국통치』, 박영사, 8쪽.

4   '제국', '일본'을 의미하는 '일본제국'이란 일본이 개국 이래 제국주의 서양 열강의 '제국'에 대한 대자적인 관점에서 문명화된 근대적 대국 일본이라는 정체성을 정립한 국가의 상이었다. 일본을 서양 열강의 '제국'과 대자적인 관점에서 표상화하기 시작한 것으로 1854년 미일화친조약을 체결하면서 시작되었다. 새로운 세계상을 찾으며 화이(華夷) 관념에서 벗어나 '황국(皇國)' 일본의 우월성이라는 발상을 낳은 것이었다. 막말 이래 긴장관계에 있던 서양으로부터 민족으로서의 자립의 원리를 모색하며 추진한 '근대화'를 서양의 우월한 '문명'을 담지한 '제국'의 개념으로 표상하여 근대 세계를 지배하는 서양 열강과 같은 존재 방식으로 완성하고자 한 것이었다. 그리하여 일본천황제와 결합된 '제국일본'은 일본적 근대의 특수한 성격을 집약적으로 표상한다고 할 수 있다(전상숙, 2017a, 『한국인의 근대 국가관, '민주공화국'』, 선인, 128-133쪽 참조).

합조약'에 분명하게 적시된 '병합'이라는 용어이다. 일제는 당시에 사용되지 않던 용어를 굳이 찾아내 사용했다. 한국병합안을 작성한 일본외무성 정무국장 구라치 데스기치(倉知鐵吉)는 '병합'이라는 용어가 "한국이 완전히 폐멸(廢滅)하여 제국(帝國) 영토의 일부가 된다는 의미를 분명히" 하고자 새로운 용어를 찾아내 활용했다고 술회했다.[5] '병합'은 동등한 두 나라가 합의하여 하나로 합치는 것을 의미하는 '합방(合邦)'과는 전혀 다른 의미였다. '합방'을 '병합'과 혼용해 사용해서는 안 되는 이유이다. 한반도를 일본국가화하려는 일본의 목적은 「한국의 국호를 개정하여 조선으로 하는 건」에서 조선이 일본천황이 통치하는 '제국' 영토의 일부로 편입되고 조선인은 제국 신민의 일부로 추가되었다고 한 것에서 재확인할 수 있다. 섬나라 일본이 반도 한국을 병합한 것은 대륙국가가 되어 내륙으로 진출하기 위해서였다.[6]

그러므로 일본의 조선 통치는 근원적으로 섬나라의 한계를 극복하고 대륙국가로 성장하기 위하여 조선반도를 안정적인 일본국의 일부로 제도화하는 데 중점이 두어졌다. 관건은 어떻게 일본국가화할 것인가 하는 문제였다. 이 문제에 접근하는 기본 관점이 국가의 생존이라는 국방의 관점이었다. "제국의 국방상 조선을 병합하지 않으면 제국 백년의 장기계획을 세울 수 없"다는[7] 것이었다. 그러므로 대륙의 제국 일본이 되고자 한 일제의 조선 식민통치는 서양제국주의의 식민통치는 물론 대만 통치와도 같을 수 없었다.[8] 이러한 조선 통치의 토대가 된 것이 정치와 군사

---

5 倉知鐵吉, 1939, 『倉知鐵吉氏述韓國併合ノ經緯』, 外務省調查部第四課, 11-12쪽.
6 전상숙, 2012, 앞의 책, 52-53쪽.
7 靑柳綱太郞, 1928, 『總督政治史論』, 京城新聞社, 63쪽.
8 전상숙, 2018, 『한국 근대 민족주의와 변혁이념, 민주공화주의』, 신서원, 111-114쪽.

를 모두 장악하고 한국 병합을 단행한 조슈(長州) 육군벌(閥)의 국책인 북진대륙정책이었다. 그 결과 조선총독은 현역 무관에 한정되었다. 일본 천황에 직예(直隸)한 군부의 군 통수권(統帥權)과 마찬가지로 조선총독은 일본천황에 직예한 특별한 지위로서 조선 통치의 전권을 위임받아 국방의 관점에서 조선을 통치했다.

조선총독 현역무관제는 3·1운동을 계기로 분출된 무단통치에 대한 비판과 일본 정당정치의 득세로 문관과 무관 모두 임명이 가능하도록 바뀌었지만, 이후 문관이 조선총독이 된 적은 한 번도 없었으므로 사실상 견지되었다. 이른바 '문화정치'를 실시한 전 해군대신 출신 사이토 마코토(齋藤實)도 퇴임했다가 현역으로 복귀하여 조선총독이 되었다. 이 사실은 20세기 전반 제국주의시기 일본 육군의 북진대륙정책이 '다이쇼데모크라시'와 정당정치의 대두라는 1910년대에서 1920년대의 정치변동에도 불구하고 군통수권을 가진 일본 육군에 의해서 관철된 사실과 직접적으로 관련된다. 또한 '다이쇼데모크라시'기 일본 정당정치의 부상과 일본 사회의 민주화 이면에서 제1차 세계대전을 통해서 전 세계적으로 대두한 '총력전사상'과 '총력전체제' 구상이 일본 군부에서 확산되어 만주사변과 중일전쟁을 거치며 '대동아공영권'의 일본총력전체제로 전개된 사실과도 연결된다.

이러한 일본 정치변동과의 상관관계 속에서 조선총독정치를 고찰하지 않으면 조선총독에게 전제적인 통치권이 주어지고 그 권한이 사실상 변함없이 관철된 이유와 그 권한에 의거하여 실시된 조선 지배정책의 일관된 흐름과 변화상의 본질을 파악하기 어렵다. 1910년(明治 43)에 이루어진 일본 육군을 중심으로 한 일본의 한국 병합은 무관 조선총독의 통치를 확정하여 메이지유신 이후 제도화된 군부의 독자적인 군통수권을 토대로 국책이 된 북진대륙정책 추진의 성과이자 발판이었다. 북진대륙정책은 제1차 세계대전을 거치며 확산된 총력전체제 구축이라는 다이쇼기에서 쇼와기 후반 이래의 정치적 변화 속에서도 변함없이 유지되어 이른바 '태평양전쟁'기까지 이어졌다. 때문에 일본 정부를 중심으로 한 제국주의 일본의 정책 변화를 함께 고찰하지 않으면 일제 지배정책의 민족적 억압과 수탈의 본질을 파악하기 어렵다.

이러한 관점에서 이 글은 조선총독의 '지배정책'을 고찰하고자 한다. 일제의 1910년 한국 병합 이래 실시된 '무단통치'라는 조선 지배정책이 1920년대 정당세력의 이른바 '문화정치'하에서도 사실상 무관총독에 의해서 여전히 관철되었음을 확인해보고자 한다. 또한 이것이 1930년대 일본 총력전체제 구축을 위한 무단적 조선산업개발로, 그리고 1940년대 일본 전시총동원을 위한 최후의 보루로 기능한 전시 조선 총동원의 민족 말살과 수탈로 이어져 갔던 사실을 고찰하고자 한다. 조선 식민통치에 대한 전제적인 '상대적 자율성'이라는 독특한 권한을 가진 조선총독이 본국 정부의 정치변동과 정책을 어떻게 받아들이고 대응하며 조선을 통치했는지 다층적으로 검토하고자 한다. 그리하여 일제 조선 식민 지배정책의 본질과 일관된 흐름을 분명히 드러내고자 한다.

이러한 작업은 일본제국주의의 조선 지배정책을 세계사적 관점에서 제국주의시기 일본의 조선 지배의 특성과, 그 치하에 있던 한국 사회의 식민지적 특질을 종합적·체계적으로 구성하는 출발점이 된다고 본다. 이러한 의미에서 본 연구는 종래 통시적인 식민지시기 연구에서 간과되거나 분절적으로 논의되었던 일본의 총력전체제 구상이, 일본 총력전사상의 실현자로 평가되는 우가키 가즈시게(宇垣一成) 총독의 산업개발정책을 통해서 일본에서보다 앞서서 식민지 조선에서 먼저 구현되기 시작한 사실을 적시한다. 1914년 제1차 세계대전을 통해서 제국주의의 세계사적인 맥락에서 확산되어 일본 군부에서 수용된 총력전체제 구상이 1910년대와 1920년대 조선총독들의 안정적인 조선 통치를 위한 독자적인 조선산업개발 시도를 토대로 하여 우가키 총독의 총력전체제 구상에 입각한 농공병진정책으로 이어진 사실을 드러내고자 한다. 그리하여 1910년 한국 병합 당시 일체화되었던 조선총독과 일본 정부를 통칭하는 '일제'가 이후 조선 통치를 놓고 균열·갈등하는 한편에서 일본천황에 직예한 조선총독의 특수한 권한에 의거한 '조선총독정치'를 통해서 일관된 일본제국주의의 조선 통치의 특성을 분명히 하고자 한다. 이러한 입장에서 이 글은 종래 무단통치→문화정치→파시즘기로 고찰된 식민지시기 일제의 식민 지배정책이 메이지 일본 육군벌의 북진대륙정책의 실천과 변화 속에서 이루어진 일본의 총력전/총동원 체제의 구축이라는 저류 위에서 이루어진 사실을 직시한다.

그리하여 무관 조선총독의 각 시기 주요 지배정책이 육군벌의 북진대륙정책이라는 국방 차원에서 이루어진 무단통치체제의 구축으로부터 일본총력전체제 구상과 연동된 조선산업화에 기초한 식민지총동원체제의 구축으로 이어졌음을 드러내고자 한다. 그 결과 조선총독정치가 본국의 제국주의적 팽창정책에 솔선으로 기여하는 '조선국민' 총동원, 군부파시즘의 식민지총력전체제를 구축하며 한국인의 민족의식을 억압하고 나아가 한민족을 일본 민족으로 만드는 민족말살정책으로 전개된 사실을 분명히 하고자 한다.

본 연구는 조선총독 각 시기 주요 지배정책이 일본에서 20세기 전반 두 차례에 걸친 세계대전을 겪으며 다이쇼데모크라시기 정당정치와 군부의 총력전체제 구상이 대두하고 군부의 총력전/총동원 체제 구상이 만주사변과 중일전쟁을 통해서 이른바 '혁신'을 표방하며 현재화된 정치변동과 밀접한 관계 속에서 이루어진 사실을 고찰한다. 그럼으로써 조선총독의 지배정책이 조선을 영구 복속하기 위한 무단통치체제를 구축하여 이른바 '문화정치'를 표방하면서도 사실상 무단적 통치를 강화하며 민족분열정책으로 전개된 사실을 드러내고자 한다. 한국인의 민족의식을 억압하고 통제하는 사상통제·민족말살정책이 총체적인 조선의 수탈 강화와 직결되어 실시된 사실을 살펴보고자 한다.

일본제국주의 본국 정부와 조선총독은 '일본제국'의 대륙국가화라는 공동의 목적을 갖고 있었다. 일본의 정치변동은 바로 일제의 조선 지배정책에 반영되었다. 일본 정부와 조선총독은 정치적·정책적 입장 특히 조선총독정치에 대한 입장과 조선 지배정책에 대한 이견으로 길항관계를 형성했다. 이때 일제의 조선식민통치에 직접적으로 영향을 미친 것이 조선 지배의 상대적 자율성을 가진 조선총독의 특수한 권한이었다.

이 글에서는 통상적으로 일본제국주의 식민지시기를 1910년대 무단통치기, 1920년대 문화정치기, 1930년대 이후 군부파시즘기로 구분한 것을 존중하면서도 한걸음 더 나아가 고찰한다. 통상 1930년대 이후 일본제국주의 군부파시즘기 곧 1931년 만주사변부터 1945년 패전까지를 하나의 시기로 보던 것을 두 시기로 나누었다. 일본 육군 관동군의 만주사변 도발 전후로부터 중일전쟁 시기까지를 하나의 시기로 구분했다. 조선총독들은 본국의 육군 군부와 같은 목적에서 총력전체제 구상을 가진 무관이었다. 그러나 조선총독들은 만주 개발을 중심으로 한 본국의 총력전체제 구상과는 달리 조선을 교두보로 한 일본총력전체제를 구축하려 했다. 이것이 '대륙전진병참기지화' 정책으로 이 시기에 조선 민족정신을 말살하는 사상통제정책과 식민지 조선의 공업화가 본격적으로 전개되었다. 1940년대 이후 1945년까지를 또 하나의 시기로 구분했다. 조선 공업화에 박차를 가한 1930년대 조선총독들과 마찬가지로 일본총력전체제관을 가진 1940년대 조선총독들은 1941년 12월 일본의 진주만 공격 이후 본토가 결전체제(決戰體制)화하자 이에 부응하여 전쟁이 끝날 때까지 식민지 조선에서도 총동원체제를 강화하며 인적·물적 자원을 '남김없이 동원'했다.

이렇게 1931년 이후 시기를 둘로 나눈 것은 두 시기의 차이를 드러내 각 총독 시기별 차이와 그럼에도 일관된 조선총독정치와 일제 지배정책의 흐름을 보다 선명히 하기 위해서이다. 1930년대에 조선총독 우가키 가즈시게는 조선을 조공업지대(粗工業地帶)로 하여 일본과 만주를 잇는 총력전체제 구상을 가지고 조선산업화를 시작했다. 이는 후임 미나미 지로(南次郎) 총독의 조선병참기지화정책으로 연계되었다. 1930년대 조선총독들은 일본이 대륙으로 진출하는 직접적인 전기가 된 러일전쟁을 경험하며 한반도의 전략적 가치를 눈여겨보았던 무관들이었다. 그들은 전통적인 일본 육군의 대륙정책이라는 국책 차원에서 조선의 지정학적 입지를 중시했다. 그러므로 조선산업화에 부정적인 본국 정부와 갈등하면서도 정치/정책적 절충과 타협을 통해서 주도적으로 조선산업개발정책을 추진했다. 일본의 국책적 차원에서 조선산업개발의 의미를 인정받고자 했다. 결국 일본 정부는 이를 정치적으로 받아들이면서도 사실상 지원은 하지 않았다. 그렇지만 1940년대 '태평양전쟁'기 일본 정부가 본토가 전쟁터가 될 것에 대비하여 악화된 전시 물자 동원을 위해 이른바 '대동아공영권'이라는 자급자족적 광역경제권 구상을 실현하는 전시 총동원체제에 박차를 가하며 조선공업화의 성과는 빛을 발했다.

1940년대 조선총독들은 1930년대 조선공업화의 성과를 토대로 본국의 전시체제화에 적극 부응하며 '식민지 결전체제'화 정책을 실시하여 총체적으로 조선을 수탈했다. 본토의 전시 상황에 직면한 조선총독들은 솔선해서 본국의 전시 총동원에 부응하는 '전시 조선 총동원체제'를 강화했다.

　그 내용이 오늘날까지 문제가 되고 있는 일본제국주의의 강제 징용과 지역적 불균형 개발, 공업화와 근대화의 시원이 되었다. 또한 '내선일체'와 '황민화'라는 한국인의 민족의식에 대한 사상통제 강화는 한국인을 일본 '국민화'하는 조작적 지배이데올로기 정책이었다. 이는 한국인의 정체성과 민족의식을 일본의 '국민'의식으로 대체하고자 한 것으로, 사실상 한민족 말살 정책이 되었다.

　이 글에서는 아래와 같이 시기를 구분하여, 각 시기 조선총독의 주요 지배정책을 드러내 고찰하고자 한다.

1910년대　조선총독부 무단통치체제를 구축한 현역 무관 총독.
1920년대　3·1운동 이후 '문화정치'를 시행한 무관 출신 총독.
1930년대　일본 군부의 북진대륙침략과 총력전체제 구상에 입각한 '산업개발정책'을 추진한 총독.
1940년대　일본 본토의 전시체제화에 맞춰 조선에서도 총동원체제를 구축한 총독.

　이렇게 구분한 각 시기를 다시 각 조선총독별로 세분화하여 같은 시기에도 조선총독 교체에 따른 정책상의 차이와 흐름을 고찰하고자 한다. 제3대 조선총독 사이토 마코토의 경우 1929년 8월 17일부터 1931년

6월 16일까지 제5대 조선총독도 역임했다. 그의 재임 시기는 만주사변으로 정책적 변화가 크게 일어나기 전이었다. 그러므로 그가 시행한 '문화정치'의 의미와 추이를 일관되게 고찰하기 위하여 별도로 구별하지 않고 3대 조선총독 시기와 함께 고찰한다.

마지막으로, 이 글에서는 각 조선총독 시기별 주요 지배정책을 기존의 연구 성과를 적극 참조하여 정치·경제·사회 각 측면에서 고찰하고자 한다. 정치 면은 위와 같이 조선총독의 지배정책 연구 시기를 구별할 수 있는 전환점이 된 정치적 변화를 반영하는 정책을 중심으로 고찰한다. 경제 면은 지배정책의 시기 구분을 가능하게 한 상부구조적인 정책상의 변화를 구체화하기 위하여 시행된 하부구조적인 실생활상의 변화를 야기한 경제 시책을 중심으로 고찰한다. 사회 면은 「조선교육령」의 시행을 통한 조선인의 사상/이데올로기 통제, '일본국민화' 지배이데올로기정책이라는 측면을 중심으로 고찰한다. 「조선교육령」은[9] 일본제국주의의 일시동인의 동화주의 시정방침에 입각하여 일본 천황의 교육칙어에 준한 '조선인'의 '일본국민 만들기'를 실제 정책 수준으로 확립한 것이었으므로 이의 시행을 중심으로 살펴본다.

---

9   전상숙, 2015, 「'한국인' 정치 참여 부재와 조선총독부의 관학을 통한 사회과학의 전개」, 『한국정치외교사논총』 37-1, 240-241쪽.

2. 연구사 정리

    일본제국주의 강점기, 식민지시기의 역사상을 어떻게 인식하는가 하는 문제는 19세기 말 20세기 초 근대적 변환기에 자주적 근대국가 수립에 실패하고 식민지로 전락한 한국 근대사의 역사적 성격을 이해하는 문제와 직결된다. 또한 해방 이후 한국 사회의 정치적·경제적 변화와 민족분단 문제를 이해하는 데도 중요한 의미를 갖는다. 그동안 이 시기 역사상에 대해서는 여러 방면에서 방대한 연구 성과가 축적되었다. 그 결과 일본제국주의 식민 지배의 수탈상과 그 특질에 대해서 어느 정도 실상을 파악할 수 있게 되었다. 이에 대응한 한국인의 저항(민족 해방/독립운동)과 편입(순응과 친일)의 모습도 사실에 입각하여 재구성할 수 있게 되었다. 일제의 식민 지배의 한국적 실상과 특수성을 해명하는 것이 일제의 억압과 수탈만 강조하거나 이에 맞선 저항과 운동만 부각시키는 접근만으로는 해결되지 않는다는 것도 주지의 사실이 되었다.

    세계사적인 제국주의의 전개와 그 맥락에서 전개된 일제 조선총독정치체제의 식민 통치가 갖는 특질을 종합적·체계적으로 구성하고 그것이 해방 이후 한국 현대사회에 미친 영향을 유기적으로 파악하는 작업이 필요하다. 이를 위해서는 기존 연구의 한계를 극복할 수 있는 연구 시각의 확대가 우선적으로 필요하다. 이러한 입장에서 본 연구는 일제 조선 식민 통치의 핵심에 있는 '조선총독'의 지배정책에 대한 연구의 시각을 20세기 전반 세계사적인 맥락에서 전개된 제국주의와 총력전체제의 구축이라는 관점으로 확장하여 고찰하고자 한다. 이와 같은 관점 위에서 총독별 조선총독부의 지배정책을 통사적으로 고찰하여 그 변화상과 일관된 흐름을 드러내고자 한다.

조선총독정치와 정책에 대한 연구는 무엇보다 먼저 조선총독의 '특수한' 지위와 권한에 주목하여 시작되었으며, 특히 이를 일본 정부와의 상관관계 속에서 고찰하는 작업이 이루어졌다.[10] 이후 식민지 조선에 중요한 영향을 미친 총독들이 일본 현역 무관으로서 일정한 군벌(軍閥) 출신이라는 사실에 주목하여 그 정치적 계보를 밝히는 연구가 진행되었다.[11] 그리고 이들 군벌 조선총독들의 지배정책이 육군벌이 국책으로 확정한 북진대륙정책과 맥을 같이한다는 사실을 밝히며 일본의 대륙국가화 차원에서 추진된 북진대륙정책과 조선총독의 '상대적 자율성'을 강조한 조선총독정치 연구가 나왔다.[12] 이들 연구를 통해서 일본제국주의의 조선 식민지 지배정책을 논할 때 종래 일제(일본제국주의)로 통칭되던 제국주의 일본 정부와 그 식민통치 기관인 조선총독 간의 입장과 정책상의 차이와 갈등이 구명되고 이를 지배정책 차원에서 고찰하게 되었다. 그리하여 조선총독부 내 총독과 관료의 관계 등으로 문제의식이 확산되어 이 부분에 천착한 연구들이 많이 나왔다.[13] 그러나 무소불위 전권을

---

10 신상준, 1973, 「한일합병에 따른 조선총독부의 설치와 조선총독의 지위 및 권한에 관한 행정사적 연구」, 『청주여자사범대학논문집』 2; 이형식, 2011, 「조선총독의 권한과 지위에 관한 시론」, 『사총』 72.

11 이승렬, 1994, 「역대 조선총독과 일본군벌」, 『역사비평』 24.

12 전상숙, 2012, 『조선총독정치 연구: 조선총독의 '상대적 자율성'과 일본의 한국지배정책 특질』, 지식산업사.

13 이승렬, 1996, 「1930년대 전반기 일본군부의 대륙침략관과 '조선공업화'정책」, 『국사관논총』 67; 전상숙, 2004b, 「일제 군부파시즘체제와 '식민지 파시즘'」, 방기중 편, 『일제 파시즘 지배정책과 민중생활』, 혜안; 이윤상·김상태, 2005, 「1910년대 조선총독부의 재정정책」, 권태억 외, 『한국 근대사회와 문화 II』, 서울대학교출판부; 전상숙, 2005, 「일제의 식민지 조선 행정일원화와 조선 총독의 '정치적 자율성'」, 『일본

갖고 전제적인 조선총독정치체제를 구축해 통치한 조선총독을 중심으로 한 일본제국주의의 조선 통치를 통시적인 관점에서 고찰한 연구는 나오지 않았다.

그렇지만 1910년대 초대 조선총독 데라우치 마사타케(寺內正毅)의 조선 통치가 일제의 식민주의 초기 정책 차원에서 실시된 민족차별 폭압정책에 입각한 것이었음을 논한 정연태의 연구(2005)는 중요한 의미를 갖는다. 일제하 제국주의 언론과 정치가로부터 연유되어 일상적으로 사용되어온 1910년대 '무단통치'와 1920년대 '문화통치'라는 평가와 구분이 일제의 조선 통치 전반이 기본적으로 무단적이었다는 사실을 간과하게 할 수 있다는 문제를 지적했기 때문이다. 그는 조선 식민통치체제의 기본 틀을 구축한 데라우치가 무단적 민족차별정책을 세웠고, 이것이 일제하 조선총독정치의 기본 특성인 무단적 통치로 지속되었음을 밝혔다. 이와 같은 견해를 받아들여, 전상숙은 데라우치의 조선 통치와 무단적 조선총독정치가 일본 육군벌 북진대륙정책의 국책화와 이에 입각

연구논총』21; 정연태, 2005, 「조선총독 데라우치(寺內正毅)의 한국관과 식민통치」, 권태억 외, 『한국사회와 문화 II』, 서울대학교출판부; 이윤갑, 2007, 「우가키 가즈시게 총독의 시국인식과 농촌진흥운동의 변화」, 『대구사학』87; 전상숙, 2008, 「1920년대 사이토(齋藤實)총독의 조선통치관과 '내지연장주의'」, 『담론201』11-2; 전상숙, 2009, 「조선 총독정치체제와 관료제: 1910년대를 중심으로」, 『한국정치외교사논총』31-1; 전상숙, 2009, 「'조선특수성'론과 조선 식민지배의 실제」, 신용하 외, 『식민지 근대화론에 대한 비판적 성찰』, 나남; 이형식, 2010, 「야마나시총독(山梨總督)시대의 조선총독부」, 고려대학교 일본사연구회 편, 『동아시아 속의 한일관계사(하)』, 제이앤씨; 이형식, 2014, 「조선총독부 관방의 조직과 인사」, 『사회와역사』102; 전상숙, 2017b, 「전시 일본 국토계획과 대동아공영권 그리고 조선국토계획」, 『사회이론』51; 이형식, 2018, 「'내파'하는 '대동아공영권': 동남아시아 점령과 조선통치」, 『사총』93; 이형식, 2020, 「고이소 총독 시기 조선총독부의 운영과 통치이념」, 『일본역사연구』52.

한 한국 병합의 연장선 위에 서 있다는 사실을 구명했다.¹⁴ 이러한 데라우치의 조선 통치를 이형식은 일본사의 관점에서 내각 수반이 되고자 한 데라우치의 정치적 야심과 결부시켜 구체화했다.¹⁵ 데라우치가 조선을 육군의 상대적 자율 통치체제로 구축해 북진대륙정책의 교두보화할 수 있었던 것은 그가 조선총독으로 와 있었지만 여전히 대만총독 인사에 영향력을 발휘할 정도로 육군 내에서 여전히 막강한 영향력을 갖고 있었기 때문이라는 사실이 확인되었다.¹⁶ 데라우치의 무단통치는 마찬가지로 군 중심의 한국 통치 구상을 가진 제2대 조선총독 하세가와 요시미치(長谷川好道)의 군사와 치안에 주력한 무단적 조선 통치와 국경 경비 강화로 이어졌다.¹⁷

　이러한 연구들에 힘입어 1920년대 일제의 이른바 '문화정치'를 일본사·일본 정치의 관점에 입각한 식민 '통치'정책 연구와 한국사·한국 정치의 관점에 선 일제 식민'지배'정책 연구의 차이를 분명히 하고 재고하는 작업이 나왔다. 전상숙(2008)은 식민지 조선의 입장에서 지배정책의 직접 당사자인 조선총독과 그 지배의 원천인 일제 지배세력 간 역학관계에서 사이토의 '문화정치'를 재고찰했다. 일제 식민지배정책의 일환으로 전환된 문화정치가 무관 출신 사이토 총독에 의해서 무단적 조선총

14　전상숙, 2006, 「러일전쟁 전후 일본의 대륙정책과 데라우치」, 『사회와 역사』 71; 전상숙, 2009, 앞의 글.
15　이형식, 2019, 「조슈파 데라우치 마사타케(寺內正毅)와 조선 통치」, 『역사와 담론』 91.
16　위신광, 2020, 「제1차 세계대전 시기 대만총독 인사와 육군 내 데라우치 마사타케(寺內正毅)의 위상」, 『일본역사연구』 52.
17　이승희, 2019, 「하세가와 요시미치(長谷川好道)의 대한(對韓) 군사 치안 정책」, 『일본학보』 121.

독정치의 특성을 견고히 한 사실을 논구했다. 이후 1920년대 정당내각 시기 일본 정치를 배경으로 임용된 사이토 총독의 조선 통치가 육군벌이 아닌 해군 출신으로 무난한 문관적인 정치적 자질을 가졌기 때문에 가능했다고 보는 동시에 무관으로서의 '자율적인' 조선 통치로 인하여 경질되었다는 연구가 나왔다.[18] 그러나 정당내각이 친정당 다나카 기이치(田中義一) 수상의 맹우로 교체한 조선총독 야마나시 한조(山梨半造)는 결국 뇌물사건으로 사퇴하게 됨으로써 정당 세력이 더 이상 조선에 직접적인 영향력을 행사할 수 없게 되었다는 것도 밝혀졌다.[19]

1930년대 조선총독정치 연구에서 우가키 총독의 북선수탈정책을 제1차 세계대전을 계기로 대두한 블록경제·총력전체제 인식에서 실시된 적극적인 식민지 이용과 착취라는 관점에서 고찰한 안유림의 연구는 중요한 의미를 갖는다.[20] 그의 연구는 종래 경제정책사 관점에서 이루어진 일제의 '조선공업화'정책을 일본의 정치변동과 직결된 일본 군부의 대륙침략관에 입각한 우가키의 총력전체제와 직결시켜 고찰한 이승렬의 연구(1996)와 함께 1920년대 '문화정치'가 어떻게 1930년대 조선공업화와 1940년대 전시총동원체제로 이어졌는지 파악하는 데 중요한 단초를 제공했다. 그리하여 1930년대 일제의 농공병진정책을 일제의 총력전체제 구상과 연동된 경제블록·경제통제와의 연관성 속에서 고찰하여

---

18 동염, 2019, 「1920년대 말 일본 정치와 조선총독경질에 대한 고찰」, 『통일인문학』 79.
19 이형식, 2010, 「야마나시총독(山梨總督)시대의 조선총독부」, 고려대학교 일본사연구회 편, 『동아시아 속의 한일관계사(하)』, 제이앤씨.
20 안유림, 1994, 「1930년대 총독 宇垣一成의 식민정책: 북선수탈정책을 중심으로」, 『이화사원』 27.

1930년대 조선총독들의 '자치통제' 형성과 의미를 구명하고 이를 조선 병참기지정책과 전시 경제통제의 특질과 직결시켜 구명한 방기중의 연구로[21] 이어졌다. 그러나 1920년대 말 1930년대 초 국제 정세와 일제의 구조 변화를 주시한 연구들은 주로 농촌진흥운동이나[22] 이와 병행된 만주농업이민정책[23] 등 소주제 중심으로 이루어졌다.[24] 그러므로 일본 당국과 조선총독 간 정치적 역학관계의 기본 틀 속에서 1930년대 이래 조선 사회와 경제성장의 문제를 밝힐 필요가 있다는 문제의식이 대두했다. 종래 중일전쟁 이후 군수공업화 정책과 내선일체론을 중심으로 했던 지배정책 연구를[25] 일제 식민지배정책의 일관된 특질과 정치적 의미라는 본질적인 차원에서 고찰해야 한다는 것이었다. 이러한 관점에서 1930년대 이래 '자치통제' 방식으로 조선산업화를 주도한 조선총독정치의 연원과 의미를 구명하여 그 특질과 조선공업화의 실상을 우가키와 그의 정책을 계승·변용한 미나미를 중심으로 논구한 작업이 나왔다.[26]

---

21 방기중, 2003, 「1930년대 조선 농공병진정책과 경제통제」, 『동방학지』 120.
22 김용철, 1999, 「宇垣一成의 조선통치관과 농촌진흥운동」, 『전통문화연구』 6; 이윤갑, 2007, 앞의 글.
23 임성모, 2009, 「만주농업이민 정책을 둘러싼 관동군·조선총독부의 대립과 그 귀결: 우가키(宇垣)총독의 구상 및 활동과 관련하여」, 『일본역사연구』 29.
24 박균섭, 2001, 「조선 총독 宇垣一成의 조선관과 교육정책에 관한 고찰」, 『일본학보』 46호; 이정용, 2004, 「군부대신현역무관제와 우가키 가즈시게」, 『일본연구』 12.
25 최유리, 1997, 『일제 말기 식민지 지배정책연구』, 국학자료원.
26 방기중, 2007, 「1940년 전후 조선총독부의 '신체제' 인식과 병참기지강화정책」, 『동방학지』 138; 전상숙, 2009, 「'조선 특수성'론과 조선 식민지배의 실제」, 신용하 외, 『식민지 근대화론에 대한 비판적 성찰』, 나남; 전상숙, 2010, 「우가키 총독의 내선융화 이데올로기와 농공병진 정책: 우가키 조선 총독정치의 지배정책사적 의미에 대한 재고찰」, 『현상과 인식』 34-4.

이와 같은 기존 연구에 대하여 이형식(2020)은 중일전쟁 이래 1945년까지를 경제사 연구를 제외하면 1930년대의 연장에서 평면적으로 이해해왔다고 문제를 제기하고 중일전쟁기와 태평양전쟁 개전 초기, 그리고 전시통제파탄기(1943.2~1944.7)를 구분하여 일본제국 정부의 전시동원정책을 이해하는 것이 전시 조선을 이해하는 데 필수불가결하다는 문제를 제기했다.

한편 일제 강점기 조선 식민 통치의 핵심에 있던 조선총독과 그 지배정책에 대한 연구는 여전히 부족한 상태에 있다. 통사적으로 조선총독과 조선총독정치를 주제로 한 연구는 아직 없는 실정이다. 무크지 형태로 조선총독 10인을 개론적으로 소개한 책이 있을 뿐이다.[27] 역사 연구는 그 연구가 이루어진 시기의 상황에 의해서 크게 규정된다. 해방 후 1950년대부터 1970년대까지 일제 식민사관 극복에 초점을 둔 억압과 수탈론,[28] 내재적 발전론,[29] 1980년대 한국이 신흥공업국(NICS)으로 부상하며 그 동인을 '식민지시기 산업화'에서 찾은 연구와[30] '식민지 근대

---

27 친일문제연구회 엮음, 1996, 『조선총독 10인』, 가람기획.

28 朴慶植, 1965, 『朝鮮人强制連行の記錄』, 未來社; 朴慶植, 1973, 『日本帝國主義の朝鮮支配』 上·下, 靑木書店; 山邊健太郎, 1971, 『日本統治下の朝鮮』, 岩波書店; 김대상, 1975, 『일제하 강제 수탈사』, 정음사; 姜東鎭, 1978, 『日本の朝鮮支配政策史研究』, 東京大學出版會; 宮田節子, 1985, 『朝鮮民衆と'皇民化'政策』, 未來社; 차기벽 엮음, 1985, 『일제의 한국식민통치』, 정음사; 김운태, 1986, 『일본제국주의의 한국통치』, 박영사; 임종국, 1989, 『일본군의 조선침략사』 1·2, 청사.

29 김용섭, 1984, 『증보판 한국근대농업사연구』(상)·(하), 일조각; 김용섭, 1992, 『한국근현대농업사연구-한말 일제하의 지주제와 농업문제』, 일조각.

30 Bruce Cumings, 1989, "The Legacy of Japanese Colonialism in Korea," Duss, Peter, Myers, H. Ramon, and Peattie, R. Mark R. eds., *The Japanese informal empire in China, 1895-1937*, Princeton, N.J.: Princeton University Press.

화론'이 이어졌다.[31] 그런데 일제하 양적 경제지표가 향상된 것은 인정하더라도 그 변화를 초래한 일본제국주의의 한국 병합과 식민 통치 의도가 간과되어서는 안 된다. 일제 식민 통치의 실체와 피지배 식민지시기의 역사상은 그 제국주의의 본질과 정책 의도를 분명히 한 위에서 논해져야 한다. 이런 의미에서 1990년대 후반과 2000년대 이후 일본제국주의 지배정책 연구에 의미 있는 성과들이 나왔지만[32] 특정 시기를 중심으로 한 것으로 통사적 연구는 아니었다.

일제의 조선 식민지배를 20세기 초 제국주의라는 세계사적인 관점에서 일본제국주의의 성장과 좌절 그리고 그와 연동된 조선총독들의 지배정책이라는 관점으로 시각을 확장할 필요가 있다. 그 속에서 일제하 조선총독정치가 갖는 역사적 의미와 실체를 파악할 필요가 있다.

3. 연구의 구성

본 연구는 일제하 각 조선총독들의 지배정책을 일국사적 관점에서

31　中村哲·安秉直, 1990, 『朝鮮近代の經濟構造』, 日本評論社; 中村哲, 1993, 『近代日本の朝鮮認識』, 硏文出版.

32　최유리, 1997, 『일제 말기 식민지 지배정책연구』, 국학자료원; 방기중 편, 2004, 『일제 파시즘 지배정책과 민중생활』, 혜안; 방기중 편, 2005, 『일제하 지식인의 파시즘 체제 인식과 대응』, 혜안; 방기중 편, 2006, 『식민지 파시즘의 유산과 극복의 과제』, 혜안; 안자코 유카, 2006, 「조선총독부의 '총동원체제'(1937-1945) 형성 정책」, 고려대학교대학원 박사학위논문; 김동명, 2006, 『지배와 저항, 그리고 협력: 식민지 조선에서의 일본제국주의와 조선인의 정치운동』, 경인문화사.

벗어나 20세기 전반기 제국주의와 식민주의의 맥락에서 전개된 일본제국주의의 식민 통치의 시기를 4개의 시기로 나누어 각각 하나의 장으로 구성하여 고찰한다.

제1장에서는 1910년 일본의 한국 병합으로부터 1919년 3·1운동으로 무단통치가 이른바 '문화정치'로 바뀌기 전까지 데라우치 총독과 하세가와 총독의 지배정책을 고찰한다. 먼저 조슈 육군벌이 일본의 정치와 군사를 일원적으로 장악한 가운데 그 적자인 현역 일본 육군대신 데라우치가 1910년에 한국 병합을 단행하고 초대 조선총독이 되어 통치한 내용을 고찰한다. 일본 육군대신과 조선총독을 겸한 데라우치는 조선총독부 체제를 정립한 후 육군대신으로 귀임하려 했지만 일본 정치변동의 역학에서 밀려 조선총독으로 유임되었다. 메이지기에서 다이쇼기로의 변화와 연동된 정당정치의 약진이라는 정치변동을 배경으로 조선총독으로 체류하게 된 데라우치는 후일을 도모하며 조선을 북진대륙정책 차원에서 육군의 독자적인 지배 영역으로 만들었다. 이것이 무단통치제제와 북진대륙정책으로 나타났음을 고찰한다.

또한 이러한 데라우치의 조선 통치가 한국 병합 당시 조선 통치의 안정화를 위하여 조선총독에게 주어진 일본천황에 직예한 상대적 자율 통치권을 적극 활용하여 조선총독부 재정독립정책으로 연결되었음을 살펴본다. 일본제국주의의 경제적 침투 기반 조성 정책인 토지조사사업과 「회사령」이 데라우치가 일본 정부로부터 자율적인 조선총독정치체제를 구축하는 것과 결부되어 시행되었음을 고찰한다. 아울러 이른바 일시동인의 동화주의 시정방침을 표방한 「조선교육령」을 통해서 실제로는 한국인에 대한 민족차별을 제도화한 2등 국민 만들기 교육정책이 실시되었음을 살펴본다.

이러한 조슈 육군벌 조선총독의 독자적인 무단통치체제 구축의 연장에서 데라우치의 뒤를 이은 하세가와 제2대 조선총독이 '산업제일주의'를 표방하며 조선총독부의 재정 독립을 이루고 신사 설치를 적극화하여 한국인의 민족의식 탄압을 강화해갔음을 고찰한다. 그리하여 10년 가까운 일제의 무단통치에 저항하는 한국인의 거족적 항일독립운동이 일어나고 이를 폭력적으로 진압한 조선총독정치에 대한 비판이 대내외적으로 고조되자 이를 배경으로 정당 내각이 '문화정치'로 식민지배정책을 전환하게 된 사실을 살펴본다.

제2장에서는 다이쇼기와 함께 고조된 데모크라시 풍조와 정당정치의 약진이라는 일본 정치변동이 3·1운동을 계기로 식민지 통치정책 변화로 직결되어 '문화정치'로 전개된 내용을 고찰한다. 그러나 식민지 총독의 문무병용제 개혁을 이루고도 문관이 아닌 전임 해군대신 사이토가 제3대 조선총독으로 그리고 제5대 조선총독으로 재임될 정도로 일본 군부의 정치력과 정당정치에 대한 견제가 강했고 사이토 또한 무관으로서 국방의 관점에서 조선 지배의 안정성을 중시하게 되었음을 고찰한다. 사이토가 전임 데라우치처럼 조선총독의 상대적 자율성을 적극 활용한 안정적인 조선 통치체제 구축을 지향한 통치책을 계승함으로써 결과적으로 데라우치가 구축한 체제를 사실상 공고히 했음을 고찰한다. 이에 대하여 정당 내각이 친정당 정치군인 야마나시로 제4대 조선총독을 교체했지만 야마나시가 정당 세력의 부패와 연루되어 정당정치가 더 이상 식민 통치에 영향력을 행사하기 어렵게 되고 사이토가 5대 총독으로 재임용되어 자신의 조선 지배정책 구상을 발전시킨 내용을 살펴본다.

제3장에서는 제1차 세계대전을 거치며 일본 군부를 중심으로 한 총력전 사상과 일본 정계의 '거국일치' 정치체제 구상이 확산되는 가운데

부임한 6대 조선총독 우가키가 조선을 일본총력전체제의 핵심으로 조공업지대화하려는 목적으로 추진한 조선산업개발정책·농공병진정책을 살펴보고, 그의 정책을 계승하여 조선병참기지정책으로 변용한 7대 조선총독 미나미의 지배정책을 고찰한다. 쇼와군부의 대표격인 우가키가 총력전체제 구상을 가지고 조선총독으로 부임한 것은 1920년대 정당정치와 직결된 '문화정치'가 사실상 끝났음을 의미하는 것이었다. 이를 미나미가 중일전쟁을 계기로 변용해 조선병참기지화를 위한 공업화정책을 실시했다. 이러한 1930년대 조선산업개발은 조선을 일본총력전체제의 한 부분으로 편입시키는 의미를 갖는 것이었다.

제4장에서는 우가키와 미나미가 본국 정부와 갈등하면서까지 조선총독의 상대적 자율 통치권을 활용하여 이룬 조선공업화의 실적이 1940년대 일본의 자원 중심 총력전체제 구축과 총력전 수행에 어떻게 기여했으며, 조선총독부가 인적, 물적 자원을 어떻게 총동원하고 수탈했는지 8대 고이소 구니아키(小磯國昭)와 9대 아베 노부유키(阿部信行) 총독의 지배정책을 통해서 살펴본다. 그리고 이 과정에서 일본 정부의 이른바 '대동아공영권'이라는 자급적 광역경제권 구상에서 조선이 일본 최후의 유일한 물자동원지로 기능하였던 실상을 고찰한다.

결론에서는 이상에서 고찰한 각 조선총독의 지배정책을 통해서 드러난 일본제국주의의 조선 식민지배정책의 특질을 고찰하고 그것이 조선총독정치의 유산으로서 해방 이후에 어떤 그림자를 드리웠는지 고찰해 보고자 한다.

제1장
1910년대 현역 무관 총독의 '무단통치' 체제 구축

1910년 8월 22일 제3대 한국통감 겸 일본 현역 육군대신 데라우치 마사다케(寺內正毅)는 대한제국 총리대신 이완용(李完用)과 '한국병합에 관한 조약'을 체결하고,[1] 한국통감에서 제1대 '조선총독'이 되었다. 초대 조선총독 데라우치는 병합 조약 발표와 동시에 일본이 한국을 병합한 목적과 한국을 통치하는 기본 방침을 알렸다.

　데라우치는 '한국 병합'이 "복잡한 구(舊)제도를 개선하여 통일된 조직을 만들어서 치적을 이루려는 것"이라고 했다. 지난 5년간의 보호제도로는 도저히 한국의 시정을 개선하고 안정화시킬 수 없었기 때문에 병합을 실시하게 되었다고 했다. '조선'을 개선할 것이라고 했다. 그는 일본 "제국"이 "바다를 건너 동아시아 대륙으로 나아가"고 있음을 분명히 하고 그 차원에서 "새로이 천여만의 인구를 더하여 조선의 개선을 도모하고 있다"고 했다. 그리고 이것이 일본 "제국 전반의 안녕과 동양의 평화를 기하"는 것이라고 했다. 또한 "이 시정의 성공이 나아가 국위의 소장에 영향을 미치는 것"이라고 했다. 이러한 데라우치의 언명은 '제국 일본의 전도'에 한반도가 갖는 중요성을 역설한 것이었다. 그러므로 조선총독으로서 "목하 급무는" "신(新)영토의 질서(秩序)를 유지(維持)하고 부원(富源)을 개발하여 신부(新附)의 인민(人民)을 잘 다스려 치평(治平)의 혜택(惠澤)을 입도록 하는 데 있다"고 했다.[2]

　초대 조선총독 데라우치는 일제의 한국 병합 목적이 '제국 일본'의 '성장'에 있다는 점을 분명히 했다. 이를 위하여 '조선 통치의 기본 방침'

---

1 「詔書」, 『朝鮮總督府官報』, 1910.8.29.
2 朝鮮總督府, 1912, 「倂合ニ關スル統監ノ告諭」, 『朝鮮總督府施政年報』, 朝鮮總督府, 22쪽; 黑田甲子郞, 1920, 『元帥寺內伯爵傳』, 元帥寺內伯爵傳記編纂所, 19-21쪽, 616-621쪽; 釋尾東邦, 1926, 『韓國倂合史』, 朝鮮及滿洲社, 583-588쪽.

을 병합한 한국의 치안질서를 유지하고 경제개발을 촉진하는 데 둔다고 했다. 데라우치가 선포한 한국 병합의 목적과 시정방침은 곧 일본이 대륙으로 진출하기 위하여 한반도를 일본 영토의 일부로 영원히 만들겠다는 것이었다. 한반도를 통해서 섬나라 일본이 대륙과 연결된 대륙국가가 되었다고 선포한 것이었다. 메이지유신 이래 근대 일본국가가 표방한 이른바 '제국일본', 북진하여 대륙으로 진출하는 '일본제국'이라는 궁극적인 국가 목표가 한국을 병합함으로써 시작되었다고 선언한 것이었다.

이것이 바로 일본이 영일동맹을 맺고 러일전쟁을 치르며 한국을 '보호국'화하고 이를 '한국 병합'으로 직결시킨 이유였다. 일본은 반도 한국을 일본 영토의 일부로 영구히 복속하여 북진대륙정책의 발판으로 삼아서 한반도 이북 지역을 포함한 대륙국가가 되고자 했다. 일본은 '이익선 조선'의 '보호'를 표방했지만 사실 1904년 어전회의에서 만장일치로 러시아와의 개전을 결의한 동기는 만주 문제에 있었다. 일본의 한국 병합은 러일전쟁 이후 북수남진(北守南進)에서 육군 중심의 북진대륙정책(北進大陸政策)으로 전환되며 박차가 가해졌다.[3]

한국 병합은 '서양'의 이른바 '제국'을 표방한 선진 자본주의 국가들과 동등한 '제국일본'을 지향한 것이었다. 일본은 서양 제국들로부터 동등한 대우를 받는 '동양의 제국', 선진 '제국' 일본이[4] 되고자 했다.

일본에서는 조선 내륙에서 중국에 승리한 청일전쟁 이후 육군 군벌

---

3 전상숙, 2012, 『조선총독정치 연구: 조선총독의 '상대적 자율성'과 일본의 한국지배정책 특질』, 지식산업사, 16-65쪽.
4 일본의 '제국'에 대하여는 전상숙, 2017a, 『한국인의 근대 국가관, '민주공화국' 재고』, 선인. III장 2절 중 「미완의 근대 일본 국가의 지향을 표상한 '일본제국(帝國)'」 참조.

의 정치적 발언력이 높아졌다. 야마가타 아리토모(山縣有朋, 1838-1922)를 중심으로 한 조슈벌(長州閥)이 이른바 '이익선(利益線)'론을 국책으로 정하고 러일전쟁을 치른 후 정부와 군사를 모두 장악했다. 종래의 '남진'을 유보하고 한국에 대한 독점적인 지배권을 확보하여 만주와 중국 방면으로 진출하려는 적극적인 '북진'대륙정책을 확정했다.[5] 1907년에 국책으로 결정된 '일본제국국방방침'이 그것이었다. 근대 일본 육군의 창시자인 야마가타 아리토모(山縣有朋)에서 가쓰라 다로(桂太郞, 1848-1913)로 이어진 조슈 육군벌의 육군대신 데라우치가 제3대 한국통감을 겸하며 한국 병합을 완수한 것은 '일본제국국방방침'의 실질적인 초석을 마련한 것이었다.

일본의 한국 병합은 가쓰라를 수상으로 한 정부와 러일전쟁 이후 육군을 조슈벌 중심으로 '데라우치제제화'한 육군대신을 중심으로 군부가 하나가 되어 단행한 것이었다.[6] 궁중과 추밀원·귀족원·문무관 관료 등에 강력한 기반을 구축한 야마가타 그룹의 조슈벌을 중심으로 정치와 군사가 일치한 일본은 북진대륙정책을 국책으로 결정하고 이를 위한 초석으로 한국 병합을 단행했던 것이었다.

그러나 한국 병합 이후 일본 정치는 다른 방향으로 움직였다. 메이지(明治)에서 다이쇼(大正)로 바뀌며 데모크라시 풍조가 확산되고 일본 사회에서 군벌정치에 대한 반감과 정당정치에 대한 요구가 증대하여 정당정치가 약진하기 시작했다. 같은 야마가타 그룹으로서 데라우치의 정치

---

5 '이익선'론과 조슈벌 육군의 북진대륙정책 국책 확정에 대해서는 전상숙, 2012, 앞의 책, 1장 「국권상실과 일본의 한반도 정책」 참조.

6 전상숙, 2006, 「러일전쟁 전후 일본의 대륙정책과 데라우치(寺內正毅)」, 『사회와역사』 71, 125-131쪽.

적 부상을 견제하며 대정치가가 되고자 했던 가쓰라는 이른바 '다이쇼 정변(大正政變)'의 이면에서 입헌동지회를 결성하며 야마가타 그룹으로부터 이탈했다. 가쓰라는 데모크라시 풍조를 배경으로 정당세력과 함께 번벌 중심의 국내 제도를 개혁하여 국정 운영의 주도권을 장악하고자 했다.[7]

결과적으로 한국 병합을 이루고 육군대신으로 귀임하고자 했던 데라우치는 육군대신을 사임하고 조선총독으로 유임하게 되었다. 당초의 북진대륙정책을 한국 병합 당시 의도했던 것처럼 일관되게 추진할 형편이 아니었다. 데라우치는 육군벌 동료들의 충고를 받으며 후일을 도모하기 위하여 병합한 한국을 안정적으로 통치하기 위한 조선총독부 지배체제를 구축하는 데 힘을 쏟았다. 데라우치의 조선 통치의 방침은 야마가타의 '이익선/주권선'론에 입각하여 '일본제국'의 발전을 위한 대륙국가화라는 '국방' 차원에서 조선을 영속시키기 위한 지배의 안정화를 이루는 것이었다. 이는 조선을 발판으로 북진대륙정책을 전개해야 한다는 '조선 교두보관'으로 정립되었다.[8]

데라우치의 조선교두보관은 조선 지배를 통해서 육군 조슈벌의 북진대륙정책을 완수하기 위한 초석을 다지는 통치책으로 현재화되었다. 그러므로 육군의 북진대륙정책을 수행할 수 있는 훗날을 도모하기 위한 조선 지배의 안정성 확보가 최우선이 되었다. 이로부터 일제하 조선총독 정치와 조선총독부 지배체제의 특질이 형성되었다.

---

7 小林道彦, 1996, 『日本の大陸政策: 1895-1914 桂太郎と後藤新平』, 南窓社, 277-283쪽.
8 전상숙, 2012, 앞의 책 참조.

총독정치란 식민지 국가에 총독을 보내서 통치하는 제국주의 식민지 정책의 한 형식을 말한다. 그러나 '조선총독'은 '일본천황에 직예'한 특별한 지위로 한국 지배의 전권을 위임받아 통치했다는 점에서 독특성을 갖는다. 공식적으로 조선총독은 주요 사항을 내각총리대신을 거쳐 결정하게 되어 있었다. 그렇지만 이는 형식적인 것이었고 조선총독은 일본천황에게만 책임지고 사실상 일본 정부의 간섭이나 견제를 받지 않는, 상대적으로 자율적인 통치권을 가졌다. 조선총독을 일본천황에 직예시켜 그러한 지위와 권한을 부여한 것은 북진대륙정책의 수행을 위하여 한국인의 민족적 저항을 억압하고 한국을 영구히 복속하는 데 필요한 제도적 장치였다고 할 수 있다.[9] 이 '조선총독정치의 특질'은 이후 일본의 정치변동과 관계없이 기본적으로 견지되었다.

1. 무단통치체제를 구축한 초대 총독 데라우치 마사다케

식민사학의 원형을 제시한 인물로 알려진 아오야기 쓰나타로(靑柳綱太郞, 1877-1932)는 "데라우치의 7년간 무단정치가 조선 사회를 정리하고 산업개발 질서를 완전하게 정비함으로써 조선인은 양과 같이 유순해지고 산업 자유 경쟁 사회에 서서히 익숙해졌다"고 했다.[10] 이 평가는 초

---

9   전상숙, 2012, 앞의 책, 7쪽.
10   靑柳綱太郞, 1928, 『總督政治史論』, 京城新聞社, 367쪽.

대 데라우치 마사다케(寺內正毅, 1852-1919) 총독의 조선 통치의 실상과 그 영향을 잘 말해준다. 데라우치의 7년 무단정치의 본질적 속성은 7년에 그치지 않고 이후에도 지속되었다.

근대 일본 육군의 북진대륙정책에서 '이익선'으로 규정된 한반도는 이른바 '주권선'인 일본과 직결된 "군비상 중요한 지점"이었다.[11] 한반도는 "제국의 국방(國防)상" "병합하지 않으면" "제국의 백년 장기계획을 세울 수 없는"[12] 지정학적으로 중요한 곳이었다. 일본이 '제국'으로서 입지를 공고히 하는 데 필수불가결한 지역이었다. 다시 말해서 섬나라 일본이 서양 제국과 같이 '일본 제국'을 건설하기 위해서 필수적인 곳이 반도 한국이었다. 그러므로 일본 육군의 북진대륙정책을 기획한 조슈벌 육군대신 출신 조선총독 데라우치의 지배정책은 북진대륙정책을 염두에 둔 군사적 방비(防備, 군사적 정리)를 최우선으로 했다.[13] 이러한 데라우치 총독의 시정방침은 조선을 대륙으로 진출할 일본의 안보를 위한 "국방설치경영(國防設置經營)"이라고[14] 평가되었다.

여기서 '일본의 안보'를 위한 '국방설치경영'이란 크게 두 가지 의미를 갖는다. 첫째, 북진대륙정책의 초석인 한국을 안정적으로 확보해야

---

11 전상숙, 2006, 「러일전쟁 전후 일본의 대륙정책과 데라우치(寺內正毅)」, 『사회와 역사』 71, 121-122쪽.

12 靑柳綱太郎, 1928, 앞의 책, 63쪽; 정연태, 2005, 「조선총독 데라우치(寺內正毅)의 한국관과 식민통치」, 권태억 외, 『한국사회와 문화 II』, 서울대학교출판부, 85쪽.

13 黑田甲子郎, 1920, 『元帥寺內伯爵傳』, 元帥寺內伯爵傳記編纂所, 424-427쪽.

14 靑柳綱太郎, 1928, 앞의 책, 64-65쪽. 대(對)중국대륙정책을 염두에 둔 데라우치와 군부가 조선을 '국방설치경영'한 내용에 대해서는 마쓰다 도시히코(松田利彦), 2005, 「일본 육군의 중국대륙침략정책과 조선(1910-1915)」, 권태억 외, 『한국사회와 문화 II』, 서울대학교출판부 참조.

한다는 것이었다. 이것은 헌병경찰제도를 통한 무단통치와 직결되었다. 둘째는 일본 자본의 침투 기반 조성 정책과 직결된 것으로 조선이 대륙 진출을 위한 인적·물적 기반을 제공하는 곳이 되어야 한다는 것이었다.

먼저 일본은 한국을 안정적으로 지배하여 대륙 진출 거점을 공고하게 구축하는 것이 중요했다. 이는 한국 병합의 전권을 갖고 한국통감을 겸하여 한국에 온 육군대신 데라우치의 현실 인식이 직접적으로 영향을 미쳤다. 육군대신 데라우치는 전임 이토 히로부미(伊藤博文, 1841-1909) 통감이 한국주차군만으로는 한국을 통치하기 힘들다고 육군의 파병을 요청해야 한다고 했던 것을 실감했다.

일본의 육군 군부는 1904년 일본이 '한일외국인고문용빙에 관한 협정서(韓日外國人顧問傭聘─關─協定書)'[15]를 체결해 고문정치를 단행할 때 조슈벌 육군중장 하세가와 요시미치를 한국주차군사령관에 임명하고 한국주차군사령관이 천황에 직예되도록 했다. 군부는 한국에 파견된 일본군의 군권이 일본 내각이 아니라 군부를 통해서 행사될 수 있도록 하며 북진대륙정책을 차근차근 준비해왔다. 그러므로 한국통감부가 설치될 때 군부는 당연히 무관(武官)이 한국통감이 될 것으로 예상했다. 그러나 초대 한국통감은 문관(文官) 이토로 결정되었고 그는 한국주차군에 대한 지휘권까지 요구했다. 이때 육군대신 데라우치는 공식적으로는 그의 요구를 들어주었다. 그러나 육군헌병대를 파견해 실질적으로는 군부가 주차군의 지휘권을 통제할 수 있도록 했다. '임기(臨機)군대사용권'[16]이라는 차원에

---

15 한일협정서 또는 제1차 한일협약. 이하 한일협정서라 한다.
16 이토와 갈등을 피하고자 육군대신 데라우치가 실질적으로 조선주차군의 지휘권을 통제할 수 있도록 하면서도 형식적으로 이토 한국통감이 조선주차군 지휘권을 행사할 수 있게 한 것을 의미한다.

서 이토 통감에게 주차군의 지휘권을 허용한 것이었다.[17] 파견된 육군헌병대를 통해서 육군대신의 군통수권이 주차군에게도 실행될 수 있도록 한 것이었다. 이러한 데라우치의 조치는 한국을 안정적으로 병합하여 북진대륙정책을 추진해야 한다는 기본적인 구상에 입각한 것이었다.

북진대륙정책을 위한 조선의 국방설치경영은 만주를 둘러싼 러시아의 남하정책과 관련해서 관심을 갖게 된 간도에서 장래 일본이 중국 이권을 확보하기 위한 거점을 확보해야 한다는 방침과 직결된 것이었다.[18] 간도는 한국·중국·러시아와 국경을 접하는 삼각지대에 있었지만 한국과 중국 사이에 영유권이 확정되어 있지 않았다. 때문에 러일전쟁 직후 일본은 러시아로부터 중국 동북의 장춘-대련 간 철도를 이양 받아 만주경영을 위한 남만주철도주식회사를 설립할 때부터 남만주철도를 조선철도와 일원적으로 경영하는 것을 추진했다. 데라우치는 1906년 6월 남만주철도주식회사설립조령을 발포하고 7월에 남만주철도주식회사 설립위원장이 되었다. 1907년 1월에는 철도회의 의장까지 역임하며 장춘-길림 간 철도 부설 계획을 한국 북부와 연결시키는 사업으로 수정해 추진했다.[19] 이렇게 한국을 거점으로 북진해 대륙으로 진출하기 위한 계획에 박차를 가하는 작업이 러일전쟁 이래 차근차근 진행되었다. 이러한 맥락에서 러일협약 공포 직후 간도 용정촌에 '한인 보호'를 명분으로 통

---

17 大江志乃夫, 1992, 「植民地戰爭と總督府の成立」, 大江志乃夫 外 編, 『岩波講座 近代日本と植民地 2』, 岩波書店, 26쪽.

18 日本防衛廳防衛硏修所戰史部 編, 1967, 『戰史叢書大本營陸軍部 1』, 朝雲新聞社, 162쪽; 정재정, 1999, 『일제침략과 한국철도(1892-1945)』, 서울대학교출판부, 105-115쪽.

19 黑田甲子郎, 1920, 앞의 책, 442-444쪽.

감부 간도 임시 파출소가 개설되었으며, 이토 통감의 육군 증파 요청에 따라 파견된 헌병대를 통해서 군부의 통수권이 간도에까지 미치게 한 것이었다.[20]

육군대신 데라우치는 일본제국국방방침을 통해서 일본을 대륙국가화하는 공세적인 북진대륙정책을 새로운 국가 목표로 책정한 주요 인물 중 한 명이었다. 데라우치가 한국을 병합할 당시 당면한 최대 과제는 한국과 만주에서 일본의 권익을 구체적으로 실현하는 것이었다. 때문에 현역 무관 조선총독제를 관철시키고 조선총독부관제를 통해서 조선총독이 조선주차군의 통수권을 갖게 했다. 현역 무관 조선총독의 군통수권은 간도에 설치한 임시 파출소를 통해서 사실상 대륙에까지 영향을 미치는 것이었다. 1909년 일본은 안봉철도(安東-奉天) 개축을 강행하여 1911년 11월 전선을 개통시키고 압록강철도 건설을 통해서 조선의 경의선과 연결시킴으로써 동경부터 봉천까지 직결되도록 했다. 이후 안봉선은 대륙 침략의 발판이 되었다. 데라우치의 조선 통치는 이와 같이 중국으로 진출하는 일본의 북진대륙정책을 염두에 둔 국방설치경영으로 실시되었다. 데라우치가 조선총독의 군통수권을 실제화한 것은 대륙으로 진출할 일본 국가의 안전을 보장하는 국방설치경영의 핵심이었다.[21]

일본 정부와 군부가 근대 일본 육군 조슈벌을 중심으로 일체화되어 단행한 한국 병합과 데라우치 육군대신의 조선총독 임명은 조선 식민통치가 국책으로 결정된 일본제국국방방침에 입각한 북진 대륙 진출을 위한 국방설치경영으로 실시되는 결과를 낳았다. 이로부터 1910년대 헌

---

20   전상숙, 2012, 앞의 책, 35-37쪽.
21   전상숙, 2012, 앞의 책, 107-115쪽.

역 무관 총독의 상대적 자율통치권을 활용한 무단적 조선총독정치체제 구축이 이루어졌다. 무단적 통치체제는 이후의 조선총독들에 의해서도 견지되어 조선총독부 지배체제의 특질로 공고화되었다.

1) 헌병경찰제도를 통한 무단통치와 대륙 진출 인프라 정비

데라우치 육군대신은 한국 병합을 단행할 한국통감을 겸하여 부임하기 전에 일본 정부와 한국 통치 방침을 논의해 결정하고 한국으로 왔다. 이때 결정된 한국 통치 방침이 병합 이후 일본제국주의의 조선총독정치와 조선총독부 지배체제의 기본 틀을 만들었다. 그 주요 내용은 다음과 같았다. 첫째, 당분간 한국에서는 일본 헌법을 시행하지 않고 일본천황의 대권으로 통치한다. 둘째, 조선총독은 일본천황에 직예하며 일체의 정무를 통괄한다. 셋째, 조선총독은 대권의 위임으로 법률 사항에 관한 명령인 '제령(制令)'을 발하는 권한을 갖는다. 넷째, 조선총독은 명령으로 '조선총독부부령'을 발포하여 조선반도의 법률 및 회계 사항을 규정한다.[22]

데라우치는 한일병합조약을 공포한 날 한국 병합의 취지가 "양국 상합일체(相合一體)로 차별을 없애고 상호 전반의 안녕과 행복을 증진"시키는 데에 있다고 했다. 그러니 일본인들은 "우리가 동포라는 것을 유념하여 동정을 가지고 조선인을 대하고 우호적으로 서로 제휴하여 국가의 융창(隆昌)에 공헌하도록 노력"해야 한다고 훈시했다. 이른바 일시동인

---

22 外務省 編, 1965, 『日本外交年表竝主要文書』 上, 原書房, 336쪽; 山本四郞 編, 1984, 『寺內正毅關係文書-首相以前』, 京都女子大學, 63-70쪽.

주의(一視同仁主義)를 표방한 것이었다.²³ 그렇지만 당분간 일본 헌법을 시행하지 않고 일본천황의 대권으로 조선총독이 입법·사법·행정의 전권을 갖고 통치한다는 것은 한마디로 한·일 간 민족차별을 전제로 조선총독이 한국에서 초법적인 전제정치를 한다는 의미였다. 이 내용이 1910년 6월 3일 내각회의에서 결정된 후에 1910년 한일병합조약이 체결된 8월 22일의 일본 추밀원에서 그대로 결정되었다. 일본천황이 임석한 가운데「한일병합조약」과「조선총독부 설치에 관한 건」,「조선에서 시행할 법령에 관한 건」등으로 가결되어 8월 29일 칙령으로 공포되었다.²⁴

한국 병합에 관한 전권(全權)을 위임받은 육군대신 데라우치가 한국통감이 되어 시행한 첫 번째 일은 한국주차군참모장 아카시 모토지로(明石元二郎)를 한국주차헌병대사령관으로 임명하고 헌병경찰체제를 만든 일이었다. 헌병경찰체제란 헌병과 경찰 조직을 통합하여 모두 치안 업무에 종사하게 하고 헌병사령관이 경시총감(警視總監)을 겸하는 등 경찰의 고위 간부직을 헌병의 장교들이 겸하게 하여 사실상 헌병이 경찰을 지휘하는 체계를 말하는 것이었다.²⁵ 데라우치 통감의 헌병경찰제도는 1910년 칙령 제343호「조선주차헌병조례」와 제358호「통감부경찰서관제 중 개정의 건」을 통해서 조선총독부의 헌병경찰제도로 연계되

---

23 朝鮮總督府, 1912,「倂合ニ關スル統監ノ告諭」,『朝鮮總督府施政年報』, 朝鮮總督府, 20-21쪽; 黑田甲子郎, 1920, 앞의 책, 18-19쪽; 釋尾東邦, 1926, 앞의 책, 588-590쪽.

24 전상숙, 2012, 앞의 책, 83-84쪽, 108쪽.

25 黑田甲子郎, 1920, 앞의 책, 569쪽; 釋尾東邦, 1926, 앞의 책, 539쪽; 마쓰다 토시히코, 이종민·이형식·김현 옮김, 2020,『일본의 조선 식민지 지배와 경찰』, 경인문화사, 79-99쪽.

었다. 조선총독부는 헌병경찰제도의 시행의 이유를 병합에 반대하는 "폭도의 잔당이 각지에서 출몰하고 총독정치에 좋지 않은 마음을 가진 자가 적지 않아서 통치의 제1보가 먼저 치안의 유지, 생명과 재산의 보호를 제1의 요체"로 하기 때문이라고 했다.[26]

한일병합조약 발표일인 1910년 8월 29일에 공포된 칙령 제318호 「한국의 국호를 개정하여 조선으로 하는 건」과 칙령 제319호 「조선총독부 설치에 관한 건」과 함께 제령 제1호 「조선에서의 법령의 효력에 관한 건」으로 경무총감부령이 공포되었다. 경무총감이 정무총감과 동등한 지위를 갖게 함으로써 헌병경찰제도를 뒷받침한 것이었다. 또한 1910년 12월 제령 제10호로 제정된 「범죄즉결례」는 해당 지역의 경찰서장과 동일한 직무를 취급하는 헌병분대가 구류(拘留) 또는 태형(笞刑)이나 3개월 이하의 징역, 100엔 이하의 벌금, 과료(過料)에 해당하는 범죄에 대하여 즉결(即決)할 수 있는 권한을 부여했다. 통감부 시기보다 처벌과 처벌 대상을 강화하고 확대한 것이었다. 이러한 헌병경찰제도는 조선총독을 정점으로 조선총독부가 일원적으로 조선인의 일상생활을 통제할 수 있는 무단적 지배체제를 형성했다.[27]

조선총독부 헌병경찰제도의 요체는 조선총독을 정점으로 한 일원적인 상명하달의 명령 집행 체제를 이루는 데 있었다. 일본천황에 직예하여 조선총독에게 주어진 지배의 전권이 제도적으로 일체화된 군사와 경찰의 명령 체계를 통해서 실질적으로 작동할 수 있도록 한 것이었다. 데라우치는 헌병경찰제도를 조선 지배를 안정화시키는 제도로 확립했다.

26　朝鮮總督府, 1940, 『施政三十年史』, 朝鮮總督府, 11쪽.

27　마쓰다 토시히코, 2020, 앞의 책, 150-151쪽.

그는 조선주차군과 조선주차헌병대에 자신이 신임하는 부하나 혈연 관계자들을 배치했다. 병합으로 불안해진 조선의 민심 동요에 적극적으로 대처하면서 자신의 조선 통치 기반을 안정적으로 구축하기 위해서였다.[28]

군사와 정략이 일치했던 한국 병합 초기 데라우치는 조선 통치기구와 시설을 확충했다. 일본 정부는 1910년 9월 칙령 제406호 「조선총독부 특별회계에 관한 건」과 칙령 제324호 「조선에 시행할 법률에 관한 건」을 공포했다. 조선에 일본의 재정제도와 형식적으로 동일한 조건의 이른바 근대적인 재정제도를 실시했다.[29] 조선총독부의 재정은 일본의 회계법에 의거하여 일본 재정에 특별회계로 편입되었다. 이는 병합 전에 데라우치가 제안했던 한국 재정의 특별회계화를 각의에서 받아들인 것으로 조선에서의 수익과 일반회계의 보충금으로 총독부 재정이 운영되게 한 것이었다.[30]

'특별회계'란 국가가 특정 사업을 운영할 때 특정 세입으로 특정 세출에 충당하는 것이었다. 그 특정 국가사업의 지수를 명백히 하여 행정능력을 고양하고자 일반회계와 분리하여 특별히 경영하는 것이었다. 조선총독부의 재정을 특별회계화한 것은 한국의 재정을 일본 정부의 일개 특별회계로 예속시켜서 식민지 조선에 일본 지배의 기초를 견고히 한다

---

28 大江志乃夫, 1993, 앞의 책, 15-19쪽; 신주백, 2000, 「1910년대 일제의 조선통치와 조선주둔 일본군」, 『한국사연구』 109, 138-139쪽; 마쓰다 도시히코, 2005, 앞의 글, 99-100쪽.

29 우명동, 1987, 「일제하 조선재정의 구조와 성격」, 고려대학교대학원 박사학위논문, 4쪽.

30 이형식, 2011, 「무단통치 초기(1910.10-1914.4)의 조선총독부」, 『일본역사연구』 33, 192쪽.

는 의미를 내포한 것이었다. 동시에 식민지를 경영하는 특수한 사업의 예산을 궁극적으로 자체적으로 조달하여 수행할 채비를 갖춘다는 것이었다.[31] 일본 대장성이 감독하는 식민지 특별회계 자체가 본국의 이익에 종속되면서도 경비는 대부분 자체 부담하도록 고안된 것이었다.[32]

데라우치 총독은 조선총독부의 재정을 조선에서의 통치기구와 시설을 확충하는 데 사용했다. 일본의 특별회계로 편입된 조선총독부의 재정은 정치와 군사가 일치했던 한국 병합 당시에는 러일전쟁 이후 일본의 재정이 만성적으로 외채에 시달리는 상황에서도[33] 북진대륙정책의 '국방 차원에서 조선 지배의 안정화'를 위해 전격 지원되었다. 1910년 10월에 조선총독부 특별회계는 일본의 예산외 지출로 일본 회계연도(4월 1일부터 다음 해 3월 31일까지)에 맞춰서 1911년 3월 31일까지 1,200만 엔이 책정되었다.[34] 1911년과 1912년에는 총독부의 예산에서 일본 정부가 지원하는 보충금이 20퍼센트 안팎을 차지했다.[35] 야마가타계를 중심으로 한 관료 내각의 수반 가쓰라 다로는 장상(臟相)을 겸하며 중요 과제였던 재정 정리를 단행하는 한편, 메이지유신 이래 일본 최대의 과제였던 서양과 맺은 불평등조약의 개정을 완수하고 한국 병합을 단행했다. 해군 군축 등 긴축재정을 통해서 마련된 경비가 조선총독부 재정의 보충금에

---

31 우명동, 1987, 앞의 글, 7-8쪽.

32 이윤상·김상태, 2005, 「1910년대 조선총독부의 재정정책」, 권태억 외, 『한국 근대 사회와 문화 II』, 서울대학교출판부, 143쪽; 문명기, 2016, 「일제하 대만·조선 총독부 세입의 추이와 구조」, 『사림』 56, 212쪽; 정태헌·박우현, 2020, 「일제시기 철도재정의 식민지성」, 『한국사학보』 78, 226쪽.

33 서정익, 2003, 『일본근대경제사』, 혜안, 186쪽.

34 『朝鮮總督府官報』, 1910.10.10.

35 이형식, 2011, 앞의 글, 193쪽.

충당되었다.

그런데 한국을 병합한 뒤, 일본 사회에서는 한국에 대한 관심이 급격하게 저하되었다. 또한 이른바 '데모크라시 풍조'와 함께 군벌에 대한 반감이 고조되며 정당정치가 득세하기 시작했다. 이러한 변화를 배경으로 가쓰라 수상은 정당세력과 제휴하며 데라우치를 견제했다. 육군에서도 우에하라 유사쿠(上原勇作)의 육군대신 취임을 계기로 우에하라 군벌이 형성되어 데라우치의 조슈 군벌을 교체해갔다.[36] 이러한 일본의 정계와 사회 변화는 특별회계로 책정된 조선총독부의 재정이 당초 예상과 달리 일본 정부로부터 충분한 지원을 받기 어렵게 만들었다.

데라우치 총독은 특별회계로 책정된 조선총독부의 예산을 그대로 두고 본국 정부에 의탁해서는 정당정치와 같은 정치변동에 휘둘려서 조선지배의 안정은 물론이고 후일을 기하는 육군의 북진대륙정책 또한 기약할 수 없다는 위기의식을 갖게 되었다.[37] 정계 변화로 인하여 육군대신을 사임하고 조선총독으로 전임하게 된 데라우치는 후일을 도모하기 위하여 조선을 육군의 북진대륙정책을 추진할 수 있는 교두보로 만들고자 했다. 데라우치가 조선총독의 자리를 지킨 것은 데라우치체제화되었던 육군벌의 정치력을 온존시켜서 대륙정책의 거점을 확실하게 장악해두는 의미가 있었다.[38]

그러므로 데라우치의 조선 지배정책의 핵심은 조선을 육군벌의 아성이자 그 대륙정책의 거점으로 만드는 것이었다. 데라우치는 조선을 본국

---

36 松下芳南, 1967b, 『日本軍閥の興亡』 2, 人物往來社, 98-99쪽.
37 당시 일본 정계와 데라우치에 대하여는 이형식, 2011, 앞의 글 참조.
38 전상숙, 2012, 앞의 책 2장 참조.

의 자문이나 관여 없이 총독을 중심으로 한 조선총독부 "관헌의 힘만으로 경륜하고자" 했다.³⁹ 그는 "내선일렬주의(內鮮一列主義)에 반대한 조선격리주의(朝鮮隔離主義)로 별종(別種)의 조선왕국을 형성"하고자 했다.⁴⁰ 그것은 일본의 정치변동으로부터 자유로운 조선총독부 지배체제, 일본천황에 직예한 조선총독의 자율통치체제를 구축하는 것이었다.

일본 정부는 조선 지배에 필요한 총독부의 경비를 충당하기 위하여 1911년 3월 「조선사업공채법」을 법률 제18호로 제정해 반포했다. 조선에서의 사업비를 마련하기 위하여 공채를 발행하거나 차입금을 빌릴 수 있도록 했다.⁴¹ 「조선사업공채법」은 3개조의 간단한 내용에 발행 기한과 발행 한도 등만 규정하여 사업공채의 운영을 주관했던 대장성이 좌우할 여지가 많았지만 반대로 조선총독이 내각이나 대장성과 협상하여 조정할 여지도 많았다.⁴² 당초에 데라우치와 일본 정부가 조선총독부의 특별회계를 채택한 것은 대만과 같이 본국의 보충금을 점진적으로 축소하여 폐지하고 조선에서 나오는 수익만으로 운영하는 독립재정을 도모한다는 것이었지만, 일본의 내각과 의회는 보충금의 조속한 감축과 조선총독부 재정의 빠른 독립을 요구했다.⁴³ 이에 데라우치는 총독부의 재정독립을 서둘러 추진해야만 했다.

39　青柳綱太郎, 1928, 앞의 책, 50쪽.
40　上田務, 1920, 『朝鮮統治論』, 安東印刷所, 33-34쪽.
41　水田直昌, 1974, 『總督府時代の財政: 朝鮮近代財政の確立』, 友邦協會, 144-156쪽; 堀和生, 1982, 「朝鮮に於ける植民地財政の展開: 1910-30年代初期にかけて」, 飯沼二郎・姜在彦 編, 『植民地期朝鮮の社會と抵抗』, 未來社, 198-200쪽.
42　박우현, 2019, 「1920년대 조선사업공채 정책 변화와 재원조달의 부실화」, 『한국사연구』 185, 126-127쪽.
43　이형식, 2011, 앞의 글, 193-195쪽.

데라우치 총독은 1912년 7월에 훈시를 통해서 총독부의 일반재정을 10년 계획을 목표로 독립시킬 것을 표명했다.[44] 그러나 야마모토 내각의 행재정 정리와 긴축재정에 따른 조선총독부의 정부보조금 삭감 정책으로 계획을 수정했다. 토지조사사업 이후로 계획했던 지세의 증징을 1914년부터 추진하고 조선총독부 독립예산 5개년 계획을 발표했다.[45] 그리하여 시가지에 대한 「시가지세령」이 1914년 3월 제령 제2호로 새로 신설되었다. 7월에는 제령 제5호로 「연초세령」이 제정되어 종래의 연초 경작세와 판매세에 더해 제조세와 소비세가 창설되었다. 이렇게 데라우치는 본국의 재정독립 요구를 수용하는 정책을 서둘러 시행하면서 점차 조선 통치에 대한 본국 정부의 관여를 차단하고자 했다. 이러한 정책 의도에서 조선인의 사정을 전혀 무시한 총독부의 재정독립 5개년계획이 수립되었다. 1912년에는 면비(面費)를 창설하여 면사무소 운영비를 걷고 주재소와 면사무소가 각종 명목으로 기부금을 강요했다. 1914년에는 쌀값의 폭락에도 아랑곳하지 않고 증세를 강행했고, 갑작스럽게 아편 전매 개시를 결정하여 1914년도 예산으로 12만 8,807엔의 예상 수입을 기대했다.[46]

이와 함께 당초에 데라우치가 조선 지배의 안정화를 위하여 일원적인 무단통치 기구로 제도화한 헌병경찰제도는 후일을 도모하기 위한 '조선왕국'을 구축하는 데 효율적인 정책집행 기구가 되었다. 1910년의 제령 제10호 「범죄즉결례」로 헌병경찰에게 주어진 사법적 강제처분권

---

44 山本四郎 編, 1984, 앞의 책, 77쪽.
45 이형식, 2011, 앞의 글, 195쪽.
46 정태헌, 1996, 『일제의 경제정책과 조선사회: 조세정책을 중심으로』, 역사비평사, 63-100쪽 참조; 이형식, 2011, 앞의 글, 194-198쪽.

은 1912년에 제령12호 「범죄즉결례 중 개정」과 제령 제13호 「조선태형령」, 제령 제40호 「경찰범처벌규칙」을 통해서 그 대상이 확대되고 집행 권한도 더욱 강화되었다. 헌병경찰은 이른바 '치안 규제'를 표방하며 조선인의 일상생활 전반을 통제했다. 항일의병의 토벌은 물론이고, 정치사찰, 사법권 행사, 경제경찰, 학사경찰, 국내외 출입 및 거주 이전 등과 관련된 외사경찰(外事警察)의 기능과 위생 및 도로 보수 등 소소한 말단 행정에 이르기까지 관여했다. 간섭하지 않는 것이 없고 통제하지 않는 것이 없었다. 이러한 헌병경찰의 무단적인 폭력은 1912년 4월 제령 제11호로 시행된 「조선형사령」에 의해서 법적으로 보장되었다. 헌병의 특권은 행정과 사법 방면은 물론이고 언론의 지도와 사회 풍속의 개선, 신용 조사 등 모든 분야에 걸쳐 행사되었다.[47]

헌병경찰을 통한 데라우치의 조선 사회에 대한 단속과 통제는 조선인뿐만 아니라 재조선 일본인에 대해서도 마찬가지로 엄격히 시행되었다. 일본인들도 헌병경찰의 전방위적인 통제를 무단주의, 전제주의라고 비난했다.[48] 1912년과 1915년에 두 차례 관제 개정을 통해서 무관을 중심으로 한 친데라우치 세력은 총독부의 행정을 장악하여 총독의 통치 기능과 권한을 확장·강화했다.[49]

군사적 방비에 중점을 두고 치안 제일주의를 요체로 한 데라우치 총독의 지배정책은 조선총독 현역 무관제와 군통수권의 실제화를 단행했

---

47 장신, 2004, 「경찰제도의 확립과 식민지 국가권력의 일상 침투」, 연세대학교 국학연구원 편, 『일제의 식민지배와 일상생활』, 혜안, 555-582쪽; 마쓰다 도시히코, 2020, 앞의 책, 140-173쪽.
48 靑柳綱太郎, 1928, 앞의 책, 25쪽.
49 이형식, 2011, 앞의 글, 182-183쪽.

을 때 이미 예정된 것이었다고 할 수 있다. 그런데 한국을 병합할 당시와는 달라진 일본 정계는 조슈 육군벌의 북진대륙정책에 제동을 걸었다. 병합된 한국 통치의 안정성은 일본 정치의 관심 밖으로 밀려났다. 육군대신 데라우치는 한국의 병합을 완수했지만 복귀하지 못하고 일본 정치의 일선으로부터 밀려나 있었다. 데라우치의 조선 통치는 정치적으로 후일을 도모하는 기반을 공고히 구축하는 방식으로 이루어졌다. 그리하여 조선 통치를 안정화시켜 조선을 육군의 북진대륙정책을 추진할 수 있는 교두보로 만드는 조선총독정치 체제를 구축했다.

청일전쟁 때 운수통신 장관으로서 조선에 철도와 통신을 정비할 필요를 절감했던 데라우치는 본국의 정당 내각이 총독부에 제동을 거는데도 불구하고 조선에서 북진 대륙 진출에 필요한 인프라를 정비하는 데 주력했다. 육군대신 시절에 경부철도의 매수와 경의선의 건설, 안봉경편선의 개수 등에 관여했던[50] 데라우치는 러일전쟁 후에는 남만주철도의 설립위원장을 역임하며 야마가타계에서 철도광역화정책에 가장 적극적이었다. 그는 1909년 9월에 참모본부가 작성한 '만한철도경영에 관한 의견서'를 토대로 일본이 북진하는 데 필요한 조선의 철도와 도로·항만 등 총독부의 철도정책과 이와 관련된 인프라 정비를 최우선 과제로 삼았다.[51]

러일전쟁 직후부터 만주 경영을 위하여 만주철도와 조선철도를 일원적으로 경영할 것을 추진했던 데라우치는 일본의 제국철도 회계가 정

---

50 정태헌, 2015, 「조선철도에 대한 만철 위탁경영과 총독부 직영으로의 환원 과정 및 배경」, 『한국사학보』 60, 387-389쪽.

51 이형식, 2019, 「조슈파 데라우치 마사타케(寺內正毅)와 조선 통치」, 『역사와 담론』 91, 29-30쪽.

부의 일반회계와 분리되어 특별회계로 운영되는 것과는 달리 특별회계화된 조선총독부의 재정에 조선철도 회계를 통합시켰다.[52] 그는 시정 초기부터 가쓰라 내각의 협조를 얻어 철도·도로·항만 등 일본의 대륙 진출에 필요한 인프라를 정비하는 데 주의를 기울였다. 조선총독부를 설치한 후 1910년 10월에는 일본철도원 관할이던 조선철도를 총독부철도국 소관으로 옮겨 종관철도와 항만의 연락을 계획했다. 1910년 중에 평남선을 개통한 데라우치는 1911년 7월에 도지사회의에서 육군 참모본부가 5월에 작성한 '조선·만주에서의 철도경영방책'의 요구에 보조를 맞추어 철도 건설과 도로 개수 및 항만 수축을 시행하고 통신기관 설비를 완비할 것을 천명했다. 10월에는 야마가타가 7월에 당시 일본의 가상 적국이었던 러시아와의 전쟁에 대비하여 최단 시간에 일본군을 만주로 이송하기 위해 조선 교통망의 정비를 제시했던 '만선철도경영방책'에 부응한 압록강 가교를 부설했다. 압록강 가교는 조선철도와 안봉선을 연결하여 조선철도를 만철과 연결시킨 것이었다. 12월에 일본의 철도원은 시모노세키와 부산 간 연락선을 매일 운항하게 하는 동시에 조선의 부산과 경성 간 야간열차도 매일 운행하게 하여 조선과 만주의 철도 연락을 촉진했다. 이와 함께 철도의 효용을 높이는 도로 건설과 통신시설 확장이 이루어졌다. 총독부는 「도로규칙」을 제정하여 1911년부터 7개년 사업으로 도로 건설을 추진했다. 1914년에 호남선과 경원선 철도가 개통되었다. 1911년부터 15년에 걸쳐 전신 시설과 전화 시설을 매년 각각 60~70개소, 40~50개소씩 늘렸다. 특히 1915년에는 원산을 기점으로 한 함경선 일부 구간이 개통되어 철도 1천 마일 기념축하를 했다. 또한

---

52 정태헌·박우현, 2020, 앞의 글, 225-226쪽.

1914년 이후 사설철도에 대해서도 일정액의 보조금을 지출하여 철도의 건설을 장려했다. 그 결과 일본 자본으로 국철 간선의 배양선(培養線)으로 사철 선로가 매년 연장되어 지방 개발이 이루어지기 시작했다. 이러한 조선철도는 조선의 산업개발이라는 측면보다 일본-조선-만주를 잇는 대륙철도로서의 성격을 강하게 갖는 것이었다.[53] 그러므로 1910년대 공채 지불 사업은 철도와 항만, 도로와 같은 3대 인프라 구축 사업에 집중되었다.[54]

그런데 1913년 가쓰라 내각이 야마모토 내각으로 교체되고 일본 정부는 세제 정리, 행정 정리, 긴축재정 등을 표방하며 조선총독부의 보조금을 삭감하고 재정독립을 촉구하며 철도정책에 제동을 걸었다.[55] 이에 데라우치는 앞에서 본 바와 같이 총독부의 재정독립을 서둘러 추진했다. 일본 정부의 보조금 삭감에 대응하여 1912년 7월에 열린 도장관회의에서 보통경비를 삭감하면서도 철도의 부설과 연장 및 개량, 필요한 항만의 수축과 도로 사업은 계속한다고 했다. 이른바 '국력 발전'에 필요한 사업을 계속 추진할 것을 훈시했다. 이들 사업을 차입금과 공채로 경영할 것을 결정하고 10년 계획으로 총독부 재정의 독립을 추구했다. 데라우치는 재정이 허락하는 한 교통기관을 속진시킨다고 했다. 그러므로 기타 위생이나 교육 등에 대한 투자는 상대적으로 소홀해질 수밖에 없었다.[56]

---

53 정재정, 1999, 앞의 책, 118-128쪽; 이형식, 2019, 앞의 글, 29-36쪽; 임채성, 2008, 「쌀과 철도 그리고 식민지화: 식민지조선의 철도운영과 미곡경제」, 『쌀·삶·문명연구』 창간호, 59쪽.
54 박우현, 2019, 앞의 글, 129쪽.
55 이형식, 2019, 앞의 글, 33-34쪽.
56 이형식, 2019, 위의 글, 32-36쪽.

데라우치는 1910년 면(面)을 처음으로 공식적인 행정단위로 인정하여 면장을 임명하고 면사무소를 개설했다. 이어서 1914년에는 군·면(郡·面)의 통폐합을 단행했다. 이와 같은 조치는 우선은 군청과 면사무소의 행정 비용을 줄이려는 데 그 목적이 있었다.[57] 조선총독부는 군과 면의 통합에 대해 "행정사무를 지배하는 데 지장이 적지 않음으로 일찍이 이의 폐합정리(廢合整理)할 필요를 인정하고 있었다"고 그 필요성을 강조했다.[58] 갑오개혁 때부터 지적되어 온 군과 면 구획의 지리적인 불편함, 과다한 인원에 따른 행정비용의 낭비, 지역 간의 세 부담의 불균형 등의 문제를 해결하고자 한 것이었다. 또한 총독부는 기존의 군과 면의 토착세력인 향리와 지역 유력자들을 행정에서 배제함으로써 그들의 세력을 약화시키고자 했다. 대신 신흥 유력자들을 판임관 대우인 면장으로 임명하여 그들을 행정의 말단에서의 협조 세력으로 포섭하고자 했다.[59] 이러한 군과 면의 통합은 1917년의 면제(面制) 실시를 준비하는 의미를 갖는 것이기도 했다.

2) 토지조사사업과 「회사령」을 필두로 한 일본 자본 침투 기반 조성 정책

데라우치의 시정방침을 규정한 '일본의 안보'·안보를 위한 '국방설치경영'의 또 다른 중요한 의미는 조선이 일본의 대륙 진출을 위한 인

---

57 최원규, 2019, 『한말 일제초기 국유지 조사와 토지조사사업』, 혜안, 253쪽.

58 朝鮮總督府, 1914, 『朝鮮總督府法令輯覽 上卷 1』, 日朝書房, 18-19쪽.

59 김익한, 2006, 「일제의 면 지배와 농촌사회구조의 변화」, 김동노 편, 『일제 식민지 시기의 통치체제 형성』, 혜안, 77-79쪽.

적·물적 기반을 제공하는 곳이 되어야 한다는 것이었다. 이는 북진을 위한 인프라를 구축하는 것으로 시작되었다. 우선 부산을 기점으로 한 조선종단철도가 만주로 연결되도록 한 1910년대 데라우치 총독의[60] 가장 긴요한 식산흥업정책의 3대 목표는 한반도를 통해서 섬나라 일본이 북부 대륙으로 진출하는 교통기구를 정비하는 것 곧 철도와 도로와 항만을 구축하는 것이었다. 철도 건설과 도로 개통, 항만 수축이 3대 목표였다. 데라우치의 조선식산흥업정책은 궁극적으로 제국일본의 대륙국가화를 위한 것이었다. 그러므로 데라우치는 대륙 진출을 위한 식민지 조선의 인프라 구축을 위하여 총독부의 재정 절반 이상을 쏟아부었다.[61]

데라우치는 시정에서 일본의 안보를 위한 국방설치경영을 최우선으로 했으므로 상대적으로 "산업의 개발과 경제적 이익은 제2위"였다고 평가되기도 했다.[62] 그렇지만 이는 조선을 통치하는 조선총독부 차원에서 국방과 경제 양자 간 우선순위의 문제였을 뿐이었다. 데라우치의 식산흥업정책은 조선총독정치에서 '국방'과 '경제'가 분리될 수 없는 것이라는 사실을 말한다. 러일전쟁 이후 급속히 성장한 일본 경제에 조선 경제를 예속시키는 일제 정책의 본질이 달라진 것은 아니었다. 그러한 조선 경제의 재편은 조선을 통한 '제국일본의 번영'이라는 북진정책의 조선교두보관으로 귀일되었다.

---

60 정재정, 1999, 앞의 책, 117-145쪽.
61 堀和生, 1982, 「朝鮮における植民地財政の展開: 1910-30年代初頭にかけて」, 飯沼二郎·姜在彦, 『植民地朝鮮の社會と抵抗』, 未來社, 176쪽; 정연태, 2005, 앞의 글, 78쪽. 구체적인 조선총독부의 세출입 내용에 대해서는 송규진, 2018, 『통계로 보는 일제강점기 사회경제사』, 고려대학교출판문화원, 186-193쪽 참조.
62 靑柳綱太郎, 1928, 앞의 책, 63쪽; 정연태, 2005, 앞의 글, 85쪽.

일본의 자본주의 경제 성장은 공산품과 자본 수출 시장의 확대, 그리고 노동임금의 상승 억제책을 요했다. 일본이 한국을 병합한 것은 제국을 표방한 자본주의 경제의 성장을 대륙 진출을 통해서 견인함으로써 명실공히 서양의 제국과 같아지기 위해서였다. 일본의 한국병합은 곧 '일본제국', 대륙국가 제국일본을 완성하는 길이었다. 일본의 한국 병합은 섬나라의 한계를 극복하고자 대륙으로 북진하여 대륙국가가 되기 위한 제국주의 팽창정책의 일환이었다. 이는 일본 지배세력이 한국을 대륙과 연결하는 징검다리와 같은 연육교로 보든, 대륙 진출의 교두보로 보든, 그 인식 여하와 관계없이 일치된 바였다. 후발 자본주의 국가 일본의 국가적 성장을 견인해내기 위해서는 조선 경제의 재편이 필수적으로 수반되어야 했다.[63] 이런 의미에서 데라우치의 조선산업개발은 조선 교두보관과 직결되어 조선 통치의 안정성을 확보하기 위한 정치경제적 기반을 구축하는 것이었다고 할 수 있다. 그것은 사실상 만주와 연결되는 조선의 인프라 정비를 통해서 시작되었다고 할 수 있다.

이러한 관점에서 볼 때 1910년대 데라우치가 시작한 일본제국주의의 조선 지배정책을 대표하는 토지조사사업과 「회사령」의 시행은 다음과 같은 의미를 갖는다고 할 수 있다. 이들 정책은 데라우치가 재래 육군의 북진대륙정책의 관점에 입각하여 한반도를 조선총독의 자율적 지배영역으로 구축하는 경제적 기반을 마련한다는 의미를 갖고 있었다. 데라우치는 조선 경제를 재편하는 과정에서 주도권을 잡아[64] 정치가 경제에 우선하여 조선산업화의 방식과 방향을 결정했다.

63　전상숙, 2012, 앞의 책, 2장 참조.
64　송규진, 2001, 『日帝下의 朝鮮貿易 硏究』, 고려대학교 민족문화연구원, 29쪽.

1910년대 전반기는 조선 경제를 일본의 후발 자본주의 경제체제에 예속된 식민지 경제체제로 재편성하는 기반을 구축하는 단계였다. 일본 제국주의는 화폐·금융제도·교통·통신 등 기간산업과 북진을 위한 인프라를 정비하며 근대적인 소유제를 도입한다는 명분으로 토지를 비롯한 조선의 1차 자원을 수탈했다. 토지조사사업을 실시하여 광대한 조선의 토지를 국유지로 편입하고 이를 동양척식주식회사 등에 매각했다. 1911년의 제령 제10호 「삼림령」과 1916년 임야조사사업을 통해서 삼림의 60퍼센트 이상을 국유림으로 만들었다. 1911년의 제령 제6호 「어업령」으로 한국의 어장을 일본인 중심으로 재편했다. 1911년부터 지질지표 광상조사를 실시하여 당장 채굴할 수 있는 금광과 은광 등 지하자원의 매장 장소와 채굴 가능한 자원 탐사를 진행했다. 그리하여 1915년에 제령 제8호 「광업령」을 제정하여 전체 광산의 75퍼센트 이상을 일본인이 점유하게 했다.[65] 이와 함께 1910년 제령 제13호로 제정한 「회사령」을 1911년 4월부터 시행하여 조선의 기업 발흥과 조선인 자본의 성장을 억제했다.[66] 조선에서 공업 자본이 성장하는 것을 억제하여 농업 중심의 산업 구조를 확립하고자 했다고 할 수 있다.[67]

특히 토지조사사업은, 인구의 절대 다수가 농업에 종사하는 조선에 사회경제적으로 가장 큰 영향을 미친 식민지정책이었다. 1910년 8월 한국 병합 직전에 토지조사국을 설치한 일본제국주의는 한국 병합 직후

---

65 송규진, 2018, 앞의 책, 123쪽.
66 서민교, 2009, 『1910년대 일제의 무단통치』, 독립기념관 한국독립운동사연구소, 57쪽.
67 김제정, 2018, 「1920년대초반 조선총독부의 산업정책과 조선인 자본가」, 『도시인문학연구』 10-2, 71쪽.

1910년 9월 30일 칙령 제361호로 「조선총독부임시토지조사국관제」를 제정해 10월 1일부터 시행했다. 데라우치는 토지제도가 "통치의 기본이오 정치를 하는 근간"이라고 했다. 토지조사사업은 식민지 조선의 토지에 일본 지주·자본가·금융자본이 투자할 수 있는 기반을 조성하기 위한 것이었다. 그것은 한국의 토지시장을 일본의 경제권에 편입시켜 일본의 지주·자본가·금융자본이 자유롭고 안정적으로 조선의 토지를 겸병하고 투자 활동을 확대할 수 있게 했다. 나아가 총독부는 토지조사사업을 통해 '국책'사업을 효과적으로 수행할 수 있는 토대를 구축하고자 했다.[68]

그러므로 토지조사는 한국을 보호국화할 때부터 일본제국주의가 가장 심혈을 기울인 사업의 하나였다. 일본은 한국을 이른바 '보호국'으로 통치하며 식민지화하기 위한 통치 재원을 조달하고 일본인의 토지 소유를 보장하기 위하여 한국의 토지제도와 토지소유 관습에 대한 법률적 조사를 시행하며 시정 개선 사업을 추진했다.[69] 대한제국의 재정고문 메가타 다네타로(目賀田種太郎)는 일본의 지조개정과 오키나와와 홋카이도의 토지정리와 토지정리사업에 참여한 경험을 토대로 일본인 측량기사를 초빙하여 한국인 측량기사와 기능직을 양성하는[70] 등 토지조사사업을 준비했다. 관습법 조사를 통해서 통감부는 1906년 부동산법조사회의 한국부동산에 관한 조사 기록, 1907년 법전조사국의 『한국관습조사보

---

68 최원규, 2019, 앞의 책, 228-229쪽.
69 이영학, 2008, 「일제의 토지조사사업과 기록관리」, 『역사문화연구』 30; 이영호, 2018, 『근대적 전환기 토지정책과 토지조사』, 서울대학교출판문화원; 최원규, 2019, 앞의 책.
70 배병일, 2015, 「일제하 토지조사사업의 비교법적 검토」, 『법학논고』 49, 848쪽.

고서』와 『부동산법조사요록』을 간행했다. 이어서 조선총독부 취조국은 『관습조사보고서(1910-1912)』 등을 간행했다. 이 관습 조사가 1912년부터 실시된 토지조사사업에 큰 영향을 미쳤다. 또한 통감부의 재정을 총괄하던 탁지부 차관 아라이 겐타로(荒井賢太郎)가 지시해 1909년 2월에 작성된 토지조사정책 제안서인 『토지조사강요』 등을 바탕으로 1910년 1월 탁지부는 『한국토지조사계획서』를 수립했다. 그리고 1910년 3월 15일에 토지조사국이 개설되었다.[71]

이를 조선총독이 된 데라우치가 1910년 10월 1일에 조선총독부 임시토지조사국으로 변경하여 토지조사사업을 본격화했다. 대한제국기에는 토지 관계 장부의 내용이 불분명하고 기록 내용이 정비되지 않아 토지 소유 관계는 물론 국공유지와 사유지의 한계도 확실히 판단하기 어려웠다. 데라우치는 토지조사사업을 통해 이른바 '근대적 토지제도'를 확립하여 총독부가 가용한 토지 정보를 확보하고자 했다. 한국 경제를 일본 경제에 예속시키는 첫걸음으로 삼은 것이었다.[72]

데라우치는 먼저 1911년 4월 제령 제3호 「토지수용령」을 제정해 공포했다. 관공청의 설립과 도로·철도 시설·국방군사·제철 등 광산업과 같이 정책적으로 필요한 경우 개인 소유의 토지를 무제한으로 수용할 수 있게 했다. 1911년 11월에 지적장부 작성에 착수하여 1912년에 제령 제2호 「토지조사령」, 제령 제7호 「조선민사령」, 제령 제9호 「조선부동산등기령」을 공포하며 전국적으로 토지조사사업을 단행했다. 이어서 1914년 3월 제령 제1호 「지세령」, 1914년 4월 제령 제45호 「토지대장

---

71 이영학, 2008, 앞의 글, 124-125쪽.
72 김운태, 1986, 『일본제국주의의 한국통치』, 박영사, 242쪽.

규칙」 등을 입법화하여 토지조사사업을 실행했다. 토지조사사업은 1918년 11월에 종료되었다.[73]

1918년에 일단락된 토지조사사업은 1910년대 조선 사회와 경제에 가장 큰 영향을 미쳤다. 조사, 사정, 재결의 단계를 거쳐서 이루어진 토지조사사업은 이른바 '근대적인 토지 소유제도'를 마련했다. 첫 번째 토지조사 단계에서는 토지의 소유권을 조사하여 법적으로 확인하고 그 가격을 조사하여 법정지가를 확정했다. 또한 지형과 지모를 조사하여 토지대장과 지적도가 작성되었다. 이에 기초하여 두 번째 사정 단계에서 토지 소유자 간 경계를 법적으로 확정하는 행정처분이 이루어졌다. 마지막으로 그 결과가 최종적으로 재결되었다. 이렇게 확정된 토지의 소유권은 법적으로 인정되는 배타적인 것으로서 과세의 기준이 되었다.[74]

1910년대 산업정책의 최우선 시책으로 토지조사사업을 시작한 데라우치 총독은 1912년 제령 제7호 「조선민사령」과 제령 제9호 「부동산등기령」을 통해서 토지소유권을 포함한 자본주의 소유권을 법적으로 보증하는 '근대적인 토지소유권제도'를 도입했다. 그러나 이 과정에서 종래 소유권 없이 실질적으로 토지를 경작해온 농민의 경작권이나 일반적인 소작권이 전혀 인정되지 않았다. 또한 대한제국 황실 소유의 궁장토 등이 전부 국유지로 편입되어 조선총독부 소유가 되었다. 종래 공전·역토·둔토·목장토 등 농민이 대대로 경작하여 사유지와 다름없이 간주되

---

73 박경식, 1986, 『일본제국주의의 조선지배』, 청아출판사, 70-71쪽; 배병일, 2015, 앞의 글, 848쪽.

74 朝鮮總督府, 1935, 『施政二十五年史』, 朝鮮總督府, 246-249쪽; 조석곤, 2003, 『한국 근대 토지제도의 형성』, 해남, 328-351쪽; 서민교, 2009, 앞의 책, 58쪽; 정연태, 2014, 『식민 권력과 한국 농업: 일제 식민농정의 동역학』, 서울대학교출판문화원, 169-170쪽; 최원규, 2019, 앞의 책, 225쪽.

던 토지들도 이른바 역둔토라는 이름으로 국유지로 편입되어 조선총독부 소유가 되었다. 역둔토는 1912년 현재 13만 3,633정보로 총경작지의 20분의 1, 소작인은 총 33만 3,748명에 이르렀다.[75]

이에 반해서 지주의 소유권은 종래 토지를 이용하지 않으면 인정되지 않았던 것이 토지 이용 여부와 관계없이 법적으로 보호받게 되었다.[76] 이러한 지주의 법적 토지소유권은 토지의 상품화를 촉진했다. 동시에 「조선민사령」과 일본의 민법이 의용되어 계약 자유의 원칙에 따라서 지주-소작 관계가 임대차 관계로 법제화되었다. 이는 관행적으로도 압도했던 지주의 소작권에 대한 영향력을 더욱 강화했다. 농업이 절대적인 비중을 차지했던 식민지 조선 사회에서는 상품화폐경제의 진전에 비해서 공업화가 미숙했다. 따라서 1910년대에는 농촌의 과잉인구를 흡수할 수 있는 도시공업이 미미한 실정이었다. 그러므로 농촌사회에서 토지 임대를 둘러싼 차지경쟁이 불가피해졌다. 이는 경작할 토지를 필요로 하는 농민을 착취하는 지주경영의 강화로 이어졌다. 그 결과 한국 사회에는 없던 '소작'이라는 일본어가 종래 지주제의 근간이던 병작제를 대체하는 용어로 사용되기 시작했다. 그리하여 식민지적으로 변화된 식민지주제를 반영하는 '소작'이라는 용어가 사용되며 소작제도가 일반화되었다.[77]

그러므로 토지조사사업의 목적이라고 선언된 소유권 보호라는 명목은 이 사업을 통해서 소유권을 갖게 된 조선총독부를 포함한 지주에게

---

75 印貞植, 1940, 『朝鮮の農業機構』, 白揚社, 60쪽; 박경식, 1986, 앞의 책, 68쪽; 서민교, 2009, 앞의 책, 58-59쪽.
76 최원규, 2019, 앞의 책, 226쪽.
77 정연태, 2014, 앞의 책, 170-212쪽.

국한된 것이었다. 또한 지주경영은 러일전쟁 이후 급속히 성장한 일본 자본가 계급의 이해관계가 반영된 식량 문제를 해결하는 농사개량정책을 통해서 더욱 강화되었다. 토지조사사업의 목적 중 하나로 표방된 지세 부담의 공평은 토지마다 확정된 법정지가에 동일한 세율을 곱하는 식으로 지세액을 산정했다. 그동안 토지대장에 파악되지 않았던 토지가 토지조사를 통해서 파악되어 지세가 부과되었다. 총독부의 지세 수입이 크게 늘어났다. 지세는 총독부가 조선 지배에 필요한 수입을 안정적으로 확보할 수 있는 재정의 원천이 되었다. 이와 같이 토지조사사업은 일본 제국주의가 조선을 지배하기 위한 재정 기반을 구축하는 핵심 사업이자[78] 조선 경제를 식민지적으로 예속시키는 초석이 되었다.

데라우치는 1911년 4월 제령 제3호 「토지수용령」을 제정해 공포함으로써 관공서 등 국가적 사업에 필요하면 무제한으로 개인 소유의 토지를 수용할 수 있게 했다.[79] 식민 통치기구는 '국가적 정책'을 이유로 개인 소유의 토지를 합법적으로 몰수할 수 있게 되었다. 이에 일본국 헌법의 적용 대상이 아닌 '외지' 조선의 조선인은 종래 관습적으로 인정되던 경작권을 상실하거나 토지를 몰수당해도 그 부당함을 호소할 곳도 법적 근거도 갖지 못했다. 식민지 조선에 근대적인 토지 소유권을 확립한 '근대적인' 법령은 '일본제국 헌법'이 적용되는 곳(內地, 일본 본토)과 일본 헌법을 적용하지 않는 곳(外地, 일본 이외 식민지)의 구별을[80] 전제로 시행된

---

78 박경식, 1986, 앞의 책, 69쪽; 배영순, 2002, 『한말 일제초기의 토지조사와 지세개정』, 영남대학교출판부, 315쪽; 조석곤, 2003, 앞의 책, 303-328쪽; 최원규, 2019, 앞의 책, 226-229쪽.

79 박경식, 1986, 앞의 책, 70-71쪽.

80 일본제국주의의 '내지' 일본과 '외지'에 대한 구분과 그 제국주의 정치적 의미에 대

조선총독정치를 통해서 이른바 국가의 이름으로 조선인 일반의 보편적인 국민적 권리를 보호하지 않았다. 이러한 점에서 토지조사사업이 갖는 식민지적 성격을 주목할 필요가 있다.[81] '일시동인'을 표방하면서도 '일본제국 헌법'이 적용되지 않는 '외지'로 규정한 민족차별적 제국주의 식민 지배정책의 전제와 근대성의 본질을 재고할 필요가 있다.

데라우치의 또 다른 조선산업개발정책을 대표하는「회사령」도 총독을 필두로 총독부가 통제할 수 있는 방식으로 시행되었다.「회사령」은 1910년 12월 29일 제령 제13호로 제정되어 1911년 4월 1일부터 시행되었다.「회사령」제1조와 제2조는 조선에서 회사를 설립하거나 조선 외부에서 설립된 회사가 조선에 본점이나 지점을 설치할 때 조선총독의 허가를 받아야 한다고 규정했다. 이는 일본에서 회사의 설립은 법적으로 자유라고 규정한 것과는 대조적이었다. 또한 제5조는 "회사가 본령(本令) 혹은 본령에 의거하여 발표되는 명령이나 허가의 조건에 위반하거나 또는 공공의 질서, 선량한 풍속에 반하는 행위를 하였을 때" 조선총독이 사업의 정지나 금지, 지점의 폐쇄나 회사의 해산을 명할 수 있다고 규정했다. 한마디로「회사령」은 조선에서 회사를 설립할 경우에는 조선총독의 허가를 받아야 한다는 것이었다.[82]

조선총독부가 표방한「회사령」의 목적은 다음과 같았다. 조선인은 법률상으로나 경제상으로 지식과 경험이 부족하기 때문에 복잡한 회사 조직을 가진 사업을 경영할 수 없고, 일본인 자본가 또한 조선의 실정을

해서는 전상숙, 2012, 앞의 글, 2장 참조.
81 이영호, 2018, 앞의 책, 513쪽.
82 『朝鮮總督府官報』號外, 1910.12.30; 小林英夫, 1994, 『植民地への企業進出: 朝鮮會社令の分析』, 柏書房, 26-30쪽.

모르기 때문에 예측하지 못한 손해를 입을 우려가 있어서 이를 미연에 방지하고 조선 산업이 건전하게 발달할 수 있게 하기 위한 것이었다.[83] 「회사령」을 통해서 총독이 조선으로 진출하려는 모든 회사를 검토해 허가함으로써 조선 산업을 안정적으로 발달시키겠다는 것이었다. 조선인의 회사 설립뿐만 아니라 일본 자본의 유입도 통제하겠다는 것이었다. 데라우치는 본국의 자본이 조선에 진출하며 함께 정당세력이 들어와 영향력이 커지는 것을 경계했다. 같은 맥락에서 데라우치는 1913년에 거류민단을 폐지하여 재조선 일본인의 자치를 억압했다.[84] 그러므로 「회사령」은 조선 지배의 전권을 가진 총독이 조선에서 행해지는 상공업 일체를 강력하게 통제하겠다는 경제통제 법령이었다고 할 수 있다.

통감부도 각종 인가의 효력과 기한에 관한 건으로 조선인의 회사 설립을 규제했지만 데라우치의 「회사령」은 그 대상을 일본인과 외국인 기업 등 모든 자본의 조선 진출과 경영을 포괄하는 것이었다. 이러한 「회사령」을 시행하는 데 대해 총독부 내에서도 반대가 있었다. 반대 의견은 조선을 개발하려면 가능한 한 일본 기업의 자금을 빨리 투자받아야 한다는 것이었다. 일본 기업이 지점을 설치하는 것조차 허가주의로 하는 것은 투자를 위축시켜서 자본의 흐름을 억제하는 것으로 「회사령」은 조선개발정책에 근본적으로 반한다는 것이었다. 그렇지만 헌병경찰제도를 통해서 무단적으로 조선 사회를 통제하는 체제를 구축한 데라우치는 주위의 반대를 무릅쓰며 조선산업개발을 통제할 수 있는 정책을

---

83 朝鮮總督府, 1935, 앞의 글, 116-117쪽.
84 이형식, 2019, 앞의 글, 22-23쪽.

단행했다.[85]

　데라우치가 「회사령」을 통해서 조선의 산업개발을 조선총독이 법적으로 통제할 수 있도록 한 것은 조선을 육군대륙정책의 교두보로서 자율적인 총독정치체제로 구축하기 위한 방책의 하나였다고 할 수 있다. 당초에 조선산업개발에 대한 통제권을 확보하지 않을 경우 조선의 산업에 투자한 일본 기업과 이와 연동된 일본의 지배세력으로부터 자율적으로 조선을 통치하기 힘들 것이었다. 이런 의미에서 고바야시 히데오(小林英夫)가 조선총독의 지배 전권을 활용한 무관 데라우치의 무단정치를 '식민지전제주의'라 하고, 「회사령」을 조선에서 경제활동하는 모든 사람들을 '평준'화하여 통제하는 '조선화' 시책이며 '조선화'가 '무단정치'의 상징이라고 한 것은 많은 것을 시사한다.[86]

　한편 데라우치가 통제하는 조선산업개발은 조선총독부의 식민 통치 경비를 자체적으로 조달하는 의미를 갖는 것이기도 했다. 한국 병합 당초에 일본 정부는 만성적인 재정 적자에 시달려 긴축재정을 실시하는 형편이었으므로 조선 통치에 활용할 수 있는 재정 능력이 제한적이었다. 게다가 다이쇼기의 시작으로 변화된 정계는 특별회계로 책정한 조선총독부의 지원금을 축소해갔다. 데라우치는 부족한 재정과 열악한 상황에서 일본이 만주와 직결되는 인프라를 구축하는 데 필요한 재원을 헌병 경찰제를 활용한 조선 수탈로 확충하여 쏟아부었다. 조선의 상공업 개발을 정책적으로 통제함으로써 조선 통치를 위한 인프라 구축에 활용하고

85　小林英夫, 1994, 앞의 책, 29-36쪽.
86　小林英夫, 1994, 위의 책, 7쪽; 이형식, 2011, 「무단통치 초기(1910.10-1914.4)의 조선총독부」, 『일본역사연구』 33, 174-175쪽.

자 했다.[87]

이러한 「회사령」은 조선에서 근대적인 대공업이 발흥하는 것을 억제하고 조선인의 해외 유학과 고등기술교육을 규제함으로써 조선인의 기술발전을 억압하는 조치와 함께 시행되었다.[88] 데라우치는 「회사령」을 통해서 조선인뿐 아니라 일본인 기업의 진출과 경영을 통제하며 조선인의 산업개발을 제한했지만 조선 거류 일본인의 산업활동은 적극 장려했다.[89] 물론 거류 일본인의 산업활동도 「회사령」을 통해서 선언한 바와 같이 조선총독의 통제하에서 이루어지는 것이었다. 총독부는 조선산업화를 위하여 회사를 허가하는 기준의 하나로 경합하는 동일 업종 기업을 동일 지역에 허가하지 않는다는 방침을 취했다. 그런데 이 기준은 일본인 기업이 총독부에 인허가를 신청해서 기간산업 부문을 장악하고 조선인 기업이 기간산업으로부터 배제되는 결과를 낳았다.[90] 결국 「회사령」은 애초에 조선에서 민족자본이 발생하는 것만 아니라 일본 자본이 진출하여 그와 연동된 일본의 정치세력이 영향력을 행사하는 것도 차단함으로써 데라우치가 조선의 산업개발을 독자적인 무단적 조선총독정치체제를 강화하는 데 활용되었다.

그 결과 〈표 1〉에서 볼 수 있는 바와 같이 데라우치가 총독으로 재임하는 기간 동안 일본인 회사의 수가 조선인 회사의 수에 비해 훨씬 많았고 조선인 회사의 납입 자본 또한 일본인 회사에 비해서 훨씬 적었다. 공

---

87 小林英夫, 1994, 위의 책, 7쪽·32-36쪽; 이윤상·김상태, 2005, 앞의 글.
88 허수열, 2005, 『개발 없는 개발: 일제하, 조선경제 개발의 현상과 본질』, 은행나무, 128-129쪽.
89 黑田甲子郞, 1920, 앞의 글, 623-624쪽.
90 小林英夫, 1994, 앞의 책, 80-81쪽.

〈표 1〉 민족별 회사 수, 자본 현황 (단위: 1,000원)

	조선인 회사			일본인 회사		
	회사 수	납입자본	회사당 자본	회사 수	납입자본	회사당 자본
1911	27	2,742	102	109	5,063	46
1913	39	4,906	126	132	7,046	53
1915	37	5,066	130	144	8,807	51

(文定昌, 1966, 『(군국일본) 조선강점36년사, 中』, 백문당, 144-146쪽)

〈표 2〉 민족별 공업 (단위: 1,000원)

	공장수		자본금		종업원 수		생산액	
	조선인	일본인	조선인	일본인	조선인	일본인	조선인	일본인
1911	66	185	637	9,826	2,397	10,613	1,969	16,920
1912	98	228	941	11,680	3,577	12,838	2,858	25,205
1913	139	391	1,015	15,962	2,669	17,171	2,818	32,353
1914	175	471	751	16,145	3,368	17,208	2,329	28,711
1915	205	564	1,038	18,178	3,447	20,424	3,420	36,287
1916	416	650	1252	21,713	5,175	22,992	5,439	47,173

(『朝鮮の商工業』, 1924; 박경식, 1986, 『일본제국주의의 조선지배』, 청아출판사, 105쪽)

업에 있어서도 일본인의 공장과 자본금·종업원 수가 월등하게 많아졌다. 일본은 제1차 세계대전을 계기로 긴축재정으로부터 벗어나 경제적으로 팽창하기 시작했다. 이에 따라서 조선으로 진출하는 일본 자본 또한 1915년 이후 두드러지게 많아졌다. 1910년대 조선인 공업도 절대 수치로는 일정한 성장을 보이지만 일본인 공업에 비하면 훨씬 낮았다. 조선인 공업 생산이 조선 경제에서 점한 비율은 극히 낮았다.[91]

「회사령」과 더불어서 데라우치는 모든 상업자들이 조선총독부의 정

---

91 구체적인 민족별 광공업 및 회사 수와 자본 및 규모에 대해서는 송규진, 2018, 앞의 책, 270-283쪽 참조.

책에 순응하고 협조하도록 1915년 7월 제령 제4호 「조선상업회의소령」을 공포했다. 「조선상업회의소령」은 기존에 조선인과 일본인이 각각 설립했던 상업회의소를 하나로 통합해 공공단체로서 조선총독부가 관리하게 했다. 총독부가 상업 종사자들이 자율적으로 자신들의 이익을 위한 정치활동을 할 수 없도록 감독하려는 것이었다. 이것은 「회사령」을 보완하는 의미가 있었다. 총독부는 상업회의소가 기본적으로 부(府) 지역에만 설립될 수 있도록 하여 재조 일본인 사회를 부분적으로 인정해주는 효과를 냈다. 반면에 조선인들의 경제적 기반이 일본인보다 우월한 지역에서는 상업회의소의 설립이나 상업회의소라는 명칭의 사용을 허가하지 않았다. 또한 조선인은 중상층 상공업자만 상업회의소 회원으로 받아들여졌다. 이에 반해서 일본인은 평균 이상의 경제력만 있으면 상업회의소 회원이 될 수 있었다. 「조선상업회의소령」은 철저하게 일본제국주의 식민지 경제 지배정책의 일환으로 제정된 것이었다. 이것은 조선의 모든 상공업자들이 총독부의 정책에 순응하지 않을 수 없게 했다. 또한 상업회의소는 대부분의 조선인들을 배제하고 일부 상층 상공업자만 포섭하였다. 일본인이 지역경제는 물론이고 지역사회에서 전반적으로 우위를 점하게 되었다.[92] 이러한 「상업회의소령」은 「회사령」과 함께 일상생활과 직결된 상업 부분에서도 조선총독부가 지원하는 일본인을 중심으로 조선 경제를 재편하는 기능을 했다.

이와 같이 데라우치는 한편으로는 토지조사사업을 통해 일본인들의 토지소유권과 지주 경영을 보장하고 다른 한편으로는 「회사령」과 「조선상업회의소령」을 통해 조선의 상공업을 재조 일본인 상공업자 중심으로

---

92 전성현, 2011, 『일제시기 조선 상업회의소 연구』, 도서출판 선인, 42-56쪽.

재편했다. 농촌에서는 조선인 지주들을 식민 지배의 동조 세력으로 포섭하고 도시에서는 회사의 설립과 상업회의소 참여에 대한 허가를 통해서 조선인 상층 자본가들을 친일 세력으로 포섭했다.

이와 함께 데라우치는 토지조사사업을 통해서 조세를 증징하고 각종 세금을 신설하여 총독부의 재정을 늘려나갔다. 그 결과 조선총독부의 경상세입이 1913년부터 경상세출을 웃돌기 시작했다. 1913년에 조선총독부는 본국 정부의 긴축정책에 부응한다면서 일본에서 들여오는 보충금을 줄여나가 조선의 재정을 독립시키기 위한 재정자립 계획을 수립했다.[93] 총독부의 조선 재정독립 계획은 앞에서 본 바와 같이 데라우치가 조선을 일본의 정치변동과 관계없이 안정적으로 통치하기 위하여 서둘러졌다.[94] 당초에 조선총독부의 재정을 특별회계화한 것 자체가 식민지 경영 비용을 자체 충당하고자 한 것이지만 해군벌과 정당세력의 득세는 조선의 인프라를 완비하는 산업화와 경비 지출에 제동을 걸었으므로 데라우치는 재정독립을 서둘렀다. 이는 결국 조선에서의 증세 곧 조세 수탈을 서둘러 강화함으로써 일본제국주의가 식민지 조선을 무상으로 경영하는 것이었다. 같은 맥락에서 데라우치는 1910년 조선과 일본 사이의 관세를 종래대로 유지하는 '특별관세제도'를 실시하여[95] 조선총독부의 조세 수입에 비중이 큰 관세가 유지되게 했다.

---

93 朝鮮總督府, 1913, 『朝鮮總督府施政年報』, 64쪽.
94 이형식, 2011, 앞의 글, 193-198쪽.
95 이윤상·김상태, 2005, 앞의 글, 144-15쪽; 송규진, 2001, 앞의 책, 24-29쪽; 김제정, 2018, 앞의 글, 72쪽.

3) 「조선교육령」 공포와 민족 차별 정책

데라우치가 육군대신으로서 한국을 병합하기 위해 통감으로 부임하기 전에 일본 정부와 결정한 한국 통치 방침 중 첫 번째가 일본국 헌법을 시행하지 않고 천황 대권으로 통치한다는 것이었다. 이것은 청일전쟁 이후 일본이 대만을 영유하면서 '제국헌법'을 적용하는 본국 일본(내지內地)과 적용하지 않는 일본 외부의 식민지(외지外地)를 구별하고 식민지 법제를 수립해 통치한 것을 조선에도 적용한 것이었다. 이는 '제국' 일본의 우월성에 입각하여 이른바 '내지'라고 칭한 일본과는 구별되는 '외지'라고 한 식민지 간의 다름을 격차로 전제한 것이었다. 법적 제도적으로 차별화(差別化)·차이화(差異化)된 지배정책을 시행한다는 것이었다. 일본국 헌법을 시행하지 않는 곳으로 설정된 '외지 조선'에서는 일본 제국헌법에 의거하지 않은 차별화된 정책을 시행한다는 의미였다. 일본제국주의는 본국과 식민지라는 말 대신에 '법역(法域)'이라는 법률용어를 사용하여 일본 제국헌법이 적용되는 법역을 의미하는 내지(內地) 일본과 법역 밖의 외지(外地) 곧 식민지를 구별했다. 이 법역에 의한 구별은 일본과 기타 외지의 '차이'를 이유로 '차별'하는 통치를 시행하는 데 그 목적이 있었다.

그런데 데라우치는 '일시동인(一視同仁)'에 입각한 조선 통치의 기본 방침과 '동화주의(同化主義)'를 표방했다. 『매일신보』에 의하면 1910년 12월 데라우치는 한 만찬회에서 "총독부는 점차로 동화의 목적을 달성하기를 기한다"고 했다. '점진적 동화주의'를 표방한 것이었다.[96] 또한

---

96 「식민학회 대회」, 『매일신보』, 1910.12.9.

1911년 11월「조선교육령」을 반포할 때에 "조선 민중은 우리 황상께옵서 일시동인하는 큰 은혜를 입어 일신일가(一身一家)의 복리를 향수하고 인문 발전에 공헌하여 제국 신민이 될 수 있을 것"이라고 했다.[97] 이른바 '천황의 일시동인'의 은혜로써 조선인이 교육을 받을 수 있게 되었다는 것이다. 여기에서 이른바 '일시동인에 입각한 동화주의'라는 데라우치의 통치 방침을 확인할 수 있다.

그러면 '동화'란 무엇인가. 학무국장 세키야 데이사부로(關屋貞三郎)에 의하면, 이때 '동화'의 의미는 다음과 같았다.

> 국민적 정신을 부여하는 것이었다. 日本 國民이라는 自覺을 갖게 하는 것이다. 이것은 朝鮮人을 바로 內地人으로 도야하는 것과 다르다. 다시 말해서 조선인을 日本 帝國 國民으로서 그 영예를 받고 행복하게 하기 위하여 國民으로서의 本分을 다하는 인물로 만드는 것이다.[98]

한마디로 '동화'란 병합된 한국인들이 이제 일본국가의 '국민'이 되었다는 것을 '자각'하여 '내지 일본인'과 같이 '국민'으로서 '본분을 다하는 인물'이 되어야 한다는 것을 말하는 것이었다. 그러나 조선인(조선 민족)을 내지인(일본 민족)으로 만들겠다는 것은 아니었다. 조선 민족과 일본 민족은 엄연히 구분되어야만 하는 것이었다. 다만 조선 민족을 '일본 국민'으로 편입시키겠다는 것뿐이었다.

---

97 『朝鮮總督府官報』, 1911.11.1.
98 關屋貞三郎, 1919,「朝鮮人敎育に就きて」,『朝鮮敎育硏究會雜誌』45, 8쪽.

이와 같은 일본제국주의의 일시동인의 동화주의에 입각한 조선 시정 방침은 일련의 제도적 개혁을 통해서 외지 조선을 일본과 일체화된 조직체계 속에 편입시켜 재편하는 것에 그치지 않았다. 나아가 한국인을 일본국 '국민으로서 본분을 다하는' 일본국 '국민'이 되도록 만드는 것이었다. 일본이 한국을 병합하여 한국은 이제 일본국의 한 지역을 의미하는 '조선'이 되었고 한국인은 일본 '국민'인 '조선인'이 되었으니 이를 받아들여야 한다는 것이었다. 이런 의미에서 데라우치가 표방한 동화주의는 일본제국주의의 외지 조선인에 대한 '일본 국민 만들기'와 한반도의 영구 복속 방침을 집약적으로 천명한 것이었다고 할 수 있다.

이러한 동화주의 시정방침에 입각하여 '조선인의 일본 국민 만들기'가 실제 정책 수준에서 구체적으로 제시된 것이 「조선교육령」이었다.[99] 「조선교육령」은 1911년 8월에 일본 정부가 '제국' 전체를 시야에 넣은 교육방침을 책정하여 일본의 교육칙어(敎育勅語) 정신에 입각한 칙령 제229호로 발표해 11월 1일부터 시행되었다.[100] 교육칙어의 정신이란 1890년 10월에 메이지 천황의 이름으로 발표된 「교육에 관한 칙어」에 나타난 일본제국 신민의 수신과 도덕 교육의 기본 규범을 말했다. 역대 일본천황이 확립한 국가와 도덕을 국민이 충성심과 효심으로 따르는 것이 '국체의 정화'이자 '교육의 근원'이라고 규정한 것이었다.[101]

---

99 전상숙, 2015, 「'한국인' 정치 참여 부재와 조선총독부의 관학을 통한 사회과학의 전개」, 『한국정치외교사논총』 37-1, 240-241쪽.

100 『朝鮮總督府官報』, 1911.9.2; 駒込武, 1996, 『植民地帝國日本の文化統合』, 岩波書店, 145쪽.

101 쓰지모토 마사시 외, 이기원·오성철 옮김, 2012, 『일본교육의 사회사』, 경인문화사; 가타기리 요시오, 이건상 옮김, 2011, 『일본 교육의 역사』, 논형.

「조선교육령」은 '교육칙어'의 마지막 부분에 "咸히 其德을 一케 하기를 庶幾할진며"라 한 것을 근거로 "민족, 종교를 불문하고 국민 일반에게 그 덕을 하나로 하여 동일한 국민성을 가지는 것을 원하시는 것을 짐작할 수 있다"고 주장하며 '조선인의 일본 국민화'를 표방한 것이었다. 일본천황의 절대적인 권위를 빌려 조선인과 일본인이 고대로부터 문화와 풍속이 유사하다는 것을 강조하며 조선인에게 일본 국민과 동일한 국민성을 갖도록 교육시키겠다는 것이었다.[102]

이와 같이 「조선교육령」은 동화주의에 의거하여 조선인을 교육시키는 방침으로 만들어졌다. 그 핵심은 제1조와 제2조에 명시되었다. 제1조는 "교육은 교육에 관한 칙어의 취지에 근거하여 충량한 국민을 육성하는 것을 본의로 한다." 제2조는 "시세(時勢)와 민도(民度)에 맞는 교육"을 시행한다고 했다. 제1조에서 "충량한 국민"을 "육성"한다는 것은 조선의 교육 방침을 선언한 것이었다. 그것은 1906년 통감부가 칙령 제40호 「학부직할학교 및 공립학교 관제」를 통해서 '소학교'를 '보통학교'로 개칭하여 설립한 공립 보통학교를 통해서 실시될 것이었다. 한국통감부 시기에 보통학교는 상급학교를 준비하는 기초교육을 실시하는 교육기관이 아니었다. "대다수의 조선인을 보통학교 졸업으로 일단 교육을 완료"하려 한 기관이었다.[103]

일본제국주의는 한국인에 대해 중등 이상의 교육을 상정하지 않았다. 조선인이 '일본 국민'이라고 하면서도 조선을 이른바 '외지' 곧 식

---

102 朝鮮總督府, 1918, 「敎育ニ關スル勅語ノ奉釋上特ニ注意スヘキ諸点」, 309쪽; 渡部學·阿部洋 編, 1991, 『日本植民地敎育政策史料集成: 朝鮮篇』16, 淸溪書舍, 3-9쪽.
103 幣原坦, 1919, 『朝鮮敎育論』, 六盟館, 145쪽.

민지로 설정하여 사실상 조선인이 사회적으로 진출하는 것을 막으려 한 것이다. 이런 의미에서 고마고메 다케시는 학력이 신분제를 대신하는 근대의 한 지표라는 측면에서 볼 때 보호국화를 경계로 일본은 한국에서 근대적인 교육제도가 보급되는 것을 저해했다고 지적했다.[104] 일본제국주의의 조선인 교육 방침은 조선인을 일본국의 하층민으로 '제국일본'에 편입시키는 것이었다고 할 수 있다. 이러한 총독부의 교육정책은 통감부 시기의 학정참여관 시데하라 다이라(幣原坦)가 일본어 보급과 간이교육 및 실용교육을 중심으로 작성한 '한국교육개량안'을 통감부의 교육 관료였던 조선총독부 초대 학무과장 구마모토 시게키치(隈本繁吉)가 이어간 것이었다.

구마모토는 「조선교육령」을 제정하는 기본 방침으로 다음 세 가지를 견지했다. 첫째, 조선인 교육은 일상생활에 필수적인 사항을 습득시킨다. 둘째, 학교 교육의 주안은 유교 도덕과 규율·절제·청결·공덕 등 일상의 필수 덕목을 기본으로 한다. 셋째, 정치와 교육의 혼동을 경계하고 근면하게 업에 종사하게 한다. 이 세 가지 방침은 식민지 조선인에 대한 교육은 실생활에 필요한 초등학교 수준의 '보통' '실용' 교육에 한정하고 일제가 요구하는 규율과 절제를 받아들여서 정치 문제에는 관심을 갖지 않도록 한다는 것이었다. 이러한 일제의 조선인 교육은 단지 일본 국민 만들기를 촉진하는 것이 아니었다. '외지 조선인' 교육은 '내지 일본'의 '국민'과 같이 국가의 일원으로서 제 능력을 발휘할 수 있도록 역량을 육성하는 것이 아니었다. 「조선교육령」은 일반적으로 초·중·고로 이어지는 근대적인 학제를 적용하지 않고 초등 수준의 교육으로 한국인

---

104 駒込武, 1996, 앞의 책, 104쪽.

교육을 한정했다. 그것도 일상생활에 필요한 실용교육을 중심으로 한다는 발상이었다.[105] 데라우치는 「조선교육령」 시행에 관한 훈령을 통해서 "보통학교는 반드시 상급학교의 예비교육을 하는 곳이 아니고 그 교육은 바로 수신, 처세에 기여하는 바가 되어야" 한다고 재확인했다.[106]

「조선교육령」의 또 다른 핵심은 제2조에 명시된 "시세와 민도에 맞는 교육"이었다. 이것은 데라우치의 명령으로 조선교육의 방침에 대해 연구한 조선총독부 학무국장 세키야 데이사부로가 「조선교육령의견서」에서 "조선의 교육은 시세와 민도에 적합하도록 해야 한다"고 했던 바에서 착안된 것이었다. 교육은 국민의 생활이나 문화 수준 정도를 의미하는 '민도'를 높인다. 그런데 조선총독부는 '시세와 민도에 적합'한 교육을 표방하여 외지 조선인의 일본 국민화 정도와 사회상을 조선총독부의 입장에서 평가하여 그 수준에 맞춰서 교육을 시행한다고 했다. 다시 말해서 식민지 조선은 일본보다 시세와 민도가 낮으니 그 수준에 맞춰 차별적으로 교육하겠다는 의미였다. 총독부는 상당한 비용을 필요로 하는 교육시설 향상과 정비를 생활수준이 열악한 조선인들이 감당할 수 없다고 했다. 교육시설을 갖추고자 경비를 부담할 만한 형편이 안 되는 조선인들에게 거액의 경제적 부담을 줄 수는 없으니 생활수준에 맞는 교육을 실시하겠다는 것이었다. 총독부는 무리해서 시설을 향상하여 외형만 번듯해지게 되면 아직 수준 낮은 조선인들이 허세가 들어 미풍양속을 파괴하고 경박한 풍조가 퍼지게 된다고 했다. 그러니 교육시설도 무리해서 향상

---

105 오성철, 2005, 「1910년대 일제의 식민지 교육정책과 한국인의 대응」, 권태억 외, 『한국 근대사회와 문화 II』, 225쪽.

106 高橋濱吉, 1927, 『朝鮮教育史考』, 帝國地方行政學會朝鮮本部, 389쪽.

할 것 없이 생활 형편에 맞춰 천천히 갖추어 나가야 한다는 것이었다.[107]

그러므로 「조선교육령」에서 제시한 이른바 '시세'와 '민도'에 적합한 교육이란 보통교육으로 완료되는 교육을 통하여 일본제국주의의 "충량한 국민을 육성"한다는 것을 의미했다. 조선 교육의 목적은 기본적으로 조선인을 '충량한 일본 국민'으로 만드는 것이었다. 차별적이고 열등한 교육을 통해서 일본제국주의의 '2등 국민'을 만드는 것이었다.

또한 데라우치는 「조선교육령」을 통해서 조선 교육 방침에 대한 법률적 기초를 수립한 데에서 나아가 교육체제의 대강이 총독의 허가를 받아 이루어지도록 했다. 「조선교육령」 제28조는 일체의 학교 설립과 운영이 조선총독의 허가를 받도록 규정했다. 제29조에서는 조선총독이 각급 학교에서 개설하는 교과목과 교육과정 및 교과서 등을 정하도록 규정했다.[108]

이러한 데라우치의 조선 교육 방침은 1908년에 대한제국 칙령 제62호로 제정된 「사립학교령」을 폐지하고 1911년 10월 조선총독부령 114호로 새로 「사립학교규칙」을 제정했을 때 예견된 것이었다. 「사립학교규칙」의 주요 내용은 학교의 설립과 운영 일체가 조선총독부의 인가를 받도록 한 것이었다. 교과서도 조선총독부가 편찬하거나 검정한 것을 사용하도록 규정했다. 한마디로 사립학교의 설립을 어렵게 한 것이다. 조선총독의 허가주의와 총독부의 통제는 1915년에 개정된 「사립학교규칙」에서 더 강화되었다. 개정된 규칙은 총독이 사립학교의 교육과정까지 공립학교와 동일하게 통제할 수 있도록 하여 사립학교의 조선인 교

107　高橋濱吉, 1927, 앞의 책, 389쪽.
108　『朝鮮總督府官報』, 1911.9.1.

육에 대한 통제를 강화했다. 초등교육도 일본에 비해서 수업 연한이 짧았다(4년). 이것도 지방의 사정에 따라 더욱 단축할 수 있게 했다. 교과목 중에서 한국인의 정체성과 직결된 역사와 지리 과목은 제외했다.[109] 초등교육은 조선인을 충량한 일본 국민으로 만드는 첫걸음인 '국어(일본어)'의 보급과 언어를 통한 '국민성 함양'에 주력하도록 했다.

이와 같이 데라우치는「조선교육령」을 통해서 일본제국주의가 실시하는 조선인 교육의 목적과 의미를 분명히 했다. 그것은 학교의 설립과 교육정책을 통제하여 '국어로서의 일본어'를 보급하고 조선인을 '충량한 일본 국가의 신민'으로서 '순량(順良)한 신민'으로 양성하는 것이었다.[110] 보호국체제에서 식민지 교육과 연속적으로 접속될 수 있는 국가적 교육체제를 준비하며 일본국 천황을 중심으로 한 국가적 이념 교육을 편의적으로 적용해간 일제의 교육정책이 데라우치를 통해서「조선교육령」으로 실현된 것이었다.「조선교육령」은「전문학교관제」(1916)를 통해서 통감부 시기부터 조선인들의 교육열을 흡수하며 체계적으로 고등교육체제를 수립해가던 사립학교들에서 조선인이 고등교육을 받을 수 있는 기회를 억제했다. 동시에 조선총독부가 직할 관립 전문학교를 설치하여 조선인들의 고등교육을 직접 통제할 수 있도록 관립 전문학교체제를 구축했다.[111]

당초에 일본국 헌법이 적용되지 않는 '외지'로 규정된 조선의「조선교육령」은 '동화주의'에 입각하여 조선인을 "충량한 신민"으로 만드는

---

109 髙橋濱吉, 1927, 앞의 책, 423-425쪽; 박혜진, 2015,『일제하 한국기독교와 미션스쿨』, 경인문화사, 36쪽.

110 駒込武, 1996, 앞의 책, 13쪽.

111 정준영, 2011,「식민지 제국대학의 존재방식: 경성제대와 식민지의 '대학자치론'」,『역사문제연구』26, 344쪽; 전상숙, 2015, 앞의 글, 23-24쪽.

것이 교육방침이라고 공포한 것이었다. 그러므로 조선총독부는 조선의 시세와 조선인의 민도가 '내지 일본'과 수준이 같지 않다고 하여 조선인들에 대한 차별적 교육 곧 열등한 교육을 실시했다. 이러한 일본제국주의의 조선에 대한 외지 설정과 민족적 차별정책은 교육에 한정된 것이 아니었다.

일본제국주의의 조선인에 대한 민족적 차별정책은 일본이 아직 진출하지 않은 간도나 연해주 지역에서 생활하는 한국인의 법적 신분을 규정할 때 극명하게 드러났다. 외지 조선인은 일본 헌법의 적용 대상이 아니므로 조선인은 법리상으로나 실질적으로 일본인이 아니었다. 그런데 데라우치는 조선 북쪽의 간도나 연해주에 거주하는 한국인 문제를 정책적으로 중요하게 고려했다. 앞에서 언급한 이른바 '조선인 보호'를 명분으로 간도파출소를 설치한 것도 같은 이유에서였다. 일본 내각은 1910년 7월 중국으로 귀화한 한국인의 귀화를 인정하지 않고 한국인으로 취급한다고 했다. 중국과 체결한 '간도에 관한 일청협약'에 의해 상업지 이외의 간도에 거주하는 일본 사법제도 밖에 존재하는 조선인들을 규제하고자 '특별히 일본 본토인과 동일한 지위'를 갖는 '일본 신민'으로 간주한다는 원칙을 병합 이전에 확정해놓았다.[112]

동시에 데라우치는 민적제도로 재조 일본인과 조선인을 구별하고 이를 분명히 하기 위하여 조선인이 일본식 성명조차 사용하지 못하게 했다. 그런데 간도 지역에서는 영사재판에서 한국인이 일본인과 동일한 일본 헌법의 적용을 받게 한 것이다. 일본 정부는 간도의 조선인이 신분관계를 제외하고는 일본인과 동일한 법적 지위를 갖도록 하여 조선독립

---

112   山本四郎 編, 1984, 『寺內正毅關係文書-首相以前』, 京都女子大學, 180-181쪽.

운동을 규제하고자 했다. 그렇지만 그들도 '조선'으로 들어오면 '외지' 조선인으로서 일본인과 차별하는 조선총독부의 법적용을 받았다.[113] 이러한 한반도 북쪽 간도 지역에 거주하는 한국인에 대한 이중적인 법적용은 외지로 설정된 '조선'과 '조선인'이 단지 일제의 직접적인 국익을 위한 국방 경비 구역을 확장하는 팽창 욕구를 충당하는 도구에 불과하다는 사실을 적나라하게 보여준다.

시세와 민도를 활용한 조선총독부 시정방침의 실상은 문명화나 근대적인 것들을 가능하게 하는 교육을 통해서 조선인들이 계층 이동하거나 시민의식이 성장하는 것 등을 제한하고 억제하는 것이었다.[114] 데라우치 총독이 「조선교육령」을 발포할 때 유고에서 역설했던 이른바 "일시동인의 큰 은혜를 입어 일신일가(一身一家)의 복리를 향수하고 인문의 발달에 공헌하여 제국 신민이 될 수 있을 것"이라 한 것과는 정반대였다.[115] 이것이 바로 「조선교육령」의 실상이었다.

이러한 데라우치의 시정은 한국을 병합하면서부터 시작된 민족분열 정책의 연장선에 있었다고 할 수 있다. 데라우치는 1910년 8월 29일에 「조선총독부황실령」 제14호 「조선귀족령」을 공포했다. 10월 16일에 조선 귀족을 임명하여 재래의 대한제국 황실을 재편하며[116] 한국 병합에 공헌한 한국인들을 병합의 '공신(功臣)'으로 특별히 우대하는 시책을[117]

---

113 도면회, 2005, 「1910년대 식민지 조선의 형사법과 조선인의 법적지위」, 권태억 외, 『한국 근대사회와 문화 II』, 서울대학교출판부, 174-176쪽.
114 駒込武, 1996, 앞의 책, 123쪽.
115 전상숙, 2017a, 『한국인의 근대 국가관, '민주공화국' 재고』, 선인, 102-106쪽.
116 이윤상, 2007, 「일제하 '조선 왕실'의 지위와 이왕직의 기능」, 『한국문화』 40, 319-324쪽.

실시했다. 일본제국주의는 대한제국의 황실을 이왕가(李王家)로 재편하여 일본천황제의 하부에 제도적으로 편입시켰다. 이는 이른바 '일시동인의 동화주의' 실시를 상징하는 것이었다. 외견상 구한국의 황실과 지배세력이 '일본제국'과 '일본황실'에 충군애국하는 일본국 국민의 일원이 되었다는 것을 공표함으로써 한국인 일반도 충군애국하면 일본국의 일본인으로서 일본인과 같은 대우를 받게 될 것이라는 것을 보여주기 위한 것이었다. 그러나 그 실상은 구한국 황실을 일본 황실과 위계적으로 낮은 '이왕가'로 폄하하고 나아가 일본 황실 혈족과의 혼인을 통해서 형해화하여 일본천황제에 편입시킨 것이었다. 그럼으로써 대한제국의 황실이 한민족의 상징으로서 항일 민족운동의 구심력으로 활성화될 수 있는 가능성을 원천적으로 차단하는 정치적인 의미를 내포한 것이었다.

2. 항일 민족운동을 강력히 탄압한 2대 총독 하세가와 요시미치

초대 조선총독 데라우치는 1916년 10월 일본 총리대신으로 영전했다. 그 후임으로 한국을 보호국화할 당시 조슈벌 육군대장으로서 한국주차군사령관에 임명된 하세가와 요시미치(長谷川好道, 1850-1924)가 제2대 조선총독이 되었다. 하세가와는 러일전쟁 이후 주류로 승승장구하

---

117 이형식, 2005, 「조선귀족과 일본귀족과의 관계에 대한 자료조사 및 해제」, 친일반민족행위진상규명위원회, 『친일반민족행위진상규명위원회 2005년도 보고서』, 친일반민족행위진상규명위원회, 2-3쪽.

며 군인 최고위직에까지 오른 인물이었다. 그렇지만 그는 1912년 1월부터 1915년 12월 일본 육군참모총장으로 재임할 때 육군의 조선주둔군 2개 사단 증설 문제와 관련하여 육군대신 우에하라 유사쿠의 사직 문제를 일으키고 군부대신 현역무관제 폐지를 저지하지 못하여 군부 내에서 역량이 의문시된 인물이었다. 당초에 하세가와는 조선총독을 고사했다. 그러나 조슈벌의 수장 야마가타와 데라우치의 설득으로 조선총독에 취임했다. 그는 식민지 조선을 '아성'으로 삼은 육군 조슈벌과 정당정치의 약진을 저지하려는 일본 원로의 후원으로 조선총독이 되었다.[118]

하세가와가 조선총독이 된 것은 데라우치가 내각수반으로 영전한 것과 같은 정치적 맥락에 있었다. 다이쇼데모크라시 풍조가 확산되는 것을 고심하던 원로와 군부가 정우회의 야마모토 곤노효에(山本權兵衛, 1852-1933) 내각이 '지멘스사건'으로 퇴진하자 정당세력의 정치적인 약진을 제지하고 대륙정책을 위한 조선 지배의 안정성을 공고히 하고자 한 것이었다. '다이쇼데모크라시' 풍조는 데라우치가 전임 조선총독으로 유임되어 있을 때 다이쇼(大正) 천황이 즉위하며 사회적으로 새로운 시대에 대한 기대 속에서 고조되어 1910년대에서 1920년대로 이어진 일본 정치의 변화를 야기했다. 1911년 중국에서 신해혁명이 일어나자 일본 육군은 조선의 치안 유지를 이유로 조선주둔군 2개 사단의 증설을 요구했다. 이를 사이온지 내각이 거부하자 육군벌은 군통수권을 근거로 육군대신을 사직시키고 후임을 임명하지 않아 내각의 총사직을 야기하는 등

---

[118] 조명철, 1996, 「제2대 조선총독 하세가와 요시미치」, 친일문제연구회 엮음, 『조선총독10인』, 가람기획, 79-107쪽; 이형식, 2019, 「조슈파 데라우치 마사타케(寺內正毅)와 조선 통치」, 『역사와 담론』 91, 17-18쪽.

정치적 갈등을 표출했다. 이러한 육군벌의 독단적 행위에 대하여 입헌국민당과 입헌정우회를 중심으로 '벌족 타파와 헌정 옹호'를 주창하는 운동이 전국적으로 일어났다. 그 결과 제3차 가쓰라 내각의 사직을 이끌어 낸 '다이쇼정변'이 발생했다. 이를 정점으로 이른바 '다이쇼데모크라시' 풍조가 1910년대 일본 정치변화의 흐름을 이끌었다.[119]

이와 같은 데모크라시 풍조와 조슈벌 데라우치의 내각수반 영전은 역행하는 것이었다. 데라우치 내각은, 다이쇼정변으로 출범한 정우회의 해군대장 출신 야마모토 내각이 1914년 군함 구입비 부정사건(지멘스사건)으로 퇴진하자 원로와 군부가 정계를 은퇴했던 오쿠마 시게노부(大隈重信, 1832-1922)를 복귀시키고 그 후임 내각을 중간내각이라고 하여 초연내각(超然內閣)으로 성립된 것이었다. 초연내각은 일반적으로 특정 정당이나 정파에 한정되지 않고 여야가 함께 초당적으로 정부를 운영하는 것을 일컫는다. 그렇지만 데라우치 내각은 사실상 해군대신을 제외하면 모두 야마가타계의 군벌내각이었다. 앞서 군부에 의해서 정계에 복귀했던 오쿠마도 입헌동지회를 여당으로 조직해 수상이 되었지만 육군 2개 사단의 조선 증설계획과 해군확장안을 가결시켰다. 그리고 제1차 세계대전이 발발하자 독일에게 선전포고를 하고 중국에 21개조 요구를 하여 군부의 대륙 팽창 의지를 대변했다. 그 후임으로 데라우치가 임명된 것은 일본 정치에 영향력이 큰 원로와 군부가 다수당 정우회와 타협하여 정치적 영향력을 유지하면서 정당세력의 관여를 사실상 피하여[120] 지연

---

119 박석순 외, 2005, 『일본사』, 대한교과서주식회사; 전상숙, 2012, 앞의 책, 55-57쪽·118-121쪽.

120 靑柳綱太郞, 1928, 앞의 책, 364-366쪽.

된 북진대륙정책을 촉진하려는 것이었다.

사회적으로는 다이쇼데모크라시 풍조가 확산되고 있었지만 메이지 근대 일본 국가체제를 수립한 원로와 군통수권을 가진 육군벌은 그와 역행하는 종래와 같은 정치적 행보를 계속했던 것이다. 그들은 군통수권을 통해서 정당정치의 고양을 저지하고 북진대륙정책을 추진하고자 데라우치를 앞세워 '초연내각'을 구성하며 후임 조선총독에 조슈벌 출신을 임명했다. 이와 같이 다이쇼데모크라시 풍조가 확산되는 이면에서 재래의 군벌을 비롯한 일본 지배세력은 국책으로 확정한 '일본제국국방방침'의 북진대륙정책을 변함없이 추진하기 위하여 부단히 움직였다. 아직 그들의 정치적 영향력은 견고했다.

하세가와는 한국주차군사령관 당시 강경한 무단정책을 주장했던 인물이다.[121] 그는 조슈벌 내에서는 능력을 의심받았지만[122] 조선 사정에는 정통했기 때문에 데라우치 총독의 후임을 "군인 중에서 찾는다면 하세가와 원수(元帥) 이외에는 없을 것"이라고 평가되었다.[123] 그러나 같은 조슈벌이면서도 가쓰라 데라우치와는 달리 시종 정치에는 관심이 없었다고 한다. 또한 정치가적인 소질도 없는 무단적 색채가 강한 순 군인이었다고 한다.[124] 그러므로 그의 조선 지배정책은 데라우치 총독의 시책을 답습하며 무단적 통제를 강화하는 것으로 전개되었다. 하세가와는 이 사실을 굳이 감추지 않고 공공연히 천명했다.[125]

---

121 이승희, 2019, 「하세가와 요시미치의 대한 군사·치안 정책」, 『일본학보』 121.
122 이형식, 2019, 앞의 글, 17쪽.
123 『東京朝日新聞』, 1916.10.4.
124 臼井勝美·高村直助·鳥海靖·由井正臣 編, 2002, 『日本近現代人名辭典』, 吉川弘文館, 826쪽.

그 결과 하세가와의 무단정치는 데라우치의 7년간의 무단정치에 비하여 "치국평천하의 정치적 고심이나 정치적 기술(政術)이 하나도 새로울 것이 없고 단지 무정책무정술(無政策無政術)이었다"고 평가되었다.[126] 하세가와는 같은 조슈벌의 데라우치가 조각하며 조선총독으로 부임했지만 정당세력을 배제하고 '초연내각'으로 출범한 '비입헌' 데라우치 내각이 1918년 9월 쌀소동으로 무너지자 교체되었다. 데라우치의 뒤를 이어 정우회의 평민 수상인 하라 다카시(原敬) 내각이 들어섰다. 하라 내각은 육·해군과 외무대신 말고는 모두 다수당인 정우회원으로 구성된 말 그대로 본격적인 정당내각이었다.[127] 하라 수상은 군벌의 정치 참여에 비판적이었다.

하라 내각은 데라우치 통치의 연장인 하세가와 총독의 조선 지배에 부정적이었다. 군벌의 조선 통치가 한국 병합 이후 수년이 지났음에도 병합 당초의 사고에서 벗어나지 못했다고 평가했다. 정당내각의 하세가와 총독정치에 대한 비판은 무엇보다도 하세가와가 새로운 세계사조의 영향에 대비하지 못했다는 것이었다. 제1차 세계대전의 영향으로 제국주의로 전개된 자유주의에 대한 이른바 '개조' 사조가 세계적으로 확산되고 있었다. 이러한 상황에서 조선총독 하세가와가 그것이 조선에 미치게 될 정치·경제적인 영향에 대비하지 못했다는 것이었다. 세계대전의 영향으로 고조된 민족운동이 한국인의 민족사상에 미칠 파장을[128] 예상

---

125 朝鮮總督府, 1935, 앞의 책, 238쪽.
126 靑柳綱太郞, 1928, 앞의 책, 367쪽.
127 전상숙, 2012, 앞의 책, 117쪽.
128 전상숙, 2010, 「일제하 한국 민족주의와 사회주의의 접합」, 전상숙 외, 『한국 민족주의와 변혁적 이념체계』, 나남, 99-106쪽.

하고 대처하치 못했다는 것이었다. 다시 말해서 3·1운동과 같은 항일 민족운동이 거족적으로 발발할 수 있다는 것을 예상하지 못해 미연에 방지하지 못했다는 것이었다.[129]

그렇지만 하세가와는 예상치 못한 한국인들의 민족적 항거인 3·1운동을 철저히 탄압하여 진압했다. 군대를 동원하여 대규모의 학살을 자행했다. 그 결과 일본 안팎에서 공개적으로 무단통치에 대한 비판이 일어났다. 3·1운동과 이에 대한 하세가와 총독의 무단적 진압은 다이쇼데모크라시를 배경으로 집권한 정당내각이 비판적이었던 군부의 무단식민통치를 자신들의 방식으로 바꾸어 식민지를 정당정치화하는 기회로 활용되었다.

1) 면제 시행과 지속된 무단통치

하세가와 총독은 전임 데라우치 총독이 1914년에 헌병경찰을 앞세워 단행한 군면동리 통폐합에 이어서 1917년 6월 제령 제1호 「면제(面制)」와 총독부령 제34호 「면제시행규칙」을 발하여 면제를 시행했다. 1914년에는 군면동리 통폐합과 동시에 거류민단 및 거류지제도 철폐도 단행했다. 종래의 거류지 및 거류민단 설치 지역을 부(府) 행정구역에 편입하고, 재래의 각국 거류지회·거류민단·한성위생회를 철폐했다. 재조선 거류민을 국적에 관계없이 동일한 지방제도로 통치할 수 있게 정리한 것이다. 부제는 일본인 집주지역을 부로 편입했다. 부협의회를 설치해 부윤의 자문기관으로 했다. 일본인과 조선인을 함께 회원으로 선임하

---

129 朝鮮總督府, 1940, 『施政三十年史』, 朝鮮總督府, 102쪽.

여 부행정에 참여시켜 조선인을 회유하고자 했다. 이러한 지방행정 정리로 한반도 전체가 조선총독부의 통치체제로 일원화되었다. 조선총독부가 지방 말단 지역까지 통제할 수 있게 되었다.[130] 이렇게 1914년에 지방행정구역이 정비되었지만 사실 구획의 재편이나 지명의 변경 등에 대한 저항도 만만치 않아서 조선총독부가 지방 말단까지 직접 통제하는 것은 사실상 불가능했다. 때문에 총독부는 다수의 조선인들을 지방관으로 활용했다.

바로 그런 이유로 하세가와는 1917년에 면제를 시행하여 지방 말단까지 조선총독부의 직접적인 통제력이 미치지 못하는 부분을 개선했다. 면의 행정력을 강화하여 총독부의 지방 장악력을 법제적으로 공고히 했다. 새로 시행된 면제는 면을 중심으로 군(郡)과 동·리(洞里)가 결합된 군-면-동·리제를 구축했다. 동리 소유의 일부 재산(논과 밭 등)을 면 소유의 재산으로 편입시키는 등의 방법을 통해 면의 기본 재산을 조성하고, 면이 다양한 공공사업을 독자적으로 추진할 수 있게 했다. 그 결과 면은 지방행정의 중심기구가 되고, 동리는 면 아래 지방행정 보조기구로 되었다. 동리는 이제 관의 지시와 시책을 말단 촌락의 개개인에게 전달하는 기능을 수행하게 되었다.[131]

이러한 조선의 면제는 일본의 정촌제(町村制)를 차용하면서도 그것이 갖고 있는 자치제도의 기능은 도입하지 않은 것이었다. 정치적 기능을

---

130 김운태, 1986, 앞의 책, 214-215쪽; 홍순권, 1997, 「일제초기의 면 운영과 '조선면제'의 성립」, 『역사와현실』 23, 141-158쪽·164-168쪽.

131 朝鮮總督府, 1918, 「敎育二關スル勅語ノ奉釋上特二注意スヘキ諸点」, 渡部學·阿部洋 編, 1991, 『日本植民地敎育政策史料集成: 朝鮮篇』 16, 淸溪書舍, 5-6쪽; 홍순권, 1997, 앞의 글, 164-168쪽.

뺀 것이었다. 단지 경제적으로 재산을 소유하고 공공사업을 경영할 수 있는 능력만 인정한 것이다. 그런데 조선총독이 지정하는 일본인이 주로 거주하는 지정면에는 산업의 발달 정도 등을 고려하여 자문기구인 상담역을 둘 수 있었다. 또한 면의 기채(起債) 능력을 인정했다. 결국 개정된 면제는 면을 잘 정비된 말단 행정 단위로 강화시켜서 조선총독부의 행정 명령이 지역 말단의 개개인에게까지 곧바로 미칠 수 있도록 한 것이다.

3·1운동을 경험한 조선총독부는 자치제가 "민족의 자각심을 자극"하는 요소가 된다고 생각하여 통제를 강화했다. 그러나 "경제의 발달에 경주"한다는 의미에서 면의 공공사업에 대한 경영은 일정 부분을 허가제로 했다. 면의 자치 기능은 말살하고 통제를 강화하는 데 역점을 둔 것이다. 면제를 시행한 것은 1914년의 지방행정정리로는 부족했던 말단 행정에 대한 통제를 강화한 것이었다. 그 효과를 거두기 위해서는 면제를 철저히 감독하고 운영할 수 있는 이른바 '양질'의 면장과 면리원을 확보하는 것이 중요했다. 조선총독부는 "사람을 얻지 못하면 면제의 효과를 거두는 것이 곤란할 뿐만 아니라 오히려 폐해를 양성할 위험이 없지 않다"고 판단했다. 기존의 자치적 동리 운영과는 다른 차원에서 동리를 이끌어갈 새로운 '적임자'를 모색했다. 동리장이라는 명칭 대신 구장이라는 새로운 명칭을 사용하여 친일적인 '양질'의 인물을 새로운 동리의 장으로 이끌어냈다. 이러한 면제의 시행은 1910년의 관제 → 1914년의 통폐합 → 1917년의 면제라는 일련의 과정을 통해서 1910년대 지방통치제도를 정비한 귀결점을 이루었다. 그리하여 1918년까지 종래의 동리자 2명 가운데 1명의 직이 해제되고, 이 과정에서 그 직을 유지하려면 조선총독부에 협조하지 않으면 안 되는 구조가 마련되었다. 이는 관행적으로 이루어지던 동리 자치의 관행을 전반적으로 약화시키고, 그 대신에

면의 행정력을 강화시켰다. 그 결과 조선총독부의 지방 지배를 강화시켰다. 이러한 의미에서 1910년대는 동리 자치나 면 자치에 대신하여 조선총독부의 지방 지배가 관철되어가는 초기 단계였다고 할 수 있다. 조선인 지배층의 사회적 영향력이 점차 해제되어간 시기였다. 이에 따라 자치적 지역 운영과 조선총독부의 행정지배가 길항관계를 나타낸 시기였다. 조선총독부는 아직 완성되지 않은 행정지배의 공백을 헌병경찰을 통해서 메우고자 했다.[132]

하세가와는 면제를 통해서 조선총독부의 행정력이 지역 말단까지 직접 통제할 수 있도록 함으로써 1910년대 조선의 무단통치체제 구축을 일단락지었다고 할 수 있다. 고유 업무와 호적, 징세, 선거 등의 사무를 처리하는 말단 행정기관인 면의 행정력은 식민 통치의 성패를 좌우하는 핵심이었다. 하세가와는 1914년 행정구역 개편에 이은 1917년 면제의 실시를 통해서 재정 기반을 확보하고 행정력을 강화했다.[133]

그러나 이러한 조선총독부의 무단적 통제체제 구축과 헌병경찰을 통한 무단 지배는 역으로 한국인들의 민족적 저항의식을 오히려 자극했다.[134] 데라우치는 국경 경비를 위하여 헌병을 이용하면서도 중국의 반응을 보며 완급을 조절하여 제한적으로 활용했었다. 이에 비해서 하세가와는 노골적으로 대규모의 일본군 헌병과 수비대를 월경시켜서 압록강

---

132 김익한, 1996b, 「1920년대 일제의 지방지배정책과 그 성격」, 『한국사연구』 93, 222-267쪽; 김익한, 2006, 「일제의 면 지배와 농촌사회구조의 변화」, 김동노 편, 『일제 식민지 시기의 통치체제 형성』, 혜안, 79-83쪽.

133 이명학, 2020, 「일제시기 행정구역의 개편과 명칭의 변화: 면을 중심으로」, 『한국독립운동사연구』 70, 152쪽.

134 전상숙, 2012, 앞의 책, 143-163쪽.

과 두만강 연안 중국 영내로 침입하는 일을 반복했다.[135] 또한 그는 전근대적인 신체형을 근대적인 형식 속에 존속시킨 태형을 집행하는 범위를 확장하여 조선인에 대한 무단 통제도 강화하고자 했다.[136] 결과적으로 조선인에 대한 태형 집행 범위의 확장은 일본 정부의 반대로 이루어지지 않았지만, 하세가와는 인민을 어루만질 생각이 없다는 비난을 초래했다. 하세가와는 조선국경 경비를 명목으로 공세적인 북진의 기회를 만들고자 한 전형적인 조슈 군벌이었다.

조선의 무단통치체제를 강화한 하세가와 총독은 전혀 예상하지 못한 조선인의 민족적 항거인 3·1운동이 발생하자 처음에는 사태의 확산을 막고 단속하고자 각종 유고를 발표하며 민심을 되돌리려고 했다.[137] 그러나 3·1운동은 전국으로 확산되며 불길이 거세졌다. 그는 군과 경찰을 동원하여 무자비하게 진압했다.[138] 또한 검거된 이들에게 가능한 한 중형을 가하여 재발을 방지하고자 했다. 3·1운동이 한창 진행 중이던 1919년 4월 15일 하세가와는 3·1운동 참가자들을 처벌하기 위하여 제령 제7호 「정치에 관한 범죄처벌 건」을 제정해 실시했다. 당시 이 법은 3·1운동에 대한 조선총독부의 대응이라는 의미에서 '소요처벌령'이라고 불렸다. 1919년 제령 제7호는 조선총독부 사법부 법무과장 야마구치 사다마사

---

135 이승희, 2019, 앞의 글, 220-221쪽; 1910년대 국경경비에 관해서는 松田利彦, 2015, 「1910年代における朝鮮總督府の國境警備政策」, 『人文學報』 106 참조.
136 염복규, 2004, 「1910년대 일제의 태형제도 시행과 운용」, 『역사와현실』 53 참조.
137 강동진, 1980, 『일제의 한국침략정책사』, 한길사, 156-164쪽; 황민호, 2006, 「『매일신보』에 나타난 3·1운동의 전개와 조선총독부의 대응」, 『한국독립운동사연구』 26.
138 윤병석, 1969, 「삼일운동에 대한 일본정부의 정책」, 『삼일운동50주년기념논집』, 동아일보사; 채영국, 1992, 「삼일운동 전후 일제 조선군」, 『한국독립운동사연구』 6.

(山口貞昌)가 작성해서 동경의 법제국과 교섭해 만든 것이었다.[139]

이 법령은 일본제국주의가 조선인 항일 민족운동을 총체적으로 어떻게 접근하고 인식했는지 잘 보여준다. 제정 당일 공포되어 시행된 「정치에 관한 범죄처벌 건」의 내용은 간략했다. 1907년에 일본의 치안경찰법을 모방하여 한국인 개개인의 정치적 언동을 통제하고자 제정했던 「보안법」을 보완한 것이었다. 그 핵심은 일체의 항일적 언동을 금지하여 조선인을 엄벌하는 동시에 회유하도록 것이었다.

> 제1조 ① 정치의 변혁(變革)을 목적으로 하여 다수 공동으로 안녕 질서를 방해하거나 방해하고자 하는 자는 10년 이하의 징역 또는 금고에 처한다. 다만 형법 제2편 제2장의 규정에 해당하는 때에는 이 영을 적용하지 아니한다.
> ② 전항의 행위를 하게 할 목적으로 선동한 자의 죄도 전항과 같다.
> 제2조 전조의 죄를 범한 자가 발각 전에 자수한 때에는 형을 경감하거나 면제한다.
> 제3조 이 영은 제국(帝國) 외에서 제1조의 죄를 범한 제국신민에게도 적용한다.[140]

제령 제7호의 특성은 무엇보다도 제3조에서 '제국' 밖 곧 한반도에서

---

139 『每日新報』, 1919.4.16; 水野直樹, 2000, 「治安維持法の制定と植民地朝鮮」, 『人文學報』 83, 105쪽.
140 제령 제7호 「정치에 관한 범죄처벌의 건」, 『朝鮮總督府官報』, 1919.4.15. 호외.

전개되는 일체의 항일운동을 탄압할 수 있도록 한 데 있었다. '제국신민' 일반에게 그 효력이 미치도록 함으로써 일본인이나 일본 국적을 가진 외국인 중에서도 반일이나 반제국주의 민족독립운동에 동정적인 사람들을 처벌하고 그에 대한 형량을 가중했다. 「보안법」의 최고 형량은 2년이었다. 여기서 대폭 증량하여 최고 10년 형을 가할 수 있게 했다. 그런데 그 범죄를 구성하는 핵심 내용을 명시한 제1조를 보면 그 대상은 다음과 같았다. "정치의 변혁"을 목적으로 한 "안녕 질서의 방해"나 "방해하고자 하는 자"라고 한 것이었다. 처벌의 대상이 범법행위를 행한 자에 국한되지 않았다. 앞으로 "행하고자 하는 자"까지 처벌 대상이라고 명시했다. 이는 검거와 처벌의 대상을 전방위적으로 확산하여 이현령비현령(耳懸鈴鼻懸鈴)으로 사용될 수 있는 것이었다. 조선총독부 당국의 입장에서 임의로 검거와 처벌을 할 수 있도록 한 것이었다. 특히 그 대상을 '정치변혁'을 목적으로 한 것은 그 내용과 관계없이 조선총독부의 시책에 비판적이라고 판단되는 것 일체를 '정치변혁'으로 보겠다는 의미였다. 조선총독부의 심기와 비위를 거스르는 것은 모두 검거의 대상이 된다고 명시한 것과 같았다.

또한 "안녕 질서"를 "방해"하거나 "방해하고자 하는 자"라고 한 것은 조선총독부 당국의 입장에서 임의로 판단하겠다는 의미였다. 아직 행위가 일어나지 않은 건에 대하여도 단속할 수 있도록 한 것이었다. 그것도 "10년 이하의 징역 또는 금고"에 처하겠다는 것이었다. 더 나아가 제1조는, 형법 제2편 제2장에서 규정된 내란죄에 해당하는 자에 대해서는 제령 제7호를 적용하지 않는다고 했다. 1918년에 폐지된 형법대전을 대신한 형법 제77조와 제78조에서 규정된 내란죄로 처벌하겠다고 했다. 내란죄는 정부를 전복하거나 조헌(朝憲)을 문란시키고자 폭동을 일으킨 죄를 범한 자를 최고 사형까지 부여할 수 있게 한 것이었다.[141] 결국 3·1운동 참가자들에게 최종적으로 내란죄가 적용되지는 않았다. 그렇지만 하세가와가 얼마나 극단적으로 3·1운동을 진압하고자 했는지 잘 보여주었다.

1919년 제령 제7호는 조선총독부와 일본 정부의 사법 당국자들이 교섭하여 3·1운동에 대한 대응책으로 작성한 것이었다. 따라서 제령 제7호를 실시한 것은 일본제국주의가 한국인의 민족적 저항운동을 어떻게 보는지 그 기본적인 인식과 접근 방식을 잘 드러냈다고 할 수 있다. 한국인의 항일 저항은 무조건, 단지 저항적으로 보이기만 해도 기본적으로 일본제국주의 지배체제를 전복시키려는 '정치변혁'이자 내란 행위로 보는 것이었다. 비록 행동으로 표출되지 않더라도 한국인의 행위가 일본제국주의의 '안녕과 질서'를 '방해'한다고 판단되거나 그럴 여지가 있어 보인다고 생각되면 일단 처벌해야 한다는 것이 기본 입장이었다. 그 의지가 처벌 강화로 표출된 것이 1919년의 제령 제7호였다.

이러한 한국인에 대한 인식과 항일운동에 대한 접근 방식은 군벌뿐만 아니라 정당내각 역시 마찬가지였다. '다이쇼데모크라시'는 '내지' 일본에서 작동하는 것이었지 '외지' 조선에서도 작용하는 것이 아니었다. 오히려 그것이 미칠 영향을 고려하여 사전에 근본적으로 차단해야만 하는 것이었다. 하세가와의 무단통제 강화는 항일 민족의식과 민족적 저항 의지를 자극했고 이는 다시 3·1운동으로 드러난 바와 같이 강력한 무단진압이라는 결과를 낳았다.

조선 지배정책에 관한 일본 군벌과 정당세력의 차이는 단지 식민지

---

141 장신, 2007, 「삼일운동과 조선총독부의 사법 대응」, 『역사문제연구』 18, 149-157쪽.

통치 방식에 대한 이견이었을 뿐이었다. 근본적으로 섬나라 일본이 한반도를 통해서 대륙과 직결된 '제국'이 되어야 한다는 국가적 목적에는 이견이 없었다. 이 목적을 위해서 한반도를 일본제국의 안정적인 지배권으로 만들어야 한다는 점에서는 뜻을 같이했다.

2) '산업제일주의' 아래 지속된 일본 자본 침투 기반 조성 정책

앞에서 보았듯이 일본 본국의 정치변동으로부터 영향을 받지 않도록 조선을 자율적인 육군벌의 정치적 기반으로 구축하고자 한 데라우치의 무단 지배체제 구축은 조선총독부의 재정독립 계획으로 이어졌다. 그 골자는 1913년 이래 조선인의 조세 부담을 증가하여 세입을 높이고 정치비용을 절약하는 것이었다. 그리하여 일본 정부의 일반회계로부터 받는 보충금을 매년 100만원 내지 200만 원씩 감소시켜 5년 후인 1919년에는 일반회계보충금을 받지 않을 수 있게 조선총독부의 재정독립을 이룬다는 것이었다.[142]

하세가와 총독 역시 이 방침을 답습하여 '산업제일주의'를 표방했다. 하세가와는 특히 인구의 대다수가 종사하는 농업에 중점을 두었다. 1917년 7월 제령 제2호「수리조합령」을 제정하여 농사의 개량을 장려했다. 1919년 4월에는 제령 제10호로「잠업령」을 공포했다. 누에의 종류를 통일하여 효율적으로 세입을 증가시키고자 했다.[143] 시행 중인 토지조사사업도 계속 추진해서 1918년 10월에 예정했던 기한보다 2개월이

---

142 朝鮮總督府, 1940, 앞의 책, 28쪽.
143 朝鮮總督府, 1940, 앞의 책, 103쪽.

나 빨리 완수하여 비용 절감 효과를 가져왔다. 약 100만 원의 사업 예산을 절약하고 11월 4일에 칙령 제375호로 「임시토지조사국관제」를 폐지했다. 총독부는 토지조사사업을 통해서 조선의 전 토지 1,900여만 필에 대하여 각 필지별로 토지대장과 부속 장부, 지적도를 만들어 1918년 12월 말까지 각 부군도(府郡島)에 인계했다. 한반도 전체에 걸쳐서 1/50,000, 1/25,000의 지형도가 작성되고, 이에 기초하여 지가가 산정되었다. 지가는 전체 150등급, 시가지 이외의 택지는 53등급, 전답·늪지·잡종지는 132등급으로 구별하여 산정되었다. 한반도 토지 전체를 통일적으로 조사하여 등급을 결정하고 그에 따라서 세금을 고루 징수할 수 있게 되었다.[144]

    당초에 조선총독부가 심혈을 기울인 재정독립 계획은 "일반 경제력의 증진에 수반하고, 그 부담을 고려하여 … 수차례 지세를 증징하고 시가 지세 부과 및 한두 개의 소비세를 신설"하여 이룬다는 것이었다.[145] 그리하여 토지조사사업과 함께 1914년에 근대적 토지소유권에 근거해 지세 납부를 규정했다고 한 「지세령」을 공포했다. 그리고 토지조사사업이 완료되자 1918년 6월에 제령 제9호로 다시 개정했다. 토지대장에 등록된 지가를 과세표준으로 하여 지세를 부과한 것이었다.[146] 그 결과 지방에 따라 다양했던 지세율이 일률적으로 13/1,000으로 확정되었다. 과세지가 286만 7,000정보에서 424만 9,000정보로 48.2퍼센트나 증가되었다. 납세도 풍흉에 따라 증감되는 대금납(代金納)이 아니라 화폐 납부

---

144 朝鮮總督府, 1940, 앞의 책, 106-107쪽; 조석곤, 2003, 앞의 책, 294-301쪽.
145 朝鮮總督府, 1913, 앞의 책, 64쪽.
146 조석곤, 2003, 앞의 책, 328-331쪽.

로 되었다. 납세액이 거의 두 배가량 증가했다.[147] 조세 수입은 조선총독부가 재정을 확충할 수 있는 가장 중요한 수익원이었다. 그중에서도 농업 중심의 사회구조상 지세가 차지하는 부분이 가장 컸다. 토지조사사업이 완료되어 「지세령」을 개정하고 그에 의거하여 지세 수입이 증가한 것은 조선총독부가 통치 비용을 본국에 의지하지 않고 자율적으로 통치하는 데 매우 중요했다.

토지조사사업을 완수한 하세가와는 1914년 4월부터 시행한 각 도별 동리의 통폐합도 완료했다. 그리하여 1917년에 면제를 실시하며 조선총독부가 지방을 장악하는 행정력과 재정자립을 위한 증세의 기반이 구축되었다. 그밖에도 하세가와는 재정 확충을 위하여 1916년 7월에 제령 제2호로 「주세령」을 제정했다. 자가(自家)용으로 사용하는 술을 제조하는 것에 제한을 가하여 영업용보다 세율을 훨씬 높게 책정했다. 이로 인해서 조선에 의도적으로 주류시장이 형성되고 그에 따라 징수하는 세액이 증가했다. 새로운 조세 수입의 원천이 생긴 것이다. 같은 해 8월에는 칙령으로 「소득세법」 중 「법인 소득에 관한 규정」을 시행하고 동시에 부령으로 「소득세법 시행규칙」을 발포하여 세율을 인상했다. 1918년 3월에 본국에서 「전시이득세법」이 시행되자 조선에서도 5월에 제령 제6호로 이 법을 공포했다. 6월에는 제령 제14호로 「연초세령」을 개정했다. 「연초세령」을 개정한 것은 연초 소비가 증가하자 과세율을 높이고 세목을 증설한 것이다. 조선총독부의 세입 향상을 위해서였다. 1919년 4월에는 제령 제6호로 「인지세령」도 실시되었다. 재산권의 창설·이전·변경 등을 증명하는 증서와 장부를 작성하는 것에 세금이 부과되기 시작

147　朝鮮總督府, 1940, 앞의 책, 105쪽; 조석곤, 2003, 앞의 책, 294-302쪽.

한 것이었다. 나아가 지방비의 재원을 보전하고 총독부의 재정정리 차원에서 호세(戶稅)와 가옥세를 지방비로 이전했다.[148]

이와 같이 하세가와는 토지조사사업을 완료하고 면제를 시행하여 세금을 높이고 조선총독부의 말단 행정력을 강화하는 기반을 구축했다. 그리고 이에 의거하여 「지세령」 개정 등 일련의 조세를 개정하거나 신설하여 조선총독부의 수입을 증가해 재정자립을 이루도록 했다. 지세 중심의 조세 구조가 형성되고 소비세가 증가했다.[149] 이러한 하세가와의 시정은 조선총독부의 조세 수입 증가와 비례하여 조선인에 대한 수탈이 강화되었음을 의미하는 것이었다. 그 결과 하세가와 총독기에 데라우치 총독이 기획했던 '재정정리' 곧 조선총독부의 재정이 1919년에 일본 재정으로부터 독립할 수 있게 되었다. 1913년부터 점차 줄어든 일본 정부의 조선총독부에 대한 보충금이 1919년에 전폐되었다.[150]

한편, 제1차 세계대전은 군수물자 보급과 미국 경기의 호황으로 일본 경제가 러일전쟁 이후의 심각한 재정위기와 대외 채무로부터 벗어나 호황을 맞게 했다. 조선 경제도 그 영향을 받았다.[151] 세계대전이 발발하자 수입이 두절되고 물가가 폭등했다. 조선인들은 "국산을 사용하지 아니키 불능하게 되어" 빈약한 공업의 현실을 자각했다. 그리하여 언론에서 "자국 공업의 빈약함을 각성하니 스스로 굴기하야 제조에 착수"하기 시작했다고 평하는 상황이 되었다. 국내 생산품에 대한 수요가 증가하자

---

148 朝鮮總督府, 1940, 앞의 책, 105-106쪽.
149 정태헌, 1996, 『일제의 경제정책과 조선사회: 조세정책을 중심으로』, 역사비평사, 44-45쪽.
150 이형식, 2011, 앞의 글, 193쪽.
151 朝鮮總督府, 1940, 앞의 책, 127-131쪽.

조선인들이 "공업 발흥"에 나선 것이다.[152] 1910년대 중후반 특히 1916년 이래 전후 공황이 시작되기 전까지 전국적으로 조선인의 공장 설립이 급증했다. 이는 사실상 「회사령」을 무의미하게 했다.[153] 총독부는 「회사령」으로 토착자본을 억제하는 정책을 시행했지만 조선인들은 수이입품을 구축하며 생산품을 제조하기 시작했다.

한편 조선의 산업개발을 나름대로 모색하던 총독부로서도 세계대전으로 인한 세계적인 물자 결핍은 "조선 공업계에 유리한 영향"이라고 판단했다.[154] 결과적으로 제1차 세계대전은 "일본 국운의 발전에 다이쇼 신시대의 천우(天佑)"가 되었다. 곤경에 빠진 일본 경제가 극적으로 국면을 전환하여 수출이 늘고 국제수지가 개선되었다.[155] 그리하여 조선으로 진출하는 일본 자본도 증가하고 그 성격도 변화되었다. 종래 조선에 들어온 회사는 농업이나 광업을 목적으로 한 것이었다. 이에 비해서 1916년 이래 조선에 설립 계획을 가진 일본 자본은 주로 선박 제조업, 제당업, 제분업, 제지업 등 각종 제조공업을 목적으로 한 것이었다.[156]

1916년부터는 한국인이 설립하는 공장 수도 급격히 증가했다. 종래에 한국인 공장은 주로 재래의 가내수공업 형태로 이루어졌었다. 이것이 공장 형태로 규모를 확대하거나, 외부에서 들어온 생활상의 변화로 인해

152　一記者, 1917. 4, 「구주대전과 실업계」, 『반도시론』 1-1.
153　小林英夫, 1994, 앞의 책, 8-9쪽; 오미일, 1994, 「1910-1920년대 공업발전단계와 조선인자본가층의 존재양상」, 『한국사연구』 87, 204쪽; 허수열, 1993, 『근대조선 공업화 연구』, 일조각, 114쪽; 허수열, 2005, 『개발 없는 개발: 일제하, 조선경제 개발의 현상과 본질』, 은행나무, 129쪽.
154　「工業振興의 前途」, 『동아일보』, 1922.1.3.
155　서정익, 2003, 『일본근대경제사』, 혜안, 185-187쪽.
156　小林英夫, 1994, 앞의 책, 68쪽.

서 새로 생긴 물종을 국내에 공장을 만들어 제공하는 형태로 변화되기 시작했다. 이러한 조선 사회의 변화는 자본이 적은 한국인 공장에 비해서 규모가 큰 일본 자본이 들어와서 대형 공장을 설립하는 것으로 이어졌다. 때문에 이 시기에 민족별 자본금 격차가 심해졌다. 한국인들은 큰 설비비 없이 인근 지역 내에서 산출되는 원료로 제조할 수 있는 업종에 투자했다. 자본이 적었으므로 일정한 수요가 확보되어 있어서 큰 변동 요인이 없는 업종에 투자했다. 반면에 일본인 자본은 여러 부문에 분포되었다. 그중에서도 대자본이나 기술이 요구되는 시멘트, 제당, 전기, 가스업 등을 일본인 자본이 독점했다. 세계대전이라는 외부 요인을 배경으로 한 조선총독부 본래의 조선인 공업화 억제와 일본 자본 비호 정책은 조선의 자본 축적이 낮은 상황에서 공장공업 단계로 이행하는 구조를 형성했다. 이는 한국인 공업과 일본인 공업이 자본 규모에 따라서 분화되는 결과를 낳았다. 이러한 분화는 단지 자본 축적이 진행된다고 해서 해소될 수 있는 것이 아니었다. 오히려 판로와 원료 획득, 기술의 유입 등에서 이미 창출된 제국주의 상품 유통 구조에 의하여 심화될 수밖에 없는 것이었다.[157]

결국 제1차 세계대전으로 인한 조선에서의 산업 '발흥'은 일본인 자본에게 부가 집중되게 했다. 반면에 대다수의 영세한 한국인들은 부의 분배에서 소외되어 쇠락하는 결과를 낳았다. 일본인 자본 회사는 식민지 조선에서 화학공업과 조선업 등을 발흥시켰다.[158] 그렇지만 식민지 조선

---

157 小林英夫, 1994, 앞의 책, 68쪽; 오미일, 1994, 앞의 글, 202-214쪽; 오미일, 2002, 『한국 근대 자본가 연구』, 한울, 65-68쪽.
158 小林英夫, 1994, 앞의 책, 8-9쪽.

인들은 그와 같은 전쟁특수에서 비켜났다. 물론 통감부 시기부터 일본제국주의의 침략정책에 협조하여 '위기를 기회로' 만든 인물들은 조선총독부 당국에 적극적으로 협력하며 산업자본가로 성장해갔다.[159]

하세가와는 1916년 8월부터 칙령으로 시행된 「소득세법」 중에서 법인 소득에 관한 규정을 시행했다. 동시에 총독부령으로 「소득세법시행규칙」을 공포해 시행했다. 그리하여 일본에 거주하는 자가 조선법인으로부터 배당을 받을 때 세제상 우대 혜택을 받게 했다. 일본 자본의 유치를 촉진한 것이다.[160] 1914년 11월 데라우치 총독은 회사의 종류나 상호, 명칭과 같이 비교적 경미한 내용의 「회사령」 변경을 허용하는 개정을 했었다. 하세가와는 1918년 6월에 「회사령」을 다시 개정하여 조선으로 진출하는 일본 기업에 대한 규제를 완화했다.[161] 10월에는 제령 제7호 「조선식산은행령」을 공포했다. 한성농공은행 등 농공은행 6개를 합병해 식산은행을 설립하여 조선총독부 산하 산업정책 금융기관이 출범되었다. 조선식산은행은 조선산업정책의 일환으로 자금을 대부해주는 금융기관으로 새로 설립되었다. 조선총독부 경제정책의 자금을 조달하는 역할을 수행하며 조선 경제를 일본제국주의에 맞게 발전시키는 일종의 척식은행(拓殖銀行)이었다. 「조선식산은행령」에 의하여 설립된 특수은행이었으므로 중앙은행인 조선은행의 직접 통제를 받지 않았다.[162]

---

159 조재곤, 2005, 「1910년대 상업회의소와 조선인 자본가」, 권태억 외, 『한국 근대사회와 문화 II』, 서울대학교출판부, 260-266쪽.
160 朝鮮總督府, 1935, 앞의 책, 243쪽; 朝鮮總督府, 1940, 앞의 책, 105쪽.
161 小林英夫, 1994, 앞의 책, 59-71쪽.
162 최원철, 2010, 「일본통치시대의 조선식산은행과 조선금융조합연합회에 관한 연구」, 『일본근대학연구』 30, 406-408쪽.

결국 하세가와 총독기에 민족별 자본 규모에 따른 공업 분야의 분화가 현저해졌다. 이는 1910년대 후반부터 일제하 조선공업화가 구조적으로 분화되기 시작했음을 의미한다. 제1차 세계대전의 영향을 받아 조선의 내수시장이 활성화되는 가운데 하세가와는 일본 자본에게 세제 혜택을 정책으로 실시해 조선 진출을 촉진했다. 1917년에서 1920년 사이 미쓰이(三井)계의 조선방적, 남북면업, 조선생사, 왕자제지와 일산(日産)계의 조선린수(燐寸) 등 대규모 일본 자본이 진출했다. 나아가 조선 경제와 만주 경제의 통일이 시도되었다. 조선철도와 남만주철도가 통합되고 조선은행과 동양척식주식회사가 만주로 진출했다. 조선상업회의소는 만주 지역과 연합 조직을 결성했다.[163]

이 과정에서 내각수반이 된 데라우치는 만주에서 일본의 권익을 증진시키고자 1917년 7월 국유철도의 경영을 만철에 위탁하여 조선철도를 만주철도와 통합하고자 했다. 러일전쟁 이후 만주 경영을 위해 만주와 조선의 일원적 철도 경영을 추진한 데라우치는 조선총독이 되어서는 1910년 10월 조선철도를 조선총독부철도국 소관으로 옮겨 조선총독부가 직영했다. 그런데 본국의 내각수반이 된 데라우치는 만몽의 권익 증진을 강조하며 관동도독부를 강화했다. 그 일환으로 국유철도인 조선철도를 만철에 위탁경영하는 것으로 변경했다.[164]

이에 조선총독 하세가와는 "부득이"하게 "동의"했다고 한다. 그는 "만선철도를 완전히 통일"하려면 만철을 국유화하거나 조선총독이 관동도독을 겸하게 하여 "정치상 만선을 결합"시켜야 한다고 강력하게 주장

---

163 전성현, 2011, 앞의 책, 127-129쪽.
164 임채성, 2008, 앞의 글, 31쪽.

했다.¹⁶⁵ 하세가와는 조선총독과 조선총독부의 자율통치권과 경영권이 약화되는 것을 우려했던 것이다. 하세가와는 전임 데라우치 총독의 기본 시정방침을 계승해 충실하게 수행했지만 그 또한 육군대신까지 지낸 육군벌 출신 조선총독이었다. 그 역시 조선 지배의 안정성이 장기적으로 육군의 북진정책에 중요하다고 판단했을 것으로 가늠된다.

데라우치의 무단통치제제를 이은 하세가와는 이른바 '산업제일주의' 경제정책을 표방하고, 이를 통해서 총독부가 조선을 통치하는 데 필요한 기본 경비를 충당할 수 있는 기반을 수립했다. 그의 산업제일주의 정책은 증세를 통해서 조선인을 수탈하는 체제를 구축한 것이었다. 전임 데라우치가 「회사령」을 통해서 한국인 민족자본의 성장과 조선공업화를 억제한 정책은 세계대전이라는 뜻밖의 외부 요인을 맞아 극적으로 회생한 일본 경제가 활성화되며 조선공업화가 초기적으로 '발흥'하는¹⁶⁶ 것을 더 이상 막을 수 없게 되었다. 하세가와는 경제특수 효과를 활용하여 「회사령」을 개정했다. 일본 자본의 조선 진출을 촉진해 표방한 '조선산업화'의 성과를 내고자 했다. 그리하여 1910년대 후반부터 이후에 전개될 식민지 공업화의 기본 구조가 형성되는 단초가 조성되기 시작했다고 할 수 있다.

결국 하세가와 총독의 시책은 조슈 군벌의 전형적 군인인 조선총독이 본국으로부터 상대적으로 자유로운 무단통치체제를 강화하는 실질적인 경제적 기반을 구축하는 데 성공했다고 할 만한 것이었다. 그리하여 1920년대 사이토의 조선산업화와 1930년대 일본 군부의 중국 침략

---

165 정태헌, 2015, 「조선철도에 대한 만철 위탁경영과 총독부 직영으로의 환원 과정 및 배경」, 『한국사학보』 60, 392-394쪽.
166 일제하 조선인 기업의 추세를 고찰한 허수열(1993)은 1916-1920년을 제1차 기업 발흥기, 1933-1937년을 제2차 기업 발흥기로 보았다.

을 필두로 시작된 일본의 북진을 본격적으로 뒷받침한 '조선공업화'가 이루어지는 기반이 되었다.

3) 신사 설치와 민족의식 탄압, 철저한 민족운동 진압 정책

하세가와 총독은 데라우치가 일본천황의 이른바 '교육칙어'에 의거하여 시행한 차별적 조선인 교육 및 조선인에 대한 일본 국민화와 양면을 이루는 민족의식에 대한 사상통제도 이어갔다. 하세가와는 1918년 2월 총독부령 18호로 「서당규칙」을 공포했다. 「서당규칙」은 도지사가 서당의 개설을 인가하게 하고 교과서는 조선총독부가 편찬한 것을 사용하게 했다. 또한 도장관이 자유롭게 서당의 폐쇄를 결정할 수 있게 했다. 「서당규칙」의 시행은 조선총독부가 사립학교와 함께 한국인의 민족적·애국적 사상을 고취하는 데 중요한 역할을 하던 서당에 대한 간섭과 탄압을 본격화한 것이었다.

「서당규칙」이 시행된 것은 한국인의 보통학교 진학률이 저조했기 때문이다. 많은 한국인들은 일본어와 '일본제국' 숭배 교육에 집중한 공립보통학교보다 서당을 선호했다. "차라리 구식을 지키며 자제를 한문서당에서 가르치는 편이 낫다"고 생각했기 때문이었다. 한국인들은 공립학교의 일본어와 일본정신 교육이 '정신의 중독'을 위한 것이라고 여겼다. 관제 교육기관에 진학해 일본정신에 중독되느니 "정신의 중독을 피하여 촌에 살면서 농업을 영위하며 생활하는 것이 더 나은 일"이라고 생각하고 실행했다. 때문에 한국인의 보통학교 진학률이 저조했다.[167] 총독부는

167　姜德相 編, 1966, 『現代史資料 第25 三・一運動 第1 朝鮮. 第1』, みすず書房, 11쪽.

「조선교육령」을 공포하여 '제국신민' 교육을 주창했다.

총독부는 한말에 있던 대학과와 같은 고등교육기관에 대해서는 학교인가를 취소했다. 조선인이 고등교육을 받을 기회를 저지했다. 조선인을 위한 고등교육기관으로 인가된 곳은 극소수의 관립 전문학교(경성법학전문, 경성의학전문, 경성공업전문, 수원농림전문)와 서양 선교사들이 세운 사립 연희전문 및 세브란스의학전문학교뿐이었다. 총독부가 조선인 교육에서 중점을 둔 조선인에 대한 '제국신민' 교육을 완성하고자 한 보통학교조차도 그 수가 일본의 작은 현보다도 적었다. 게다가 그 상급기관인 중등학교(고등보통학교)는 거의 없다고 할 정도로 적었다.[168]

그러면서 보통학교에서는 한국어를 '조선' 지역의 지역어로서 '조선어'라고 하여 '조선어와 한문'이라는 통합 과목으로 가르쳤다. 그 대신에 식민지 조선의 '국어'가 된 일본어(「조선교육령」 제5조) 수업시간을 늘렸다. '조선어' 교육도 국어인 일본어로 진행되었다(「보통학교규칙」 제10조). 그러므로 한국인들은 일본어 교육에 중점을 둔 보통교육과 그 이상으로 중등교육, 고등교육을 받을 수 있는 상급학교가 부족한 것에 불만이 많았다. 더욱이 많지도 않은 보통학교에서 공공연하게 민족차별이 자행되었다. 조선인에게는 일본인에게 제공되는 보조금 특전을 주지 않았을 뿐만 아니라 조선인은 일본인의 조합학교에서 받아주지도 않았다. 일본어밖에 가르치는 것이 없는 학교에서는 조선의 역사를 경멸해야 할 것으로 가르쳤다.[169] 한국인들은 차별교육을 받느니 애국적인 민족교육

---

168 吉野作造, 1970, 『中國·朝鮮論』, 平凡社, 160-164쪽; 중등보통교육기관 현황에 대하여는, 박경식, 1986, 앞의 책, 147쪽 〈표 3: 일본인 학교 및 학생수〉와 〈표 4: 조선인 학교 및 학생수〉; 김경미, 2005, 「일제하 사립중등학교의 위계적 배치」, 『교육비평』 19, 133쪽 〈표: 일제 강점기(1910-1937) 중등보통교육 기관〉 참조.

을 시행하는 서당에 자제들을 진학시켰다. 따라서 서당의 수는 꾸준히 증가했다.

이에 하세가와는 「서당규칙」을 발포하여 조선총독부의 교육 통제에 유일하게 포함되지 않았던 서당을 통제했다. 통제의 대상이 된 서당은 2만 5,400여 개로 취학 아동은 약 25만 9,000여 명이었다. 이와 함께 하세가와는 1919년부터 8개년에 걸친 3면 1교 수립을 계획했다.[170] 그 목적은 일본어를 보급하고 조선인의 공립 보통학교 진학률을 높이는 데 있었다.

나아가 하세가와는 1917년 3월에 총독부령 21호로 「신사에 관한 건」을 공포했다. 이것은 데라우치 총독 시기부터 본국 정부와 협의하여 진행된 '국가신도'를 조선체제화하기로 확정한 것이었다. 이 법령으로 조선인에게 '국가신도'를 활용하여 이른바 '국체'사상을 이식하는 데 박차를 가하는 행정체제가 정립되었다. 전임 데라우치가 일본 예산에 '조선신궁' 건립비를 책정하여 조선을 일본의 신도적 국체질서 안에 흡수하고자 한 정신적인 정치행위가[171] 적극화되었다. 이와 같이 하세가와는 한국인의 민족의식을 억압하고 그 대신에 '국가신도' 사상을 주입하여 일본 국민으로 만드는 무단적인 사상통제정책을 촉진했다.

신사(神社)는 신도의 신전이었다. '국가신도(國家神道)'는 천황이 신도와 결합되어서 천황제를 떠받드는 것이었다. 고대 일본의 신(가미, 神)에

169　吉野作造, 앞의 책, 160-164쪽; 姜德相, 1967, 「憲兵政治下の朝鮮」, 『歷史學研究』 321, 1-9쪽.
170　朝鮮總督府, 1940, 앞의 책, 125쪽.
171　김대호, 2004, 「1910-1920년대 조선총독부이 조선신궁 건립과 운영」, 『한국사론』 50호, 293쪽.

대한 신앙과 이에 대한 제사의식을 총칭하던 '신도'에 메이지유신 이후에 제정된 황실전범(典範)과 헌법을 통해서 '인간의 모습을 한 신(現人神)'으로 규정된 천황을 결합한 것이다. 청일전쟁과 러일전쟁을 거치며 정치적 발언권이 강화된 일본 군부세력은 아마테라스 오미카미(天照大神) 태양신의 혈통을 이어받았다는 천황을 신격화하여 국가신도를 군국주의화하는 데 정치적으로 이용했다. 일본제국주의는 가는 곳마다 신사를 세웠다. 신사는 자국민의 단결을 도모하고 타민족을 동화하고 지배하는 수단으로 활용되었다.[172]

데라우치는 1914년에 아마테라스 오미카미와 메이지 천황을 조선신궁의 제신(祭神)으로 결정했다. 그리고 1915년에 신도(神道)를 불교·기독교와 함께 종교로 공인하고, 1916년에는 불교와 신도를 하나의 범주로 하여 기독교와 구분하여, 범신도 차원에서 불교까지 통제했다. 그러나 조선 통치를 북부 만주와 연결하는 인프라를 조성하는 데 주력한 데라우치는 처음부터 신도화 정책을 추진하지는 않았다. 그는 일본의 제 종교가 조선에서 포교될 수 있도록 하며 점차 신도 이외의 종교를 통제해갔다.[173] 그렇지만 1915년에 신도를 종교로 공인한「포교규칙」과 총독부령 82호「신사사원규칙」은 조선총독이 모든 신사의 창립과 존폐를 허가하게 함으로써 신사에 관·공립적인 성격을 부여한 것이었다. 신도로

---

172 손정목, 1987,「조선총독부의 신사보급·신사참배 강요정책 연구」,『한국사연구』58, 107-108쪽; 김승태, 1987,「日本神道의 침투와 1910·1920년대의 '神社問題'」,『한국사론』16, 27-278쪽; 윤선자, 2011,「일제의 신사 설립과 조선인의 신사 인식」,『역사학연구』42, 107-108쪽.

173 김철수, 2010,「'조선신궁' 설립을 둘러싼 논쟁의 검토」,『순천향인문과학논총』27, 170쪽.

타종교를 규제하겠다는 일본제국주의의 의도를 분명히 한 것이었다.[174]

이를 후임 조선총독 하세가와는 '신사(神祠)에 관한 건'으로 재확인했다. 그리고 신사(神社)로 공인받지 못한 소규모 소사(小社)를 신사(神祠)라는 이름으로 허가했다. 신사(神祠)라는 용어는 조선에만 있는 것이었다. 설비를 갖춘 신사(神社)를 세우기 힘든 경우에 앞으로 설비를 갖춰서 신사(神社)로 발전시킬 것을 전제로 총독부가 허가하여 관할하는 것이었다. 신사(神社)를 설립하는 데는 30인 이상의 연서(連署)를 필요로 했지만, 신사(神祠)의 설립은 10인 이상의 연서로 허가했다. 쉽게 신도를 확장할 수 있도록 신사를 설립하는 조건을 완화한 것이다. 이와 같이 하세가와가 신사를 확장한 것은 일제가 1910년대부터 '조선'에서도 천황제 이데올로기를 전면에 내세우기 시작했음을 의미하는 것이었다.[175]

하세가와는 데라우치가 수립한 신사 행정을 계승하여 신사의 창립과 관리·유지 등 신도를 확산하기 위한 일체의 일을 조선총독부가 관할하며 강화했다.[176] 적극적으로 보다 많은 신사(神祠)를 설치하여 조선인들에게 신도를 포교하고자 했다. 이는 신도를 통해서 조선인의 민족의식을 대체하는 사상통제 정책이 본격화된 것이라고 할 수 있다. 하세가와는 1916년에 완성된 조선신궁의 설계도를[177] 가지고 1918년 12월에 일본 내각에 조신신사 창립에 관한 청의(請議)를 제출했다. 그 결과 1919년

---

174 윤선자, 1997, 「1910년대 일제의 종교규제법령과 조선천주교회의 대응」, 『한국근현대사연구』 6, 94쪽; 윤선자, 2011, 앞의 글, 117쪽.
175 김승태, 1987, 앞의 글, 295쪽; 김대호, 2004, 앞의 글, 69쪽; 윤선자, 2011, 앞의 글, 117-118쪽.
176 朝鮮總督府, 1940, 앞의 책, 124쪽.
177 『每日新報』, 1916.6.25.

7월에 경성 남산에 '조선신궁'이 건설되었다. 일본 정부는 남산의 조선 신사(神社)에 대하여 내각고시 제12호를 발표해 사격(社格)이 가장 높은 관폐대사(官幣大社)로 지정했다.[178] 그리하여 조선신궁은 조선의 중심 신사로서 국가적인 제사는 물론이고 자체적으로 제사를 행하며 천황제 국가주의 이데올로기를 전파하는 상징이자 공식 기구가 되었다. 하세가와의 신사(神祠)정책을 통해서 일본의 국가신도가 일찍이 천황에 대한 절대적인 복종과 일사불란한 행동 기반을 조성하는 정신적인 정치행위로 본격적으로 전개되었다고 할 수 있다.

이와 같이 하세가와는 데라우치의 무단적인 조선민족 탄압정책을 계승하여 확충하고 강화했다. 그는 한국인을 무단으로 물리적으로 통제하는 데에 그치지 않았다. 더 나아가 신도의 확산을 통해서 정신적으로 통제하는 데에도 힘을 기울였다. 특히 조선신궁의 건설은 3·1운동이 발생한 와중에도 중단 없이 이루어졌다. 이는 3·1운동 이후 종교를 가장한 '신도'를 통해서 한국인들에게 일본의 국체이데올로기의 주입을 강화하려는 것이었다. 3·1운동이 일어나자 하세가와는 당일 바로 보병 3중대와 기병 1소대를 동원하여 진압했다.[179] 그리고 3월 11일에는 조선군사령관 우쓰노미야 다로(宇都宮太郎)가 독립운동 참가자들을 진압하는 데 필요한 병력을 자유롭게 사용하도록 했다. 그러나 국내외를 막론한 한국인들의 저항운동은 쉽게 진압되지 않았다. 4월 2일에 하세가와는 일본 정부에 조선의 소요를 신속하게 평정하고 조선인들을 위압할 필요가 있다며 증병과 헌병의 파견을 요청했다. 일본 정부는 3·1운동을 빌미로

---

178 『朝鮮總督府官報』, 1919.7.23; 朝鮮總督府, 1940, 앞의 책, 124쪽.
179 「三·一運動日次報告(朝鮮軍司令官, 1919年3~8月)」, 姜德相 編, 1966, 앞의 책, 89쪽.

원래 예정했던 병력의 파견을 앞당겼다. 또한 임시로 조선에 파견된 보병대대를 조선군 병력으로 편입하여 조선인의 민족적 저항을 조선 각지에서 무자비하게 진압했다.[180]

3·1운동을 시종 군인과 헌병을 통해서 진압하던 하세가와는 3·1운동이 진행 중이던 4월 24일에 3·1운동에 대한 책임을 지고 사직서를 일본 정부에 제출했다. 그러나 일본 정부는 표면적으로는 3·1운동을 "경미하게 취급"하고자 했으므로 이를 유보시켰다. 일본은 한국인의 민족적 저항이 일본제국주의에 별 영향을 미치지 않는 단순한 사건처럼 보이길 원했다. 다시 말해서 3·1운동 때문에 조선총독을 교체했다는 인상을 주지 않으려고 했다. 일본은 그런 인상을 주게 되면 조선인의 민족적 저항이 지속될 것을 우려했다. 또한 일본의 권위가 조선인들에 의해서 조금이라도 떨어지기를 원치 않았다. 그리하여 하세가와는 3·1운동이 진정되는 국면에 접어든 7월이 되어서야 고령을 표면상의 이유로 하여 사직할 수 있었다.[181]

3·1운동은 군벌의 무단적 식민지배에 비판적이던 정당내각이 군벌 조선총독의 무단통치를 본격적으로 문제시하며 식민지배정책을 바꾸는 직접적인 동인이 되었다.[182] 그렇지만 일본의 국익과 이미지를 고려한 일본 정부는 조선총독의 경질이나 무단통치에 대한 비판을 공식화하지 않았다. 한국인의 민족적 항거에 의연하게 대처하는 모습을 보이며 철저하게 한국인들의 항일 민족운동을 진압했다. 사직서를 제출하고도 3개월

---

180 마쓰다 토시히코, 이종민·이형식·김현 옮김, 2020, 앞의 책, 229-237쪽.
181 『原敬日記』, 1919.5.3.; 1919.5.6.
182 마쓰다 토시히코, 2020, 앞의 책, 237-250쪽.

여를 더 조선총독으로 유임된 하세가와는 더욱 강경하게 3·1운동을 진압하고 '경질'이 아니라 '고령'을 이유로 한 사임으로 처리되었다. 이 과정에서도 지속된 하세가와의 신사정책과 조선신궁의 건설은 이후 일제가 신사정책을 본격화하며 한국인에게 종교적·이데올로기적으로 일본의 천황제 국체이데올로기의 주입을 강화하는 전환점이 되었다고 할 수 있다.

3. 소결: 군정(軍政)일치 일본 정치와 직결된 1910년대 조선총독의 무단통치

조선총독은 현역무관 친임관(親任官)으로서 일본천황에 직예하여 '조선군'에 대한 통수권과 입법권·사법권·행정권을 모두 장악하는 조선지배의 전권을 가졌다. 이는 한국병합을 단행한 초대 조선총독 데라우치가 1910년 8월 29일 한일병합조약이 공시된 날에 공포해 시행한 긴급칙령(勅令) 제324호「조선에서 시행할 법령에 관한 건」과 9월 30일 칙령 제354호「조선총독부관제」에 의거한 것이었다.[183]

그런데 조선총독에게 제령공포권과 입법권의 위임을 규정한 긴급칙령 제324호는 시행 당시 아직 일본의회의 재가를 받지 않은 것이었다. 그렇지만 조슈벌이 장악한 일본 정부와 현직 군부대신 데라우치 총독은 한국 병합 즉시 이를 시행하고「조선총독부관제」를 공포하면서 조선을

---

183 전상숙, 2012, 앞의 책, 84-89쪽.

통치하기 시작했다. 데라우치가 의회의 승인도 받지 않고 조선총독의 입법권을 명시한 제령 제1호를 공포한 것은 러일전쟁 중 한국 정책을 둘러싸고 "군사(軍事)가 정치에 우월"하는 체제가 형성되었기[184] 때문에 가능했다. 정부와 군부가 모두 죠슈벌 출신으로 "정략(政略)과 전략(戰略)이 일치"한 가운데 데라우치와 정부가 긴밀히 협의하여 조선총독정치의 구상을 수립했고 이를 즉각 실행한 것이었다. 결국 이 문제는 제27회 제국의회에서 문제시되었지만 본질적으로 문제가 되지는 않았다. 긴급칙령 제324호는 1911년도 의회가 사후에 승인하는 형식이 아니라 법률로 제출되어 인가되었다. 그리하여 법률 제30호 「조선에서 시행할 법령에 관한 법률」로 공포되었다.[185] 조선총독의 제령공포권을 승인하는 일은 일본에서도 논란이 많았지만 결국 한국 병합의 전권을 위임받은 데라우치의 뜻대로 관철되었다. 그로 인해 조선의 입법·사법·행정 3권을 한손에 장악한 무소불위의 무관 '조선총독정치'가 명실공히 확립되었다.

이러한 조선총독정치체제의 출발점이었다고 할 수 있는 '일본제국국방방침'의 목표는 일본을 만주·한국과 불가분의 구성 요소로 한 '대륙의 제국 일본'으로 발전시키는 것이었다. 일본천황에 직예한 조선총독의 전제적 통치권을 제도화한 것은 이 국책을 완수하기 위한 제도적 장치였다고 할 수 있다.[186]

---

184 井上淸, 1975, 『新版 日本の軍國主義 II: 軍國主義と帝國主義』, 現代評論社, 62쪽.
185 山邊健太郎, 1971, 『日本統治下の朝鮮』, 岩波書店, 10쪽; 大江志乃夫, 1992, 「植民地戰爭と總督府の成立」, 大江志乃夫 外 編, 『岩波講座 近代日本と植民地 2』, 岩波書店, 30쪽.
186 전상숙, 2012, 앞의 책, 76-77쪽.

육군대신 데라우치를 비롯한 일본 정부는 한국 병합 전에 병합 후 실시할 기본 방책을 준비했다. 주된 내용은 '총독정치를 책정'하여 "당분간 조선에는 헌법을 시행하지 않고 대권(大權)에 의해서 통치한다"는 것이었다.[187] 조선을 일본국 헌법을 적용하지 않는 '법역외(法域外)'의 '외지(外地)'로 규정했다. 그리고 일본천황의 친임으로 그 대권(大權)을 위임받은 조선총독이 통치한다는 것이었다. 조선총독은 일본국 헌법이 규정하는 일본천황의 군통수권과는 별도로 외지 조선군의 통수권도 일본천황의 친임 대권으로 행사하게 했다. 조선총독의 천황 대권은 일본 정부로부터도 일본군으로부터도 상대적 자율성을 갖고 조선을 통치하는 전제적인 지배권을 갖는 것이었다. 이것이 일본제국주의 '조선 통치'의 특질이자 '조선총독정치'의 특질을 규정했다.

이와 같이 조선총독은 특수한 지위였다. 청일전쟁과 러일전쟁을 거치며 정치적 발언권이 높아진 육군 조슈벌이 국책으로 결정한 북진대륙정책을 추진하는 첫 단계이자 이에 필수적인 한반도를 영구히 일본제국의 일부로 안정화하기 위한 제도적 장치였다. 이는 일본 정부와 군부 그리고 조선총독이 모두 조슈 육군벌이 장악하고 이른바 '제국일본의 성장'을 위하여 한국을 병합한 이유이기도 했다.

그렇지만 데라우치는 당초 예상과 달리 육군대신으로 귀임하지 못하고 전임(專任) 조선총독으로 유임되었다. 본국 정치의 외곽에 위치한 조선의 총독이라는 자리는 결국 그가 중심부에서 밀려난 것을 의미했다. 다른 한편으로 조선총독으로 밀려났던 데라우치가 다이쇼기의 시작을

---

187 山田三郎, 1984, 「倂合後半島統治と帝國憲法との關係」, 山本四郎 編, 『寺內正毅關係文書-首相以前』, 京都女子大學, 63쪽; 條約局法規課, 1971. 3, 「日本統治時代の朝鮮」, 『外地法制誌』第四部の二, 11-13, 11-13쪽.

배경으로 정당정치가 고조되며 일본 정치에 새로운 변화가 시작되었음에도 초연내각의 수반으로 영전하고 그 후임으로 같은 조슈벌의 현역 무관이 조선총독으로 임명된 사실은 야마가타를 중심으로 한 육군벌과 원로의 정치적 영향력이 여전히 강력하게 지속되고 있었음을 드러냈다. 이는 '대륙의 제국 일본'을 목적한 군벌의 북진대륙정책이 여전히 국책으로서 중요했다는 의미였다. 동시에 반도 조선의 지정학적 위치와 그로 인한 조선총독의 특수한 지위 또한 부정될 수 없었다는 의미이기도 했다.

그렇지만 한국 병합 후 조선총독과 일본 정부 양측은 '대륙의 제국' 일본의 성장이라는 목적을 공유하면서도 1910년대 다이쇼데모크라시 풍조의 고조와 뒤이은 1920년대 정당정치의 부상, 그리고 1930년대 이래의 군국주의화와 같은 일본 정치변동과 그에 따른 정세 변화를 배경으로 그 목적을 이루는 방식과 이와 직결된 조선 통치의 방침을 놓고 이견을 표출했다. 양측은 정치적·정책적인 입장의 차이로 길항관계를 형성하며 '제국일본의 발전'을 추구했다. 그 길항관계는 조선총독의 조선 지배정책에 그대로 투사되었다. 한마디로 일본제국주의 조선 식민 통치의 특질이라고 말할 수 있는 '조선총독정치'와 조선총독부 지배정책의 성격을 규정했다.

이와 같은 '조선총독정치'의 중심에 러일전쟁을 승리로 이끈 견인차 역할을 하고 군부대신으로서 한국 병합을 주도한 데라우치가 있었다. 주도면밀하고 경리 사무에도 밝았던 것으로 평가되는 데라우치는 러일전쟁을 통해서 발휘된 그의 능력을 조선 통치에 활용했다. 한국 병합 직후 변화된 다이쇼기의 시작과 함께 그가 조선총독으로 유임된 것은 조선총독을 천황에 직예시켜서 조선 지배의 전권을 갖게 한 조선총독의 권한을 적극 활용하여 후일을 도모하며 조선을 육군벌의 통치 영역화하는 것으로 귀결되었다. 데라우치가 조선총독의 상대적인 자율통치권을 활용하여 일본의 정치변동에 휘둘리지 않는 안정적인 조선총독정치체제를 구축해 운영한 것은 이후 조선총독들이 조선을 통치하는 데 중요한 시금석이 되었다고 할 수 있다.

한국 병합 당시 최전성기에 있던 조슈 육군벌의 데라우치는 야마가타에서 가쓰라로 이어진 죠슈벌 적류(嫡流)의 핵심이었다.[188] 육군대신이 직접 관장하는 육군성을 중심으로 군정-군령관계를 일체화한 데라우치는 가쓰라와 함께 영일동맹으로부터 한국 병합에 이르기까지 육군벌의 북진대륙정책을 국책으로 책정하고 병합을 단행한 한국을 북진의 토대로 구축하고자 했다.

데라우치는 헌병경찰제도를 적극 활용하여 비교적 경비가 적게 들면서도 병참 설비 등 실제 면에서 효과적으로 조선총독부를 운영하여[189] 북진대륙정책의 교두보를 구축하고자 했다. 당초 예상과 달리 전임 조선총독이 된 그는 조선총독에게 주어진 조선 통치의 전제적 권한을 당초 계획대로 적극 활용했다. 그리하여 초대 조선총독 데라우치는 본국의 정치변동과 그에 따른 조선통치 방식에 대한 견제와 간섭에도 안정적인 무단적 조선총독정치체제를 구축하고자 했다. 일본에서는 이미 복속한 한국에 관심이 거의 없었다. 그는 재정 지원을 통해서 지배정책에 제동을 거는 일본 정부의 관여를 피하고자 총독부의 재정독립을 서둘러서 계획하는 동시에 러일전쟁 이후 본격적으로 관여했던 만주 진출을 위한 철도 등 인프라 정비에 심혈을 기울였다. 조선을 통해서 만주와 일본을

---

188 松下芳南, 1967a, 『日本軍閥の興亡 1』, 人物往來社, 348-349쪽.
189 松下芳南, 1967a, 위의 책, 348쪽.

잇는 대륙철도의 기능을 갖는 조선철도의 부설과 그 기능을 제고하는 항만과 간선도로 등 조선의 인프라 구축에 주력한 산업개발정책을 실시했다. 조선을 후일을 도모할 수 있는 자율적인 조선총독정치체제로 구축한 것이다. 데라우치가 구축한 조선총독정치체제는 본국 정부로부터 자율적인 조선 통치를 통해서 조선을 만주와 일본을 잇는 요충지이자 육군북진대륙정책의 교두보로 구축하는 것이었다. 데라우치가 조선총독으로 유임된 것이 조선 교두보관으로 귀결된 것으로 보인다.

데라우치 총독의 '조선 교두보관'에서 조선 지배의 안정화는 일본의 국방과 경제성장에 사활적인 중요성을 갖는 것이었다. 메이지유신 이후의 국가적 과제('제국'일본)와 맞물려 상호작용하는 것으로 대륙과 직결된 '일본제국'의 안위가 경제성장보다 상대적으로 우선했다. '주권선' 일본과 직결된 '이익선' 조선이라는 인식이 '대륙국가 일본제국의 국방'을 국가 주권의 문제로 삼은 것이었다. 일본 국가의 생존 문제를 반도 조선 통치와 직결시킨 것이다.

이러한 조선총독정치체제의 지배구조를 규정한 것이 「조선총독부관제」였다. 이 관제 공포 시 「조선총독 부 및 소속관서 관제」도 공포되었다. 이것은 한국통감부 기구를 계승하는 동시에 대한제국 소속 관청을 축소하여 흡수, 편성한 것이었다. 한국 병합 당시 1국5부9국으로 구성된 조선총독부의 행정사무는 조선총독의 최고 보좌관과 같은 총독부 2인자인 문관 정무총감이 통리하게 했다. 그렇지만 조선총독과 같은 친임관인 정무총감에게는 조선총독부의 내무행정을 관장하는 권한은 있었지만 조선총독 유고 시에 조선총독의 직무를 대리할 권한은 없었다.[190]

---

190 萩原彦三述, 1969, 『朝鮮總督府官制とその行政機構』, 友邦協會.

조선총독부는 기능별로 보면 다음과 같이 구성되었다. 최고 통치기구는 조선총독이었다. 그 아래 중앙행정기관, 지방행정기관(도-부-군-면), 탄압기관(사법기관-재판소·감옥, 경무총감부), 자문조사기관(중추원, 취조국, 참여관, 참사제도), 동화정책기관(각급 교육기관, 언론기관, 신사), 경제약탈기관(철도국, 통신국, 세관, 임시토지조사국, 세관, 전매국)이 있었다.[191] 그 명령 계통은 일본의 헌법과 일본천황이 의회의 심의를 거치지 않고 직접 제정하는 형식의 법령인 칙령이 가장 상위에 위치했다. 그 아래 법률적 의미를 갖는 조선총독의 명령인 제령(制令)이 있다. 그 아래 조선총독이 법률을 시행하기 위하여 제정하는 명령과 특별위임에 의하여 발하는 명령인 조선총독부 부령(府令)이 있다. 그러므로 일본 천황의 대권으로 조선 통치에 대한 전제적 권한을 가진 조선총독이 명하는 부령은 조선에서 일본의 칙령과 거의 같은 계통이었다고 할 수 있다.[192] 일본천황에 직예하는 조선총독의 대권은 오직 조선총독에게만 귀속된 것이었다. 어느 누구에게도 이양될 수 없는 것이었다.

조선총독 데라우치는 후일을 도모하며 본국 일본의 정세변화에 흔들리지 않는 조선총독정치체제를 구축하고자 했으므로 한국 병합 직후를 제외하고는 조선총독부 관료를 본국에서 채용하지 않고 조선에서 양성하여 보충할 방침을 가지고 있었다고 한다.[193] 그렇다고 그 실상이 한국인 관리를 임용한 것은 아니었다. 데라우치는 한국인을 관리로 임용하는 것을 제한했다. 부득이한 경우에 한국인을 관리로 임용하면서도 과학과

---

[191] 김운태, 1986, 앞의 책, 186쪽; 박석순 외, 2005, 『일본사』, 대한교과서주식회사, 179쪽.

[192] 萩原彦三述, 1969, 앞의 책, 17-19쪽.

[193] 佐佐木正太, 1924, 『朝鮮の實情』, 帝國地方行政學會朝鮮本部, 155-156쪽.

기능을 소유한 자는 반듯이 일본인을 채용했다. 당시 총독부에는 한국인 관리를 중요한 지위에 아예 충원하지 않는 것이 불문법이었다고 한다.[194]

데라우치가 아무리 자율적인 조선지배통치체제를 구축했다고 하더라도 식민통치체제는 근본적으로 식민 모국의 에이전트였다. 식민통치체제의 기본 정책이나 재정·인사 등이 식민 모국의 결정과 무관할 수는 없었다. 그럼에도 불구하고 데라우치는 조슈벌의 정치적 영향력과 조선총독의 특수한 권한을 적극 활용하여 1910년대 조선총독정치체제를 총독의 무단적 전제정치체제로 구축했다.

결국 데라우치는 일본 정치에 영향력이 큰 원로와 군부가 다수당과 타협하여 수립한 이른바 '초연내각'의 수반으로 영전했다. 본국 정부의 수장이 된 데라우치는 조선총독 시절에 조선철도를 조선총독부의 직영으로 만들었던 것을 역으로 만철이 조선철도를 위탁경영하는 것으로 결정하여 러일전쟁 이래 추진한 만주 경영을 위한 만주와 조선의 철도 통합을 이루었다. 조선총독 데라우치는 조선을 교두보로 한 북진정책을 추진했지만 그는 본시 러일전쟁 이래 만주의 권익을 중시한 인물이었다. 일본 수상이 되자 데라우치는 본래의 입장을 내세웠다. 제국국방방침을 국책으로 결정한 육군벌의 주관심은 만주 경영에 있었다. 여기서 식민지 조선은 종속변수였다.

그렇지만 데라우치가 조선총독의 자율적인 통치체제를 구축한 것은 이후 하세가와를 비롯한 후임 조선총독들이 조선을 통치하는 근간이 되었다. 데라우치의 조선총독정치체제는 합법적으로 주어진 조선총독의 전제적인 통치권을 활용하여 조선을 일본과 만주를 잇는 교두보로 구축

---

194 박은식, 1946, 『독립운동지혈사』, 서울신문사, 31쪽.

함으로써 조선총독의 정치적 역량을 드러내어 후일을 도모할 수 있는 것이었다. 후임 조선총독들은 전제적인 자율적 조선총독정치체제를 물려받아 조선을 통치했다. 또한 데라우치는 후임 조선총독들이 부임하여 반도 조선의 지정학적 위치와 중요성을 재인식하며 조선을 대륙정책의 교두보로 공고히 하는 동시에 이를 통해서 정치적 역량을 드러내 본국으로 영전하는 기대를 가질 수 있는 전례가 되었다.

데라우치의 육군벌 계승자 하세가와도 데라우치의 시책을 계승해 무정견하다는 평가를 받았지만 데라우치의 조선철도 위탁경영에는 강한 이의를 제기하며 조선총독의 위상을 견지하고자 했다. 그는 데라우치 내각이 교체된 후 만철과 조선철도의 위탁경영 "폐지"를 협상하기까지 했다.[195] 하세가와 총독은 조선총독부의 무단적 행정력이 지방 말단까지 미치도록 하여 총독정치를 강화했다. 1910년대 일본에서는 이른바 '다이쇼데모크라시'가 고양되어 정당세력이 득세하고 있었지만 조선총독은 여전히 조슈벌의 핵심 인물이었다. 육군벌의 영향력은 상대적으로 약해졌지만 여전히 기성 지배세력의 일원으로서 막강한 영향력을 행사하는 원로들의 지원을 받으며 조선총독의 자율적 통치권을 견지하고 활용했다. 조선총독의 전제적 통치권은 '조선 지배의 안정화'를 명목으로 일본의 정당정치와 민주화가 조선에 미치는 영향을 최소화하며 무단통치를 강화하는 원천이었다.

한편 제1차 세계대전으로 인한 일본 경제의 활성화는 조선에도 영향을 미쳐서 조선의 내수시장과 일본 자본의 진출을 촉진했다. 하세가와 총독은 「회사령」을 개정하여 조선에 진출하는 일본 자본의 투자를 촉진

---

195 정태헌, 2015, 앞의 글, 391-402쪽.

했다. 이는 1910년대 후반부터 민족별 자본 규모에 따라 공업 분야의 분화가 현저해지는 결과를 낳았다. 1910년대 후반 일제하 조선공업화는 구조적으로 분화되기 시작했다.

그러나 제1차 세계대전으로 전개된 세계적인 제국주의의 자본주의적 발달에 대한 비판('개조')과 이와 연동된 '다이쇼데모크라시' 풍조는 '민족자결주의'의 고양과 함께 식민지 조선에도 영향을 미쳐 1919년 3월 1일 거족적인 항일 민족독립운동이 발발했다. 하세가와 총독은 군대를 동원해 무자비하게 단속했지만 항일 민족운동은 지속되었고 일제의 식민지 무단통치에 대한 비판이 일본 대내외적으로 강렬해졌다. 이는 데라우치 내각의 뒤를 이은 정당내각이 식민지 통치 방침을 바꿔 식민지까지 정당세력화하는 기회로 활용되었다. 그리하여 1910년대 조선총독의 무단통치는 일본 정당내각과 한국인의 1919년 3·1운동으로 형식적으로나마 그 막을 내리게 되었다.

제2장
1920년대 무관 출신 총독의 기만적인 '문화정치'

1920년대 일본의 조선 통치 방식을 일컫는 이른바 '문화정치'는 다양한 의미를 내포한다. 무엇보다도 문화정치는 1919년 3·1운동을 계기로 한 1910년대 무단정치와 비교되는 일본의 조선 통치 방침 전환을 상징한다. '문화정치'는 제1차 세계대전과 러시아혁명, 3·1민족독립운동이라는 일련의 역사적 사건을 배경으로 한다. 이는 문화정치가 지배와 피지배 양측에서 각기 다른 의미를 갖게 했다. 피지배 조선의 입장에서 '문화정치'는 거족적으로 전개된 3·1독립운동이 이루어낸 성과를 의미한다. 마찬가지로 일본의 입장에서도 '문화정치'는 다이쇼데모크라시와 1920년대 사회적 변화를 배경으로 한 하라 다카시(原敬) 정당내각의 성립 곧 재래 군벌정치의 쇠퇴라는 정치변동을 상징한다.[1] '문화정치'로 상징되는 식민지와 제국주의 국가의 국내외 정세변화가 두 사회에서 정치적·사회적 활동을 활성화시켰다.

이런 의미에서 1920년대는 식민지 조선과 제국주의 일본 모두에게 '특수'한 시기였다고 할 수 있다. 식민지 조선에서 1920년대는 병합된 이래 일본제국주의의 무단통치에 억눌려 침묵하던 한국인들이 3·1운동을 계기로 항일 민족독립운동을 본격화하기 시작한 시기였다. 동시에 제1차 세계대전과 러시아혁명으로 전개된 세계사조 변화의 영향으로 광의의 '사회주의', 공산주의 이념이 항일독립운동에 수용된 때였다. 그리하여 혁명적 정치이념이 항일 민족적 반제국주의·민족독립 의식과 접합되며 항일 민족독립운동의 방법과 지향이 양분된 시기였다.[2] 제국주의

---

1 전상숙, 2008, 「1920년대 사이토오(齊藤實)총독의 조선통치관과 '내지연장주의'」, 『담론201』 11-2, 6쪽.

2 박찬승, 1992, 『한국근대정치사상사연구』, 역사비평사, 15-28쪽; 허수, 2009, 「제1차 세계대전 종전 후 개조론의 확산과 한국 지식인」, 『한국근현대사연구』 50, 39-

일본의 경우 '다이쇼데모크라시'가 상징하는 바와 같이 근대화를 시작한 메이지 군벌의 위력이 상대적으로 약화되고 정당세력이 득세하며 1925년 보통선거법이 시행되는 등 '데모크라시'가 활성화된 때였다. 동시에 제1차 세계대전으로 상징된 세계적인 변동에서 경제적 측면이 국가경쟁의 중심으로 격화될 것으로 예상되어 이에 대응한 새로운 국책 수립이 과제로 인식된 때였다.[3]

이렇게 보면 문화정치는 일본의 정치사회적 변화가 3·1운동이라는 거족적 저항에 대하여 정책적으로 대응한 것이었다고 할 수 있다. 일본의 기성 정치세력들은 '다이쇼데모크라시'의 확산에 대하여 종래와 같이 국가적 가치를 최우선으로 하지 않으면 안 된다는 문제의식을 공유하게 되었다. 이러한 문제의식은 형식적으로 국가 경영에 국민이 참가하는 범위를 확대하여 재래의 국가적 가치를 향수할 수 있는 기회를 널리 제공해야 할 필요가 있다는 발상으로 이어졌다. 그리하여 '국민적 동원' 체제라는 발상이 나왔다. 다이쇼기 일본의 기성 정치세력들은 제1차 세계대전 당시 서양제국주의 국가들의 총동원 전시체제를 모델로 한 '국민적 동원' 체제를 일본이 지향해야 할 국가체제로 수용했다. 그 결과 제1차 세계대전 이후 총력전에 대응한 "국민 참가 범위의 확대 = 국민적 동원 = 거국일치"라는 구상이 추구되었다. 그 전제조건으로 보통선거 등 민주화가 허용된 것이었다.[4]

49쪽; 전상숙, 2010, 「우가키 총독의 내선융화 이데올로기와 농공병진 정책: 우가키 조선 총독정치의 지배정책사적 의미에 대한 재고찰」, 『현상과 인식』 34-4, 99-106쪽.

3 季武嘉也, 1998, 『大正期の政治構造』, 吉川弘文館, 3-4쪽.
4 季武嘉也, 1998, 위의 책, 6-7쪽.

1920년대 '일본제국'에서는 '데모크라시와 정당정치'가 활성화되는 한편으로 다양한 정치의 형식과 국가적 목적에 대한 구상이 존재하며 정치적 이합집산이 이루어졌다. 공통적으로 다이쇼기의 변화와 제1차 세계대전으로 인한 변화를 위기로 인식한 일본의 정치가들은 이를 단지 경제나 산업의 문제로 보지 않았다. 가장 중요한 정치문제 곧 새로운 위기에 대처하는 국가적 과제로 받아들였다. 메이지 말에 메이지유신의 목적으로 했던 '국가적 독립'이라는 목표가 달성된 이래 많은 정치가들이 갖게 된 '세계적 경제전쟁'에 대한 위기의식이 세계대전을 거치며 고양되었다. 그리하여 그들이 대책으로 설정한 새로운 국가 목표가 '거국일치(舉國一致)'라는 방식으로 제창되었다. '거국일치'론은 동양의 작은 나라인 일본이 국가적 위기를 극복하여 국제적 지위를 격상하기 위해서는 정치가·정치기구·국민이 모두 일치 협력하지 않으면 안 된다는 것이었다.[5] 이때 조선에서는 문화정치가 실시되었다.

일본의 '문화정치'라는 조선 통치 방침은 한국 사회에 상대적으로 열린 사회적 공간을 제공하여 다양한 세계사조의 유입을 촉진했다. 이는 3·1운동을 경험한 한국인들이 민족적·사회적 활동을 활성화하는 데 영향을 미쳤다. 그러므로 문화정치는 외래의 혁명사상과 조선인의 사회적 활동을 제도적으로 통제하는 시책으로 전개되었다. 1925년 「치안유지법」이 상징하는 바와 같이 일제는 '치안질서 유지'에 더욱 엄중한 주의를 기울이며 한국인의 사상을 통제하는 데 주력했다. '문화정치'라는 지배 정책의 변화를 상징하며 제한적으로 허용된 언론·집회의 자유가 한국인들의 민족의식을 자극하며 정치·사회적 요구와 저항의지를 표출하

5　李武嘉也, 1998, 위의 책, 4-5쪽.

는 자극제가 되었기 때문이다.⁶

그 결과 1920년대 조선인들은 '문화정치'로 표방된 상대적 자유와 일제의 본격적인 사상 통제와 단속의 심화라는 이율배반적인 정치사회 구조 아래 놓였다. 문화정치와 「치안유지법」을 실시한 일제의 이른바 '내지연장주의' 통치 방침은 한국인에게 식민 모국 일본을 국가로 선택할 것을 강제하며 친일과 항일의 '분할 통치'를 강화했다. 일제가 1925년에 본국과 같이 조선에 「치안유지법」을 실시한 것은 한국인의 민족적 또는 진보적인 항일 사상과 고유의 역사적 정체성에 대한 억압을 강화하고 일본을 현실의 국가로 선택할 것을 강요하기 시작한 것이었다. 사법적으로 반민족·친일을 강제하며 한민족의 분열과 민족정신 억압을 본격화하기 시작한 것이었다고 할 수 있다.⁷

이러한 1920년대 '문화정치'의 실상을 이해하는 데 중요한 인물이 일본 최초의 평민 수상 하라가 식민지 관제를 개혁하고 파견한 전 해군대신 사이토 마코토(齋藤實, 1858-1936) 총독이다. 그리고 하라의 정당내각 출범에 기여하며 사이토를 조선 총독으로 추천한 육군대신 다나카 기이치(田中義一, 1864-1929)이다. 조슈 군벌의 계승자인 다나카는 시세변화에 순응하여 정당내각의 육군대신이 되어 자신의 대륙정책을 추진하고자 했던 1920년대 신세대 일본 육군을 대표하는 인물이었다. 데라우치 내각이 쌀소동으로 붕괴한 뒤 새로 내각을 구성한 하라 다카

---

6 정연태·이지원·이윤상, 1989, 「3·1운동의 전개양상과 참가계층」, 한국역사연구회·역사문제연구소 엮음, 『3·1민족해방운동 연구』, 청년사, 230-255쪽; 전상숙, 2004a, 『일제시기 한국 사회주의 지식인 연구』, 지식산업사, 48-79쪽.

7 전상숙, 2004a, 위의 책, 68-79쪽; 전상숙, 2017a, 『한국인의 근대 국가관, '민주공화국' 재고』, 선인, 145-171쪽.

시 수상은 종래부터 무당파의 자리인 육·해군과 외무대신 이외에는 모두 정우회원으로 정당내각을 이루었다. 그는 정당세력의 확장을 도모하며 번벌과 관료 세력에 대항하던 정당인이었다. 하라는 당시 정당 지도자들 중 '특이하게' 식민지 문제에 관심을 갖고 "식민지 통치의 '정치적 이미지'를 분명하게 갖고 있던" 정치가로 평가된다. 그는 일본이 대만을 처음으로 식민지로 영유할 때 외무차관으로서 '내지연장주의' 식민지 통치관을 갖고 있었는데 그것을 조선에도 적용할 수 있다고 확신했다.[8] 하라의 조각과 내지연장주의 식민통치론은 조슈 육군벌의 계승자인 다나카를 육군대신으로 영입하며 가능해졌다. 다나카를 통해서 기성 육군벌과 협상하여 현역 무관 전임이던 식민지 총독을 문관도 총독이 될 수 있게 문무병용제로 관제개혁을 이루어 실현되었다.

그러나 3·1운동을 계기로 하라 수상이 식민지 통치체제 개혁에 박차를 가하여 군부의 통치 영역화한 조선의 새 총독으로 선임한 것은 전해군대신이었다. 그것도 퇴직한 사이토를 현역으로 복귀시켜서였다. 하라 수상과 제휴한 다나카가 재래의 군벌세력과 절충하여 실현시킨 조선총독문무병용제 개혁이라는 타협의 결과가 결국은 육군벌이 아닌 무관을 임명한 것이었다.[9]

그런데 뜻하지 않게도 하라가 내지연장주의로 식민지 통치 방침을 개혁하고 식민지를 정당정치화하기 위하여 관제까지 개혁하며 추대한

---

8 春山明哲, 1980, 「近代日本の植民地統治と原敬」, 春山明哲·若林正丈, 『日本植民地主義の展開, 1895-1934年』, 財團法人アジア政經學會, 23-28쪽, 49쪽; 김동명, 2006, 『지배와 저항, 그리고 협력: 식민지 조선에서의 일본제국주의와 조선인의 정치운동』, 경인문화사, 54-55쪽.

9 전상숙, 2012, 『조선총독정치 연구: 조선총독의 '상대적 자율성'과 일본의 한국지배정책 특질』, 지식산업사, 126쪽.

사이토 조선총독은 제시된 방침을 따르기만 하는 인물이 아니었다. 이미 해군에서 군정가로서 역량을 인정받았던 사이토는 해군대신까지 지낸 순 무관 군벌 출신 군정가로 국방을 가장 중시하는 인물이었다. 그런데 조선총독으로 부임하여 본 조선의 치안 상황은 듣던 것보다 더 심각했다. 그는 조선 통치를 안정화시키는 것이 무엇보다도 급선무라고 판단했다. 전 해군대신 사이토 총독은 조선의 정세를 전 육군대신 데라우치 총독과 같은 관점에서 보았다. 그는 일본내각의 식민 통치 방식에 입각하여 '문화정치'를 실시하면서 경찰로 바뀐 무력을 확충했다. 무력을 통해서 조선인에 대한 통제를 강화하며 식민 통치를 안정화시키고자 했다. 이렇게 조선을 통치하면서 사이토는 본국의 정당내각이 바뀌며 조선총독부의 살림을 실질적으로 총괄하는 정무총감도 교체되고, 교체된 정무총감의 정치적 교섭 능력에 따라서 총독부의 재정이 변화되는 유동적인 통치 환경에 직면했다. 안정적으로 조선을 통치하기 어려운 현실을 체험한 사이토는 정당정치와 식민지의 정당정치화를 부정적으로 생각하게 되었다.

사이토가 처음 조선총독으로 부임할 때는 조선과 식민 통치에 대해 잘 알지 못했으므로 자신을 정치의 장으로 이끌어낸 정치적 스승이라고 할 수 있는 하라 총리에게 의지했다. 조선총독부의 행정은 하라가 정무총감으로 임명한 그의 심복이자 내무 행정의 일인자인 미즈노 렌타로가 실질적으로 관장했다. 하라 수상과 긴밀한 관계를 맺고 있는 미즈노 정무총감은 내지연장주의 시책을 추진하는 사이토 총독의 안내역이 되었다. 그렇지만 미즈노가 본국으로 영전해 돌아가고 정무총감이 교체되면서 사이토는 부임한 지 1년도 지나지 않아 나름의 조선 통치 방침을 구축해가기 시작했다.[10]

사이토 총독기에 조선총독부의 살림을 책임지는 정무총감이 정당내각의 교체와 함께 미즈노 렌타로(水野鍊太郎, 1919-1922)로부터 아리요시 주이치(有吉忠一, 1922-1924), 시모오카 추지(下岡忠治, 1924-1925), 유아사 구라헤이(湯淺倉平, 1925-1927)로 빈번하게 교체되었다. 잦은 정무총감의 교체는 신임 정무총감이 가진 정부와의 교섭 능력에 따라서 총독부의 차입금과 일본 금융시장에 의존하는 공채의 폭이 변하는 결과를 낳았다. 이는 총독부의 시정을 안정적으로 운영하기 어렵게 했다. 이러한 상황이 조선총독 사이토가 조선을 안정적으로 통치할 수 있는 재정 기반과 방안을 모색하게 한 것으로 보인다. 그러므로 사이토 총독은 제5대 조선총독으로 재임할 때 자신과 뜻을 같이하는 고다마 히데오(兒玉秀雄, 1929-1931)를 정무총감으로 지명했다. 그리하여 처음 조선총독으로 재직할 때 총독부에서 근무하고 있던 토박이 관료들과 함께 구상했던 통치 방안을 구체화하여 안정적으로 조선을 통치하고자 했다.[11]

재임한 사이토 총독이 오랜 조선 경험을 갖춘 총독부의 일본인 관료들과 수립해 추진한 조선 통치 방침은 역설적이게도 정당내각의 통치방침과는 반대였다. 사이토는 당초에 데라우치 총독이 구축한 것처럼 '조선총독정치체제'를 본국의 정치변동으로부터 자유롭게 공고히 하여 일제의 조선 통치를 안정화시키고자 했다.

한편 하라 내각의 육군대신 다나카는 한국 병합의 기본 방침이 된 국책 '일본제국국방방침(日本帝國國防方針)'의 초안을 작성한 인물이었다.

---

10   村上貞一, 1937, 『巨人齋藤實』, 新潮社, 184쪽·226-242쪽; 財團法人齋藤實子爵紀念會, 1941, 『子爵齋藤實傳 2』, 共同印刷株式會社, 364-365쪽.

11   전상숙, 2012, 앞의 책, 133-145쪽.

그는 일본이 '섬나라'의 한계를 벗어나 '대륙국가'가 되어 국운을 크게 신장해야 한다는 신념을 갖고 있었다.[12]

'일본제국국방방침'은 국가적 발전 방향을 공유한 조슈 육군벌이 섬나라 일본의 북방대륙국가화(北方大陸國家化)를 국책으로 결정한 것이었다. 이 방침은 러일전쟁에서 승리하자 메이지유신의 최고 목적이었던 '국가적 독립' 다시 말해서 서양 열강의 간섭이나 눈치를 보지 않아도 되는 자주국이 되는 '독립'을 달성했다는 인식 위에서 새로운 국가 목표로 설정된 것이었다. 육군벌이 이루어내는 '공세(攻勢)국방론'과 '대륙제국론'을 국책으로서 국가 목표로 결정한 것이었다. 만주와 한국을 불가분의 구성 요소로 한 '대륙의 제국 일본'의 발전을 국가 목표로 설정한 것이었다.[13]

이에 입각하여 다나카를 포함한 조슈 육군벌이 정치와 군사를 장악하고 이룬 한국 병합은 '대륙의 제국 일본'을 완성하고 발전하기 위한 첫걸음을 내딛은 것이었다. 그러나 세계대전으로 촉발된 자본주의적 발전에 대한 비판적 사조('개조'사상)가 확산되고 이와 연동된 다이쇼기의 변화는 '데모크라시' 풍조를 확산시키며 정당정치를 촉진했다. 이러한 변화는 조슈 육군벌과 군부 내에서 사회·정치적 변화에 대응하는 방식에 대한 이견을 낳아 분화를 야기했다. 그 결과 조선총독으로 체류하게 된 데라우치는 천황에 직예한 조선총독의 권한을 활용하여 자율적인 조선총독정치체제를 구축했다. 이에 반해서 다이쇼데모크라시의 고양을 배

---

12 이리에 아키라, 이성환 역, 1993, 『일본의 외교』, 푸른산, 63쪽.
13 北岡伸一, 1978, 『日本陸軍と大陸政策, 1906-1918』, 東京大學出版會, 9-13쪽; 전상숙, 2012, 앞의 책, 36-37쪽·76-77쪽.

경으로 집권한 정당내각은 조슈벌 출신 다나카 육군대신을 통해서 식민지 통치의 정당정치화를 추진했다.

다나카는 데라우치 이후 조슈벌로서는 7년 만에 육군대신이 된 인물이었다. 그는 하라 내각의 식민지체제 개혁이 내외정세상 불가피하다고 생각했다. 그러므로 하라의 식민지 통치 개혁을 자주적으로 수용하여 육군이 변화를 주도하고자 했다.[14] 그는 1920년대 순 군벌세력이 쇠퇴하고 육군대학 출신이 부상하여 재래의 군벌과 결합하면서 성격을 달리하게 된 신세대 육군을 대표하는 인물이었다. 다나카가 육군대신으로 입각할 때까지 조슈벌 내에는 1911년에 육군대신을 그만둔 데라우치를 이을 만한 육군 군정가(軍政家)가 없었다. 그리하여 사쓰마(薩)벌의 우에하라 유사쿠(上原勇作)가 그 뒤를 이어 후에 우가키 군벌과 대결하는 우에하라 군벌을 형성하게 되었다. 그러므로 1919년 데라우치의 별세는 사실상 육군 조슈벌의 종언과도 같았다. 육군대학 출신이 육군의 요로를 점령한 1920년대 중반이 되면 육군의 번벌적 성격은 소멸하고 육군대학벌을 중심으로 한 분파가 형성되었다.[15]

다나카가 육군대신이 되었을 때 그 주변에 군벌을 형성한 것이 신세대 육군이었다. 육군대신 다나카는 대륙정책의 적극화와 조슈벌 타파를 주장하며 대두한 사쓰마벌의 총수 우에하라파와 제휴하여 적극적인 만몽개발대륙정책을 추진하고자 했다.[16] 또한 식민지 통치의 정당화를 기한 하라와도 한반도를 연육교로 하여 만주와 몽고의 개발을 중심으로

---

14 전상숙, 2012, 앞의 책, 121쪽.
15 松下芳男, 1967b, 『日本軍閥の興亡 2』, 人物往來社, 165-189쪽.
16 北岡伸一, 1978, 『日本陸軍と大陸政策, 1906-1918』, 東京大學出版會, 336-337쪽; 전상숙, 2012, 앞의 책, 165-221쪽.

'대륙의 제국 일본'을 완성하는 북진정책에 뜻을 같이했다. 다나카 육군대신은 조슈벌의 야마가타와 데라우치에게 시대 변화에 따른 불가피한 변화와 타협을 설득함으로써 조선총독의 문무병용제와 전 해군대신 사이토의 조선총독 부임을 이루어냈다.

그렇지만 사이토는 군정가였다. 사이토는 정당내각의 내지연장주의 '문화정치'를 시행하면서도 한반도를 다른 식민지와 같이 취급해서는 안 된다고 생각했다. 그는 조선을 별도로 다루어 조선 지배의 안정성을 이루어야 한다고 확신하게 되었다.[17] 사이토의 조선 경험은 본국 정당세력의 행태를 혐오하며 일본의 정치변동에 좌우되지 않고 조선 통치의 안정을 이룰 수 있는 조선총독부의 재정독립과 조선총독정치체제의 구축이 필요하다고 생각하게 했다. 그는 조선총독의 정치적 자율성을 공고히 함으로써 조선 지배의 안정성을 이루어 일본 국가에 기여하는 통치정책을 모색했다.

정당내각이 사이토를 조선총독으로 추대한 것은 정당내각의 정치적 영향력 강화라는 측면과 다나카로 상징되는 정당내각과 제휴한 신세대 육군의 북진대륙정책이 접합된 것이었다. 이것은 다른 한편으로 조선 통치와 대륙정책을 둘러싼 신세대 육군과 재래 군벌세력 간의 갈등과 모순을 내포한 것이었다. 식민지 총독의 문무병용제를 이루고도 군인 출신 사이토를 조선총독으로 임명함으로써 표출된 정당내각의 조선 통치에 대한 갈등과 모순은 사이토와 다나카에게도 내재해 있었다. 두 사람의 조선관과 북진대륙정책 추진 방식이 같지 않았기 때문이다. 그 차이는 조선총독정치의 자율권을 보장할지 여부에 있었다. 양측은 공히 북진대

17　山崎丹照, 1942, 『外地統治機構の硏究』, 高山書院, 23-25쪽.

류정책을 통해서 일본이 대륙의 제국이 되어 번영하는 것을 목적으로 했다. 그렇지만 비육군 무관 출신 조선총독과 신세대 현역 육군대신 다나카는 조선 통치의 안정성을 우선한 조선총독의 정치적 자율권 보장에 대하여 입장이 달랐다. 이 차이가 1920년대 정당내각기 이래 일본 정부와 조선총독 간 조선 지배정책을 둘러싼 갈등의 핵심이 되었다.

조선 지배정책을 놓고 조선총독의 전제적인 통치권을 핵심으로 하여 일본 정부와 조선총독부 간에 표출된 갈등은 '다이쇼데모크라시'를 배경으로 한 일본 정치와 육군벌의 변화와 불가분의 관계를 갖는 것이었다. 그렇지만 정당내각이 등용한 무관 출신 조선총독 사이토 시기에 조선 지배정책을 놓고 일본 정부와 조선총독부 간에 형성된 갈등은 1931년 만주사변으로 표출된 일본 군부의 정당세력 및 정당과 결탁한 재계에 대한 불만, 그리고 이후 군부 내 북진정책과 외교정책을 둘러싼 분열로 정당내각이 몰락하고 군부통치체제로 이어지면서도 지속되었다. 그리하여 1930년대 이래 1920년대와는 또 다른 형태로 존속하면서 일본 총력전체제 구축을 둘러싼 일본 정부의 조선 연육교관에 입각한 일원적 통제체제 구축과 조선총독의 조선 교두보관에 입각한 조선 중심의 일원적 통제체제 구축 간의 갈등으로 전개되었다. 이 과정에서 조선총독은 일본 총력전체제의 교두보로 설정한 조선을 일본총력전체제에 중추로서 기여하는 식민지수탈체제로 강화하며 솔선적으로 조선총동원체제를 구축해갔다.

1. '문화정치'를 표방한 해군대신 출신 사이토 마코토 3·5대 총독

조선총독 사이토는 정당내각이 군벌과의 관계를 고려하여 무관이면서도 문관 같은 인물이자 육군벌이 아닌 전직 해군 출신이었기 때문에 선택되었다. 이러한 절충을 통해서 조선총독의 문무병용제 개혁을 실현한 수상 하라는 내지연장주의 식민 통치 방침을 통한 식민지의 정당세력화를 위하여 자신의 심복인 미즈노 렌타로를 조선총독부 정무총감으로 임명해 사이토와 함께 파견했다. 미즈노는 군벌세력과 식민지의 유착을 혐오하는 내무관료였다.[18] 그러나 사이토는 이미 해군대신으로서 실력을 인정받은 군정가였다.[19] 사이토는 은퇴한 자신을 다시 현역으로 복귀시켜서 조선총독으로 임명한 정당내각의 방침을 존중했지만 무조건적으로 따를 정도로 무정견한 인물이 아니었다. 조선총독이 된 사이토는 일본 국가의 성장이라는 장기적인 전망 속에서 점진적으로 조선을 일본의 한 부분으로 만들고자 내지연장주의에 입각하여 '문화정치'를 실시했다.

사이토는 하라 내각의 내지연장주의 식민 통치 방침에 입각하면서도 조선 사회의 실상과 정당내각의 정치 행태를 체험하며 조선총독정치의 방침을 정립해갔다. 그중 중요한 것이 내지연장주의에 입각하여 한국인에게 부분적으로 참정권을 부여하는 시책을 현실적으로 추진한 것이

---

18 전상숙, 2012, 앞의 책, 125쪽.

19 李炯植, 2004, 「'文化統治'初期における朝鮮總督府官僚の通治構想」, 『史學雜誌』 115-4, 86쪽; 李炯植, 2007, 「政黨內閣期(1924-1932)の朝鮮總督府官僚の統治構想」, 『東京大學日本史學研究室紀要』 11, 377쪽.

었다. 사이토는 조선총독의 '대명(大命)'을 받은 통치권에 의거하여 내지연장주의를 조선 실상에 적합한 통치 방책으로 실천하고자 모색했다. 그는 대내외적으로 조선총독의 위신을 세우는 것이 조선 통치를 안정화시키는 데 중요하다고 생각했다. 동시에 한국인들을 실리적으로 회유하면서 통제체제를 촘촘하게 구축하는 것이 필요하다고 판단했다. 그 귀결이 정당내각으로부터 조선총독정치체제의 자율성을 공고히 하면서 한국인들에게는 부분적으로 참정권을 부여하는 것이었다. 그 결과 사이토의 조선총독정치는 본시 정당내각이 의도했던 것과는 달리 오히려 초대 데라우치 총독이 구축한 상대적으로 자율적인 조선총독정치체제를 공고화하는 것이 되었다.[20]

사이토 총독의 '조선인'에 대한 부분적 참정권 부여 구상은 당시 일본에서 논의된 자치주의 방침이나 하라의 내지연장주의와 차이가 있는 독자적인 것이었다.[21] 또한 하라의 조각에 공을 세운 육군대신 다나카의 대륙정책과도 어긋나는 것이었다. 다나카가 정당세력과 제휴해 실현하려 한 대륙정책은 육군벌의 공세국방론·대륙제국론이었다. 이것은 조선 지배의 안정성을 중시하여 조선을 북진정책의 교두보로 삼은 조선총독정치와는 달리 반도 조선을 대륙과 섬나라 일본을 잇는 연육교로 보는 것이었다. 사이토의 조선 통치 방침은 1927년 정우회 총재로서 내각을 구성한 다나카가 만몽 개발 중심의 대륙정책을 실시하고자 일원적인 행정체계를 구축하는 것과 부딪힐 수밖에 없었다.[22] 결국 양자의 정책적 차

---

20 전상숙, 2012, 앞의 책, 149-158쪽.

21 전상숙, 2012, 위의 책, 159쪽.

22 北岡伸一, 1978, 앞의 책, 270-337쪽; 岡本眞希子, 1998, 「政黨政治期における文官總督制-立憲政治と植民地統治の相剋」, 『日本植民地研究』 10, 6쪽; 加藤聖文, 1998,

이는 다나카 수상이 사이토를 권고사직시키고 죽마고우인 친정당세력 야마나시 한조를 임명하게 했다. 그러나 하라-다나카로 이어진 정당내각의 조선에 대한 정당정치화와 조선총독에 대한 감독권 설정은 조선총독 퇴임 후 추밀원 회원이 된 사이토가 포함된 추밀원회의에서 원로들에 의해 저지되었다. 또한 야마나시 총독이 정치자금과 관련되어 불미스럽게 퇴임하게 됨으로써 추밀원과 원로들이 조선 통치에 대한 정당세력의 침투를 더 이상 방조하지 않는 결과를 낳았다. 그리하여 사이토가 1929년 다나카의 후임 하마구치 내각에서 해군벌에 대한 배려로 조선총독으로 재임용되었다. 조선총독으로 재부임하면서 사이토는 자신과 정당정치 및 북진정책에 뜻을 같이하는 조슈벌의 고다마를 정무총감으로 임명하여 처음 조선총독 재임 시 뜻을 같이했던 총독부의 토박이 일본인 관료들과 함께 자신의 조선 통치 방침을 추진했다.[23]

1) 헌병경찰제도 폐지의 기만성과 조선인 통제 정책

1919년 9월 2일 사이토 마코토(齋藤實, 1858-1936)가 제3대 조선총독으로 취임했다. 첫 등청한 사이토 총독은 훈시를 통해서 이른바 '문화정치'로 알려진 새로운 시정 방침을 밝혔다. '일시동인(一視同仁)'의 취지를 언급한 일본천황의 「총독부관제개혁 조서」에 기초하여 공포된 시정방침의 핵심은 다음과 같다. "문화적 제도의 혁신을 통해서 조선인을 가

「政黨內閣確立期における植民地支配體制の摸索: 拓務省設置問題の考察」, 東アジア近代史學會 編, 『東アジア近代史』 創刊號, ゆまに書房; 전상숙, 2012, 앞의 책, 162-163쪽.
23 전상숙, 2012, 앞의 책, 147-159쪽.

르치고 이끌어서 그 행복과 이익을 증진하고, 장래 문화의 발달과 민력(民力)의 충실에 따라서 궁극적으로 정치·사회상의 대우도 내지인과 동일하게 하는 것을 목적으로 한다"는 것이었다.[24] '문화적 제도의 혁신', '문화의 발달과 민력의 충실', 기타 '조선 문화와 구관(舊慣)'의 인정, '문명적 정치의 기초' 확립 등이 문화정치라고 불리게 된 내용이었다.[25] 9월 10일에는 총독의 '유고'를 통해 문화정치의 시행 방침을 성명했다. 그 주요 내용은 조선총독부 기구 개혁의 2대 핵심인 조선총독부 관제와 헌병경찰 정치 폐지 그리고 조선인의 처우 개선과 시정 쇄신 등이었다. 이후 9월 15일 중추원회의 소집을 필두로 이른바 문화정치 시책들이 실시되었다.[26]

사이토가 조선총독으로 부임한 1919년 일본 정치는 메이지유신 이후 일본을 지배해온 번벌체제가 무너지고 재편성되고 있었다. 데모크라시 풍조 속에서 정권을 잡은 정당세력은 구미 열강과의 협조외교, 특히 국제정치를 주도하게 된 미국과의 협조를 중시하며 군벌의 외교 간섭을 견제했다. 군부는 열세에 몰렸다. 러일전쟁 이후 생성된 영·미와의 대립은 기본적으로 중국과 한국을 비롯한 아시아 국가들에 대한 제국주의 경쟁에서 비롯된 것이었다. 따라서 일본이 팽창하는 데에 식민지·종속 지역의 민족들과 관계를 조율하는 것이 중요했다.[27] 그런데 섬나라 일본

---

24 『朝鮮總督府官報』, 1919.9.4.
25 糟谷憲一, 1992, 「朝鮮總督府の文化政治」, 『近代日本と植民地』 2, 岩波書店, 122쪽.
26 長田彰文, 2005, 『日本の朝鮮統治と國際關係-朝鮮獨立運動とアメリカ 1910-1922』, 平凡社, 37-42쪽; 전상숙, 2012, 앞의 책, 127쪽.
27 中塚明, 1976, 「日本帝國主義と植民地」, 『岩波講座 日本歷史 近代 6』 19, 岩波書店, 232쪽.

이 대륙으로 진출하는 관문이자 '안보의 방벽'으로 여긴 한반도에서 거족적인 항일 독립운동이 발생하여 새로운 단계로 발전하기 시작했다. 이는 특히 일본 군부와 무관 출신 조선총독에게 조선의 치안질서 회복과 한국인의 항일 독립운동 재발 방지책을 무엇보다 급선무로 여기게 했다.

사이토는 청일전쟁 이후 일본 해군을 주재한 야마모토 곤노효에를 보필하여 러일전쟁을 승리로 이끌고 해군을 이어받아 '동양의 해군'을 '세계의 해군'으로 만들었다고 평가받는 인물이었다. 그는 해군벌 최후의 아성으로 5대에 걸쳐서 해군대신을 역임하며 해군충실계획을 세워 일본의 해군을 증강시켰다. 그는 일찍이 한반도의 중요성을 인지하여 러일전쟁에 대비하며 한국의 연안조사를 지시했었다. 군인으로서 사명감이 투철하다는 평가를 받는 사이토는 자타 공히 "국가본위의 사람"이었다고 한다.[28] 그러므로 사이토는 조선의 치안 확보가 얼마나 일본에 중요한지 누구보다 잘 아는 인물이었다고 할 수 있다. 이는 실질적으로 조선의 치안을 확보하는 정책으로 연계되었다.

조선총독으로 부임한 사이토가 접한 조선 정세는 일본에서 생각했던 것보다 훨씬 심각했다. 그는 "뜻밖으로 험악해서 지난 관제개혁에도 불구하고 완화될 조짐이 엿보이지 않고 빈부귀천 남녀노소를 막론하고 모두 독립을 꿈꾸고" 있다고 보았다. 조선의 치안질서 확립이 무엇보다 "다급"하다고 판단했다.[29] 그리하여 시정의 우선순위를 치안질서 확립에 두었다. '문화정치'는 헌병경찰을 보통경찰로 바꾸어 무단통치에 항거한

28　有竹修二, 1958, 『齋藤實』, 時事通信社, 51-56쪽; 松下芳男, 1967b, 앞의 책, 204쪽; 讀賣新聞政治部 編著, 1934, 『思ひ出を語る』, 千倉書房版, 80-82쪽·116쪽.

29　강동진, 1980, 『일제의 한국침략정책사』, 한길사, 21쪽.

조선인들에게 우호적인 시정을 실시하려는 것처럼 보였다. 그렇지만 이면에서 사이토는 일본 정부에 육군 병력의 증가를 요구했다. 그는 조선인의 민족적 저항을 억압하여 치안질서를 공고히 하고자 '문화정치'를 표방하며 '무력을 증강'하는 이중적인 행보를 취했다. 사이토는 총독부 부장회의에서 헌병과 군대가 충분히 의사소통하여 유감없이 치안을 유지하는 데 진력할 것을 당부했다. 그는 조선 질서를 안정화시키기 위하여 조선인의 항일 저항을 실질적으로 탄압할 수 있는 경찰력을 강화하는 데 주의를 기울였다. 사이토는 "점차 무단군경 이상의 위력을 새 경찰력에서 발견"했다고 한다. 그 결과 헌병경찰제도를 폐지한 사이토가 무단통치를 실시한 데라우치 총독보다 더 "조선의 치안을 유지하는 데 훌륭한 수완이 있음을 보였다"고 평가되었다.[30]

결국 일본 육군의 사단 증설은 이루어지지 않았지만 사이토는 총독부의 군비 예산을 늘려서 1920년도에 '조선사단보병대 완성기의 단축 및 정원 증가에 관한 경비'를 예산으로 편성했다. 군대도 1920년과 1921년에 각각 최저 2,400명이나 증강했다. 일본군수비대도 3·1운동과 같은 항일 민족운동이 재발할 경우에 대비하여 평상시에도 특별 훈련과 임시 경계 행군을 실시하며 조선의 치안질서 확보에 주력했다.

이례적으로 급속히 경찰력을 강화했다.[31] 조선의 보통경찰제는 1919년 칙령 제387호 「조선총독부 경찰관서 관제 폐지의 건」과 칙령 제397호 「헌병 조례 개정의 건」으로 헌병경찰제를 폐지하고 칙령 제

---

30 朝鮮行政編輯總局, 1937, 『朝鮮統治秘話』, 帝國地方行政學會, 25쪽; 박경식, 1986, 『일본제국주의의 조선지배』, 청아출판사, 206쪽.
31 박경식, 1986, 위의 책, 200-201쪽; 마쓰다 토시히코, 이종민·이형식·김현 옮김, 2020, 『일본의 조선 식민지 지배와 경찰』, 경인문화사, 260-264쪽.

386호 「조선총독부 관제 중 개정의 건」 제9조로 시행되어 문화정치를 상징했다. 동시에 헌병경찰을 대체할 수 있도록 조직력이 확충되어 시행되었다. 경찰관의 대량 증원을 염두에 둔 칙령 제388호 「조선총독부 경찰관강습소 관제」를 공포하여 경무총감부 소속이던 경찰관연습소를 독립시켜서 경찰관 교육시스템을 확충했다. 또한 칙령 제408호 「현역 헌병 하사상등병의 복역에 관한 건」을 시행하여 폐지된 헌병제의 군인을 예비역으로 편입하는 특례를 마련하여 경찰관으로 채용했다. 이는 이후 일본제국주의 통치기 동안 경찰의 조직력이 대규모로 확충되는 정책으로 이어졌다.[32]

3·1운동 직후 주재소가 880개나 신설되었다. 이에 따라서 헌병과 헌병보에서 순사로 교체된 인원과 보충인원을 포함하면 1만여 명의 경찰이 증원되었다.[33] 이는 헌병경찰제의 해체로 빠진 헌병의 숫자를 보충하고도 남는 것이었다. 1921년에 경찰의 총인원은 2만 150명이었다.[34] 이렇게 3·1운동 이후 문화정치기에 증원된 보통경찰의 숫자는 식민지시기 내내 거의 유지되었다.

경찰의 조직력 확충을 통한 인력 보충은 보통경찰제로 바뀌어서 생길지도 모를 조선 치안의 불안과 공백을 우려한 결과였다. 보통경찰제도는 무단통치를 상징한 헌병경찰제도를 폐지하고 문화정치를 시행하는 유화정책의 상징이었지만 실질적으로는 헌병경찰처럼 기능할 수 있도록 기능

---

32 마쓰다 토시히코, 이종민·이형식·김현 옮김, 2020, 위의 책, 209-250쪽.
33 丸山鶴吉, 1932, 「朝鮮警察の回顧」, 『警務彙報』 320, 52쪽; 마쓰다 토시히코, 이종민·이형식·김현 옮김, 2020, 위의 책, 261쪽 〈표 16〉 경찰제도 개편 후의 정원 확장 계획 참조.
34 김정은, 2001, 「1920-30년대 경찰조직의 재편」, 『역사와현실』 39, 303쪽.

을 강화했다. 그리하여 확충된 경찰력을 통해서 조선인의 항일적 언행과 사상을 통제했다. 1917년 볼셰비키혁명이 성공하자 세계사조의 하나가 되어 확산되기 시작한 공산주의·범사회주의 사상과 운동은 기본적으로 반자본주의·반제국주의 혁명사상이자 운동이었으므로 반제국주의 민족 운동과 친화력을 가졌다. 게다가 1919년에 수립된 공산주의 국제연합인 코민테른은 식민지와 약소민족의 해방운동에 대한 지원 방침을 공포하여 민족해방운동을 촉구했다. 이를 경계한 일제는 1923년 이래 조선에서 공산주의운동이 '실제화(實際化)'한다고 판단하고 경계를 강화했다.[35]

3·1운동 당시 일제는 기존「보안법」의[36] 한계를 보완하기 위하여 1910년 8월 29일 칙령 제324호「조선에서 시행할 법령에 관한 건」에 의거하여 공포된 제령 제1호「조선에서 법령의 효력에 관한 건」을 공포했다. 구한국시대의 치안법령인「보안법」과「신문지법」의 효력을 유지시킨 것이었다. 그러나 만세시위운동으로 보안법의 한계를 느끼고 1919년 4월 15일 제령 제7호「정치에 관한 범죄 처벌 건」을 공포했다. 이것은 3·1운동에 대한 탄압과 처벌을 목적으로 한 것이었다. 정치적 변혁을 목표로 안녕과 질서를 방해하거나 방해하고자 의도한 2인 이상의 공동 행위에 대하여 10년 이하의 징역 또는 금고처분을 규정했다. 기

---

35 朝鮮總督府警務局, 1924. 6,『勞農運動槪況』, 朝鮮總督府警務局, 7쪽.

36 1907년, 일제의 노골적인 식민화정책에 대항하여 각지에서 의병과 정치결사가 결성되자 일본의「치안경찰법」을 모방하여 제정한 법률. 그 목적은 첫째, 안녕과 질서유지를 위하여 결사 및 집회 제한·금지·해산. 둘째, 안녕 질서유지를 위하여 기계·폭발물, 기타 위험한 물건의 휴대 금지. 셋째, 공공장소에서 안녕과 질서를 해칠 우려가 있는 언동 금지. 넷째, 정치에 관한 불온 언동을 할 우려가 있는 자에 대한 거주제한, 정치에 관한 불온언동자 처분 등이었다(村崎滿, 1943,「保安法(光武11年法律第2號)の史的素描」,『司法協會雜誌』第22卷 第11, 1-2쪽).

존「보안법」에서 최고 형량을 2년으로 했던 것보다 반제국주의 민족운동에 대한 처벌과 억압 강도를 한층 강화한 것이다. 이로써 사실상 반제국주의 공산주의운동을 억압할 법적 근거가 갖추어졌다.[37]

그러나 '문화정치'와 문화운동의 조류 속에서 공산주의의 목소리가 점점 커가자 조선총독부는 1922년 5월부터 이른바 '과격한 사회운동'에 대하여 사안에 따라서「보안법」과 1919년의 제령 7호를 임의 적용해 처벌하기로 결정했다.[38] 또한 치안질서를 문란하게 하는 많은 '과격사상'과 공산주의에 관한 언론취체도 행정권과 독립된 사법권으로 '사법당국자의 소견'에 따라서 처벌하기 시작했다.[39] 스스로 표방한 '문화정치'의 상징과도 같은 언론과 출판 및 결사에 대한 자유, 그나마도 제한적으로 허용했던 사회적 공간조차도 조선총독부의 통제 아래서 총독부가 허용하는 범위를 넘어서면 처벌의 대상이 된다는 사실을 분명히 한 것이었다. 사법 당국자의 소견에 따라서 과격사상과 사회운동을 처벌할 수 있도록 한 것은 헌병경찰에게 임의적 처벌권을 행사할 수 있게 했던 것보다 더 강한 법적 처벌권을 행사하기 시작했다.

1924년 4월에 조선청년총동맹과 조선노농총동맹이 결성되었다. 1925년에 일본은 소련과 기본조약을 체결하여 국교를 정상화했다. 이는 공산주의 사상과 운동이 일본과 조선에서 더욱 확산될 것을 우려하여 '적화 방지'를 주목적으로 한「치안유지법」제정으로 이어졌다. 일본 의

---

[37] 임종국, 1985,『일제하의 사상탄압』, 평화출판사, 125-127쪽; 전상숙, 2004a, 앞의 책, 65쪽.

[38] 「警察部長ニ關スル中村高等法院檢事長訓示(1922. 5. 22)」, 齊藤榮治 編, 1942,『高等法院 檢事長 訓示通牒類纂』, 124-125쪽.

[39] 「二重으로 言論壓迫」,『東亞日報』, 1922.8.13.

회에서 제정된 「치안유지법」은 4월 27일 법률 제46호로 공포되고, 칙령 제175호로 5월 12일부터 조선과 대만에서도 실시되었다.[40] 조선에서의 「치안유지법」은 본격적으로 조직 활동을 전개하기 시작한 한인 공산주의운동을 강력하게 탄압하는 것이 주목적이었다.[41] 단순한 치안질서의 확립이나 공산주의운동 탄압을 법제화한 것이 아니었다. 조선인의 반일적·민족적 저항 의식이나 사고까지 탄압하는 법적 근거로 활용되어 이후 1930년대 사상 전향의 정책화와 연계되었다.

「치안유지법」의 내용을 구체적으로 살펴보면 아래와 같다.[42]

제1조 국체(國體) 또는 정체(政體)를 변혁하거나, 사유재산제도를 부인하는 것을 목적으로 결사를 조직하거나, 또는 사정을 알고 이에 가입하는 자는 10년 이하의 징역 또는 금고에 처한다. 전항의 미수죄는 이를 벌한다.

제2조 제1조 제1항을 목적으로 이의 실행을 협의한 자는 7년 이하의 징역 또는 금고에 처한다.

제3조 제1조 제1항을 목적으로 이의 실행을 선동한 자는 7년 이하의 징역 또는 금고에 처한다.

제4조 제1조 제1항을 목적으로 소요, 폭행 및 그 밖의 생명, 신체, 재산에 해를 미치는 범죄를 선동한 자는 10년 이하의 징역 또는 금고에 처한다.

---

40   전상숙, 2004a, 앞의 책, 68-79쪽.

41   「治安維持法案議事速記竝委員會議錄」, 姜德相·梶村秀樹 編, 1982, 『朝鮮 5: 共産主義運動 1』, みすず書房;「治安法의 解釋에 對하야」, 『東亞日報』, 1925.5.16.

42   我妻榮 編, 1968, 『舊法令集』, 有斐閣, 451쪽.

제5조 제1조 제1항 및 전 3조에 해당하는 범죄를 교사할 목적으로 금품 또는 기타 재산상의 이익을 공여(供與)하거나 이를 신청, 약속한 자는 5년 이하의 징역 또는 금고에 처하며, 사정을 알고도 공여를 받거나 이를 요구, 약속한 자 역시 동일하게 처벌한다.

제6조 앞의 5조에 해당하는 죄를 범한 자가 자수했을 때는 그 형을 감경 또는 면제한다.

제7조 본법은 누구를 막론하고 본법 시행 구역 밖에서 죄를 범한 자에게도 적용된다.

일본에서 실시한 「치안유지법」을 즉각 조선에서 실시한 핵심적인 이유는 기본적으로 제1조에 명시되어 있는 바와 같다. 일본제국주의에 위협이 된다고 판단된 무정부주의와 공산주의 결사의 조직과 가입을 처벌하는 것이 가장 중요한 목적이었다. 그런데 제2조에서 제5조를 보면, 그 단속 대상이 실질적이고 구체적인 활동에만 국한되지 않았다. 조직의 결성이나 가입을 협의하거나 선동했다고 여겨지는 일체의 행위도 단속 대상이었다. 곧 사법당국이 '임의로 판단'하여 협의나 선동의 '혐의'가 있다고 여겨지는 일체의 행위와 관련된 모든 것이 단속 대상이었다.[43]

조선에서 「치안유지법」은 문화정치하에서 작동하는 '무정부주의', '공산주의'로 상징되는 반일본·반제국주의, 식민 지배와 관련된 일체의 비판적 언행에 대하여 '국체 변혁과 사유재산 부인의 혐의'를 두고 처벌

---

43 鈴木敬夫, 1989, 『법을 통한 조선식민지 지배에 관한 연구』, 고려대학교 민족문화연구소, 220쪽.

대상으로 삼은 것이었다. 일제에 대한 일체의 비판적 '선전' 행위도 이와 관련된 '선동'으로 간주되어 처벌받을 수 있었다. 「치안유지법」 발동 이후 조선에서는 결사 행위와 직접 관계되지 않아도 신문·잡지의 글, 강연·강의 등을 통한 공산주의 사상의 소개와 같은 활동도 「치안유지법」 위반으로 처벌받았으며, 일부 사상단체들은 아예 해산 명령을 받기도 했다. 당시 조선의 경찰은 「치안유지법」은 사상단속법이라고 공공연히 말하고 있었다. 결국 언론·집회·결사의 자유가 제약을 받으면서 「치안유지법」은 "사상탄압을 위한 이현령비현령의 구실"을 했다.[44]

이와 같이 「치안유지법」은 사상 탄압의 관점에 입각한 것이 근본 특질이었다. 그것은 "사상범죄에서 사상은 단순히 이론적, 추상적 사상이 아니라 실천적인 사상이며 이른바 이론과 실천은 불가분의 관계로 결합되어 있어 이론임과 동시에 수단이고 수단임과 동시에 조직"이라는 철저한 사상탄압의 관점에 선 것이었다.[45]

이와 같은 '문화정치'는 1927년 기준으로 총수 2,879개에 달한 경찰관서 중에서 민중의 말단까지 통제하는 일을 주요 업무로 하는 주재소의 수가 2,306개를 차지할 정도로[46] '보통경찰제도'를 확충하고 기능을 강화하여 실시되었다. 경찰력 강화를 통한 한국인의 사상 통제는 사이토 총독의 조선 현실 인식 위에서 이루어졌다. 사이토는 "봉화가 한번 오르면 부화뇌동하여 소리나는 곳으로 달려가 같이 호응하기를 예사로 한다. 그러니 일을 미연에 방지하여 화근을 끊어버리는 것이 조선 통치

---

44 김준엽·김창순, 1986, 『한국공산주의운동사 2』, 청계연구소, 343쪽.
45 池田克, 1938, 『治安維持法』, 日本評論社, 38쪽; 전상숙, 2004a, 앞의 책, 68-73쪽.
46 朝鮮總督府警務局, 1928, 『朝鮮警察の概要』, 朝鮮總督府警務局, 137쪽.

의 비경이며, 오늘날과 같은 상황에서는 특히 경비 충실의 긴장을 느끼는 바이다"라고 했다.[47] 그리하여 치안 유지를 필두로 교육 보급의 개선, 산업개발, 교통위생 정비, 지방제도 개혁 등을 시행한 사이토는 "독립소요사건 이후 조선 통치의 난문제를 해결한 명총독"이라는 평가를 받았다.[48]

2) 지방제도 개정과 부일세력 양성 그리고 민족분열정책

사이토는 1920년 7월 제령 12호와 제13호로 지방제도를 개편했다. 3·1운동 직후 총독부가 여론을 수렴한 바에 의하면 지역 유지들 가운데 지역정치 곧 지방자치에 참여하려는 여론이 높았다. 총독부는 조선에서 지방자치를 바로 실시하기는 어렵지만 지역 유지들에게 부분적으로 지방자치에 참여할 수 있는 기회를 주고자 했다. 그들의 불만을 잠재우고 나아가 총독부에 협조적인 세력으로 포섭하는 것이 필요하다고 보았다. 여기서 나온 것이 1920년의 지방제도 개정이다.

조선총독부는 지방제도 개정을 통해 도·부·면에 자문기구인 도평의회·부협의회·면협의회를 설치했다. 그리고 도평의회 의원의 3분의 2, 부회 의원 전원, 지정면협의회원 전원에 대하여 제한적인 민선제를 도입했다. 지정면이 아닌 보통면 면협의회원의 경우는 군수가 임명하도록 했다. 민선제가 실시된 지정면협의회의 경우 협의회원의 선거권과 피선거권은, 25세 이상 남자로 독립된 생계를 영위하고 해당 면에서 1년 이

---

47 「齋藤實の阪谷芳郎書翰」, 1919.9.16.
48 石森久彌, 1927. 9,「齋藤總督の歸朝と去就」,『朝鮮公論』14-9, 4쪽.

래 주소를 가지고 면 부과금 연액 5원 이상을 납부한 자로 제한되었다. 면협의회의 의장은 면장이 맡았다.⁴⁹

'면협의회 설치'는 한국인이 직접 지방자치에 참여하는 듯한 효과를 기대한 것이었다. 총독부는 면협의회원 대상자를 중소 지주층으로부터 비교적 토지 소유 규모가 작은 소지주층에 이르기까지 폭넓게 설정하여 면협의회원으로 임명했다. 피임명권자를 폭넓게 지정한 것은 '부락' 내에 영향력 있는 소지주와 같은 인사를 제도권 안으로 포섭하는 의도를 갖는 것이었다. 또한 면 중심지나 시가지에 해당하는 지정면에서는 상업 종사자들이 다수 선출되었다. 그 결과 보통면협의회원의 96.6퍼센트가 농업자인 데 비해서, 지정면협의회원의 경우에는 상업 종사자가 36퍼센트나 점하게 되었다. 그 가운데에는 일본인도 많았다. 연령 면에서도 50, 60대가 36.3퍼센트인 데 비해서 30, 40대가 57.3퍼센트로 과반수를 넘었다. 30세 이하도 6.3퍼센트나 되었다. 이는 종래 지역에서 영향력이 컸던 기성세대보다 시대 변화에 민감한 젊은 세대들이 자천타천으로 면협의회에 대거 참가했음을 의미했다. 조선총독부는 면협의회에 발언력이 큰 지역민의 참여를 유도하면서도 실질적으로는 민족의식이 강한 기성세대보다 '능동적으로' 시대 변화에 대처하며 일제에 협조적인 차세대층을 적극적으로 체제 내로 포섭해갔다.⁵⁰

도시와 옛 개항장에 해당하는 부(府)의 경우에는 자문기구로서 부협

---

49 朝鮮新聞社, 1936, 『朝鮮統治の回顧と批判』, 朝鮮新聞社, 234-235쪽; 조명근, 2017, 「1920-30년대 대구부협의회·부회 선거와 조선인 당선자」, 『대구사학』 129, 7-8쪽.
50 김익한, 1996b, 「1920년대 일제의 지방지배정책과 그 성격」, 『한국사연구』 93, 151-157쪽.

의회가 설치되고, 의장은 부윤이었다. 임기 3년의 부협의회원은 모두 민선으로 선출되었다. 그러나 선거에 참여할 수 있는 유권자는 25세 이상의 남자, 독립된 생계 영위, 1년 이래 당 부에 거주, 부세(府稅) 연액 5원(圓) 이상 납부한 자들이었다. 부협의회원으로 선출된 이들의 반수 이상이 일본인이었다. 부세를 5원 이상 납부할 만한 조선인 유권자들이 적었기 때문이다. 부회를 통해 선출된 조선인 가운데에는 상공업자가 많았다.

도에 설치된 도평의회 역시 자문기관이었다. 의장은 도지사가 맡았다. 도평의회원 정원의 3분의 2는 부와 면 협의회원들이 선거한 후보자 가운데에서 도지사가 임명했다. 나머지 3분의 1은 도지사가 학식과 명망이 있는 자 중에서 임명하도록 했다. 물론 25세 이상의 남자, 독립된 생계 영위, 1년 이래 도내에 주소를 가진 자여야 했다.

이와 같이 사이토가 도평의회와 부·면협의회를 설치한 것은 '문화정치'를 표방한 조선총독부의 정책 변화를 상징하는 의미를 갖는 것이기도 했다. 주민이 직접 참여하는 자문기구를 통해서 지역민들이 지방정치에 참여한다는 의식을 갖게 하는 효과적인 제도적 장치였다. 그 효과는 '문화정치'를 무단통치와는 다르게 인식한 변화로 나타났다. 도평의회와 면협의회의 설치와 부분적인 선거는 한국인들의 균열을 촉진했다. 그런데 면협의회는 의결권을 갖지 않는 자문기관이었다. 조선총독부는 도평의회나 부·면협의회에 직접적으로 행사할 수 있는 권한을 부여하지 않았다. 때문에 실제로 그 활동은 지극히 미미하고 제한적일 수밖에 없었다. 회의가 열리는 날도 1년에 며칠밖에 되지 않았다. 그러나 이러한 사이토의 1920년 지방제도 개정은 지방의 유력 인사들을 도평의회와 부·면협의회라는 틀에 묶어둠으로써 지역민들의 내부 분열을 꾀하고 지역 유력 인사들을 총독부에 협조적인 세력으로 포섭하는 효과적인 정

책이었다.[51]

    이와 같이 사이토의 문화정치는 일제가 궁극적으로 목적하는 한민족의 일본국민화를 위한 민족분열 시책을 본격적으로 전개했다. 그리하여 1920년대에 말단 행정기관에 새로운 계층이 등장하여 조선총독부 지방지배의 동반자가 되기 시작했다. 총독부는 면제를 통해서 행정력을 강화하는 일환으로 대대적으로 면서기를 충원했다.[52] 1910년대에 면당 평균 2~3명에 불과했던 면서기 수가 1926년에는 면당 평균 5~6명이 되었다. 증원된 면서기들은 면과 면 아래 지역단위에까지 조선총독부의 정책을 교육시키는 데 활용되었다. 이렇게 지역 자치 구조를 무력화시키면서 총독부는 '모범부락'정책을 추진했다. 총독부는 1920년대 초 산미증식계획의 생산력 증진을 위하여 시행한 '모범부락'을 체계적으로 지도하고자 했다. 정책적으로 전 조선의 동리에 '모범'이 되는 곳을 설정해 지원하는 모범부락정책을 활용하여 동리를 총독부에 순응적인 행정체제로 편입시키고자 했다. 1927년부터 성적이 양호한 모범부락을 다시 선정하여, 200~400원씩 보조금을 지급하고 이를 전 조선 지역으로 확대했다.[53]

    이러한 사이토의 지방제도 개편과 모범부락정책은 한국인들의 항일민족의식이 재활성화되는 것을 사전에 차단하기 위한 조치의 일부였다. 조선총독부의 행정체계에 포섭되지 않은 말단의 동리에까지 총독부의 행정이 미치도록 하여 고유의 자치적 공동체를 분열시키고 이를 통해서

---

51 김익한, 1996b, 위의 글, 157-159쪽.
52 이명학, 2020, 「일제시기 행정구역의 개편과 명칭의 변화: 면을 중심으로」, 『한국독립운동사연구』 70, 152쪽.
53 김익한, 1996b, 앞의 글, 159-175쪽.

지역 유지들을 총독부에 포섭하고자 한 것이다. 이러한 사이토의 시정은 1920년 '조선민족운동에 대한 대책'을 수립하여 친일분자 육성을 적극화하고자 했던 방침의[54] 연장선에 있었다.

사이토의 적극적인 친일세력 육성정책은 조선인을 귀족원 의원으로 칙임하는 참정권 부여 방안과 조선지방의회 설치안으로 전개되었다. 앞에서 언급했듯이 사이토는 조선의 치안 상황이 생각보다 심각하고 총독부의 토박이(하에누키) 관료와 신임 정무총감이 데려오는 내무성 출신 신임 관료 사이의 갈등과 반목 그리고 정당내각의 불안정한 예산 등으로 조선을 안정적으로 통치하기 어렵다는 것을 경험했다. 그리하여 조선총독정치의 자율성을 공고히 하여 안정적으로 조선을 통치할 수 있는 구상을 모색했다.

그 귀결이 1927년에 사이토가 관방문서과장 나카무라 도라노스케(中村寅之助)에게 지시하여 작성된 「조선에서의 참정권 제도 방책」이었다. 이 방책은 조선총독 사이토가 일본제국주의의 입장에서 본 조선총독정치에 대한 소신과 바람 그리고 조선총독부 토박이 관료들의 조선통치 구상이 집약된 것이었다고 할 수 있다. 그 주요 내용은 비록 극히 제한적이지만 한국인을 귀족원 의원으로 칙임하고 직접세를 재원으로 '조선지방의회'를 설치하는 것이었다. 한국인의 참정권 부여 범위를 '칙임'에 의한 극소수 귀족원 참여로 대폭 제한했지만, 현실적으로 참정권 문제를 실재화한 것이었다고 할 수 있다. 이것은 조선총독부의 형식적이고 상징적인 참정권 부여에 명분을 세워주는 것이 될 수 있었다. 한국인

54　朝鮮總督府, 1920, 「朝鮮民族運動に對スル對策」, 『齋藤實文書 9』, 고려서림, 143-157쪽.

을 일본 제국의회에 참석시키는 것은 문화정치를 내건 내지연장주의를 견지하면서 그에 대한 저항과 반발을 회유하여 조선 통치를 안정화시킬 수 있는 방안이었다.[55]

이와 같은 사이토의 조선총독정치는 한국인들의 저항 행위를 무단적으로 억압하고 통제했던 방식에서 나아가 '문화'를 표방한 이면에서 한국인들의 행위와 사고까지 본격적으로 억압하고 통제하며 친일을 독려하기 시작했다. 순 무관이자 군정가인 사이토는 조선의 치안질서를 확립하기 위하여 실질적으로 조선총독의 권한을 적극 활용하는 지배정책을 수립했다. 그것은 한국인 상층으로부터 하층에 이르기까지 지극히 제한적이고 형식적인 형태로 정치에 참여할 수 있는 기회를 정책적으로 허용하여 한국인들의 항일 의식을 동요시켰다. 동시에 「치안유지법」을 시행하여 발흥하고 있던 반자본·반제국주의 공산주의사상에 대한 통제를 명분으로 한국인들의 항일 민족의식과 민족적 저항을 본격적으로 통제했다. 한민족의 분열을 촉구하며 사상을 통제했다. 한국인에게 일본국 국민이라는 사실을 받아들일 것을 정책적으로 강제하며 한반도를 안정적으로 복속하기 위한 통치체제를 구축하고자 했다.

3) '산업개발'을 표방한 산미증식계획과 식민지적 경제구조 재편성 정책

'문화정치'는 일본 정당내각이 재래 육군벌의 식민 통치에 영향력을 행사하기 시작한 것이었다. 그 결과 3·1운동 이전 육군벌 전임 조선총

---

55   전상숙, 2012, 앞의 책, 131-147쪽.

독들이 완수한 조선총독부의 재정독립이 더 이상 지속될 수 없게 되었다. 3·1운동이 확대되며 장기화하자 이에 대응한 조선총독부는 전년도 잉여금을 탕진하면서까지 폭력적으로 한민족의 독립운동을 진압했다. 그리고 3·1운동 이후에는 식민지까지 정당정치화하려는 하라 수상이 임용한 사이토 총독이 '문화정치'를 실시하면서 1920년도 조선총독부의 재정이 전년도보다 3,000만 엔이나 증가했다. 그중 60퍼센트 이상이 경찰과 감옥 등 치안과 직접적으로 관계된 사업비용으로 지출되었다.[56]

한국인의 항일 민족운동 발흥에 대한 총독부의 치안 유지 경비가 강화되며 기관도 확장되어 일본 정부의 보충금이 부활하고 일본으로부터 공채 자금도 도입되었다. 이러한 조선총독부의 재정 확대는 제1차 세계대전 이후 독점자본 단계로 들어간 일본 자본주의 경제가 조선총독과 연계된 산업개발을 통해서 식민지 산업화에 영향을 미치기 시작했음을 의미하는 것이었다.

1918년 조선에서 토지조사사업이 마무리되던 때 일본에서 발생한 쌀소동은 일본이 조선에서 '산미증식계획'으로 상징되는 '식민지 산업개발정책'을 수립하게 했다. 1910년대 육군벌 조선총독의 '재정독립 계획'은 조선총독의 통치권에 의거하여 식민 통치를 강화하고자 한 본원적인 요구였다고 할 수 있다. 이에 비해서 산미증식계획은 일본 경제의 구조 변화에 대응한 식민지 산업개발정책이었다. 양자 모두 치안 관계 비용과 치안질서 유지를 위한 행정기구의 확장 그리고 그에 따른 행정비용의

---

56 朝鮮總督府, 1922, 「警察部長ニ關スル中村高等法院檢事長訓示(1922. 5. 22)」, 齋藤榮治 編, 1942, 『高等法院 檢事長 訓示通牒類纂』, 69-71쪽; 堀和生, 1982, 「朝鮮における植民地財政の展開-1910-30年代初頭にかけて」, 飯沼二郞·姜在彦, 『植民地朝鮮の社會と抵抗』, 未來社, 184쪽.

증가와 북진을 위한 인프라 확충 등의 건설과 농업 관계 자금 충당을 위한 세입체계 등을 요하는 것이었다.[57] 이는 조선 경제체제의 개편과 강화를 수반했다. 1920년대 '식민지 산업개발'은 제국주의 본국의 경제발전을 위하여 식민지 경제를 본국에 종속적으로 재편하는 것과 직접 연계되는 것이었다.

일본의 쌀소동은 제1차 세계대전으로 급속하게 전개된 일본 자본주의의 성장과 도시화로 쌀 수요가 급격히 증가하여 쌀 가격이 급등했기 때문이었다. 일본 정부에게 일본 내에서 해결할 수 없는 '식량문제의 해결'은 '일본 국민의 사활이 걸린 중요한 안건'이었다. 이 중요한 국가적 문제를 일본 정부는 인근 한반도의 쌀 생산 증가로 해결하고자 했다. 사이토는 취임하자마자 '산업개발'이라는 미명 아래 "반도의 부력(富力)을 증진하는 최첩경"이라며 '산미증식계획'을 수립해 실시했다.[58] 산미증식계획은 불이흥업주식회사·토지개량주식회사의 사장 후지이 간타로(藤井寬太郞)가 분명하게 적시했듯이 조선과 만주를 일본 국민의 식량 공급지로 만드는 대책이었다. 국가 경제의 관점에서 외국미를 수입하는 데 드는 비용보다 조선미를 증산하기 위하여 투자하는 것이 더 경제적이기 때문이었다. 뿐만 아니라 일본의 과잉인구를 이주시키는 데도 효과적이라는 판단에서 시행된 일본의 국가적인 계획이었다.[59]

정당내각은 쌀소동을 겪으며 조선미증산계획을 세워서 조선식민지산업정책의 중점으로 삼았다. 이른바 '문화정치'를 시행하면서 '산업개발'

---

57   김호범, 1994, 「일제하 식민지재정의 구조와 성격」, 『경제연구』 3-1, 214쪽.
58   朝鮮總督府, 1935, 『施政二十五年史』, 朝鮮總督府, 390-391쪽.
59   朝鮮及滿洲社 編, 1995, 『朝鮮之硏究』, 朝鮮及滿洲社編(景仁文化社 영인), 197-199쪽.

이라는 명목으로 산미증식계획을 실시하며 본격적으로 이식자본주의의 기반을 구축하기 시작했다. 이러한 사실은 1921년에 하라 수상의 심복인 조선총독부 정무총감 미즈노가 위원장이 되어 설치한 '산업조사위원회'의 「조선산업에 관한 일반 방침」에 아래와 같이 분명하게 적시되어 있다.

> 조선의 산업계획이 제국산업정책의 방침에 따르게 하기 위해 내외의 정세 특히 일본, 중국, 러시아 등 인접 지방의 경제 사정을 고찰하여 그 대책을 강구할 필요가 있다. … 내선 간의 관계·연락을 일층 밀접히 하기 위한 방법을 강구해 조선의 경제력 진보와 내선(內鮮) 공동의 복리 증진을 기해야 한다. 또한 조선 산업에 관한 제반 정책을 실행할 때는 미리 내지와 인접 지역과의 관계, 조선 내부 사정과 재정 관계 등을 고려해 그 규모를 정하고 일의 경중을 고려하고 완급을 조절하는 것이 필요하다.[60]

'제국산업정책의 방침'에 의거하여 농업, 임업, 수산업, 공업, 광업, 연료, 동력 산업자금, 해운시설, 철도시설, 도로, 항만, 하천 등 10개 부문의 사업 계획 요령이 입안되었다. 조선산업계획의 요령은 특히 '산미의 개량증식'에 최우선을 두었다. 이에 따라 조선의 산업 구조는 쌀을 중심으로 한 식량 공급지이자 원료 기지로 본격적으로 전환되기 시작했다.

일제는 조선을 원료와 식량 공급지화하기 위한 기본 조치로 1919년에 수이출세를 완전히 폐지했다. 1920년 4월에 공식으로 「회사령」을 폐

---

60 小早川九郎 編著, 1959, 『朝鮮農業發達史: 朝鮮農業三十年史』, 友邦協會, 371-373쪽.

지한 총독부는 같은 해 관세 거치 기간이 만료되자 수이출세를 폐지했다. 조선과 일본에 「통일관세제도」가 실시되고 외국과의 무역에 일본의 관세법이 적용되었다. 이와 함께 '관세 특례' 규정을 통해서 일본 공업의 원료 공급지였던 조선의 원료 산업을 육성·발전시키고 조선에 진출한 일본인 제철업자를 보호하는 면세 특례를 실시했다.[61] 사이토 총독은 1923년 제령 제5호 「이입세 등에 관한 건 중 개정」을 공포하여 이입세를 철폐하면서도 일본에서 수입되는 직물과 주류에 대해서는 계속 유지시켰다.[62] 사이토는 교역 특히 일본으로부터 들어오는 소비재 이입이 크게 증가하자 총독부의 세입을 증가시키고자 한 것이다.[63]

이렇게 수이입세는 일본제국주의 본국과 조선총독부 양측에서 각각 이득을 취하는 방식으로 운용되었다. 그 결과는 당연히 한국인의 부담 증가였다. 식민지 경제가 화폐화되어가면서 시장기구를 매개로 한 수이출입의 비용 부담을 식민지 민중에게 전가한 것이다. 그러면서도 다른 한편으로는 생활필수품인 면직물을 중심으로 직물의 이입에 대한 이입세 철폐를 유보하여 조선인 자본가를 포섭하는 데에도 주의를 기울였다.[64] 그리하여 1920년대 조선 산업이 일본에 완전히 종속되며 조선인 자본가에 대한 회유도 본격화되었다.

1910년대 조선총독들은 조선 통치의 안정화를 위해 총독부의 재정 독립을 추구했으므로 본국의 조선미 증산 요구에 호응하지 않았다. 물론 한국 병합 후 일본 자본주의의 발전을 위한 식량과 원료 공급지, 상품 판

61　송규진, 2001, 『日帝下의 朝鮮貿易 硏究』, 고려대학교 민족문화연구원, 79-87쪽.
62　송규진, 2001, 위의 책, 93쪽.
63　김호범, 1994, 앞의 글, 214-215쪽.
64　송규진, 2001, 앞의 책, 94쪽.

매 시장으로 재편하는 작업이 이루어졌지만, 1910년대 조선농업정책의 초점은 원료와 식량 공급지로서 기반을 닦는 일이었다. 조선의 저곡가·저임금을 바탕으로 쌀을 비롯한 곡물을 조선에서 값싸게 구입해 일본의 노동자에게 공급함으로써 일본 자본주의의 발전을 도모하는 것이었다. 또한 조선총독은 식민지 경영에 필요한 기초 작업으로 토지조사사업에 중점을 두었으므로 적극적으로 농업 생산 부문에 투자할 형편도 아니었다.[65]

그러나 제1차 세계대전 이후 일본 경제의 성장과 그에 따른 '일본의 식량 부족 문제'는 조선에서 미곡 증산을 통해 이를 해결할 것을 적극적으로 요구했다. 산미증식계획은 품종개량이나 경종법개량과 같은 기술적인 측면보다 대규모 관개시설과 경지정리를 중심으로 한 농업경영에 국가 자본을 투자하는 방식으로 실시되었다. 동시에 수리조합이나 금융조합 등 조선 농민에 대한 고리대적인 착취 계획이 수립되어 실행되었다. 산미증식계획을 위한 기본 조사는 총 30년 계획으로, 그중 제1기는 5년 계획으로 하여 1920년부터 1926년까지 완료하는 것이 목표였다. 그러나 전후 일본 경제의 불황과 금리 인상으로 인하여 사업비가 증가하자 자금 조달이 어려워졌다. 따라서 1925년까지 6년 동안 조선총독부의 예산에서 매년 200여만 원의 사업조성비가 지출되는 데 그쳤다. 산미증식계획은 쌀소동의 영향으로 토지를 구입해 경영 확장에 나섰던 재조선 일본인 지주들이 수익률이 높은 조선미의 상품화에 더 집중하게 했다. 그러나 무엇보다 조선 농민의 반대가 컸다. 결국 처음 예정했던 개량토지 12만 3,100정보 중 9만 정보밖에 토지개량이 이루어지지 못

---

65 정연태, 2014, 『식민권력과 한국농업』, 서울대학교 출판문화원; 堀和生, 1982, 앞의 글, 200-202쪽; 이영학, 2015, 「1910년대 조선총독부의 농업정책」, 『한국학연구』 36, 550-551쪽.

했다. 농사개량도 소기의 목적을 달성하지 못했다. 따라서 조선총독부는 1926년에 다시 새로운 제2기 계획을 수립해야 했다.[66]

1926년에 '갱신'된 제2기 산미증식계획의 핵심은 조선총독부가 토지개량사업에 대한 저리의 자금 알선과 공급 증가, 반관반민 사업 대행기관인 조선토지개량주식회사 설치 등을 통해서 보다 적극적으로 국가적 사업으로 추진하는 것이었다.[67] 사이토는 1926년 6월 칙령 제162호와 1927년 5월 칙령 제193호로 「조선총독부 관제」를 일부 개정했다. 기존의 토지개량과 이외에 수리과와 개간과를 신설하고 이를 다시 토지개량부로 묶어서 식산국에서 분리된 독자적인 부서로 만들었다. 그리고 1927년 제령 제16호로 「조선토지개량령」을 제정해 1928년 7월 1일부터 시행했다. 토지개량사업을 독자적인 산업정책으로 시행할 수 있게 한 것이다.[68]

이와 같이 사이토는 산미증식계획을 국가적 정책으로 실시하며 직접 지도·감독할 수 있도록 강화했다. 사업 투자자본 중 90퍼센트가 일본 정부의 보조금과 저리자금으로 충당되었다. 총 3억 2,500만 원 중 1억 2,000만 원은 일본인의 우편저금으로 충당하고 6,000만 원을 조선인의 세금을 포함한 조선총독부의 예산으로 충당했다. 총독부는 이 자금을 동척과 식산은행에 저리로 대부해주고, 은행은 거기에 1푼~1푼 2리의 이자를 붙여서 토지개량사업 지역의 농민에게 대부했다. 산미증식계획으로 인하여 조선 농민들은 단보당 5~10원의 수리조합비까지 부담하게

---

66 박경식, 1986, 앞의 책, 226쪽; 이영학, 2018, 「1920년대 조선총독부의 농업정책」, 『한국민족문화』 69, 310-312쪽.

67 東畑精一·大川一司, 1935, 『朝鮮米穀經濟論』, 日本學術振興會, 14쪽.

68 『朝鮮總督府官報』, 1926.6.18.; 1927.5.28.

되어[69] 수탈이 격화되었다.

제2기 산미증식계획으로 수립된 조선토지개량주식회사가 토지개량사업의 절반과 개간·간척사업 및 토지의 매매와 경영 그리고 지방수리조합의 위탁경영 등을 맡았다. 조선총독부가 기획하고 일본의 정부와 재벌이 출자한 반관반민 사업 대행기관으로 수립된 이 회사는 일본인만으로 구성되었다. 따라서 조선 산업개발을 표방한 산미증식계획의 중요한 부분인 토지개량사업의 수익이 일본인에게만 돌아갔다. 계획에 따라 개량될 35만 정보의 토지소유권이 일본인에게만 귀속되었다. 이에 반해서 토지조사사업으로 소작농의 처지에 놓인 조선 농민은 소작지마저 빼앗기는 처지가 되고 수리조합비까지 부담하게 되어 실질적인 경제적 수탈이 심화되었다.[70]

일제는 전쟁특수에 힘입어 독점자본체제로 전환된 일본 경제의 내부 모순이 쌀소동과 쇼와(昭和)공황을 야기하자 그 활로를 과잉자본의 조선투자와 산미증식계획을 필두로 한 '조선산업개발'이라는 식민지 경제수탈체제 수립에서 찾았다. 그러므로 사이토 총독은 일본의 세계대전 특수와 연동되어 증가한 조선 내 회사 설립과 자본의 확대를 방해하던 「회사령」을 폐지했다. 「회사령」은 "소기의 목적을 달성"한 것이었다.[71] 회사의 설립이 신고제로 되어 자유롭게 일본 자본이 조선에 진출할 수 있게 되었다. 일본의 독점자본은 조선을 투자시장으로 삼아서 본격적으로 진출

69　渡部學 編, 1968, 『朝鮮近代史』, 勁草書房, 212쪽.

70　朝鮮總督府, 1927, 『朝鮮の言論と世相』, 朝鮮總督府, 78-79쪽; 박경식, 1986, 앞의 책, 228-230쪽; 박수현, 2001, 「일제하 수리조합사업과 농촌사회의 변동: 1920~34년 산미증식계획기간을 중심으로」, 『중앙사론』 15, 85-97쪽.

71　朝鮮總督府, 1935, 앞의 책, 431쪽.

하여 산미증식계획과 연동된 수리조합 등을 통해서 보다 많은 초과이윤을 획득할 수 있게 되었다. 불황으로 인한 석탄과 기계류의 가격 인하와 임금 하락이 유리한 여건을 마련해주었다.[72]

일제는 1921년 9월 조선총독부 관료와 조선인 자본가, 일본 정부 관료와 학자, 일본인 자본가 등을 포함한 '산업조사위원회'를 개최했다. 산업조사위원회는 조선 전반의 산업과 사업별 장단기 산업개발 방침을 결정하는 종합적인 조선 개발 계획을 논했다. 1921년 산업조사위원회의 결정에 따라 1922년에 총액 3억 원이 넘는 철도 증설을 촉진하는 장기 계획이 실행되었다. 1922년과 1923년에는 도로개수계획 공사비가 증액되어 한국 병합 이래 최대의 조선개발사업이 추진되었다.[73]

이러한 사이토 총독 초기의 적극 재정정책은 식민지까지 정당정치화 하려는 하라 수상과 그의 심복 미즈노 정무총감의 적극적인 협조로 가능했다. 그러나 1920년 3월부터 시작된 전후 공황으로 일본 정부는 긴축재정을 실시했고, 1922년에는 정무총감 미즈노가 가토 도모사부로(加藤友三郎) 내각의 내무대신으로 취임하게 되어 귀국하면서, 조선총독부는 정부 여당과 효과적으로 교섭할 수 있는 정무 라인이 끊겼다.

일본 정부가 긴축재정을 시작하는 한편, 정권이 교체되어 식민지 문제에 관심이 저하된 가운데, 이와 연동되어 교체된 신임 정무총감은 본국과 정무적 교섭 능력이 약해 조선총독부가 일본 정부로부터 들여오는 차입금과 일본 금융시장에 의존하는 공채 금액이 대폭 감소되었다. 이런

---

72 오선실, 2020, 「1910-30년대 조선총독부의 전력정책과 식민지 기술관료들의 조선 개발 인식」, 『인문고학연구논총』 41-1, 173쪽.

73 堀和生, 1982, 앞의 글, 184-185쪽.

이유로 산미증식계획 제1기 기본 계획도 차질을 빚었다. 이에 사이토는 경비를 절감하고자 행정정리를 단행하면서도[74] '산업제일주의'를 지속적으로 모색했다.

먼저, 사이토는 내지연장주의에 입각한 적극 재정의 전제가 되었던 공채 자금의 조달이 불가능해지자 재정 개혁을 꾀했다. 사이토는 총독부 재무국과 내무국이 협의하는 조선총독부 재정안정화기획을 주도하며 세무기관을 설치하여 일반소득세를 도입했다. 일본으로부터 이입되는 세입 중 격감된 부분을 조선인에 대한 부담 전가로 보충한 것이다. 이러한 재정 안정화 기획은 예산 면에서 일본 대장성의 간섭을 받지 않고 독자적으로 총독부가 정책을 실시할 수 있게 한 제도 설계안이었다. 또한 긴박한 재원 확대를 위하여 총독부의 전매 사업과 주세, 연초세 등 소비세를 정비했다. 1923년에는 '조선재정조사위원회'를 통해 국세와 지방세를 전반적으로 검토했다.[75]

다른 한편으로, 1924년에 들어선 호헌 3파 가토 다카아키(加藤高明) 내각은 관동대지진 이후 더욱 악화된 재정을 수습하기 위하여 행정과 재정 정리를 최우선으로 결정하고 내지연장주의 식민 통치 방침을 재검토하기 시작했다. 그리고 일본 내각과 직결된 시모오카를 조선총독부의 정무총감으로 임명하여 통치 행정 전반을 시모오카가 주도하게 했다. 또한 대장성 출신의 구사마 히데오(草間秀雄)가 신임 총독부 재무국장으로 부임하여 조선총독부의 세제를 정리하고 재정정책을 수립하도록 했다.[76]

74　堀和生, 1982, 앞의 글, 192쪽.

75　이형식, 2010b, 「중간내각 시대(1922.6-1924.7)의 조선총독부」, 『동양사학연구』 113, 283쪽; 전상숙, 2012, 앞의 책, 138-140쪽.

76　이형식, 2010b, 위의 글, 283-285쪽.

이는 사이토 총독의 재정안정화 기획과는 다른 의미에서 조선의 총체적인 재정 부담 증가로 귀결되었다. '조선총독부의 재정 안정화'는 도의 세입을 대폭 증가하여 차량세와 어업세를 신설하고 지세부가세·호세·가옥세를 높여 징수하는 등 '조선인'의 부담을 증가시켜서 일본 정부의 부담을 줄이는 방식으로 시행되었다. 1919년의 지세부가세 부가제한율을 개정하여 일거에 331만 원으로 늘렸다. 부의 세입도 대폭 증가하여 도시형 재정으로 변화되며 강제 부담금이 과중되었다. 조세의 대부분을 차지하는 지세와 호세에 대한 부가세는 소득격차 없이 과세되었다. 결국 경제적 하층일수록 조세 부담이 더 커졌다. 1926년에는 '조선세제조사위원회'가 설치되어 위원회의 조사를 토대로 1927년에 '제1차 세제정리'가 단행되었다. 이는 장래 조선 조세제도의 원칙을 결정한 것이 되었다. 조세체계를 일반소득세를 중추로 하여 수익세 조직을 정비한 것이다. 일반소득세의 보완세를 소비세·교통세 등으로 하여 세수를 높였다. 이러한 1927년의 세제정리는 소작을 주는 지주에게 과세 대상이 집중되게 했다. 그러므로 산미증식계획과 배치될 수밖에 없는 과세 대상인 지주에 대한 개인소득세 도입을 유보했다. 그 전 단계로 영업세와 자본이자세를 신설하여 향후 일반소득세제가 원활히 시행될 수 있게 했다.[77]

이와 같이 1926년부터 본격적으로 시작된 총독부의 세제정리는 1920년대의 불황으로 일본 정부와 조선총독부가 긴축재정에 들어가면서 식민지 사회에 대한 수탈을 제도적으로 강화한 것이었다. 조세 징수액이 지속적으로 증가하여 조선총독부의 세입은 증가했으나 증세로 인

---

77 정태헌, 1996, 『일제의 경제정책과 조선사회: 조세정책을 중심으로』, 역사비평사, 132-138쪽.

한 조선 사회의 피폐는 더욱 악화되었다. 지주에게 과세가 집중될 수 있는 개인소득세를 유보함으로써 식민지 모순도 한층 심화되었다.

한편 산업조사위원회의 「조선산업에 관한 일반방침」에서 정리된 "제국 산업정책의 방침"에 따른 조선을 식량 및 원료 공급지로 개발하는 '산업개발사업'은 시모오카 정무총감에 의해서 박차가 가해졌다.[78] 시모오카는 산업제일주의를 주창하며 '북선(北鮮)' 지역에 관심을 두었다. 독점자본 단계로 진입한 일본의 경제구조 변화에 대응하기 위한 조선의 산업개발정책을 모색하며 종래 주목하지 않은 조선 북부 지역에 주목했다. 중국과 접경한 함경남도를 중심으로 한 조선 북부 지역에 대한 관심은 자원을 개발해야 할 필요와 연계되었다. 시모오카는 조선 서쪽 지역은 지방행정을 개선하고, 남쪽 지역은 수리조합 시설과 부업을 장려해야 한다고 판단했다. 동시에 북부 지역에 개발할 만한 자원이 많아 개척의 여지가 크고 수력전기의 발전 가능성이 높다고 보아 조선 북부 지역 개발을 제기했다.[79]

사이토는 세계대전의 영향으로 발흥한 산업이 조선의 전기산업에도 영향을 미치자 일찍이 데라우치 총독이 1911년부터 1914년까지 3년간 실시했던 한반도의 발전수력 조사를 다시 실행하고자 했다. 서울의 전기 보급율이 1918년 26.5퍼센트에서 1919년에는 34.4퍼센트로 1920년에는 44.1퍼센트로 증가했기 때문이다. 전등이 빠르게 보급되어 대도시 중산층에게 생활필수품으로 여겨졌다. 동력 기계도 적극 도입되어 석유에

---

78 이형식, 2010, 「야마나시총독(山梨總督)시대의 조선총독부」, 고려대학교 일본사연구회 편, 『동아시아 속의 한일관계사 (하)』, 제이앤씨, 283-284쪽.
79 三奉會 編, 1930, 『三奉下岡忠治傳』, 三奉會, 234-291쪽.

서 전기로 동력원이 교체되었다. 특히 1920년 「회사령」의 폐지로 많은 공장들이 생겨서 전력 수요가 빠르게 증가했다. 그러나 발전 설비 부족으로 전력 공급 자체가 불안정했다.[80]

총독부는 1922년부터 1929년까지 만 8년간 제2차 발전수력 조사를 시행했다. 그 결과 1차 조사 대비 약 50배에 달하는 막대한 수력발전 자원이 발견되었다.[81] 시모오카가 정무총감으로 재직 중이던 1925년에 들어서 수력발전을 위한 지형과 지질 조사가 일차로 완료되었다. 10월에 지형·지질 조사가 완료되자 총독부는 북선 지역의 수자원 개발 가능성을 발견하고 일본의 전기사업을 본뜬 '조선전기사업령'을 작성하는 등 수력자원 개발에 노력했다.[82]

당시 현장을 조사했던 동경대 출신 모리타 가즈오(森田一雄)는 현장 조사 후 동경대 전기공학과 동기이자 일본질소비료 닛지쓰(日窒)의 사장인 노구치 준(野口遵)에게 16만 킬로와트의 조선수력개발안을 제안했다. 세계대전 이후 호경기 속에서 비료·화학·전기 등 다양한 사업에서 신흥 재벌로 부상한 닛지쓰는 풍부하고 저렴한 전기를 제공받을 수 있는 그 제안을 받아들였다. 닛지쓰는 1925년 6월에 조선총독부로부터 부전강수력개발사업 개발권을 취득했고, 7,000킬로와트급 금강산 중대리 발전소가 전기철도 가설 설비의 일부로 만들어졌다.[83]

1926년 9월에 총독부는 미쓰비시(三菱)에 장진강 수력개발사업권을

80　오선실, 2020, 앞의 글, 170-173쪽.
81　朝鮮總督府遞信局, 1930, 『朝鮮水力調査書(總論)』(국토해양부, 『조선수력조사서총론: 1930년』, 2010으로 재발간), 58쪽.
82　『동아일보』, 1925.4.1; 『조선일보』, 1925.3.31.
83　오선실, 2020, 앞의 글, 174쪽.

허가했다. 특히 노구치는 생산한 전기를 효율적으로 활용하고자 1926년 1월에 조선수전(朝鮮水電)주식회사를 설립하고 1927년 5월에 조선질소비료회사를 설립했다. 1929년 11월부터 제1발전소가 발전을 시작했다. 댐과 저수지 공사가 완료된 1930년 11월에 제2, 제3 발전소도 준공되었다. 1930년 말이 되면 총 19만 킬로와트의 전력을 공급하는 설비가 갖춰졌다.[84]

1920년대 조선개발정책은 총독의 조선 지배 안정화와 정당내각의 식민지배의 안정화가 접점을 이루어 진행되었다. 사이토 총독의 입장에서 조선개발은 지배의 안정화를 위하여 총독부 재정을 안정적으로 확보하여 조선총독정치체제를 공고히 하는 것이었다. 이에 비해서 긴축재정을 실시하고 있는 정당내각의 입장에서는 조선공업화에 소극적이었지만[85] 조선총독부의 차입금을 축소하는 동시에 경제구조 변화에 상응한 식민지 개발 사업을 통해서 경제 문제를 해결할 돌파구를 찾았다. 양측 모두 기반시설(철도와 도로·항만 등)의 확충과 관계 자금을 충당하기 위한 세입 체계와 같이 조선 경제체제의 개편을 필요로 했다.

한편 1920년대의 정치·경제적 환경 변화는 조선상업회의소와 조선인 자본가들이 총독부 예산 긴축에 반대하며 인프라 건설의 촉진을 요구하며 철도건설운동을 개시하게 했다.[86] 1919년 8월 사이토 총독의 부

---

84 朝鮮電氣事業史編纂委員會, 1981, 『朝鮮電氣事業史』, 中央日韓協會, 249-254쪽; 오선실, 2008, 「1920-30년대, 식민지 조선의 전력시스템의 전환: 기업용 대형 수력발전소의 등장과 전력망 체계의 구축」, 『한국과학사학회지』 40-1, 11-21쪽.

85 이형식, 2010, 앞의 글; 김제정, 2018, 「1920년대초반 조선총독부의 산업정책과 조선인 자본가」, 『도시인문학연구』 10-2, 81쪽.

86 전성현, 2011, 『일제시기 조선 상업회의소 연구』, 도서출판 선인, 180-195쪽; 김제정, 2018, 위의 글.

임 결정을 계기로 조선총독부는 조선철도 직영안을 정립했고, 사이토는 이를 일본의회에 피력했다. 「회사령」이 철폐되자 일본 자본이 잇따라 사설철도를 설립했고 총독부는 사철에 편의를 도모하고 특권을 부여했다. 조선은행과 동양척식주식회사가 거액의 주식을 인수하거나 융자를 통해서 사철의 설립을 지원했다.[87]

총독부는 조선철도 직영이 조선의 '개발과 수탈' 체제를 확고히 하여 만철과 효율적으로 연계하고 총독정치를 공고히 하는 것이라고 역설했다. 사이토는 1924년에 새로 교체된 시모오카 정무총감과 함께 1920년대 상황에 조응한 조선의 개발과 수탈에 필요한 산업정책을 집행하는 주체의 입장에서 조선철도의 직영 환원을 관철시켰다. 1925년 조선총독부의 조선철도 직영이 결정되었다. 시모오카가 총독부 철도국장으로 임용한 오무라 다쿠이치(大村卓一)는 조선철도가 종래 총독부의 통치에서 벗어나 군용철도로 발전함으로써 '산업개발 요지'에조차 부설되지 않았던 것을 '국책적 관점'에서 환원한 것이라고 강조했다. 조선철도는 이제 만주와의 연락보다 현재의 어려움을 타개하기 위하여 사철을 활용해서라도 예정선과 국경 주요 철도망을 완성할 것이라고 했다. 이렇게 조선철도망을 완성하는 것이 '만몽에 대한 국책 수행'을 위해서도 필수적이라고 강조했다.[88]

일본 정부가 1925년 4월부터 조선총독부의 조선철도 직영을 재결정한 것은 총독부가 조선철도정책을 시행하는 것이 통치의 안정화와 만주

---

87 이형식, 2010, 앞의 글, 288-291쪽.
88 정태헌, 2015, 「조선철도에 대한 만철 위탁경영과 총독부 직영으로의 환원 과정 및 배경」, 『한국사학보』 60, 403-419쪽.

통치를 효율적으로 뒷받침하는 '개발과 수탈' 체제를 구축하는 데 효율적이라는 점을 일본 정계가 공유한 것이었다. 이런 맥락에서 1927년에 '조선철도건설12년계획'이 시행되었다.[89] 조선총독부는 1927년 10월 전북철도를 필두로 사설철도를 매수하기 시작했다.[90]

조선철도12년계획은 1927년부터 12년간 이미 계획된 평원선·함경선과 더불어 도문선·혜산선·만포선·동해선·경전선 등을 건설하는 것과 사설철도의 매수, 기설 선로 및 차량의 개선 등을 목적으로 했다. 이 가운데 도문선·만포선·혜산선은 조선 북부 지역을 개발하여 일제가 만주로 진출하는 한편, 지하자원을 비롯한 임산물과 농산물 등을 동해 횡단 항로를 통해서 일본으로 반출하는 기능을 하는 것이었다. 일본의 식량 및 목재 문제를 해결하는 동시에 북선 지역 개발을 통해 조선 통치의 안정화 문제를 해결하려는 제국주의 일본의 철도계획이었다. 동해선과 경전선은 원산·부산·목포·군산 등 동부와 남부 조선의 중요 항구도시를 연결하여 남부 조선의 물류 유통을 원활하게 하는 것이었다. 이는 총독부가 조선 통치 안정화를 위한 재원을 조달하는 산업개발에 동참한 일본 자본과 친일 조선인 자본이 각 항구도시에 경제적 기반을 확보할 수 있게 했다.[91]

이와 같이 사이토의 '산업개발정책'은 한편으로는 산미증식계획으로, 다른 한편으로는 산업제일주의를 기치로 한 한반도 북부 지역의 수력발

89　大平鐵畊, 1927, 『朝鮮鐵道十二年計劃』, 鮮滿鐵道新報社, 129-155쪽; 정태헌, 2015, 위의 글, 420쪽.

90　임채성, 2008, 「쌀과 철도 그리고 식민지화: 식민지조선의 철도운영과 미곡경제」, 『쌀·삶·문명연구』 창간호, 62쪽.

91　정재정, 1999, 『일제침략과 한국철도(1892-1945)』, 서울대학교출판부, 147-154쪽; 전성현, 2009, 「일제하 조선 상업회의소와 '조선철도12년계획'」, 『역사와경계』 71, 297.

전 개발과 조선철도12년계획의 시행으로 전개되었다. 한편 일본의 긴축재정과 조선 통치에 대한 정당내각과 조선총독의 통치관의 차이는 총독부가 산업개발에 필요한 비용을 최대한 조선에서 자체적으로 충당할 수 있는 방식을 모색하게 했다. 이는 조선총독부의 세입 체계를 비롯한 조선 경제체제 개편이 조선인에 대한 수탈 강화로 직결될 수밖에 없게 했다. 동시에 보다 적극적인 일본의 신흥 자본 유치를 수반했다. 사이토 총독이 자본을 유치하기 위하여 일본의 신흥 자본에게 제공한 유리한 투자 조건과 특혜는 식민지 산업화와 민족적 수탈이 연결되는 바탕이 되었다.

4) 2차 「조선교육령」 개정과 '내지준거주의' 민족 탄압 강화 정책

사이토 총독은 조선에 부임하여 "일시동인의 내지연장주의 아래 정책의 주력을 내선인동화(內鮮人同化)에 두고 있다"고 말했다.[92] 그는 이에 입각해서 1922년 4월에 1920년 11월에 일부 개정했던 「조선교육령」을 본격적으로 개편하여 칙령 제19호 제2차 「조선교육령」을 공포했다. 이것은 그가 1922년에 유고를 통해서 "내선공학의 정신에 기초하여 동일한 제도 아래 시설의 완전한 정립을 기한다"고 했던[93] 이른바 '내지준거주의'에 입각한 것이었다. 내지준거주의는 "일시동인의 뜻에 따라서 차별 철폐를 기하고 내지와 동일한 제도에 의하는 주의"라는 것이었다.[94]

제2차 「조선교육령」은 내지 일본의 교육제도에 준하는 조선의 학제

---

92 青柳綱太郎, 1928, 『總督政治史論』, 京城新聞社, 128쪽.
93 大野謙一, 1936, 『朝鮮敎育問題管見』, 朝鮮敎育會, 128쪽.
94 大野謙一, 1936, 위의 책, 130쪽.

개혁을 공포했다. 그 주요 내용은[95] 제2조와 제3조에서 '국어'(일본어)를 상용하는 자와 상용하지 않는 자를 구별한다고 한 것이었다. 국어로서의 일본어 사용을 강제하고 이를 따르지 않으면 차별한다고 명시한 것이었다. 일본어를 상용하면 일본과 같이 소학교-중학교-고등학교로 이어지는 체계적인 교육을 시행한다는 것이 핵심이었다. 그러나 일본어를 상용하지 않는 조선인은 제4조에 명시된 것처럼 '국민성 함양'과 '국어(일본어)' 교육을 목적으로 한 보통교육(보통학교-고등보통학교 및 여자고등보통학교)을 받아야 한다는 것이었다. 한국인이 일본어를 '국어'로 수용하여 상용하지 않으면 '국어'라는 이름으로 일본어를 모국어로 받아들여 사용하도록 '국어 교육'을 강제하는 보통교육을 지속하겠다는 것이었다. 6년제와 5년제 고등보통과를 통해서 '국어로서의 일본어 교육'을 계속하는 것이었다. 또한 개정 「조선교육령」은 대학교육을 인정하여 대학예과를 설치하고 교사를 양성하기 위한 사범교육을 신설했다. 그렇지만 종래 식민지 조선에서 고등교육기관으로 기능하던 사립전문학교를 대학으로 인정하여 정식 고등교육기관으로 승격시키지는 않았다. 오히려 구 「조선교육령」에 의거하여 존속시킴으로써 그 기능을 제한시켰다.

이러한 제2차 「조선교육령」은 당시에도 비판을 받았다. 형식적으로는 일본과 같은 학제로 개편한 교육을 실시했지만 "그 이면에는 이전보다 더욱 적극적으로 한국인의 민족정신을 말살하고자 하는 저의가 숨어있었음을 부인할 수 없"기 때문이었다.[96] 일본과 동일한 교육제도를

---

95 2차 「조선교육령」 전문은 정재철, 1985, 『일제의 대한국식민지교육정책사』, 일지사, 345-348쪽 참조.
96 『동아일보』, 1922.2.9.

실시한다는 것은 조선인도 일본인처럼 일본어를 국어로 받아들여서 일상생활에 사용해야 한다는 것이었다. 이를 강제하여 일본어 상용자와 미상용자를 구별하고 이를 준거로 민족차별 교육을 제도화한 것이 제2차 「조선교육령」이었다. 국어로서의 일본어 상용 강제는 곧 일본을 한국인의 국가로 받아들이라고 강제하는 것이었다. 교육제도를 통해서 장래 조선 사회의 주역인 한국인 어린 세대에게 일본을 모국으로 받아들이라고 강제하는 민족차별과 민족정신을 말살하는 교육정책이 본격화된 것이었다.

사이토의 '내지준거주의' 교육제도란 언어로 계승되는 '한민족정신'을 억압하여 한국인의 '일본인화'를 강제하는 것이었다. 제2차 「조선교육령」은 일제의 입장에서 대륙과 연결된 '외지' 조선인에게 '일본천황의 신민'이 되어야 한다는 것이었다. 그러나 1918년 4월 일본이 법률 제39호로 이른바 「공통법(共通法)」이라는 것을 공포하고 이것이 '외지' 조선에서도 확정된 사실은[97] 개정 「조선교육령」이 갖는 일본어 상용을 기준으로 한 민족차별 교육이 갖는 민족정신을 억압하는 식민지 교육의 제도화를 분명히 나타낸다.

일본 정부가 「공통법」을 제정한 것은 본토와 식민지에서 각기 다르게 시행되던 법률의 적용 범위를 확정하여 서로 다른 법역 간 법령의 효과를 연결해서 공통으로 적용하는 법률을 규정한 것이었다. 「공통법」은 일본이 일본국 헌법의 적용 여부로 내지와 외지를 구분하여 '일본제국'의 영토를 '지역'으로 구분했기 때문에 제정된 것이었다. '외지'는 일본

---

[97] 이정선, 2018, 「공간에 속박된 사람들: 식민지 조선의 민사 법제와 공통법」, 『한림일본학』 33, 29-32쪽.

국 헌법이 적용되는 '내지'의 신민에게 부여되는 일본국 국민으로서의 권리가 부여되지 않는 '특수 법역'이었다. 그러므로 일본국 헌법에서 규정되지 않은 민·형사 관련 사건과 관련하여 공통된 법률을 적용할 필요가 있었다. '특수 법역'에서도 헌법은 아니지만 내지와 공통으로 적용할 수 있는 민·형사 관련「공통법」을 제정한 것이었다.[98]

이러한「공통법」의 제정은 '외지'로 규정된 '조선'의 위치를 재확인한 것과 같았다.「공통법」의 시행은 일본국 국민으로서 권리가 없는 '외지'의 '일본국 신민'이라는 '조선인의 법률적 지위'를 재차 확정한 것이기 때문이다.[99] 이런 의미에서 사이토가 '내지연장주의'와 '문화정치'를 표방하며 '내지준거주의'에 의거해 개정한 제2차「조선교육령」이 '국어'(일본어) 상용을 강제한 '국민화'는 한국인의 민족정신을 억압하며 일본국민으로서 의무만 본격적으로 강제하기 시작한 것이었다. 이와 같이 사이토 총독은 이른바 '내지준거주의'에 의거하여 조선인에 대한 일본제국의 이등국민과 같은 차별적 신분을 분명히 했다.

'외지의 신민'은 '내지의 신민'이 갖고 있는 권리가 일본 국가에 의해서 법적으로 원천적으로 주어지지 않은 존재였다. 오로지 의무의 이행만 강제되었다. 이 사실을 '일본천황의 교육칙어'에 의거한「조선교육령」은 이른바 '시세와 민도'를 명분으로 정당화하여 조선인 교육에 대한 민족적 구별과 차별을 제도화했다. 일본어 중심주의와 일본어 상용의 강제는 조선민족을 차별하는 데 그치지 않고 한민족의 민족정신을 적극적으로

---

98 아사노 토요미, 2006,「일본제국의 통치원리 '내지연장주의'와 제국법제의 구조적 전개」,『법사학연구』33, 194-196쪽; 이정선, 2018, 위의 글, 48-54쪽.
99 전상숙, 2017a,『한국인의 근대 국가관, '민주공화국' 재고』, 선인, 257-258쪽.

억압하며 일본국의 이등국민이 될 것을 직접적으로 강제하기 시작한 것이라고 할 수 있다.

「조선교육령」의 원천인 '천황의 교육칙어'란 1890년 일본 육군을 창설한 초대 수상 야마가타 아리토모(山縣有朋)가 일본의 외교와 군사 문제에 대한 의견서를 발표하여 '이익선'을 국책으로 결의한 것과[100] 같은 해에 메이지 천황의 이름으로 공포된 것이었다. '국민정신'을 함양하기 위하여 일본인들의 수신(修身)과 도덕교육의 기본규범으로 삼은 것이었다. '이익선론'과 쌍두마차가 되어 천황제 근대 일본국가의 성장과 이를 위한 '국민정신'의 함양을 제도적으로 공고화한 것이었다. '교육칙어'와 '이익선론'을 한국과 관련해서 보면 국가적 존립에 가장 중요한 국방과 외교의 준거가 된 이익선론은 한국 병합으로 구현되었다. 그리고 교육칙어는 조선인의 일본 국민화를 위한 준거로서 「조선교육령」의 기본 정신이 되었다.[101]

한국인의 정신적·심리적인 정체성을 식민주의에 맞게 통제하기 위한 이른바 '사회교화'가 '사회교육'을 통해서 이루어지기 시작했다. 1920년대부터 학교교육과 달리 사회 속에서 대중을 교육하는 사회교육이 본격적으로 실시되었다.[102] 1921년 7월에 조선총독부 내무국에 사회과가 설치되어 사회교화사업을 담당했다. 사회과는 구휼, 자선, 사회사업, 지방개량, 수리조합 사무, 향교 재산의 관리를 담당하면서 조선인의

---

100 大山梓 編, 1966, 『山縣有朋意見書』, 原書房, 196-201쪽.

101 전상숙, 2015, 「'한국인' 정치 참여 부재와 조선총독부의 관학을 통한 사회과학의 전개」, 『한국정치외교사논총』 37-1, 242-243쪽.

102 이지원, 2020, 「3·1운동 이후 일제의 식민지 사회교화정책과 조선 민족성」, 『학림』 45, 173-186쪽.

'정신생활' 안정과 경제문제의 해결을 지향했다. 사회과의 사회교화사업은 조선인에게 노동과 경제 관념을 주입하여 경제를 양적으로 성장시키는 데 기여하는 방식으로 진행되었다. '근검저축'과 '적극 노동'이 역설되고 노동과 부업(副業)이 장려되며 조선인의 사상을 통제했다.[103]

한편 3·1운동 직후 총독부의 행정기구를 개편하여 학무국을 독립해 승격한 사이토는 그 산하에 종교과를 신설했다. 종교과는 종교 업무를 종래와 다르게 취급하기 시작했다. 종교과의 주요 목적은 조선총독부의 통치를 강하게 비판하는 기독교와 한국인의 '정신'을 관리한다는 것이었다.[104] 이와 같은 한국인의 민족정신 억압 정책은 3·1운동 와중에도 조선신궁을 설립하여 '국가신도'의 조선체제화를 부단히 추진한 일제의 신사 설립과 「치안유지법」의 시행 등을 통하여 전방위적으로 이루어졌다. 1924년 10월에 조선총독부 학무국장은 각 도지사에게 '신궁대마(神宮大麻) 및 력(曆) 반포'를 통첩하고, 이어서 1925년 1월에 「조선신궁직원령」을 공포하여 총독부가 신사와 관련된 것을 직접 체계적으로 관리할 수 있게 했다.[105] 그리고 1925년 5월 「치안유지법」이 공포되어 한국인의 항일 민족운동과 일제에 대항하는 기독교 등 종교운동까지 '국체'에 반하는 것으로 간주하고 단속·처벌할 것을 명시했다. 신사와 신도가 우월적인 입장에서 조선의 종교계에 간섭할 수 있게 되었다. 그리하

---

103 설주희, 2020, 「1920년대 조선총독부의 '교화(敎化)' 전용(轉用): 도덕적인 백성에서 노동하는 '국민'으로」, 『민족문화논총』 76, 96-97쪽.

104 임이랑, 2020, 「1920년대 조선총독부 학무국 종교과의 설치와 역할」, 『역사문제연구』 44, 58-64쪽.

105 김대호, 2004, 「1910-1920년대 조선총독부이 조선신궁 건립과 운영」, 『한국사론』 50호, 325쪽; 윤선자, 2011, 「일제의 신사 설립과 조선인의 신사 인식」, 『역사학연구』 42, 119쪽.

여 1917년 「신사에 관한 건」으로 조선총독부가 관할하던 조선에만 있는 '신사(神祠)'의 수가 급증하며[106] 한국인의 '정신'을 신도로 대체하는 정책에 박차가 가해졌다.

2. 육군대신 출신 정치군인 야마나시 한조 4대 총독

조슈벌 다나카가 하라 정당내각의 육군대신이 된 것은 일본의 북방 대륙국가화를 위하여 적극적으로 만몽개발 대륙정책을 추진하기 위해서였다. 그러나 다나카가 정당내각과 군벌 간 절충을 이루어내며 추대한 조선총독 사이토는 정당정치에 회의적이 되는 한편 내지연장주의 '문화정치'를 실시하면서도 당초 하라 수상이 의도했던 것과는 차별되는 참정권 방책을 구상했다. 그러므로 다나카는 조선 통치의 안정성을 중시하여 상대적으로 자율적인 조선총독정치체제의 공고화를 지향한 사이토 총독에게 불만이었다.

다나카는 1927년 3월 쇼와 금융공황으로 내각이 총사직하여 입헌정우회 총재로서 4월에 내각을 구성하게 되자 조선총독을 친정당 세력으로 교체했다. 사이토가 전 해군대신으로서 제네바군축회의(1927. 4. 15-10. 1)에 참석차 자리를 비운 사이에 다나카 수상과 육사와 육군대학 동기인 맹우 전 육군대신 야마나시 한조(山梨半造: 1864-1944)를 조선총독으로 내정하고 사이토를 권고사직시켰다.[107]

---

106 김대호, 2004, 위의 글, 317쪽; 윤선자, 2011, 위의 글, 120-121쪽.

야마나시의 기밀비 남용 문제와 의원 매수 사건 등으로 그를 조선총독으로 임용하는 데 대한 비판과 우려가 컸지만 다나카 수상은 임용을 강행했다. 다나카 수상에게 야마나시는 그의 의사를 충실히 이행할 수 있는 유일한 인물로 간주되었다. 그 대신 각 방면에서 원만한 인물을 정무총감으로 임명하여 조선총독부의 행정을 자신이 뜻한 바대로 추진하고자 했다. 그러나 야마나시 총독을 보좌하여 실질적으로 조선총독부의 행정을 책임질 정무총감 자리에 적합한 후임 인사 선정은 고사하는 이가 많아 난항을 거듭했다. 결국 다나카 수상이 직접 육군대신 시절에 오사카에서 군사원호회의 자금 모집을 원조하는 등 간담상조하는 사이인 71세의 전 오사카 시장 이케가미 시로(池上四郎)를 추천함으로써 마무리되었다. 그런데 이케가미 정무총감이 1929년 4월 갑자기 사망하고 말았다. 그 후임으로 이토 전 조선총독이 추천한 데라우치의 사위 고다마 히데오(兒玉秀雄)가 6월 22일에 조선총독부로 부임할 때까지 2개월 이상 조선총독부의 정무총감 자리가 공백인 초유의 사태까지 발생했다.[108] 이러한 사실은 새로 조선총독이 된 야마나시에 대한 일본 정계의 평판과 이미지가 어떤지 잘 보여준다.

다나카가 정당내각의 하라 수상과 제휴한 것은 그의 식민지 통치의 정당정치화와 만몽 개발 중심의 대륙정책에 뜻을 같이했기 때문이었다. 수상이 된 다나카가 사이토 조선총독을 야마나시로 교체한 것은 대륙

---

107 加藤聖文, 1998, 「政黨內閣確立期における植民地支配體制の摸索: 拓務省設置問題の考察」, 東アジア近代史學會 編, 『東アジア近代史 1』, ゆまに書房; 이형식, 2010, 앞의 글, 294쪽; 동염, 2019, 「1920년대말 일본 정치와 조선총독경질에 대한 고찰」, 『통일인문학』 79, 148-152쪽.

108 이형식, 2010, 앞의 글, 294-298쪽; 동염, 2019, 위의 글, 152-153쪽.

확장 노선을 모색하던 다나카가 조선총독정치의 안정화를 중시한 사이토가 남겨놓은 참정권 문제와 내외지 혼합교육 등 현안 문제를 해결하기 위해서였다.[109] 하라 수상 이후 내각 교체에 초연했던 조선총독의 인사에까지 영향을 미쳐서 조선총독부에 대한 영향력을 강화하여 만몽을 중심으로 한 대륙개발을 모색하기 위해서였다. 그렇지만 다나카가 강행한 야마나시의 조선총독 임용과 난항을 거듭한 정무총감의 인선은 야마나시 총독에 대한 거부감과 우려를 반증한다. 이는 결국 1929년 부산거래소 설립인가를 둘러싼 뇌물 사건인 '조선총독부 의혹 사건'으로 실제화되어 야마나시의 조선총독 사퇴로 귀결되었다. 불미스런 친정당 야마나시 총독의 사퇴는 다나카의 조선총독정치에 대한 영향력 강화와 대륙정책 추진의 좌절은 물론이고 정당의 식민지 통치 특히 조선 식민 통치에 대한 우려와 반감을 고조시켜 더 이상 정당세력이 조선에 진출할 수 없게 했다.

1) 개정 「치안유지법」 시행과 조선인 통제 강화 정책

야마나시 총독의 취임은 전임 사이토 총독의 조선 통치 안정화에 우선한 자율적인 조선총독체제에 대한 정당내각의 견제로 이루어졌다. 그렇지만 야마나시 총독의 시정은 전임 사이토 총독의 시정과 분리할 수 없이 밀접한 연속성을 갖고 전임 총독의 정책을 확충하는 방식으로 실시되었다. 정무총감 인사가 난항을 겪은 것으로 유추할 수 있는 것처럼 야마나시 총독은 기존 조선총독부 관료들의 우려를 샀다. 그러나 총독부

---

109 동엽, 2019, 위의 글, 152쪽.

관료들의 우려와는 달리 본국에서 직접 데려오는 낙하산 인사를 많이 하지 않아 유임된 총독부 관료가 많았고 본국에서 새롭게 부임한 관료는 한 명도 없었다.[110]

"전기(前期)와 밀접불리(密接不離)의 관계를 가지며 이를 일층 갱신하여 확충"했다고 평가된 야마나시의 시정은[111] 1928년 본국에서 공산당의 확산에 대응해 개정·강화된 「치안유지법」을 즉시 조선에도 적용, 실시하였다. 1928년 2월 일본 총선거에서 일본공산당이 공공연한 대중 선전 활동을 통해서 의회로 진출하자 일본 정부는 위기의식을 갖고 대책을 모색하여 공산당의 존재를 「치안유지법」에서 명시된 '국체에 대한 위협'이라고 규정했다. 이를 명분으로 3월 15일 새벽에 공산당 관계자 수백 명을 기습 검거했다. 국민에게는 국가의 기초를 위험하게 하는 험악한 사상을 철저히 교정하지 않으면 안 된다고 강조하며 '국체'를 존중하는 헌법의 준수를 역설했다. 동시에 공산주의자들이 노농당과 전일본무산청년동맹 및 일본노동조합을 지배하며 공산당의 선거 슬로건을 사용했다며 의회를 금지하고 사회주의 활동 일반을 탄압하는 정책을 실시했다.[112]

특히 「치안유지법」을 개정하여 공산주의운동 전반에 대한 탄압을 일층 강화하고 철저히 했다. 다나카 내각은 의회의 승인도 받지 않고 1928년 6월 29일에 추밀원의 자문을 거치는 형식으로 긴급 칙령 제129호 개정 「치안유지법」을 공표했다. 개정된 「치안유지법」은 바로 야마나시 총독을 통해서 조선에도 시행되었다. 이 법이 일본의회의 승인을

---

110 이형식, 2010, 앞의 글, 288-299쪽.
111 朝鮮總督府, 1940, 앞의 책, 231쪽.
112 리차드 H. 미첼 저, 김윤식 역, 1982, 『일제의 사상통제: 사상전향과 법체계』, 일지사, 104쪽.

받은 것은 다음 해인 1929년 1월이었다.[113]

개정된 「치안유지법」의 핵심은 국체의 변혁과 사유재산제도를 부인하는 행위를 범죄로 규정하고 그에 대한 처벌을 규정한 기존의 「치안유지법」 제1조를 대폭 강화한 것이었다.[114] 사법당국이 '국체의 변혁'을 목적으로 했다고 판단한 결사의 지도자와 조직 관계자에 대한 처벌을 종래의 징역 또는 금고형에서 사형으로 높여 중형을 규정했다. 또한 국체변혁 사상과 사유재산을 부인하는 사상을 구별하고, 그 주안점을 국체변혁 사상에 대한 처벌과 방지에 두었다. 일본 '국체'의 보존을 강화한 것이다. 처벌의 요지는 국체 변혁과 관련된 것으로 판단되는 사람은 특정 조직의 일원이 아니더라도 비합법 결사를 지향한 것으로 보고 목적수행죄로 처벌할 수 있게 했다는 데 있었다. 국체 변혁과 관련된 판단이나 그 판단에 따른 「치안유지법」의 적용 범위는 사법당국이 임의로 결정하게 했다. 그러므로 굳이 사유재산제도를 부인하는 공산주의나 공산당 또는 직접 공산주의 운동이나 체제 비판적인 사회운동에 동조하거나 참여하지 않은 사람들까지 「치안유지법」 위반으로 기소할 수 있게 되었다. 목적수행죄에 대한 규정은 광의의 사회주의 운동을 비롯해서 국체에 대한 어떤 비판도 원천적으로 봉쇄하는 것이었다. 이 규정은 비합법 결사와 관계가 없어도, 공산당원이 아니어도, 누구나 유관자로서 처벌 대상에 포함시킬 수 있게 해석되었다.[115]

이와 같이 다나카의 정당내각이 개정한 「치안유지법」의 내용은 '다

---

113 전상숙, 2004a, 앞의 책, 181쪽.

114 「治安維持法改定法律案」, 1934. 2: 60-63; 「治安維持法改定法律案及不法團體處罰に關する法律案竝に其の提案理由等」, 1935. 6: 62-66.

115 리차드 H. 미첼, 1982, 앞의 책, 105-109쪽; 전상숙, 2004a, 앞의 책, 181쪽.

이쇼데모크라시' 속에 확산되던 공산주의를 비롯한 진보적인 사상을 일본 정부가 '천황제 국가체제에 대한 위협'으로 규정한 것이었다. 이렇게 「치안유지법」을 개정해 강화한 것은 외지 조선뿐만 아니라 내지의 일본인에게도 법에 규정된 '국체의 변혁'을 꾀하는 진보 사상에 동조하면 통제의 대상이 된다는 것을 분명히 했다. 정당내각은 국가의 바탕인 국체를 위험하게 하는 사상은 철저히 교정하지 않으면 안 된다고 강조하며 국체를 존중하는 헌법의 준수를 역설했다. 그리고 사회주의적 활동 일반을 탄압했다.[116] 이러한 「치안유지법」 개정은 '일본제국'의 신민은 '국체'에 '변혁'을 가할 수 있는 사고나 행위를 해서는 안 된다는 것을 법제화한 것이었다. 천황제 국가체제에 대한 위협과 비판의 여지를 허용하지 않겠다는 의미였다.

다나카 내각은 다이쇼기의 데모크라시 풍조에 힘입어 집권한 정당내각의 연장에 있었다. 그러나 육군대신 출신 다나카의 내각은 공산당이 의회로 진출하자 이른바 '3·15사건'을 일으키고 긴급 칙령으로 「치안유지법」을 개정하여 공산주의의 확산과 천황제 국가체제에 대한 비판을 '제국일본' '국체'에 대한 변혁으로 규정했다. 공산주의의 확산을 국가에 대한 위기의식과 연결시켜서 처벌의 대상으로 삼았다. 이는 '천황제 국가' '일본 국체'의 보존을 명분으로 지배체제에 대한 사회적 비판이나 논의가 확산되는 것을 저지하는 의미를 갖는 것이었다.

이 개정 「치안유지법」을 조선에도 즉각 시행한 것은 일본의 판례에서 드러난 바와 같은 국체관을[117] 조선에도 강제하기 위한 것이었다. 「치

---

116 리처드 H. 미첼, 1982, 앞의 책, 104쪽; 전상숙, 2004a, 앞의 책, 182쪽.
117 Yasuhiro, Okudaira, 1973, "Some Preparatory Notes for the Study of the Peace

안유지법」의 '국체' 개념은 지배자의 신성한 기원과 만세일계(萬世一系)를 결합시킨 천황제 국가체제를 의미하는 것이었다. 다시 말해서 '일본제국'의 사회통합과 질서 있는 '일본제국'의 존립을 위하여 보호할 가치가 있다고 판단되는 일체의 것을 뜻하는 것으로 일본 사회의 특수한 본질을 의미하는 것이었다.[118] 이것을 '일본제국'의 국가관으로 강화한 것이다. 1920년대 데모크라시기에 제정된 「치안유지법」을 통해서 공식 법률용어가 된 국체관은 일본은 천황이 통치하는 군주국이라는 것이었다. 이는 건국정신과 분리될 수 없는 위정(爲政)상의 근본의(根本義)에 의해서 정해진 것이므로 다른 국가와 달리 '만세불역(萬世不易)'의 특성을 갖는다는 것이었다.[119]

일제의 한국인에 대한 사상 통제가 특히 강화된 것은 1920년대 후반으로, 세계공황의 타격으로 일본의 정치경제적 혼란이 심화되자 일본인의 불만을 한국인에게 돌리려는 정치적 조작행위와 더불어 박차가 가해졌다. 개정된 「치안유지법」을 1928년 6월 29일 칙령 제129호로 즉각 시행한 야마나시는 현행범이 아니어도 「조선형사령」 제12호에 의거하여 검사뿐만 아니라 일반 사법경찰관도 피의자를 압수 수색하고 검증 또는 구인할 수 있도록 권한을 부여했다. 일선 법 집행자의 의지에 따라 자의적으로 법을 집행할 수 있도록 권한이 강화되었다. 이는 공산주의는 물론 항일적 색채가 의심되는 모든 것을 철저히 검거하고 탄압하겠다는 의지였다. 총독부는 기본적으로 배일사상 특히 공산주의가 빠르게 확산

Preservation Law in Prewar Japan," *Annals of the Institute of Social Science*, Number 14; 전상숙, 2005b, 「일제 파시즘기 사상통제정책과 전향」, 『한국정치학회보』 39-3.
118 리차드 H. 미첼, 1982, 앞의 책.
119 전상숙, 2017a, 앞의 책, 152쪽.

되고 있다고 보았다.[120]

그러므로 개정「치안유지법」은 한반도에서 그 적용 범위가 일본보다 더 확대·강화되었다.[121] 일선 법 집행자의 의지에 따라 임의적·자의적으로 사상범을 판단하고 처벌할 수 있게 했으므로 한국인은 한번 '요시찰인(要視察人)' 또는 '요주의인물' 내지 '불령선인(不逞鮮人)'으로 분류되면 항상 일제의 감시와 미행, 가택 수색, 검거, 투옥이 뒤따랐다. 본인 이외에 가족까지도 여행이나 취직, 학교 입학 등 생활 전반에 걸쳐서 위협적인 불이익을 당했다.[122]

조선총독부는 3·1운동 이후 "재야의 유식자 및 양반 유생, 명망가 중에서 정치를 말하며 불평을 외치는 자를 경찰상 요시찰인"이라고 구분하고 경무관헌(警務官憲)이 주력해 감시하게 했다.[123] 경무(警務)상 요시찰인 또는 요주의인으로 불린 이른바 '불령선인'들은 "주로 언론을 통해서 일하기 때문에 간접적으로 소위 직접 행동을 조성하는 자"들로 간주되었다. 총독부는 이들을 감시하고 통제하는 것이 '불온사상'의 확산을 차단하는 데 중요하다고 판단했다. 때문에 이들을 사형에까지 처할 수 있는 개정된 「치안유지법」을 시행했다. 일제는 한인 공산주의자들이 "조선의 적화와 독립사상을 가지고 실천운동을 전개하는 죄를 지었기 때문에 단순한 동기에서 비롯된 것"이 아니라고 평가했다. 그리하여 개정

---

120 전상숙, 2004a, 앞의 글, 182-183쪽.

121 金世正, 1931. 5,「판례를 통해 본 보안법과 제령 제7호」,『批判』, 97쪽.

122 司空杓, 1929. 5,「朝鮮의 情勢와 朝鮮공산주의자의 當面任務」,『레닌주의』제1, 朴慶植 編, 1982,『朝鮮問題資料叢書 7』, アジア問題研究所, 50쪽.

123 朝鮮軍司令部, 1924. 6. 1,「不逞鮮人ニ關スル基礎的研究」, 朴慶植 編, 1982,『朝鮮問題資料叢書 6』, アジア問題研究所, 14-15쪽.

「치안유지법」은 조선에서 민족 독립사상·민족의식을 지닌 것으로 보이는 한인은 모두 천황제 일본에 적극 저항하는 자로 간주하여 처벌한다는 의지를 천명했다.[124] 1928년에서 1930년 사이「치안유지법」으로 6명이 사형을 언도받았다. 제5차 간도 공산당 사건의 피의자 261명 가운데 22명에게 사형이 구형되었다.[125]

이와 같이 야마나시는 개정「치안유지법」을 즉각 시행하여 조선인들의 항일·민족의식 탄압과 천황제 일본의 국가관 수용을 본격적으로 강제했다. 그렇지만 아직 1920년대까지는「치안유지법」이라는 법에 의거하여 처벌 대상을 확정하여 일본의 국체에 대한 저항을 탄압했다. 다시 말해서 일제 사법제도에 의해 포착되는 경우에 한해서 처벌되었다.

2) 지속된 식민지적 경제구조 재편성 정책

야마나시 총독은 취임 인사에서 스스로 "조선 정치에 대해서는 전혀 백지 상태"라고 밝혀 '뻔뻔스럽다'거나 '무포부'라는 비난을 초래했지만 총독 취임 유고에서 "경제와 문교 그밖에 백반의 시설을 통해 실제 생활과 합치하도록 유의"하겠다고 하여 경제와 교육에 중점을 두겠다고 했다.[126] 그는 전임 사이토 총독과 같이 '문화의 진흥'과 '경제발전'을 2대 목표로 설정했다. 경제 면에서는 사이토 총독기의 계속사업을 확충

---

124 전상숙, 2017a, 앞의 책, 167쪽.
125 朝鮮總督府 高等法院 檢事局 思想部, 1931. 6. 15,「朝鮮治安維持法違反調査(2)」, 『思想月報』; 朝鮮總督府 高等法院 檢事局 思想部, 1934. 1. 15,「第五次間島共産黨事件論告要旨」,『思想月報』; 전상숙, 2004a, 앞의 책, 191-195쪽.
126 이형식, 2010, 앞의 책, 302쪽.

하여 완성하고, 문화 진흥 면에서는 특히 조선인의 실생활 면에서 통치 효과가 나타날 수 있는 시정을 실시하겠다고 했다.[127]

야마나시는 1927년 12월 조선총독부법령 16호로 「조선토지개량령」을 제정하여 1928년 7월 1일부터 시행했다. 그리고 1928년 5월에 총독부령 31호 「토지개량 등기규칙」을 제정하여 1929년 4월 1일부터 시행했다. 이어서 1929년도부터 개간지와 개척지의 보조율을 5할로 인상하는 등 산미증식계획을 확충하는 데 주력했다. 또한 일본천황의 농업 장려에 주목하여 1928년에 6월 14일을 '농민의 날(農民日)'로 정했다. '농민의 날'에는 조선농회를 필두로 각 도부군도의 농회를 주관하여 관민이 함께 모여 모내기 행사와 강연회 및 영화회 등을 개최하게 했다. 야마나시는 수원 권업모범장 시험장에서 직접 모내기 시범을 보이며 산미증식을 촉구했다. 또한 1928년 조선총독부가 소작제도의 개선 방침을 공식화한 최초의 공문인 「소작관행 개선에 관한 건」 통첩을 정무총감 명의로 발표하고 행정지침으로 각 도지사 앞으로 시달했다.[128] 1928년 2월에 임시소작조사위원회를 설치하여 소작관행 가운데 우선 개선해 시행해야 할 사안을 추려 결정하고 이에 대한 개선책을 각도에서 수립해 실행하도록 했다. 동시에 그 시행 여부를 확인하고자 소작을 지도·감독하는 기관을 설치했다.[129]

또한 야마나시는 밭 면적이 총 경지면적의 3분지 2를 점하고 대다수 농민이 밭작물을 주식으로 하는 상태에 착안하여 1929년부터 밭작물을

127　朝鮮總督府, 1940, 앞의 글, 231-232쪽.
128　최은진, 2021, 「1920-1930년대 중반 소작입법을 둘러싼 식민지 조선과 일본 사회의 대응과 인식」, 『한국근현대사연구』 96, 104쪽.
129　정연태, 2014, 앞의 글, 244-255쪽.

개량·증식하는 시설을 확충했다. 이는 서북 지역 6도에 있는 밤 모범경작지(栗模範作圃)를 보리와 대두를 경작하는 모범경작지로 바꾸어 밭작물을 개량·증식하는 것으로 이어졌다. 이와 함께 산미증식계획의 확충과 증세로 더욱 피폐해진 농촌을 구제하기 위하여 1928년부터 금융조합에 가입할 수 없던 소작농에게 금융을 융자해주는 권농공제조합의 설치를 장려했다.[130] 일본금융공제조합을 모방하여 설치된 권농공제조합(권농자금대부안)은 소농민 구제를 위한 것이었다. 한국 병합 은사금을 재원으로 한 총 600만 엔을 무담보로 소농민에게 저리의 이자(20~50엔)로 제공함으로써 소농을 구제하여 농업을 장려한다는 것이었다.[131]

이와 같이 산미증식계획을 확충하는 데 노력한 결과 1928년에 조선미 생산량이 1,700만 석으로 1921년의 생산고 1,400만 석보다 16퍼센트가 증가했다. 1928년에 일본으로 이출된 쌀이 700만 석으로 1921년의 300만 석보다 2.4배 이상 늘어난 것이었다. 이러한 산미증식계획으로 인하여 한국인 1인당 쌀 소비량은 급격히 감소했다. 부족한 식량은 외국에서 들여온 값싼 곡물에 의존했다. 1920년대에 지주의 소작지가 증가했는데 특히 일본인 지주의 소작지 증가율이 높았다. 일본인 지주를 중심으로 토지의 집중과 세분화가 진행되었다. 이에 반해서 한인의 80여 퍼센트를 차지하는 농가 중 자작농과 자소작농은 매년 감소했다. 이와 비례하여 한인 소작농과 화전민, 소작지를 잃고 노동·실업·해외 유랑 등으로 내몰리는 소작농도 매년 증가했다.[132]

---

130 朝鮮總督府, 1940, 앞의 책, 233-234쪽.
131 이형식, 2010, 앞의 책, 302쪽.
132 박경식, 1986, 앞의 책, 235-237쪽·248-155쪽·256-257쪽; 정연태, 2014, 앞의 책, 267-282쪽; 이영학, 2018,「1920년대 조선총독부의 농업정책」,『한국민족문화』

사이토 총독의 산업개발정책을 계승한 야마나시 총독기에 이르면 1929년에 회사 수가 한국 병합 당시와 비교하여 약 15배나 증가하고 불입자본금도 약 10배에 달했다. 총독부는 시장 수도 1,408개에 유통 금액이 1억 9,600만 원에 달하는 치적을 올렸다고 선전했다.[133] 그러나 일본 상품의 판매시장으로 전락한 조선 경제의 실상은 조선총독부의 '치적'과는 정반대였다. 총독부가 한국인의 공업화와 개발을 억제하며 조선에 투자한 일본 자본에 특혜와 편의를 제공했기 때문이었다.

조선 경제는 일본 자본에 의한 산업화에 종속적으로 재편성되었다. 한인 경제는 경공업 중심의 영세 수공업과 중소기업이 압도적으로 다수를 차지했다. 1920년대 말 조선 공업의 생산액을 부문별로 나눠보면 한인 경제는 식료품 가공업이 63.5퍼센트를 차지하고 기계업은 1.3퍼센트에 불과했다. 1929년 조선의 공업생산액 중 금속공업이 5.8퍼센트를 점했지만 일본 제철회사인 겸이포공장과 일본광업주식회사의 남포제련소를 제외하면 한인 기업은 거의 금속을 단련하는 정도였다. 전적으로 일본 공업에 종속된 일본 회사들은 조선의 값싼 노동력과 원자재를 사용해 생산한 물품을 일본으로 반출하여 수익을 높였다. 한인 기계공업은 소규모로 간단한 도구를 생산하거나 수리하는 정도였다. 식민지 공업의 현지 수요를 보조하는 정도로 부수적인 부분을 형성했다. 이 시기에 여러 일본인 중공업 회사가 건설되었다. 대표적으로 1927년 5월에 창설되어 건설되기 시작한 조선질소비료주식회사, 그 동력원을 생산하기 위하여 1929년 11월에 완성된 부전강수력발전소, 그리고 건재를 생산하는

69, 11-12쪽.
[133] 朝鮮總督府, 1940, 앞의 책, 238쪽.

시멘트공업, 평양·내린천·고무산·삼척 등지에 건설된 벽돌 제조업 오노다시멘트회사 등이 있다.[134]

이들 중공업회사는 일제가 조선산업개발이라는 차원에서 조선 경제를 육성하기 위해 건설한 것이 아니었다. 조선 통치의 안정화를 중시한 조선총독이 상대적 자율통치권을 활용하여 '조선산업개발'을 표방하며 자본을 유치해 이룬 것이었다. 일본을 북쪽 대륙과 연결하는 경제적 하부구조를 구축하는 기간산업을 확충하는 동시에 조선을 안정적으로 통치하기 위한 정책자금을 충당하기 위한 것이었다. 그러므로 본국 정부의 반대를 무릅쓴 조선총독과 총독부의 조선산업개발 추진은 투자 유치를 위하여 일본 자본에게 초과이윤을 보장하며 그들과 연합·제휴해 이루어졌다. 1925년에 일본에서 「보통선거법」이 통과된 후 치러진 선거는 예상과 달리 많은 정치자금을 필요로 했기 때문에 정당내각은 대만과 관동주 등에서 이권을 획득하는 데 열을 올렸다. 조선에서도 우후죽순으로 미곡거래소 설립을 신청하는 등 이권 획득에 주목했다. 이에 야마나시 주변 인사들이 개입하여 조선총독 측근들 사이에 내부 대립이 생겨 정치문제로 비화했다. 이로 인해 야마나시가 불미스런 이권 개입 문제로 사임하게 되었다.[135]

1920년대 조선산업개발정책은 제1차 세계대전 이후 팽창된 일본의 경제적 요구에 조선 경제가 예속적으로 구조화되며 양적으로 성장하는 출발점이 되었다. 그 결과 한인 민족자본이 양적으로 성장하기도 했다.

---

134 박경식, 1986, 앞의 책, 277-279쪽. 1920년대 조선총독부의 산업화정책에 따른 조선산업의 다각화에 대해서는 박우현(2019)과 김제정(2018) 참조.

135 이형식, 2010, 앞의 글, 312-314쪽.

그렇지만 민족별 자본 구성에서 일본 자본이 절대적으로 우세하여 조선 경제는 일본 경제의 예속에서 벗어나기 어렵게 되었다.

3) 1면1교주의 시책과 조선민족 탄압 강화 정책

야마나시 총독이 취임 유고에서 밝힌 2대 시정 목표 중 하나인 '문화의 진흥'은 특히 저조했던 보통학교의 취학률을 높이기 위한 '1면1교 계획'을 중심으로 전개되었다. 1928년 4월에 야마나시는 「보통학교 확장 방안」 곧 '1면1교주의(一面一校主義)'를 발표했다. 1920년대 초 일본의 경제불황과 조선총독부의 재정독립 정책으로 조선에서 공립보통학교의 증설이 지체되었다. 저조했던 한국인 아동의 취학율이 더욱 현저하게 둔화되자 야마나시는 조선의 2,503개 면 가운데 보통학교가 설치되지 않은 1,150개 면에 보통학교를 설치하려 했다. 이에 필요한 비용은 연간 75만 원을 도(道) 지방비에서 보조비로 충당하고, 별도로 필요한 경상비 16만 원은 조선총독부의 재정에서 지출한다는 것이었다. 만일 총독부의 재정이 부족하면 부족한 만큼을 본국에서 의무교육비를 국고로 부담했던 예에 따라서 중앙정부에 요청해 해결한다는 구상이었다. 이에 도지사 회의는 재정난을 이유로 적극 반대했다. 그렇지만 야마나시는 재정정리를 통해 재원을 마련하겠다고 주장해 관철시켰다. 그리하여 조선 교육 진흥을 위한 근본 방책을 확립하기 위하여 임시교육심의위원회가 설치되어 동 위원회에서 1면1교의 설치를 결정했다.[136]

1928년 4월 조선총독부 학무국이 작성한 '조선총독부의 일반국민

---

136 이형식, 2010, 앞의 글, 303-305쪽.

교육보급 진흥에 관한 제1차 계획'은 크게 세 가지 기본 방침으로 구성되었다. 그것은 교육의 기본 방침, 실제 교육 면에서 취해야 할 방침, 두 번째 방침을 실현하기 위한 비용에 관한 기본 방침이었다.[137] 이 중 두 번째 기본 방침인 실제 교육 면에서 해야 할 목표로 설정된 것이 1면1교주의였다. 이것이 야마나시 총독기 교육개혁의 핵심이었다. 1면1교주의는 근본적으로 '다수의 민중에게 교육'을 실시하려는 것으로, 각 면에 '장래 보통학교 발전의 중핵이 될 설비'를 세우고, 이를 기초로 '사회교육시설의 진전'을 도모한다는 것이었다. 다수의 한국인들에게 교육을 실시하여 궁극적으로 대다수 한국인이 일본 보통교육을 받아 일본어를 상용할 수 있게 하는 것이었다.

이러한 1면1교주의 교육의 목표는 첫 번째 기본 방침인 초등교육의 목적('근본요의')에 명시된 바와 같았다. 이미 일본에서 드러난 '독서교육의 폐'는 배제하고 그 대신 '조선의 실정'을 감안하여 '국가 사회인으로서 필요한 자질'을 향상하고 '근로애호 정신'을 진흥시켜 '흥업치산(興業治産)의 지향'을 가르치는 데 주력한다는 것이었다. 독서교육은 아동의 사고력과 교양을 함양하여 '순량한 신민'이 아닌 비판적 지성을 기르므로 피해야 한다는 것이었다. 대신에 일본어를 상용할 수 있을 정도의 '보통교육'을 실시하여 조선인들이 실용적인 실생활에서 생산력을 기를 수 있는 교육을 실시한다는 것이었다. 이러한 1면1교 설치 정책은 1929년부터 8개년 계획으로 완수될 예정이었다.[138]

---

137 渡部學·阿部洋 編, 1991, 『日本植民地教育政策史料集成: 朝鮮篇』16, 淸溪書舍; 정규영, 2007, 「공립보통학교 1면1교 계획'과 조선인 초등교육(1928-1936)」, 권태억 외, 『한국 근대사회와 문화 III』, 서울대학교출판부, 57쪽.

138 朝鮮總督府, 1940, 앞의 책, 249쪽.

보다 많은 조선인에게 초등보통교육을 실시하기 위해 계획된 1면 1교주의 교육계획은 종래 소학교와 보통학교의 선택과목이었던 '실업에 관한 과목'을 '필설 필수과목'으로 변경하여 '금후 일층 근로주의를 철저'하게 추진할 것을 명시했다. 이에 따라 총독부는 한국인 대상 초등교육을 개혁하여 제도적으로 4년제 보통학교와 2년제 간이 국민학교를 전국적으로 고르게 배치했다. 교육 내용 면에서 주요 목표는 직업교육과 사회교육 강화였다. 교육시설 면에서는 '간이화'하고, 교육내용 면에서는 '실용화'를 추구한 것이다. 보통학교에서 직업과 교육을 강화하여 보통학교 졸업생을 주축으로 사회교육 활동을 강화하고자 한 것이다. 이 교육정책은 1929년에 규정을 개정하여 초등학교 교과과정에서 필수과목으로 설정된 직업과가 일본인 대상 소학교에도 동일하게 적용되게 했지만, 실상은 조선인 대상 초등교육의 내용을 공식적으로 '실용화' 교육으로 방향을 전환하는 의미를 갖는 것이었다. 1면1교 설치 계획에 따라 농촌 지역에 신설된 4년제 공립보통학교는 6년제 보통학교에 비해서 수업연한과 교과과정이 대폭 단축되었다. 면 지역의 4년제 공립보통학교는 '초등농업학교'의 성격을 갖게 되었다. '실업에 관한 과목'을 '필설 필수과목'으로 한 교육정책은 '근로주의'를 초등교육의 주안점으로 한 방침이었다.[139] 이 정책으로 공식적으로 조선인 초등교육이 '실용화' 교육이라는 것이 분명해졌다.

 이러한 1면1교주의조차도 비용 부담을 이유로 조선총독부 내외에서 반대가 컸다. 이런 교육조차 "일본의 관습과 언어의 동화"를 조선인에게 급격히 확장하게 되면 조선인이 경제적·정신적으로 일본인과 같다고

---

139 정규영, 2007, 앞의 글, 60-65쪽.

착각할 수 있고, 교육의 보급은 그 자체로 사상 악화에 영향을 줄 수 있기 때문에 경계해야 한다는 등 각종 우려와 반대가 많았다.[140] 결국 1면 1교주의는 일본의 내각 교체에 따른 조선총독부 보충금의 대폭 삭감으로 당초 계획대로 실행되지 못했다.

그러나 야마나시의 교육정책은 조선인 교육에 대한 '정책의 침투'라는 점에서 '커다란 효과'를 거둔 것으로 평가되었다.[141] '시세와 민도'를 이유로 한국인 교육을 차별화한 일제의 2등국민 만들기가 '실용화 교육'이라는 제도적 기반을 통해서 본격화된 것이었다고 할 수 있다. 그리하여 문화정치를 표방하며 시행된 한민족 탄압 정책이 1면1교주의 교육정책을 통해서 지역 말단까지 침투하는 정책적 효과를 보게 되었다.

3. 소결: 일본 정당정치와 '문화정치'를 표방한 무관 출신 조선총독

1920년대 일본은 정당내각이 구성될 정도로 데모크라시 풍조가 고양되었다. 그러나 군벌의 위상이 낮아졌다고 해도 군부는 여전히 세 대신(육·해군과 외무), 특히 육·해군 대신이 행정부와 독립된 군통수권을 가진 권력의 중추였다. 군부가 육·해군 대신을 추천하지 않으면 조각할 수 없었다. 그러므로 육·해군에 손가락 하나 건드릴 수 없다는 것만으로

140　이형식, 2010, 앞의 글, 304-307쪽.
141　渡部學, 1968, 『朝鮮近代史』, 勁草書房, 289쪽.

도 '정당내각'은 일본 절대주의의 한계 안에 있었다.[142] 수상이 된 하라는 위세가 높았던 군벌이 지배하던 시기에 유보했던 자신의 식민 통치 구상을 실현하고자 식민통치체제를 개혁하고자 했다. 번벌 지도자에게 탁월한 교섭 능력을 가졌던 것으로 평가되는 하라는[143] 국방의 충실을 표방하며 군벌의 수장 야마가타에게 원조를 청했다. 그리하여 육군대신에 야마가타의 직계인 다나카를 임용하고 해군대신에 가토가 유임될 수 있도록 하여 조각했다.[144]

하라 수상은 육군대신 다나카를 통해서 군부의 협조를 얻어 식민 통치 방침을 변경하고 식민지까지 정당세력을 확대하고자 했다. 특히 육군벌의 독자적인 통치 영역화된 조선의 통치체제를 개혁하려 했다. 1918년 9월 하라 내각에 입각한 육군대신 다나카는 야마가타-가쓰라-데라우치로 이어진 조슈벌의 총아였다. 그는 중국 신해혁명 이후 육군이 요구했던 조선 2개 사단 증설 문제를 계기로 시세에 '순응'하기로 마음먹고 증사계획을 추진하기 위하여 정우회의 하라에게 접근했다. 당시 야마가타도 국가의 이익과 동일시한 육군의 이익이 정당과의 '외교'를 통해서만 가능하다고 생각했으므로 다나카가 하라에게 접근하는 것은 문제되지 않았다. 그리하여 1919년 8월 추밀원에서 무관 전임 조선총독을 문무병용으로 개정한 「조선총독부 관제」가 통과되었다. 이때 다나카의 중재로 하라와 야마가타 사이에 조선총독 사이토와 하라의 심복 미즈노의 정무총감 취임이 합의돼 있었다.[145]

142　井上淸, 1975, 『新版 日本の軍國主義 II: 軍國主義と帝國主義』, 現代評論社, 252쪽.
143　春山明哲, 1980, 「近代日本の植民地統治と原敬」, 春山明哲·若林正丈, 『日本植民地主義の展開, 1895-1934年』, 財團法人アジア政經學會, 49쪽
144　松下芳南, 1967b, 『日本軍閥の興亡』 2, 人物往來社, 163-165쪽.

군정가였던 다나카는 시세의 변화에 자주적으로 순응하여 자신이 목적했던 '대륙국가 일본의 신장'을 실현하고자 했다.[146] 그는 조슈벌의 계승자였지만 데라우치 총독의 대륙경영관과는 입장이 달랐다. 초대 조선 총독 데라우치는 조선 교두보관에 입각한 선만(鮮滿)경제 일체화라는 대륙경영관을 갖고 있었다. 이에 비해서 다나카는 하라와 같이 만주 경제 자체의 발전과 만철의 광범한 기능에 주목하여 조선을 연육교처럼 여겼다. 그는 만주 경영을 추진하기 위하여 하라와 제휴했다.[147] 이 과정에서 발생한 3·1운동으로 박차가 가해진 조선총독부 관제 개혁에 육군벌의 반대가 컸지만 다나카는 은퇴한 전 해군대신 사이토를 조선총독으로 추천해 성사시켰다. 은퇴한 전직 무관 사이토를 추천한 것은 정당내각의 총독부 관제 개혁 의도와 군벌의 문관 반대를 중재하여 무관이지만 육군벌은 아니면서 현재 민간인 신분인 인물을 추천한 것이었다. 그리하여 퇴직한 전 해군대신을 현역으로 복귀시켜 조선총독이 되게 했다.[148]

섬나라 일본의 반도 한국 병합은 '대륙국가 일본'을 실현하기 위한 첫걸음이자 필수조건이었지만 충분조건은 아니었다. 한국 병합은 단지 대륙으로 연결된 것뿐이었다. 서양 열강과 나란히 하는 동양의 제국을

---

145 李炯植, 2004, 「'文化統治'初期における朝鮮總督府官僚の統治構想」, 『史學雜誌』 115-4, 73쪽; 春山明哲, 1980, 앞의 글, 55-56쪽; 전상숙, 2012, 앞의 책, 126쪽.

146 村井良太, 2005, 『政黨內閣期の成立 1918-27』, 有斐閣, 46쪽; 升味準之輔, 1994, 『日本政黨史論 4』, 東京大學出版會, 344-350쪽; 三谷太一郎, 1995, 『增補 日本政黨政治の形成-原敬の政治指導の展開』, 東京大學出版會, 313-315쪽.

147 原圭一郎 編, 1981, 『原敬日記』 5, 福村出版, 15쪽; 井上淸, 1975, 앞의 책, 129-131쪽; 春山明哲, 1980, 앞의 글, 52쪽.

148 전상숙, 2008, 「1920년대 사이토오(齋藤實)총독의 조선통치관과 '내지연장주의'」, 『담론201』 11-2, 9-13쪽.

지향한 '대륙국가 일본제국의 신장'은 광활하고 자원이 풍부할 것으로 예상되는 한반도 이북 만주로 북진해야 완수될 것이었다. 그런데 다이쇼기의 정치변동은 조슈 육군벌의 분열을 가져왔다. 데라우치 육군대신이 정당세력과 손잡은 가쓰라 수상의 견제를 받아 전임 조선총독으로 유임되고, 이는 조선이 육군벌의 아성과도 같은 총독정치체제로 구축되는 결과를 낳았다. 이에 반해서 가쓰라-다나카-야마가타는 정당세력과 손잡고 한반도를 통로로 만주와 몽고로 진출하는 북진대륙정책을 실현하고자 했다. 육군벌 모두 만몽의 개발 가능성을 염두에 두고 그 잠재적인 경제적 가치에 주목하여 정치적·전략적 의미를 부여했다. 그렇지만 조선총독으로 유임되어 후일을 도모한 데라우치는 우선순위를 조선 통치의 안정성에 두었다. 이에 비해서 서양 열강에 대한 일본의 열세를 급진적으로 변혁하고자 했던 신세대 육군, 특히 혁신세력은 신속히 만주로 팽창하여 서양 열강에 대한 일본의 열세를 하루라도 빨리 만회하고자 했다. 그들에게 만주는 '일본제국'이 대륙으로 팽창하여 더 이상 서양 열강의 눈치를 보지 않아도 될 정도로 힘을 기를 수 있는 거점으로 여겨졌다.[149]

    신세대 육군을 대표하는 다나카가 하라와 손잡아 추진하려 한 만주경영은 조선을 거쳐 만주로 진출하여 만주를 중심으로 국가의 신장을 기하는 것이었으므로 조선을 연육교와 같이 보았다. 그런데 그가 추대한 조선총독 사이토는 데라우치처럼 본국 정부로부터 자율적인 조선총독 정치체제를 구축하게 되었다. 이는 조선 통치의 안정화를 통해서 조선을 기축으로 북으로 신장해야 한다는 조선 교두보관으로 연계되는 것이

---

149 전상숙, 2012, 앞의 책, 216쪽.

었다. 이러한 사이토의 총독정치는 수상이 된 다나카에게 배제의 대상이 되었다. 다나카는 자신이 추천했던 사이토 총독을 맹우인 친정당 야마나시로 교체했다.

그러나 식민지 조선을 정당세력화하여 만주로 진출하는 것은 총독 교체만으로 되는 일이 아니었다. 정우회 내각의 수반 다나카는 척무성을 설치하여 내각을 정점으로 만몽 행정기관을 일원화하여 자신의 대륙정책을 추진하고자 했다. 그렇지만 일본 추밀원은 천황에 직예한 조선총독의 전제적인 지배 권한이 "통치상 빠질 수 없는 요체"라고 강조하며 조선총독의 위신이 낮아지는 것에 반대했다. 다나카가 추진한 조선총독에 대한 내각총리대신의 감독권 설정은 반대에 부딪혔다.[150] 1929년 다나카 내각이 추진한 척무성 설치안이 추밀원회의에서 심의될 때 추밀원 고문관이었던 사이토는 조선을 다른 식민지와 같이 취급하는 것에 강력히 반대했다. 그는 정당내각이 주창한 내지연장주의의 입장에서 조선을 기타 식민지와 구별해야 한다고 강조했다.[151] 결국 추밀원회의에서 내각총리의 조선총독에 대한 감독권 설정이 부결되었다. 정당세력의 정치 행태와 식민지 통치 관여를 부정적으로 인식했던 사이토는 1931년 제59회 제국의회에서 정당내각이 조선의 충청남도 도청 이전 문제에 개입하는 것에도 반대해 차단했다.[152]

사실 식민지 총독의 문무병용제 개혁은 일본 정치의 정당정치화에

---

150 「朝鮮總督府官制改正ノ件 樞密院會議筆記」, 『樞密院會議議事錄』 21, 東京大學出版會, 1985, 257쪽.

151 山崎丹照, 1942, 앞의 글, 23-25쪽; 岡本眞希子, 2008, 앞의 글, 36쪽; 전상숙, 2012, 앞의 책, 155-156쪽.

152 岡本眞希子, 2008, 위의 글, 48쪽.

주안점이 있는 것이었다. 다나카가 이에 동참한 것은 외지 통치 행정을 일원화하여 만몽개발 중심의 대륙정책에 박차를 가하기 위해서였다. 하라 수상 이외에 정당세력은 병합한 한반도에 더 이상 의미를 부여하거나 중시하지 않았다. 정당내각은 여러 차례 조선을 포함한 재외 식민지 정책을 총괄하는 중앙부서를 설치하고자 했다. 일원적인 식민지 행정체계를 구축하여[153] 육군벌의 아성을 무너뜨리고 정당세력의 영향력을 확대하고자 했다. 그러나 식민지 무관전임제를 개정하여 대만에서 문관총독이 실현된 데 반해서 조선에서는 문관총독이 실현되지 못했다. 추밀원을 비롯한 원로와 군벌은 섬나라 일본의 대륙국가화라는 국방의 관점에서 육군벌이 장기적인 대륙정책의 일단으로 형성한 조선총독정치체제가 동요되는 것을 바라지 않았다. 일본의 북진대륙진출에 반도 조선이 대륙국가 일본의 입지를 공고히 하는 견인차이자 시금석이라는 데 이견이 없었다.

이는 해군벌 출신 조선총독 사이토 역시 마찬가지였다. 다나카가 사이토를 추천한 것은 사이토가 해군대신을 역임하며 군정가로서의 면모와 경륜을 인정받고 용의주도하고 대세 순응형이라고 평가되었기 때문이었다고 할 수 있다.[154] 그러나 사이토는 5대에 걸쳐서 해군대신을 역임하면서 해군충실계획을 세워 일본 해군을 증강시킨 순 무관이었다. 사이토는 육군벌은 아니지만 '일본국가의 번영'을 국방의 관점에서 보는 '군인'이었다. 추밀원과 제국의회에서 분명히 밝혔듯이 사이토는 조선총독

---

153 淸水秀子, 1967, 「拓務省設置ニ關スル件」, 『歷史敎育』 15-1; 加藤聖文, 1998, 앞의 글.
154 전상숙, 2012, 앞의 책, 157쪽.

을 역임하며 조선총독정치의 자율성이 유지되어야 한다는 입장이었다. 국방의 관점에서 반도 조선 통치의 안정화를 일본국 번영의 토대 구축으로 생각했다.[155] 때문에 정당내각이 임용한 조선총독 사이토는 데라우치가 구축한 자율적인 조선총독정치체제에 정당세력이 정치적으로 관여하여 방해하는 데에 부정적이었다.

한편 앞에서 언급했듯이 새로운 '다이쇼데모크라시' 풍조에 문제의식을 가진 기성 지배세력은 서양의 전시체제를 모델로 한 '국민적 동원' 체제 곧 '총력전체제' 발상에 관심을 가지며 '국민적 동원'·'거국일치'라는 구상을 추구했다. '세계적 경제전쟁'에 대한 위기의식이 새로운 위기에 대처하는 국가적 과제와 그 해결 방식 설정으로 연계된 것이다. 거국일치 곧 정치가와 정치기구·국민이 일치 협력해야 한다는 공감대가 군부를 중심으로 한 기성 정치세력들 사이에 형성되었으므로 사이토가 역설한 반도 조선 통치의 중요성과 이를 위한 조선총독정치의 상대적 자율성이 관철될 수 있었던 것이다.[156]

사이토 총독의 여러 정책은 데라우치가 구축한 조선총독정치체제를 실질적으로 공고히 견지하는 결과를 낳았다. 일찍이 한반도의 지정학적 중요성을 인지했던 사이토는[157] 반도 조선 통치의 안정화가 일본의 번영에 급무라고 생각했다. 3·1운동 이후 활성화된 조선인의 항일 움직임을 심각하게 본 사이토는 하라 수상 이후 식민지에 대한 인식이나 정책을 갖고 있지 않은 정당세력이 영향력을 행사하여 조선 통치의 안정화를

---

155 전상숙, 2012, 위의 책, 196쪽.
156 전상숙, 2004a, 앞의 책, 157-158쪽.
157 有竹修二, 1958, 앞의 책, 51-56쪽; 松下芳男, 1967b, 앞의 책, 204쪽; 讀賣新聞政治部 編著, 1934, 앞의 책, 80-82쪽·116쪽.

저해하는 것을 부정적으로 생각했다. 그리하여 사이토의 '문화정치'는 경찰력과 정당내각의 내지준거주의에 의거하여 일본어 교육과 사상 통제를 강화하며 한국인의 민족의식과 민족정신 탄압을 제도화하여 조선총독정치체제를 공고히 하는 것으로 전개되었다.

사이토는 조선총독에서 물러나 있으면서도 고다마 히데오를 조선총독부 정무총감으로 추천하고, 추밀원회의에서 조선총독의 통치권이 고수되게 하는 등 국가 안보와 국가적 번영이라는 관점에서 조선을 주시했다. 조슈벌의 전 만주군 참모장이자 반정당세력이었던 고다마 히데오는 고다마 겐타로의 아들이자 데라우치 마사타케의 사위였다. 그는 3·1운동 당시 일본상훈국(賞勳局) 총재로서 데라우치의 대리격으로 움직이며 식민지 총독의 문무병용제에 반대했었다. 조선총독부의 정무총감이 된 고다마는 사이토의 반정당·조선총독정치관에 동의하는 입장이었다.[158]

사이토는 1929년 다나카 내각의 후임으로 조각된 하마구치 내각의 해군벌(薩摩派)에 대한 배려로 조선총독으로 재임되자 고다마를 비롯한 토박이 총독부 일본인 관료들과 함께 다나카의 조선총독 교체로 단절되었던 조선총독정치 구상인 조선인 참정권 구상을 추진했다.[159]

군정가 사이토 조선총독이 실시한 '문화정치'는 그의 조선 통치 구상이라고 할 수 있는 참정권 정책을 포함해서 궁극적으로 한국인의 민족의식을 탄압하여 조선 통치의 안정화에 박차를 가하는 것이었다. 이는 1920년대의 '문화정치'를 평가하는 데 중요한 의미를 갖는다. 사이토 총

---

158 李炯植, 2007, 앞의 글, 392-393쪽; 전상숙, 2012, 앞의 책, 123-142쪽.
159 전상숙, 2012, 위의 책, 141-143쪽.

독의 시정을 공공연히 계승한 야마나시 총독의 개정「치안유지법」실시와 함께 1920년대 후반 다나카로 상징되는 일본 군국주의화의 그림자가 조선에도 동시에 드리우기 시작했음을 의미하기 때문이었다. 다나카 내각이「치안유지법」을 개정하여 대내외적으로 사상 통제와 일본 국체관을 강화한 것은 이후 만주사변으로 이어진 군국주의의 맹아가 발아되기 시작한 것이었다. 만주사변은 조선을 통로로 만몽으로 진출·개발하여 획득할 경제적 가치를 염두에 둔 것이었다. 이에 비해서 반도 조선 통치의 안정화에 우선순위를 둔 조선총독정치는 조선 교두보관을 가진 재래의 국방의 관점을 견지한 것이었다.

이 차이가 이후 1930년대 만주사변을 일으킨 신세대 육군의 탈영미협조주의 외교정책, 적극적인 북진대륙정책 추진에 대응하는 조선총독의 북진대륙정책의 교두보 조선 통치체제구축으로 연계되었다. 그리하여 조선총독과 일본 정부가 대륙정책상에서 조선산업개발을 놓고 길항관계를 형성하여 국가적 차원에서 갈등·타협하며 일제군국주의 정책을 실시하는 토대가 되었다.

제3장
1930년대 조선산업개발정책과
중일전쟁기 조선병참기지화

1920년대 말에서 1930년대 초 사이 쇼와(昭和)공황에 이은 세계대공황에 직면한 일본 정계는 난국을 타개하기 위한 대책을 놓고 기존의 영미 협조주의와 이에 대항하는 대결주의로 양분되었다. 전자는 메이지유신 이래 영국·미국과 외교적 협조관계 속에서 성장해온 일본이 아직은 그들과 대결을 무릅쓰면서까지 대륙정책을 전개하기에는 역부족이라는 조심스런 입장이었다. 이에 비판적인 후자는 더 이상 영국이나 미국의 눈치를 보지 말고 적극적으로 난국을 타개하여 그들처럼 성장하기 위해 대외 진출을 해야 한다는 입장이었다. 당시 대두하고 있던 이른바 '혁신' 군부세력 곧 군사적인 관점에서 대륙정책과 국내 정치구조를 혁신해야 한다는 세력과 같은 입장이었다. 일본 정계는 이른바 '거국일치'를 표방하며 '국민동원'체제를 구축해야 한다는 인식을 공유했지만 위기 상황을 타개하기 위한 대외정책 노선은 분열되었다. 그러나 이 분열은 대륙정책을 필두로 대외팽창을 시행하는 시기에 대한 이견이었지 대외적 팽창으로 돌파구를 마련해야 한다는 데 대한 이견은 아니었다.

이런 가운데 1931년에 관동군이 만주사변을 도발하며 일본 정계는 군국주의 파시즘화로 빠르게 진행되었다. 이시와라 간지(石原莞爾, 1889-1949)를 중심으로 '혁신'을 내세운 관동군 청년장교들이 일으킨 만주사변은 1920년대 말 1930년대 초 난국의 타개책을 놓고 대두한 '국가개조운동'의 '외선내후(外先內後)'주의적 표현으로 평가된다. 결코 관동군만의 독선적인 군사적 발상이 아니라는 것이다. 육군 수뇌부와 민간 우익 '유신주의자'들이 광범위하게 합의하고 있던 만몽 문제를 무력으로 해결하려 한 것이었다.[1]

1　陸軍省部長會, 1964, 「滿蒙問題解決方策の大綱」, 『現代史資料7 滿洲事變』, みすず書

사실 다나카 수상이 1928년에 「치안유지법」을 개정해 시행하며 천황제와 결부된 '국체'관을 강제하기 시작한 것은 이미 그 그림자를 드리운 것이었다. 관동군이 만주점령계획을 구체화해 실행하는 동안 일본에서는 군부 급진파와 우익세력의 파쇼적 국가개조운동이 빠르게 진행되었다. 만주사변을 계기로 군부의 정치적 진출이 강화되며 새로운 사태에 대한 군의 대응 방식을 놓고 대립이 격화되어 황도파(皇道派)와 통제파(統制派)의 파벌 항쟁이 전개되었다. 양측은 모두 대륙정책 면에서 만주를 소련에 대한 전진기지이자 대륙 진출의 교두보로서 전략적으로 중시했다. 그들은 조선과 관련해서는 만주를 거점으로 활동하는 국외 조선인 독립운동을 진압하여 조선 통치를 공고히 하고자 했다. 이러한 입장에서 만주사변 이후 일본 정계를 주도한 것이 '혁신'을 내세운 청년장교세력이었다.[2]

이른바 '혁신' 청년장교들은 정당세력과 그들과 제휴한 재래의 군벌세력을 비판했다. 비판의 요지는 정당내각이 자주적이지 못하고 영·미에 기대는 외교적 협조관계를 지속하며 중국 문제를 해결하려고 했기 때문에 일본이 중국 문제에서 불리하게 되었다는 것이었다. 다나카 내각을 뒤이은 하마구치 내각이 사이토를 조선총독으로 재임용한 것도 그러한 다나카 외교에 대한 비판이 있었다. 다나카 외교로 인해서 중국혁명이 진전되고 만주에서 일본 편을 드는 군벌이 없어졌다는 것이었다. 혁신 청년장교들은 재래의 군벌세력이 정당내각과 제휴하여 북진정책의 기반 조성에는 실패하면서 기득권을 행사하고 있다고 비판했다.[3]

房, 164쪽; 이향철, 1987, 「일본파시즘의 '국가개조' 사상연구」, 『동양사학연구』 25, 150-151쪽.
2 이향철, 1987, 위의 글, 136-157쪽; 전상숙, 2012, 『조선총독정치 연구: 조선총독의 '상대적 자율성'과 일본의 한국지배정책 특질』, 지식산업사, 167-212쪽.

이러한 때 조선총독으로 우가키 가즈시게가 부임했다. 우가키 총독은 사이토와 함께 1930년대 이래 조선총동원체제의 구축을 이해하는 데 중요한 인물이다. 우가키는 본국 정부와 갈등하면서도 '조선특수성'을 근거로 '농공병진 조선산업화'를 시작하여 조선공업화의 기본 토대를 구축했다. 그는 육군대신 시절에 반대를 무릅쓰며 일본 육군의 근대화를 지향한 군축을 단행하여 이른바 '우가키 군벌'이 형성될 정도로 청년장교들의 신망이 컸다. 그리하여 데라우치 사후 사실상 유명무실해진 조슈벌을 교체한 육군대학 출신 '쇼와군부(昭和軍部)'를 대표하는 인물이 되었다. 우가키 총독 이래 조선총독들은 미나미를 비롯해서 고이소·아베에 이르기까지 '우가키 군벌'로 불린 인물들이었다.[4]

우가키가 조선총독으로 재임하던 1932년에 일본에서 정당과 재벌 타도를 내걸고 해군 급진파 청년장교와 육군사관 후보생 등이 5·15 테러 사건을 일으켰다. 이 사건으로 정당내각이 무너지고 전 조선총독 사이토가 '거국일치(擧國一致)'를 표방한 군부 내각을 조각했다. 조선 지배

3 橫田耕一, 1989, 「1930年代の政治」, 小島恒久 編, 『1930年代の日本: 大恐慌より戰爭へ』, 法律文化社, 121-123쪽; 전상숙, 2009a, 「'조선특수성'론과 조선 식민지배의 실제」, 신용하 외, 『식민지 근대화론에 대한 비판적 성찰』, 나남, 138쪽; 北岡伸一, 1999, 『政黨から軍部へ, 1924-1941』, 中央公論新社, 212-239쪽; 衣笠哲生, 1989, 「中日戰爭の展開と軍部」, 小島恒久 編, 『1930年代の日本-大恐慌より戰爭へ』, 法律文化社, 65-70쪽.

4 伊藤隆, 1969, 『昭和初期政治史研究-ロンドン海軍軍縮問題}をめぐる諸政治集團の對抗と提携』, 東京大學出版會, 300-315쪽; 松下芳男, 1967b, 『日本軍閥の興亡 2』, 人物往來社, 188~189쪽; 井上淸, 1975a, 『新版 日本の軍國主義 III: 軍國主義の展開と沒落』, 現代評論社, 82쪽; 친일문제연구회 엮음, 1996, 『조선총독 10인』, 가람기획, 196쪽, 214쪽; 전상숙, 2004b, 「일제 군부파시즘체제와 '식민지 파시즘'」, 방기중 편, 『일제 파시즘 지배정책과 민중생활』, 혜안; 전상숙, 2012, 앞의 책, 161-189쪽·212쪽·223-239쪽.

정책과 관련해서 '혁신'세력이 비판한 정당내각과 재래의 군벌세력을 대표하는 인물들은 조슈벌의 다나카-가쓰라, 그리고 그들의 시원과도 같은 야마가타에까지 이른다. 이들은 메이지 국가체제를 정립한 제1세대 근대 일본 육군의 설계자들이다. 이들에 비하여 신세대 육군 '혁신'세력은 제1차 세계대전의 총력전을 경험하며 새로운 다이쇼 시기의 '데모크라시' 풍조 속에서 성장했다. 신세대 혁신세력이 볼 때 구세대는 일본의 힘을 소극적으로 평가하여 세계공황의 위기를 적극적으로 극복하지 못하고 있었다.

우가키는 1911년 9월 다나카에 의해 육군성 군무국 군사과장으로 발탁되면서 두각을 나타내기 시작했다. 그는 조슈 군벌 출신은 아니었지만 이후 1924년 1월부터 1931년 4월까지 5대 내각에 걸쳐서 7년간 육군대신이 되었다. 재임 중 그는 메이지유신을 성공시켜 군부를 주도한 조슈와 사쓰마 두 번벌(藩閥)을 넘어선 인사정책과 군제개혁을 단행하며 '우가키 군벌'을 형성했다. 조슈벌은 다나카 육군대신 시기에 이르면 육군대학벌과 혼교되며 번벌적 지배력을 상실하기 시작했다. 우가키 육군대신 시기에 이르면 사실상 그 명맥을 상실하고 육군 주도 세력은 육군대학 출신을 중심으로 한 '쇼와 군부'로 변모되었다.[5] '우가키 군벌'의 형성은 새로운 쇼와 군부의 등장을 상징하는 것이었다. 육군대신 우가키가 자주적으로 단행한 군제 개혁과 쇄신이 청년장교들의 인정을 받아 그를 옹립하려는 '3월 사건' 같은 쿠데타가 계획될 정도였다.[6]

---

5   松下芳男, 1967c, 『日本軍閥の興亡 3』, 人物往來社, 188-189쪽; 井上淸, 1975a, 『新版 日本の軍國主義 III-軍國主義の展開と沒落』, 現代評論社, 82쪽.

6   전상숙, 2012, 앞의 책, 207-208쪽.

그러나 3월 사건은 우가키가 마지막 순간에 동참하지 않아 불발되었다. 이는 청년장교들에게 배신감을 주어 이후 그의 정치 이력에 난관으로 작용했다. 우가키는 3월 사건 이후 조선총독으로 부임했다. 우가키 총독의 농공병진정책은 일본의 혁신 군부 및 정부와 마찰을 일으켰다. 그러나 다른 한편으로 사이토 전 조선총독의 총독정치에 대한 지지를 배경으로 1920년대 조선산업화를 잇는 조선산업개발정책을 적극 추진하면서 1930년대에 본격적으로 조선산업화가 실시되는 시동을 걸었다.

우가키의 조선산업화정책은 제1차 세계대전을 거치며 일본 군부에서 확산된 총력전체제 구상의 하나인 자신의 총력전체제 구상에 입각한 것이었다. 반도 조선을 일본 열도와 만주 대륙을 잇는 중심으로서 일본 대륙 진출의 교두보로 만드는 것이다. 이러한 우가키의 조선산업화는 이후 우가키 군부로 꼽히는 후임 조선총독 미나미 지로(南次郎, 1874-1955)가 대륙전진병참기지화를 선언하고 식민지공업화에 박차를 가하는 기반이 되었다. 이것은 조선총독이 1940년대 일본의 전시 '대동아국토계획'에 대하여 조선국토계획을 수립하며 조선총동원에 박차를 가하는 토대가 되었다.

1. 만주사변과 우가키 가즈시게 6대 총독의 '농공병진', '산업개발' 정책

우가키 가즈시게(宇垣一成, 1868-1956)는 조슈벌의 적자 다나카의 추천으로 정당과 협조적인 관계를 맺으며 군정가로 성장했다. 다나카는 조선주둔 2개 사단 증설 문제로 두각을 나타낸 우가키를 육군성 군사과장과 참모본부 제1부장으로 추천하여 군정가로 성장할 수 있는 기반을 제공했다. 우가키는 제1차 세계대전 이후 대두한 총력전체제 구상을 갖고 적극적인 대륙정책을 추구하는 인물이었다. 그는 1924년 기요우라 게이고(淸浦奎吾) 내각에서 육군대신이 되자 1925년에 21개 사단 중 4개 사단을 폐지하여 비용을 절감하고 절감된 비용을 군장비를 근대화하는 데 사용했다. 실질적으로 군사력을 강화하는 군축을 시행한 것으로 자신의 총력전체제 구상에 의거한 것이었다. 육군대신 우가키는 육군의 인사 행정을 장악하고 군제 개혁을 단행하여 '우가키 시대'를 열었다. 다나카는 이러한 우가키를 1927년에 조각할 때 배제했다. 대신에 그를 사이토 총독이 제네바군축회의에 참가하여 공석이 된 조선총독의 임시대리로 임명했다. 그리고 같은 해 12월에 사이토 총독을 경질할 때 우가키가 아닌 자신의 육군대학 맹우인 친정당 야마나시를 기용했다. 다나카는 우가키 군벌이라는 말이 나올 정도로 군부에서 영향력과 명망을 갖추어 인정받는 우가키를 정치적으로 견제했다.[7] 다나카는 친정당 조선총독을 통해서 조선에 정당세력의 영향력을 강화하고자 했다.

다나카를 정치적 은인으로 생각했던 우가키는 그러한 다나카의 행보에 그와 연을 끊었다고 한다. 그는 다나카의 인사가 "자신과의 정(情)적 관계를 단절한다고 세간에 확실하게 증명하는 유력한 자료"라고 판단했다. 그리고 "대체로 상호 간에 청산할 것이 완료되었다"고 보고 다나카

---

7   이형식, 2010, 「야마나시총독(山梨總督)시대의 조선총독부」, 고려대학교 일본사연구회 편, 『동아시아 속의 한일관계사 (하)』, 제이앤씨, 294쪽; 전상숙, 2012, 앞의 책, 161-166쪽; 동엄, 2019, 「1920년대말 일본 정치와 조선총독경질에 대한 고찰」, 『통일인문학』 79, 153쪽.

와 '정의(情誼)' 관계를 청산했다고 한다.[8] 우가키가 다나카 수상과 결별한 것은 1920년대 말에서 1930년대 초 일본 정치변화와 연동된 조선총독정치를 이해하는 데 중요한 의미를 갖는다. 결과적으로 우가키의 조선총독 부임은 '조선총독정치체제'를 구축한 조슈 육군벌과 문무병용제 관제 개정을 이끈 정당정치의 시대가 끝났음을 의미했다. 스스로 '혁신'을 자처하는 새로운 쇼와 군부의 선도자인 우가키가 조선 통치의 새로운 틀을 만들기 시작했기 때문이었다.

정당내각은 조선총독의 문무병용제 개혁을 단행했음에도 불구하고 문관이 아닌 전 해군대신 사이토를 현역으로 복귀시켜 조선총독으로 임명할 수밖에 없었다. 정당내각의 일관성 없는 정치 행보는 군정가 사이토가 정당정치와 정당내각의 조선 통치에 대한 영향력 행사를 부정적으로 생각하게 했다. 그리하여 사이토는 정당내각에 대하여 조선 통치를 안정화하고자 당초에 데라우치가 구축한 조선총독정치체제를 공고히 하는 통치책을 모색했다.

우가키의 정당내각과 조선 통치에 대한 생각은 기본적으로 사이토와 같았다. 사이토 총독의 조선총독 대리를 했던 우가키는 정당내각이 정무총감을 통해서 조선 통치에 영향력을 행사하는 것을 부정적으로 생각했다. 같은 맥락에서 정당내각의 부름으로 문화정치를 실시한 사이토 총독도 정당정치를 방임한다고 생각해 비판적으로 보았다. 우가키는 정당세력의 '문화정치'가 조선 통치의 불안정성을 고조시키는 원인이라고 판단했다. 결과적으로 우가키가 다나카와 결별한 것은 자신의 총력전체제

---

8   渡邊行男, 1993, 『宇垣一成: 政軍關係の確執』, 中央公論社, 47-50쪽; 전상숙, 2012, 앞의 책, 164-165쪽.

구상에 입각하여 조선 통치 방침을 독자적으로 구상해 실시하는 것으로 전개되었다.[9]

그러므로 우가키가 다나카와 결별하고 조선총독이 된 것은 두 가지 의미를 갖는다고 할 수 있다. 하나는 우가키가 재래의 번벌 세력은 물론이고 정당세력과도 단절한 것을 의미한다. 그는 육군대신을 역임하며 반대파도 낳았지만 '우가키 군벌'이 형성될 정도로 커진 군부 내 영향력을[10] 배경으로 새로운 변화에 대응하는 새로운 '제국일본'의 국가적 번영의 방향을 총력전체제의 구축에서 찾았다.

다른 하나는, 다나카로 대표되는 육군대학 출신 신세대 육군의 적극적인 만몽 중심 대륙정책에 대하여 재래 육군의 방위적 관점에 입각한 보수적인 대륙정책과 조선 통치 방안을 고수한 의미를 갖는다. 제1차 세계대전과 공황을 겪으며 총력전체제의 경제블록이 부상하고 있던 1920년대 말 1930년대 초에 일본에서는 적극적으로 만몽 개발을 서둘러야 한다는 군부의 목소리가 커지고 있었다. 이에 비해서 우가키는 일본이 아직은 대외정책 면에서 워싱턴 체제에 순응한 영·미협조주의를 유지하며 내실을 키워 발전을 꾀해야 한다는 입장이었다. 점진적인 현실주의, 현상유지론의 입장이었다. 이러한 우가키의 인식이 3월 사건 불참으로 귀결되었다고 할 수 있다. 그리고 조선 통치 방침과 직결되어 조선 교두보관과 연결되었다.

우가키는 일제가 직면한 위기를 자신을 옹립하여 적극적인 북진대외정책으로 타개하려 한 젊은 '혁신' 장교들이 기획한 쿠데타와 정당내각

---

9   전상숙, 2012, 앞의 책, 162-165쪽.
10 松下芳男, 1967c, 앞의 책, 188-189쪽; 井上淸, 1975a, 앞의 책, 82쪽.

의 육군대신 유임 제안을 뒤로하고 조선총독이 되었다. 그는 때를 보며 준비하여 북진팽창정책을 실시하고자 했다. 이러한 우가키의 판단은 자신의 총력전체제 구상에 입각하여 조선을 조공업지대·북진대륙정책의 교두보로 구축하는 역량을 발휘하는 조선통치정책으로 전개되었다. 그것이 우가키의 농공병진정책, 조선산업화정책이었다. 우가키의 이와 같은 정책은 이후 일본 파시즘 지배체제에 솔선하여 기여하는 조선총독부의 수탈체제·조선대륙전진병참기지화의 토대가 되었다. 그러므로 우가키의 조선총독 부임으로 정당내각이 실시한 이른바 '문화정치'의 내지연장주의는 사실상 종식되었다고 할 수 있다.

1) 총력전체제 구상에 입각한 전쟁체제 준비 정책

1930년대 일본은 제1차 세계대전 이래 1920년대의 전시특수와 영·미를 중심으로 한 서양 제국주의 열강과의 국제 협조 및 정당내각의 성장이 한계에 달하고 있었다. 쇼와공황에 이은 세계대공황과 제국주의 세력 간 그리고 민족해방운동·소련 공산주의·일본 내의 계급 모순 등에 직면하여 진로를 놓고 정치세력들이 첨예하게 대립했다.[11] 이때 조선총독으로 부임한 우가키는 '농공병진(農工竝進)'이라는 정책 슬로건 아래 조선지배정책을 공업화정책으로 전환하는 '조선산업개발(朝鮮産業開發)'을 추진했다. 그는 조선을 중심으로 한 '일선만(日鮮滿) 블록' 노선을 주창했다.

우가키의 농공병진 산업개발정책은 군사과장 시절부터 품고 있던 '일본해의 세토나이카이화(瀨戶內海化)' 구상에 입각한 것이었다.[12] 세토

---

11   江口圭一, 1978, 「1930年代論」, 『日本ファシズムの形成』, 日本評論社, 21-24쪽.

나이카이화란 동해를 중심으로 동심원을 그릴 수 있는 일제의 경제권을 구축하는 전시총력전체제 구상으로, 구미의 경제블록화에 대항할 수 있는 경제적 자급자족 권역을 구축하는 것이 목적이었다. 이 총력전체제 구상에 입각하여 조선산업화를 추진한 우가키는 일본 총력전사상의 원형이자 실현자라고 평가된다.[13] 우가키의 총력전체제 구상은 구체적인 내용에서는 차이가 있지만 이후 '태평양전쟁'기 '대동아공영권'으로 이어지며 조선을 총체적으로 수탈하는 토대를 구축했다. 또한 조선산업화에 반대하는 일본 정부에 대하여 총독의 자율통치권을 적극 활용하며 자치 통제 방식으로 공업화를 실시하는 초석이 되었다.

우가키는 일본해 중심 총력전체제 구상에서 조선을 "동아경륜(東亞經綸)"의 중심지대로 위치 지웠다. "일본 민족의 발전과 국운의 신장은 조선 통치를 더욱 완벽하게 강화하여, 일본 정치경제의 중심을 대륙으로 옮기고 국도(國道)도 선만(鮮滿)으로 옮기자고 할 정도의 기세를 가져야 한다"는 것이 우가키의 기본 생각이었다.[14] 이 총력전체제 구상은 전쟁의 양상이 총력전(total war)으로 전개된 제1차 세계대전 이래 국방정책 차원에서 일본 군부가 제안한 총력전 구상들 중 하나였다.

총력전으로 전개된 제1차 세계대전을 보며 일본 군부는 총력전을 연구하기 시작했다. '국방자원'(1917년 8월), '전국 동원계획 필요 의견'(1917년 9월), '국가총동원에 관한 의견'(1920년 5월) 등 일본의 총력전체제 계획이 작성되고, 1920년대부터 군부의 총력전체제 구상이 구체화되

---

12   鎌田澤一郎, 1937, 『宇垣一成』, 中央公論社, 340-346쪽; 河合和男, 1985, 「朝鮮工業と日本資本」, 姜在彦 編, 『朝鮮における日窒コンチェルン』, 不二出版, 29-31쪽.

13   安部博純, 1975, 『日本ファシズム研究序說』, 未來社, 177쪽·185-194쪽.

14   전상숙, 2012, 앞의 책, 171-172쪽.

기 시작했다. 총력전체제 구상의 공통점은 대량생산과 대량소비에 견딜 수 있는 경제력을 육성해야 한다는 것이었다. 이를 위하여 대내적인 통제 경제와 부족한 자원의 외부 조달이 가능한 자급자족권을 형성해야 한다는 것이었다. 이와 함께 군부는 총력전을 수행하기 위한 정부와 군에 대한 국민의 이해와 협력 및 국민동원과 정신동원 등 국민통합을 강조했다. 총력전체제 구상은 앞에서 언급한 1920년대의 '거국일치' 국민동원체제 구상과 결부되는 것으로, 결국 강력히 전쟁을 지도하여 승리할 수 있게 정치와 군사를 일원화해야 한다는 것이었다. 핵심은 대내적으로는 인적·물적 자원을 총동원할 수 있게 국가를 재편성하는 것이었다. 대외적으로는 부족한 자원을 충당할 수 있는 자급자족 경제권을 형성하는 것이었다. 이러한 총력전체제 구상이 만주사변 이후 이른바 '혁신'을 표방한 청년장교들을 중심으로 파시즘화와 전시총동원체제로 현재화(顯在化)되었다. 총력전체제 구상이 구체화되면서 빈약한 자원과 낮은 공업생산 능력 등 일본 현실에 대한 진단과 처방을 놓고 사상적·정책적 이견이 대립했다. 자원 수입국인 일본이 획득할 수 있는 자원과 구미 열강에 비하여 뒤떨어진 공업생산력의 한계 등이 육군 내에서 총력전을 준비하는 국방사상에 이견을 낳았다. 총력전 연구자 구로노 다에루(黑野耐)에 의하면 총력전의 국방사상은 크게 두 가지로 나뉘었다. 하나는 장기간의 총력전 수행에 대비하여 평시에 경제력을 강화하며 국력 충실을 도모해야 한다는 군제개혁 사상이었다. 다른 하나는 평시에 강력한 군사력을 보유하도록 노력하고 일단 전쟁이 일어나면 단기간에 전쟁 목적을 달성해야 한다는 현상 유지 사상이었다.[15]

---

15   黑野耐, 2002, 『日本を滅ぼした國防方針』, 文春新書, 95-99쪽; 장형익, 2009, 「근대

우가키와 다나카는 군제개혁 쪽이었다. 우가키가 육군대신 시절 군비를 현대화하는 군축을 단행한 것은[16] 군제개혁의 입장에서였다. 그의 총력전체제에서 '조선'이 중요한 지역으로 결합된 것은 2년간 독일에서 군제 조사 연구를 하던 중 러일전쟁이 발발하자 제8사단 참모로 참전하면서였다. 당시 그는 인천에 상륙하여 경성, 원산, 진남포, 함흥 등지에서 2개월간 주둔했는데, 이때의 경험이 한국의 지정학적인 위치에 주목하게 한 것으로 보인다.[17] 우가키는 러일전쟁을 통해서 만주를 확보하고 한반도를 북진의 교두보로 경영하는 것이 필요하다고 판단했다. 이러한 생각은 종래 일제가 만주로 연결되는 철도 부설 이외에는 큰 관심을 두지 않던 함경도의 개발과 함경도를 경유해 중국으로 진출하는 침략 루트 구상으로 연계되었다.[18]

함경도를 경유한 북선 침략 루트 구상은 서양 열강과 직접 부딪히지 않고 러시아만 상대해서 중국 본토로 진출할 수 있다는 전략적이었다. 그러자면 한반도를 일본만의 이권 획득 지역으로 만들어야 한다고 생각한 것이다. 우가키는 한국이 세계 제1등 관존민비주의(官尊民卑主義) 국가라고 보았다. 때문에 무력을 앞세워서 관의 권위와 권리를 부식하는 식민정책을 생각했다.[19] 이러한 우가키의 한반도 인식이 1911년 중국 신

일본의 총력전 구상과 '제국국방방침'」, 『군사』 70, 207-208쪽.

16 宇垣一成, 1968, 『宇垣一成日記 1』, みすず書房, 546-550쪽; 伊藤隆, 1969, 앞의 책, 300-309쪽; 松下芳男, 1967c, 앞의 책, 26쪽.

17 黒田秀俊, 1979, 『昭和軍閥』, 圖書出版社, 14쪽.

18 송규진, 2013, 「일제의 대륙침략기 '북선루트'·'북선3항'」, 『한국사연구』 163, 380-386쪽.

19 宇垣一成, 1968, 『宇垣一成日記 1』, 26-28쪽.

해혁명을 계기로 육군이 요구한 조선주둔 2개 사단 증설을 찬성한 「조선 주둔 2개 사단 증설 주장 의견서」로 이어졌다. 이 의견서에서 우가키는 조선의 민족항일을 억압하고 조선 징병제도의 기초를 마련하여 한반도를 중국과 만주로 진출하는 전진기지로 확립해야 한다고 주창했다.[20]

이러한 우가키의 생각이 총력전으로 전화한 서구 열강의 블록경제에 대응하는 일본의 총력전체제 구축 필요와 결부되어 한반도를 대륙 진출의 교두보로 건설하는 것으로 구체화되었다. 총력전을 예측한 우가키는 전 국민의 군대화를 위한 군사적 도야(陶冶)와 군대의 합리화, 기계화를 주장했다. 이와 함께 일본·조선·만주를 잇는 군수 동원과 총동원체제의 확립을 강조했다.[21] 이후 1924년에 육군대신이 된 우가키는 총력전 사상에 입각한 군제 개혁을 단행했다. 1927년에는 조선총독 대리로서 함경도를 경유한 중국 진출과 북선 지역 개발의 가능성을 조사하여 한반도를 중심으로 한 총력전체제 구상을 진전시켰다.[22] 그는 '문화정치'가 정책적으로 별 효과가 없다고 비판했다. 우가키는 다나카 수상과 조선총독부 정무총감의 전횡을 보고 비판했다. 사이토 총독도 조선의 치안이 어지러워졌는데도 특정한 조치를 취하지 않는다면서 무정견하다고 비난했다.[23]

우가키는 문화정치로 인해서 조선에 민족주의와 공산주의가 발흥

---

20 井上清, 1975a, 앞의 책, 72-83쪽; 宇垣一成, 1968, 『宇垣一成日記 1』, 87쪽.
21 宇垣一成, 1968, 위의 책, 87-189쪽.
22 伊藤隆, 1969, 앞의 책, 300-309쪽; 松下芳男, 1967c, 앞의 책, 26쪽; 鎌田澤一郎, 1937, 앞의 책, 342쪽; 안유림, 1994, 「1930년대 총독 宇垣一成의 식민정책」, 『이화사원』 27, 150-151쪽.
23 宇垣一成, 1968, 앞의 책, 604쪽.

했다고 판단했다. 민족주의나 공산주의의 발흥을 막기 위해서는 일본의 통치에 조금이라도 불만을 제기하는 사람들을 모두 처벌해 없애야 한다고 했다. 반공주의자인 우가키는 조선총독부의 통치가 조선 최하층 말단까지 보다 철저하게 이루어져야 한다고 보고, 공식적으로 조선인의 항거나 이완을 방지하기 위한 강력한 무단 통제 정책을 강조했다.

동시에 총력전체제 구상의 핵심 지역으로 설정한 조선에 산업화를 실시했다. 만주와 국경을 맞대고 있는 조선 북부 지역을 일본과 만주를 잇는 곳으로 새롭게 인식한 우가키는 그간 간과되었던 북선 지역의 개발 가능성에 주목했다. 북선 지역을 광업, 임업, 농업 등 각 방면에 걸쳐 개발 가능성이 높은 곳으로 여겼다.[24] 특히 우가키는 신흥 재벌인 일본질소비료주식회사의 장진강 전력개발과 화학공업의 개발에 주목하여 조선공업화의 방향을 구상했다.[25] 1920년대 후반 조선총독대리 우가키가 인식했던 조선 북부 지역의 자원개발 구상이 조선총독이 되어 총력전체제 구상과 결부되어 조선공업화정책으로 구체화되었다. 우가키의 총력전체제 구상이 조선 지배정책의 기본 방향을 설정한 것이었다.

우가키가 일본해 중심 총력전체제 구상을 처음 표출한 것은 조선총독으로 부임하기 직전인 1931년 5월 오사카 재향군인회 간부회 자리에서였다. 우가키는 조선 통치 구상을 '일본해의 세토나이카이화'·'일본해중심론' 총력전체제 구축에 기여하는 것으로 제시했다. 공황의 위기에 직면한 일본이 현상을 타개하기 위하여 추진해야 할 경제정책의 방향을

---

24 宇垣一成, 1968, 앞의 책, 577-610쪽; 鎌田澤一郎, 1937, 앞의 책, 342쪽; 안유림, 1994, 앞의 글, 150-151쪽.
25 福島良一, 1999, 「宇垣一成における朝鮮統治方針」, 堀眞清 編, 『宇垣一成とその時代: 大正·昭和前期の軍部·政黨·官僚』, 新評論社, 142-143쪽.

당시 일본 정부가 추진하던 만주 개발('일만블록')에서 조선의 경제적 기능을 설정하여 제시했다. 조선을 일본과 만주를 잇는 핵심 고리로 위치지운 블록개발론('일선만블록')을 제시했다. 조선을 조공업(粗工業)지대로 구축하여 정공업(精工業)지대인 본국과 농업지대로 설정한 만주를 잇는 핵심고리로 해서 일본총력전체제를 완성하는 것이었다. 한반도는 섬나라와 대륙을 잇는 통로이자 중공업과 원료 및 식량 생산지인 만주를 잇는 조공업지대로 설정되었다. 이 구상에 입각하여 조선총독 우가키는 '농공병진정책'을 실시했다. 농공병진의 조선 개발정책은 내각 수반의 야심을 품은 우가키가 일본이 당면한 체제적 위기를 조선 개발을 통해서 타개하고자 한 독자적인 실천 구상이었다.[26]

우가키가 조선총독으로 부임한 것은 그를 옹립하려 한 육군참모본부 제2부장 다테가와 요시즈쿠(建川美次), 군무국장 고이소 구니아키(小磯國昭), 참모차장 니노미야 하루시게(二宮治重)를 비롯한 '우가키벌' 장교들이 오카와 슈메이(大川周明) 등 민간 우익단체와 연계하여 기획한 쿠데타인 '3월 사건'에 불참한 후였다. 또한 와카쓰키 레이지로(若槻禮次郎) 내각의 육군대신 유임 요청을 거절한 후였다. 그는 1920년대 말 군 내부에서 대륙정책을 군사적 관점에서 일신하고 국내 정치구조를 혁신하고자 한 이른바 '혁신' 청년장교세력의 3월 사건을 불발시켰다. '혁신' 청년장교들은 새로운 쇼와기의 '혁신'적인 우가키 대장을 수반으로 '일본제국'을 일신하고자 하며, 우가키에게 대륙정책의 체계성과 국내 통합의 실현을 기대했다. 그러나 쿠데타에 부응할 것 같았던 우가키는 마지막 순간

---

26 鎌田澤一郎, 1937, 앞의 책, 340-344; 방기중, 2004, 「1930년대 조선 농공병진정책과 경제통제」, 방기중 편, 『일제 파시즘 지배정책과 민중생활』, 혜안, 74-91쪽; 전상숙, 2012, 앞의 책, 172쪽.

에 실패를 예상하고 변심해 3월 사건을 미수에 그치게 했다. 이는 군부 내 우가키의 지지 기반 붕괴로 이어졌다.²⁷

이후 일본의 정치·사회적 개혁을 추구한 군부세력은 쿠데타와 같은 급진적인 방법을 추구하는 황도파와 군부 내 요직 장악과 같은 합법적인 방법을 통해서 세력을 확장하며 군부의 전권 아래 정치체제를 재편하는 총동원체제의 수립을 기도하는 통제파로 분열되었다. 이러한 상황은 우가키의 정치적 진로를 가로막은 난제였다.²⁸ 특히 반국제주의·반군비축소를 주장하는 황도파는 우가키가 육군대신 시절에 정당세력과 결탁하여 군축을 단행하고 런던군축회담에 동참했다고 비난하며 반대했다. 런던군축회담을 성사시킨 우가키는 당시 일본이 독자적으로 팽창을 추구하여 영·미 중심의 워싱턴체제를 파기하고 두 강대국과 대결하는 것은 피하고자 했다. 이 점에서 우가키는 외교 면에서는 1920년대 다나카 외교의 연장에 있었다.²⁹

그렇지만 우가키는 '일본해'를 일본의 긴키(近畿) 지방, 중국 지방 남부와 시코쿠(四國) 지방, 북부 규슈 지방, 동북부 지역으로 둘러싸인 세토 나이카이(瀬戸內海)와 같이 일제의 부와 문화의 중심으로 만들어야 일본의 생존과 번영이 보장될 수 있다는 구체적이고 장기적인 총력전체제

---

27 井上淸, 1980, 『宇垣一成』, 朝日新聞社, 224-238쪽; 秦郁彦, 1982, 『昭和史の軍人たち』, 文藝春秋, 311-314쪽; 北岡伸一, 1999, 앞의 책, 154쪽; 衣笠哲生, 1989, 앞의 글, 66쪽; 전상숙, 2012, 앞의 책, 209쪽.

28 T. 나지타 저, 박영재 역, 1992, 『일본근대사: 정치항쟁과 지적 긴장』, 역민사, 165-175쪽.

29 早川洗, 1938, 『改造內閣の舞臺裏を見る』, 代代木出版社, 4-10쪽; 加藤陽子, 1993, 『摸索する1930年代－美日關係と陸軍中堅層』, 山川出版社, 227-226쪽; 横山臣平, 1973, 『秘錄石原莞爾』, 芙蓉書房, 279-280쪽.

전망을 갖고 있었다. 이것이 조선 통치와 관련하여 조선을 대륙정책의 교두보로 구축하는 '일선만(日鮮滿)블록'론으로 구체화되었다.[30] 3월 사건을 불발시킨 우가키는 그러한 조선 통치를 통해서 정치적으로 재기하고자 했다. 우가키는 총력전체제 구상에 입각한 '조선산업개발정책'을 성공시켜서 일본이 당면한 위기를 극복하는 토대로 삼아 차기를 도모하고자 했다.

스스로 혁신적이라고 자임하던 우가키는 조선총독으로 부임하며 와카쓰키 수상으로부터 인사를 비롯한 조선 통치에 관한 모든 것을 일임한다는 약속을 받았다. 그는 조선총독을 대리할 때 주목했던 조선공업화를 추진하기 위하여 전력문제 전문가인 이마이다 기요노리(今井田淸德)를 정무총감으로 임명했다.[31] 그리고 육군과 합의하여 조선총독부가 이주 비용을 부담하여 교토의 제16사단을 조선으로 이전하기로 했다.[32] 우가키는 공공연하게 무단적으로 조선인들을 억압할 기반을 마련하며 조선 북부 지역 개발의 가능성을 조사했다. 함경북도 갑산에 농사시험장을 설치하고 '북선조사반'을 파견하여 실지조사를 행했다. 세간에서는 우가키가 조선 북부 개발 사업의 물꼬를 텄다고 했다.[33]

우가키는 조선총독 취임 성명에서 얽히고 막힌 일들을 타개해 새롭

---

30 鎌田澤一郎, 1937, 앞의 책, 345-346쪽; 이승렬, 1996, 「1930년대 전반기 일본군부의 대륙침략관과 '조선공업화'정책」, 『국사관논총』 67, 155-157쪽; 방기중, 2004, 앞의 글, 81쪽; 전상숙, 2012, 앞의 책, 173쪽.

31 宇垣一成, 1970, 『宇垣一成日記 2』, 799쪽; 福島良一, 1999, 「宇垣一成における朝鮮統治方針」, 堀眞淸 編, 『宇垣一成とその時代: 大正・昭和前期の軍部・政黨・官僚』, 新評論社, 143쪽.

32 『매일신보』, 1931.6.21.

33 『매일신보』, 1931.6.23.

게 잘 처리하여(一新打開建置) 완전히 새로 시작하는 결실을 맺겠다고 선언했다.[34] 그는 무단통제와 조선산업개발을 통해서 "사이토 총독정치의 부작용인 문화중독증을" "과단성 있게 처리"하여[35] 일제가 당면한 위기를 극복하는 선봉에 서고자 했다.

그런데 1931년 9월 우가키가 조선총독으로 부임한 지 두 달 만에 만주사변이 발발했다. 우가키는 만주사변 소식을 듣고 "제국 흥쇠(興衰)의 중대 문제"라고 생각했다. 이를 기회로 "조선을 갱생시키고, 조선을 통해서 모국의 약점을 보정하고, 조선에 의해서 모국의 위난(危難)을 구제하여, 조선을 이끌어 모국의 진운에 공헌하고자" 했다.[36] 만주사변은 우가키가 총력전체제 구상을 일선만블록론으로 구체화해 실시하는 직접적인 동인이 되었다. 한편 일본에서는 관동군이 만주 점령 계획을 구체화하여 실천하는 동안 군부 급진파와 우익세력의 파쇼적 국가개조운동이 빠르게 진행되었다. 만주사변은 정계에서 '일만블록론'을 불러일으켰다.

우가키는 조선 통치의 입장에서 일본 정부의 일만블록과 만주 개발을 결합하여 '일선만블록' 노선으로 정리했다. 정(精)공업지대인 일본과 조(粗)공업지대인 조선, 그리고 농업·원료지대로 설정된 만주가 상호 대립을 최소화하고 의존관계를 긴밀히 하는 블록분업적 개발론이었다.[37] 이는 관동군을 포함한 일본 군부가 지향해온 일본총력전체제·자급자족

---

34 「更始一新之實 朝鮮總督就任聲明書」, 『朝鮮』 1931년 8월호.
35 『매일신보』, 1931.6.18, 19.
36 宇垣一成, 1970, 앞의 책, 1070-1071쪽.
37 宇垣一成, 1970, 위의 책, 1004쪽; 鎌田澤一郎, 1937, 앞의 책, 409쪽; 방기중, 2004, 앞의 글, 75-76쪽; 전상숙, 2012, 앞의 책, 173-174쪽.

권의 확립이라는 목적과 지향을 같이하는 것이었다.

그런데 조선관에서 차이가 컸다. 일본의 지배세력은 한반도를 시야에 넣지 않은 만주 중심의 경제개발에 관심을 집중한 반면, 우가키는 조선을 자급자족적 블록경제권을 확립하는 핵심고리로 위치 지웠다. 이 차이가 일제의 조선 식민지배정책상에서 조선산업화를 추진하는 조선총독의 자율적 통치권과 이에 부정적인 일본 정부 사이에 갈등을 야기했다.

1931년 만주사변 발발 이후 일본에서 1932년부터 본격적으로 제기된 '일만블록' 건설론은 북진과 전쟁 수행에 필요한 군수공업을 만주 개발을 통해서 활성화하는 것이었다. 여기서 한반도는 섬나라 일본이 만주 대륙으로 진출하는 통로, 연육교와 같았다. 이 만주 개발 정책이 1933년에 '일만지(日滿支)블록'론으로 결의되었다. 그리고 1934년에 일본은 '동아(東亞)평화'의 책임자임을 강조하며 시야를 아시아를 넘어 구미를 제외하고 세계로 진출하는 '아시아주의'를 주창했다.[38]

이러한 상황에서 우가키는 '조선=조공업지대'로 경제적 기능을 설정한 '일선만블록'론을 주창하며 조선산업개발정책을 실시했다. 우가키도 만주와 몽골에서 일본의 권익을 증대하기 위해서는 만주를 독립국으로 건설해야 한다는 입장이었다. 그러나 그것은 관동군의 만주국 건설과는 다른 것이었다. "일본과 중국, 러시아 3국 간에 진정한 완충지대로서" "독립정권을 수립"해야 한다는 것이었다.[39] 3월 사건으로 육군에서 부상

---

38 北岡伸一, 1999, 앞의 책, 184-186쪽; 전상숙, 2008, 「1920년대 사이토오(齊藤實) 총독의 조선통치관과 '내지연장주의'」, 『담론201』 11-2, 9쪽.
39 宇垣一成, 1970, 앞의 책, 815쪽.

한 '혁신' 청년장교들과 사실상 종말을 고한 우가키가 조선총독으로 부임할 때 본국의 '혁신'세력은 그와 다른 입장이었다.

우가키는 "크게 말하면 세계의 우가키, 적어도 일본의 우가키"가 되려는 정치적 야망이 큰 인물이었다.[40] 그의 조선 식민지 경영은 일본 정부에 앞서서 조선총독의 정치적 자율성과 관권으로 조선인을 통제하며 일제의 총동원체제 구축을 준비하는 것이었다. 이러한 통치는 총동원체제의 기본 요소인 '국민' 동원을 위한 정신적·이데올로기적 사상통제 강화를 수반했다. 이른바 '내선융화'를 표방하며 '국민정신' 동원 이데올로기 정책을 실시했다. 이후 그의 정책은 조선공업화 논리로 재편성된 병참기지정책의 '내선일체'와 '황국신민화'로 이어졌다. 그리하여 우가키의 내선융화 시책은 '국민'정신을 강제하는 '총동원' 이데올로기정책의 출발점이 되었다.

우가키의 조선산업화 통치는 일본 정부에 대하여 조선의 경제적 수준이 일본과 차이가 크기 때문에 일원적으로 경제통제정책을 실시할 수 없다는 '조선의 특수성'을 역설하는 방식으로 추진되었다. '조선 특수성'을 내세운 우가키의 자율적 조선총독정치는 본국의 총력전체제 구축에 일익을 담당할 수 있게 조선산업화를 이루어 그 기능을 인정받아야 하는 것이었다. 그러므로 우가키는 조선산업화의 성과를 내기 위하여 한국인을 '국민'으로 동원하는 이데올로기 정책을 병행했다. 그 결과 일본 정부의 일원적인 식민통치체제 구축에 대하여는 견제력을 발휘하면서도 조선총독부 통치체제가 본국보다 더 강력하게 한국인을 통제하는 독특한 조선총독정치체제를 형성했다. 이러한 우가키 총독의 조

---

40 宇垣一成, 1970, 위의 책, 842쪽.

선 식민지 경영이 만주사변 이래 전개된 조선총동원 지배정책의 기본 구조와 방향을 설정했다. 그리하여 일본이 패전할 때까지 일본의 전시 총동원·총력전체제에 일익을 담당하는 조선총동원을 가능하게 한 기초가 되었다.

2) '조선산업화'정책과 자력갱생·자급자족을 목적으로 한 농촌진흥운동

우가키는 조선총독으로 부임하기 전 일본천황을 알현한 자리에서 두 가지를 강조했다. "조선인에게 적당한 빵을 주는 것"과 "내지인과 조선인의 융합일치"를 증진시키겠다는 것이었다.[41] 우가키는 원활하게 조선을 지배하기 위해서는 "물질생활"과 "정신생활" 두 방면으로 조선인들을 안정화시킬 방침이 필요하다고 했다.[42] 이것이 조선총독으로서 시정방침으로 발표되었다. 그는 먼저, 세계공황의 영향으로 인한 경제계의 피폐와 사상계의 '혼탁'을 타개하여 새롭게 재건할 것을 역설했다. 둘째, "내선인 불문하고 혼화융합하여 일체 일원"이 되어서 "풍부한 천연자원 개척에 노력할 것". 셋째, 종래의 시설을 시세에 따라서 개변할 때 단호하게 맹진할 것. 넷째, 항상 개선의 여지가 있음을 인식하고 실행할 것을 강조했다. 다섯째, 물심양면으로 생활안정을 도모할 것을 첫째 목표로 삼을 것이라고 했다. 마지막으로 우가키는 이상의 취지로 기강진작(紀綱振作), 민심작흥(民心作興), 민의창달(民意暢達), 내선융화(內鮮融和)의 촉진

---

41 宇垣一成, 1970, 위의 책, 801쪽.
42 宇垣一成, 1970, 위의 책, 801쪽.

을 도모한다고 성명했다.⁴³

우가키의 시정방침은 물질적 측면에서는 농공병진정책으로, 정신적 측면에서는 이른바 '내선융화(內鮮融和)'를 표방한 사상통제 강화정책으로 실시되었다. 만주사변이 일어나자 우가키는 만주지역을 중국에서 분리하여 독립국으로 만들어야 한다는 의견을 수상과 육군대신에게 전달했다.⁴⁴ 내용의 핵심은 자신의 총력전체제 구상에 입각하여 경제적으로 만주를 확실하게 확보하면 일본이 자급자족할 수 있는 생존권을 구축할 수 있다는 것이었다.⁴⁵ 이러한 관점에서 만주사변을 반긴 우가키는 조선지배정책도 식민지를 포함한 자급자족적 총력전체제 구축이라는 관점에서 수립했다. 그리하여 조선을 조공업지대로 개발하는 것을 최우선시한 농공병진정책이 수립되었다.

우가키는 만주사변을 "제국 흥쇠의 중대 문제"라고 반겼지만⁴⁶ 만주 개발을 본격화하기보다는 일본의 역량을 강화하며 앞으로 다가올 영·미와의 총력전에 대비해야 한다는 입장이었다. 그러자면 조선의 산업을 개발하여 대륙 진출의 교두보를 공고히 하는 동시에 조선의 농촌 과잉인구를 만주로 이주시켜서 만주를 농업과 원료 지대로 개발해야 한다고 생각했다. 이러한 구상은 조선 통치의 안정과 일본 경제의 생산력 증진·이익을 모두 담보하겠다는 것이었다.⁴⁷

먼저, 우가키는 눈여겨본 조선 북부 지역을 시찰 조사하고 조선총독

---

43 朝鮮總督府, 1935, 『施政二十五年史』, 朝鮮總督府, 668쪽.
44 宇垣一成, 1970, 앞의 책, 813쪽·815쪽.
45 宇垣一成, 1970, 위의 책, 839쪽.
46 宇垣一成, 1970, 위의 책, 1070쪽.
47 전상숙, 2012, 앞의 책, 165-189쪽.

부 관료들과 조선북부개척계획의 대강을 결정했다.[48] 본국 정부와는 1932년도 일본 대장성 예산에 조선총독부의 조선 북부 개척 비용과 철도 건설·재만 조선인 시설 비용이 책정되도록 정치적 협상력을 발휘했다.[49] 1932년 5월에 우가키는 원산과 함흥 등지를 시찰하며 조선 북부 개척의 필요를 역설하고, 7월에는 조선총독부에 농림국을 설치하여 조선 북부 개척을 위한 계획과 실무를 총괄하는 '북선개척계'를 두어 조선 북부 개척을 본격화했다.[50]

우가키의 조선 북부 지역 개척은 '부원(富源) 개발'을 슬로건으로 압록강 상류 평안북도와 함경남도 국유 임야 지역을 중심으로 박차가 가해졌다. 1926년에 철도 12년 계획에서 1937년으로 예정했던 혜산선의 완공이 1935년으로 앞당겨졌다. 혜산선은 함경도 길주를 기점으로 압록강의 혜산진을 연결하여 조선 북부를 개척하는 중심 지역을 횡단하는 노선이었다. 이 노선은 백암을 기점으로 무산까지 새로 부설된 백무선과 연결되었다. 백무선은 조선 북부의 가장 큰 삼림지대를 횡단하며 목재와 철광자원을 개발해 운송하기 위하여 개설된 것으로 '북선 개척 철도' 또는 '삼림철도'라고 불렸다. 이렇게 연계된 혜산선과 백무선은 조선 북부의 삼림 개발과 마그네사이트광 및 금광 개발에 중요한 기능을 했다. 동시에 만주 중부 지역과 성진항을 연결했다. 이와 함께 1931년 4월에 착공된 만포선의 노선이 확정되었다. 평원선의 순천을 기점으로 국경인 만포진까지 연결되도록 했다. 만포선은 무연탄·은·철 등 광물 개발 기능

---

48 『매일신보』, 1931.9.29; 10.3.

49 『매일신보』, 1931.12.29; 1932.1.17.

50 宇垣一成, 1970, 앞의 책, 856쪽; 『朝鮮總督府官報』, 1932.7.30.

을 가진 것이었다. 만주의 길림·해룡·봉천을 잇는 철도와 연결되었다. 그리하여 조선의 산물을 남만주와 북만주 방면으로 운송할 수 있게 되었다.[51]

만주사변 이후 함경선 종단 회령에서 웅기에 이르는 두만강변 국경철도 도문선의 미개업 구간인 온성과 동관진 노선을 급속히 증설하여 1933년에 완성했다. 이로써 도문선은 만주의 신경·길림·도문을 잇는 경도선과 함경북도의 상삼봉, 그리고 남양 두 곳에서 연결되었다. 그 종단항은 나진으로 결정되었다. 도문선은 일본-북선-만주를 연결하는 최단 경로로, 경제적·군사적으로 중요한 노선이 되었다. 1933년에 조선총독부는 만철이 웅기에서 나진 간 노선을 건설하고 경영하는 데 대해 협의했다.[52]

이렇게 우가키는 조선 북부를 개발하며 일본-조선-만주를 하나의 자급자족적 경제권으로 구축하기 위한 철도의 건설을 본격화했다. 그는 1925년부터 총독부 직영으로 환원된 조선철도에 경제적 수탈을 확장하기 위한 산업철도의 성격을 부여했다. 조선 북부 개발로 화물수송이 여객수송을 능가했다. 목재와 석탄·광물 등이 간설 철도나 종단항으로 운송되었는데, 그 반 이상은 일본으로 유출되었다. 나머지는 조선 북부의 풍부한 전력과 저렴한 노동력이 결합된 식민지 공업화를 촉진했다. 지선과 간선으로 연결된 철도와 도로망은 항구와 연계되었다. 길회철도-도문선 등 조선 북부 철도-웅기·청진·나진·성진의 북선 4항(일반적으로는

---

51 『매일신보』 1932.5.15; 철도국, 1977, 『한국철도사 2』, 철도청, 244-305쪽.
52 철도국, 1977, 위의 책, 185-188쪽; 澤崎修, 1933, 「北鮮鐵道の委託」, 『朝鮮』 1933년 11월호.

웅기, 청진, 나진 북선 3항)-일본 중부의 니가타(新潟)·쓰루가(敦賀) 등 항구를 연결하는 '북선 루트'가 완성되었다. 북선 루트는 일본이 전쟁에 패하여 항복할 때까지 조선 북부와 동북만주 일대의 식량과 원료를 수탈하는 기능을 했다. 또한 이 지역에 일본의 이민과 상품을 침투시키는 '일선만블록'의 중요한 루트로 기능했다. 이 루트는 만몽의 현관문(玄關口)을 황해(서해)-대련에서 '일본해'(동해)-함북-간도로 옮기려 한 우가키의 의도를 실현한 것이었다.[53]

이와 같은 철도와 도로·항구 부설은 철도 연선의 광산 개발과 고지대 이용 계획 수립으로 확장되었다. 그 결과 일본과 만주를 잇는 조선 공업자원의 생산 증대를 중심으로 조선공업화가 시작되었다. 조선총독부는 1932년부터 야스다(安田) 계열의 제국아마회사와 조선총독부 통사시험장 북선지장이 함께 아마를 함경남도 풍산·갑산·삼수에서 재배하게 했다. 아마는 내구력이 강해서 육해군용 범포나 비행기, 철도 객차 시트, 소방용 호스 등 군수품으로 사용되는 것이었다. 총독부는 그 생산량을 점차 늘려갔다.[54]

또한 우가키는 "제국 영토 내에서 금을 많이 산출할 수만 있다면 국제 차관이 불균형해도 크게 걱정할 것까지는 없다"면서 산금을 장려했다.[55] 1932년에는 남면북양사업이 실시되었다. 전시 수입 금지품인 양모의 소비가 일본에서 매년 격증하여 자급할 필요가 대두되었기 때문

53　宇垣一成, 1970, 앞의 책, 828쪽; 정재정, 1999, 『일제침략과 한국철도(1892-1945)』, 서울대학교출판부, 99-107쪽; 안유림, 1994, 앞의 글, 156-158쪽; 송규진, 2013, 「일제의 대륙침략기 '북선루트'·'북선3항'」, 『한국사연구』 163 참조.
54　朝鮮總督府, 1940, 『施政三十年史』, 朝鮮總督府, 308-309쪽.
55　박경식, 1986, 『일본제국주의의 조선지배』, 청아출판사, 425쪽.

이었다. 남면북양사업은 양모를 조선 북부 고지대 산업의 일환으로 구상했다. 1933년에는 면화증산계획을, 1934년에는 면양증산계획을 실시하면서 '공동판매제'와 '면화취체규칙'을 강화했다. 이는 판매와 소비를 강력하게 통제하여 일본 독점자본이 조선으로 진출하는 것을 견인했다. 이러한 일본인 자본가 우대정책은 조선인 농민의 확대 재생산과 직물을 생산하는 조선 농가 부업에 결정적인 타격이 되었다. 조선총독부의 면양사업은 부업이라는 명목으로 개별 농가가 양 사육부터 양모 가공까지 도맡게 하여 잉여 노동력을 수탈하는 자본 중심 체제를 형성했다.[56]

우가키는 원료를 개발하여 공급하는 하부구조를 구축하고 공업발전의 기본이 되는 전원을 개발하여 공업화를 실시하고자 일본 자본을 유치하는 데 심혈을 기울였다. 일본 정부의 대륙개발정책에서 주변부에 있던 조선의 경제는 거의 파탄 상황이었다. 일본 정부가 지원하지 않는 조선의 산업화는 조선총독의 기획과 자본의 동원, 그리고 조선총독부의 행정력이 관건이었다. 우가키는 세계대공황기 불황으로 1931년부터 일본에서 시행된 「중요산업통제법」에 의한 경제통제로 압력을 받던 일본의 독점자본을 유치하는 데 주력했다. 일본의 독점자본이 안심하고 조선에 투자하여 초과이윤을 확보할 수 있도록 '자본가 우대 정책'을 실시했다. 한반도의 치안질서를 유지하는 무단통제를 기본으로 하면서 전력의 개발과 사용을 통제하는 전력 공급 체계를 확보하고, 토지가격 통제와 보조금 지급 등을 실시했다. 일본에서 시행 중인 「중요산업통제법」과 「공장법」은 조선에 적용하지 않았다. 조선총독의 권한으로 본국에서

56　허수열, 1983, 「일제하 한국에 있어서 식민지적 공업의 성격에 관한 일연구」, 서울대 대학원대학원 박사학위논문, 60-65쪽.

1916년부터 시행된 「공장법」과 「광부노역부조규칙(鑛夫勞役扶助規則)」, 그리고 1927년부터 시행된 「건강보험법」 및 1932년의 「노동자 재해 부조법」 등 노동자를 보호하기 위한 조치를 조선에서 시행하지 않았다. 모두 일본인 자본가의 부담을 덜어주는 것이었다. 자본가들이 본국의 경제통제로부터 벗어나 안심하고 조선에 투자하여 값싼 한인 노동력과 자원을 이용해 이윤을 극대화할 수 있게 한 것이다. 그 결과 우가키 총독 시기인 1932년에서 1937년 사이에 일본 자본의 조선 투자액이 총 9억 4,600만 엔에 이르렀다. 이 가운데 민간자본이 56.1퍼센트를 차지했다.[57]

우가키의 자본가 우대 정책은 저금리 정책과 저가의 전력 공급 정책을 통해서 보다 많은 이윤을 보장했다. 1931년 말과 1932년 초를 정점으로 조선은행의 대출 표준금리를 계속 인하했다. 이는 조선은행의 실행금리와 다른 은행의 실행금리도 인하하는 토대가 되었다. 후자도 1930년대 들어 급속히 낮아졌다. 그러면서 한국인에게 저축을 장려했다. 광범한 한인 저축자의 희생 위에서 일본 독점자본 기업에 양질의 저금리 자금을 제공하고 공채를 발행했다. 저금리 정책은 대다수 곤궁한 한국인의 희생 위에 조선공업화에 투자한 일본 자본의 이익과 독점 강화를 보장하는 것이었다.[58]

1931년에 총독부는 '발전(發電) 계획 및 송전망 계획'을 세웠다. 전력 소비량의 80퍼센트 이상을 공업용으로 전환할 계획을 수립했다. 일본

57　방기중, 2004, 앞의 글, 85쪽; 鈴木正文, 1938, 『朝鮮經濟の現段階』, 帝國地方行政學會朝鮮本會, 206-211쪽; 河合和男, 1985, 앞의 글, 31쪽; 전상숙, 2012, 앞의 책, 224-227쪽.

58　허수열, 1983, 앞의 글, 35-39쪽; 전상숙, 2012, 앞의 책, 228쪽.

자본 유치에 박차를 가하는 것이었다.⁵⁹ 우가키는 자본과 기술 관계로 민간 자본에게 수리권(水利權)을 주어 전원(電源)을 개발하고 이를 근거로 일본 자본을 유치했다. 전력을 동력과 원료로 개발하여 조선을 조공업지대로 구축하는 중화학공업을 일으키고자 했다. 그러자면 저렴한 전기 동력을 확보하는 것이 관건이었다.⁶⁰

우가키는 눈여겨본 부전강댐을 건설한 일본질소비료에게 미쓰비시(三菱)가 갖고 있던 장진강 수리권을 넘겨주었다. 그 결과 1933년 5월에 장진강수전주식회사가 성립된 이래 1938년 7월까지 네 개의 발전소가 완공되었다. 총 34만 킬로와트의 발전량이 확보되면서 자재와 기기류를 조선에서 생산할 수 있게 되었다.⁶¹ 당초 송전 부문은 조선총독부가 맡을 계획이었으나 재정 관계상 민간 회사인 일본질소계 조선송전회사가 설립되어서 담당했다. 전원 개발과 송전 부문 모두 일본 독점자본이 장악했다.⁶²

그 결과 일본질소는 한반도에서 최대 전력 생산자이자 최대 소비자가 되어 전기화학공업을 중심으로 성장해갔다. 우가키 총독과 이해가 일치한 일본질소는 사업을 다각화했다. 일본질소는 풍부한 정어리기름과 갈탄 등 자원을 생산 과정에서 활용하며 급성장했다. 일본질소의 생산 확대와 다양화는 한반도의 화학공업 부문을 급성장시켰다. 이러한 1930년

59　河合和男, 1985, 앞의 글, 31-32쪽.

60　宇垣一成, 1970, 앞의 책, 972쪽; 鎌田澤一郎, 1937, 앞의 책, 86쪽.

61　金早雪, 1985, 「日窒コンチェルンにおける朝鮮窒素」, 姜在彦 編, 『朝鮮における日窒コンチェルン』, 不二出版, 99-100쪽; 尹明憲, 1985, 「朝窒による電源開發」, 姜在彦 編, 『朝鮮における日窒コンチェルン』, 不二出版, 149-162쪽.

62　三宅晴輝, 1937, 『新興コンチェルン』, 春秋社, 82쪽; 東洋經濟新報社, 1943, 「決戰體制確立と朝鮮經濟の再編成」, 『朝鮮産業年報』, 37쪽·172쪽; 전상숙, 2012, 앞의 책, 228-230쪽.

대 전반 조선의 산업화는 산업을 화학공업 돌출형 구조로 발달시켰다.[63] 동시에 원료 자원의 개발과 이용 모두 일본 독점자본에게 맡겨짐으로써 원료에 대한 독점 현상을 심화시켰다.[64]

우가키는 조선공업화가 "일본 산업자본의 중요성"이라는 점에서 "수레의 두 바퀴와 같이" 중요하고 "국민생활의 필수품" 같다고 했다. 조선공업화가 일본의 국제수지개선에 일익을 담당한다는 의미였다. 또한 유사시 "중요한 군수용품"으로 활용될 수 있는 면화와 양모 등의 섬유공업과 근대적 산업개발의 동력을 제공하는 전기사업, 그리고 이에 기초한 전기화학공업처럼 주요 군수공업 분야를 중심으로 총력전체제 구축에 기여한다는 의미였다.[65] 이러한 우가키의 조선산업화는 조선공업이 소수 일본 독점자본의 공업원료 개발과 생산 독점을 전형적인 특징으로 하게 했다. 이는 생산관계에 민족문제가 더해진 특수한 노자(勞資)관계를 형성했다.[66]

우가키의 '조선산업개발'정책은 조선 통치의 안정화를 위하여 인구의 80퍼센트가 소작농인 조선 농민의 생활안정을 도모하는 시책과 병행되었다. 농촌진흥운동을 병행한 농공병진정책으로 전개되었다. 조선 농업은 대공황의 여파와 산미증식계획 과정에서 구조화된 미곡단작형 상업적 농업체제로 극도로 피폐해 있었다. 1930년대 들어 미가가 폭락하

---

63 河合和男, 1985, 앞의 글, 32쪽; 金早雪, 1985, 앞의 글, 100쪽; 尹明憲, 1985, 앞의 글, 235-236쪽.
64 허수열, 1983, 앞의 글, 73-77쪽·128-150쪽.
65 鎌田澤一郞, 1937, 앞의 책, 373-385쪽·408-413쪽; 허수열, 1983, 위의 글, 34쪽·119-121쪽.
66 허수열, 1983, 위의 글, 125-127쪽; 전상숙, 2012, 앞의 책, 231-232쪽.

고 토지를 잃은 농민들이 급속히 소작농으로 전락해, 소작농들의 파탄은 더욱 두드러졌다. 수리조합마다 소작권을 포기하는 농민이 속출했다. 산미증식계획의 수리조합사업 활성화를 위하여 조성된 금융자본이 높은 조합채로 인해서 소작농의 몰락을 가속화시켰다.[67] 소작쟁의가 급증하고 수리조합·부역·호세·강제농정 반대 등 생존권을 옹호하기 위한 투쟁이 격렬해졌다.[68]

반공주의자인 우가키는 농촌의 혁명운동을 진압하여 농촌사회를 안정화시키는 것이 급선무라고 보고, 경찰력과 증가한 군사력을 총동원하여 한국인의 민족해방운동과 공산주의사상을 억압했다. 반제국주의나 지배체제의 변혁을 꾀하는 혁명적 조직운동에 대한 무자비한 검거와 탄압이 행해졌다. 그 결과 우가키가 스스로 평한 것처럼 1932년 이후 탄압과 교도의 힘으로 시국이 현저하게 '개선'되었다.[69]

그러나 소작 문제를 비롯한 농민생활의 안정 문제는 단순하지 않았다. 우가키는 소작 문제를 해결하기 위해서는 소작법을 제정하는 것이 필요하다고 생각했으나, 동시에 조선 농업을 수탈하는 핵심인 지주제를 훼손시켜서는 안 된다고 생각했다. 일제의 조선 통치를 위해서는 지주의 '정당한 이익'을 충분히 옹호해야 한다는 입장이었다.[70] 우가키는 농민조합이 결성되어 지주와 소작인 관계가 첨예화된 것을 계급투쟁의 시작으

67　박수현, 2001, 「일제하 수리조합사업과 농촌사회의 변화」, 『중앙사론』 15, 103-104쪽.
68　지수걸, 1999, 「일제의 군국주의 파시즘과 '조선농촌진흥운동'」, 『역사비평』 18, 18쪽.
69　宇垣一成, 1970, 앞의 책, 916쪽.
70　「농업의 전도유망, 소작접 제정은 급무 宇垣총독 담」, 『조선일보』, 1931.9.4.

로 여겼다. 이것이 민족운동으로 전화되면 조선 통치에 심각한 위험이 될 것이었다.[71] 그러므로 서둘러 소작쟁의를 개별 분쟁으로 제도화하여 지주제를 유지하는 소작법 제정에 나서[72] 1931년 11월에「소작쟁의 조정법」을 입안했다.[73]

그리고 농촌진흥운동에 착수했다. 1932년 6월에 우가키는 도지사회의에서 "조선의 갱생"을 주창하며 농촌진흥운동의 취지와 방침을 밝혔다. 그는 조선총독부가 농민을 빈궁으로부터 구출하는 시책을 전개한다고 하며, "영농조직을 다각화 종합화하고, 근검 치산(治産)하는 자주 자립정신을 함양하여 어느 정도 자급주의를 확대"하게 지도하겠다고 했다.[74] 이는 농가 빈곤의 원인을 농민의 자립정신 부족과 농가 경영의 낙후성에 있다고 전제한 것이다. 그래서 농민 스스로 "근검역행(勤儉力行)"할 것이 강조된 것이었다. 농촌진흥운동은 민족과 자본 규모·토지소유 여하에 따라 경제적 불균형 구조가 악화될 수밖에 없게 만든 조선 산업화와 지주제의 문제를 온존시킨 것이었다. 그러면서 농민 스스로 농촌을 진흥시킬 수 있는 '농민운동'을 하도록 총독부가 지도한다는 것이었다.

1932년 7월 총독부에 농림국이 신설되어 농촌진흥운동 관련 업무를 담당했다. 농림국은 농촌진흥운동 최고기관으로 정무총감을 위원장으로 농촌진흥위원회를 구성하여 일선에서 운동을 담당하는 군수와 도지사

71　宇垣一成, 1970, 앞의 책, 951쪽.
72　정연태, 1990,「1930년대 '조선농지령'과 일제의 농촌통제」,『역사와현실』4.
73　이윤갑, 2007,「우가키 가즈시게 총독의 시국인식과 농촌진흥운동의 변화」,『대구사학』87, 13-14쪽.
74　朝鮮總督府, 1935, 앞의 책, 127-128쪽.

들을 대상으로 강습회를 개최했다.[75] 1932년 12월에 1931년 11월의 「소작쟁의 조정법」을 기본으로 「조선소작조정령」이 공포되었다. 이것은 소작분쟁을 제도화한 최초의 소작법령이었다. 이와 함께 농촌의 고리채를 줄이고자 1932년부터 행정기관과 금융조합을 통하여 농민의 고리채를 금융기관의 대부 자금으로 전환하는 고리채 정리사업이 시작되었다.[76] 이러한 시책들은 지주의 기본권을 훼손하지 않으면서 농가의 수지적자를 해소하려는 것이었지만 근원적으로 농가의 수지적자를 해소할 수 있는 것은 아니었다.

1933년 3월 정무총감 통첩으로 '농산어촌진흥에 관한 건', 이른바 '농가경제 갱생 5개년 계획' 실시 방침이 발표되어 농촌진흥운동이 본격화되었다. 이 계획은 각 면마다 1개의 지도부락을 선정하여 5년 동안 이른바 '갱생 3목표'를 달성한다는 것이었다. 식량의 충실과 현금의 수지 개선, 부채 정리를 연차적으로 달성하는 것이 목표였다. 농촌진흥운동의 보조 시책으로 취로사업이 전개되었다. 취로사업으로 주로 궁민 구제 토목공사와 농가 부채 정리사업인 저리자금 융자, 농민후계자 육성사업인 자작농 창설 사업 등이 실시되었다. 동시에 소작권 안정화를 위한 비상 조치로 1934년 4월에 제령 제5호로 「조선농지령」이 제정되었다.[77]

농촌진흥운동의 농가 갱생 계획은 농가 피폐의 근본 원인인 일제의 농민 수탈 체제를 은폐하면서 조선총독부의 관권으로 농민의 근검과 역

---

75 朝鮮總督府, 1935, 위의 책, 719쪽.

76 정문종, 1993, 「1930년대 조선에서의 농업정책에 관한 연구」, 서울대학교대학원 박사학위논문; 이윤갑, 2007, 앞의 글, 13-14쪽.

77 지수걸, 1999, 앞의 글, 20-21쪽; 최은진, 2021, 「1930년대 조선소작조정령의 제정과 시행의 한계」, 『역사문제연구』 25-1, 323쪽.

행을 다그쳐 수입을 늘리는 방식으로 농가의 수지적자를 줄이려는 것이었다. 동시에 관권의 지도와 통제를 매개로 소작농과 빈농들 사이에서 확산되고 있던 항일 민족의식과 계급의식을 말살하고 공산주의사상이 침투하는 것을 저지하려는 것이었다. 이는 사회정책적 농정이자 조선인들을 식민지 지배체제로 포섭하는 정책이었다.[78]

이러한 농가 갱생 계획의 본질은 '조선소작령'이 조선총독부의 심의를 거쳐 일본에서 심의되던 중에 '조선농지령'으로 명칭이 변경된 사실이 상징적으로 보여준다. 소작령이라는 명칭을 사용하면 지주들이 소작인들을 위한 것으로 오해할 소지가 있다고 보아 지주들이 오해하지 않도록 명칭을 변경한 것이다. 지주가 입을 피해를 최소화한다는 것이 명칭에도 반영된 것이다. 고율의 소작료 문제도 유명무실한 규정만 두어서 지주의 이익을 보장했다.[79] 농가 갱생 계획의 본질은 원천적으로 농민운동을 법적·행정적으로 통제하여 정책적으로 안정화시키는 데 있었다. 그리하여 일본으로 쌀을 공급하는 데 문제가 없도록 하는 것이었다. 그러므로 1930년대 들어 일본에서 조선미의 상대적 과잉과 미가 하락을 저지하고자 '식민지미(米) 이출입 통제정책'이 마련되자 우가키 총독이 1934년에 산미증식계획을 중지했던 것이다.[80]

농촌진흥운동 또한 우가키의 총력전체제 구상에 입각한 것이었다.

---

78 지수걸, 1984, 「1932-35년간의 농촌진흥운동」, 『한국사연구』 46; 이윤갑, 2013, 『일제강점기 조선총독부의 소작쟁의 연구』, 지식산업사; 정연태, 2014, 『식민권력과 한국농업』, 서울대학교 출판문화원; 최은진, 2021, 앞의 글.

79 「소작료체납자는 지주가 이작도 무방」, 『조선일보』 1934.1.31; 「실시후 차질 속출, 지주의 합법적 억압이 성행」, 『조선일보』 1934.11.27.

80 전강수, 1993, 「식민지 조선의 미곡정책에 관한 연구: 1930-1945년을 중심으로」, 서울대학교대학원 박사학위논문, 24-27쪽.

그것은 농업이 경제적으로 곤란한 것은 세계적이고 영구적인 현상이므로 조선이 타개할 수 있는 근본적인 구제 개선책은 만주 이민과 공업화뿐이라는 것이었다.[81] 조선 산업화정책의 한 부분이었다고 할 수 있다. 조선산업개발과 농촌진흥운동을 두 축으로 한 우가키의 '농공병진정책'에서 무게중심은 조선의 산업개발, 공업화에 있었다. 농촌진흥운동은 농민 생활의 안정화, 다시 말해서 총독부가 농민 속으로 파고들어가 직접 농가를 지도하는 마을 조직에 관건이 있었다. 농촌진흥운동을 통한 '갱생운동'의 본질은 "각 호(戶)의 농가를 장려 단위로 해서 매호에 맞는 갱생 계획을 수립하고 순차로 1면, 1군, 1도, 나아가 전국으로 확산"하여 생활 전반을 지도하는 데 있었다.[82]

이러한 시정은 종래 조선총독부의 농업 중심 지배정책이 산업화로 전환되었음을 의미하는 것으로, 우가키가 조선총독으로 취임하며 역설했던 조선인에게 적당한 빵을 주어서 '갱생'시키는 것은 당초에 성공할 수 없는 것이었다. 농촌진흥운동은 수탈적 지배체제는 개선하지 않고 근검과 충실한 노동만 강조하며 총독부의 행정력을 확장했다. 이러한 농촌진흥운동은 조선공업화에 종속되는 것이었다. 여기서 우가키의 적당한 빵을 주는 '갱생'은 근본적으로 불가능했다. 농촌진흥운동은 노동력을 비롯해서 농촌을 총체적으로 동원하는 것이었다. 재정적으로 지원하지는 않으면서 각 기관을 동원하여 농가를 지정하며 행한 농가 갱생 계획은 명분에 그쳤다.[83]

81　宇垣一成, 1970, 앞의 책, 952쪽.
82　朝鮮總督府, 1935, 앞의 책, 304쪽.
83　宮田節子, 1973, 「朝鮮における農村振興運動」, 『季刊現代史』 2.

'갱생'을 지도할 말단 마을 단위의 중견 지도자 부족을 해결하기 위해 '졸업생 지도'라는 시책으로 각 읍면 보통학교에 '농촌청년훈련소'를 설치해 '충량한 신민'을 양성하는 '중견 청년 양성 계획'을 수립하기까지 했다.[84] 그러나 오히려 농촌진흥운동은 농민의 토지 상실을 증가시켜서 도시빈민으로 유입되는 것을 촉진했고, 일본 자본의 이윤을 담보할 값싼 노동력을 제공하는 기능을 했다. 또한 우가키는 토지를 잃은 농촌의 과잉인구를 '북선 개척 계획'을 위하여 북부 지역으로 이주시켰다. '노무수급정책'을 실시하여 급속한 공업화 시책으로 노동력 수요가 큰 북부 지역과 개발의 여지가 있는 만주로 토지를 잃은 농촌 인구를 강제로 이주시키고 동원했다.[85]

이러한 우가키의 '조선산업개발'정책은 일본 정부와 마찰을 일으켰다. 1934년 3월에 일본 정부와 관동군은 '일만 경제통제 방책 요강'으로 입장을 절충했다. 이것은 국책·국방적 차원에서 계획적 만주 개발과 경제통제, 만주와 일본 간의 '적지적응주의(適地適應主義)' 블록 분업 원칙을 확정한 것이었다. 일본 정부는 엔블록의 산업개발을 위하여 일률적인 경제통제가 필요하다고 생각했다. 때문에 만주 산업개발과 마찰을 초래하는 조선공업화를 통제하고자 했고, 이 문제를 해결하기 위해 우가키와 조선총독부는 조선산업경제조사회 개최를 계획했다.[86]

이와 같이 우가키에 의해서 적극적으로 추진된 조선의 산업개발정책

---

84 「農民訓練特輯號」, 1936. 4, 『朝鮮』; 視學官, 1936. 12, 「農村振興運動과 學校卒業生 指導」, 『朝鮮』.

85 山邊健太郎, 1971, 『日本統治下の朝鮮』, 岩波書店; 허수열, 1985, 앞의 글, 290-297쪽; 전상숙, 2012, 앞의 책, 176-177쪽.

86 방기중, 2004, 앞의 글, 87-91쪽.

은 중일전쟁 이후 조선병참기지화정책의 기반이 되었다. 그 결과 군수공업 중심의 공업구조 고도화를 중핵으로 한 조선총동원체제가 구축되며 전시 일본총력전체제의 일환이 되어 최후의 물자동원 기능을 담당하게 되었다.

3) 식민지 '국민'[87] 동원용 조작적 전체주의 지배이데올로기 정책

우가키 총독이 조선으로 부임하기에 앞서 일본 천황에게 강조한 "적당한 빵을 주는" 것과 "내지인과 조선인의 융합일치" 증진은 결국 조선인의 '정신생활'에 통제를 필수적으로 동반하는 것이었다. 우가키가 조선시정방침의 첫 번째로 밝힌 것처럼 '혼탁'한 조선의 사상계는 "새롭게 재건"될 필요가 있었다. 우가키는 "내선인을 불문하고 혼합융합하여 일체의 일원"이 될 필요를 역설하며 '내선융화'의 촉진과 도모를 선언했다.[88]

---

87 근대 국민국가는 천부인권설에 입각한 인권을 제도화하며 대내적 통합성과 대외적 대표성을 특징으로 한다. 이에 비해서 일본은 메이지유신 이후 천황제 국가체제를 정립하며 천황의 이름으로 1890년 교육칙어를 발표하여 국가에 충성하고 부모에 효도하는 것을 "일본 국체(國體)의 정화(精華)이니 이를 교육의 연원"으로 한 국가체제를 정립했다. 유교적 윤리를 신도(神道)에 결합하고 그 위에 근대적 국민국가의 외피를 씌웠다. 천황이라는 정신적 권위와 일체화된 정치권력이 국체가 되어 국민교육의 정신적 기준이 되었다. 이러한 국가주의적 일본천황제 국가는 '조선'을 '외지'로 규정하여 '내지' 일본과 차별했다. '시세'와 '민도'를 이유로 일본국 헌법을 적용하지 않은 외지에 교육칙어에 입각한 「조선교육령」을 실시하며 조선인들이 '일본제국'의 '국민'이자 '신민'으로서 일본을 국가로 받아들이고 국민으로서의 의무를 이행해야 한다고 강제했다. 이는 이등국민화 정책이자 민족차별정책이었다. 이렇게 일제가 조선인에게 '국민'의식을 강제하고 의무의 이행을 촉구한 것은 식민지 동원을 위한 조작적인 지배이데올로기 정책이었다(전상숙, 2017a, 『한국인의 근대 국가관, '민주공화국' 재고』, 선인, II장과 III장 참조).

88 朝鮮總督府, 1935, 앞의 책, 668쪽.

'문화정치'로 인해서 혼탁해진 조선의 사상계를 교정하여 정신적으로 '일본제국'에 순응하게 만드는 것이었다. 우가키가 표방한 '내선융화'는 조선인들을 농공병진정책에 적극적으로 임하게 만들기 위한 지배이데올로기 정책이었다.

사이토 총독이 일본천황의 '총독부 관제 개혁 조서'에 기초하여 제창한 '일시동인(一視同仁)'[89]은 한국인을 계몽하여 사상적으로 일본인처럼 되면 제도적으로 일본인과 같은 처우를 하겠다는 것이었다. 이에 비하여 우가키의 '내선융화'는 한국인이 일본인과 정신적·사상적으로 같아져야 한다는 것이었다. 이것은 조선을 산업화하려면 무엇보다 조선인의 식민통치에 대한 불만을 해소시켜야 한다고 생각한 우가키의 통치 안정화 정책이었다. 인구의 80퍼센트가 소작농인 조선 농민의 생활안정 도모를 표방한 농촌진흥운동을 병행한 것도 같은 맥락이었다. 우가키의 물질생활과 정신생활 두 방면의 통치 방침은 "사상의 융합과 생활의 안정"을 기본으로 하여[90] 조선인의 민족정신 말살을 기하는 것이었다.

'내선융화' 통치이데올로기 시책에서 우가키가 가장 중요하게 생각한 것은 공산주의 혁명운동을 근절하는 일이었다. 우가키는 황도(皇道) 정신을 신봉하는 전형적인 일본주의자이자 반공주의자로 평가된다. 그에게 반제국주의·반자본·반천황제를 주장하는 공산주의운동은 사회불안을 조장하는 가장 큰 요인이었다. 그러므로 '내선융화' 시책은 한반도에서 발흥하고 있는 공산주의 혁명운동에 대한 직접적인 탄압 강화를 의미하는 것이기도 했다. 일제는 1928년에 개정한 「치안유지법」에 의거

---

89 『朝鮮總督府官報』, 1919.9.4.
90 朝鮮總督府, 1940, 앞의 책, 10-12쪽.

하여 만주사변 이후 공산주의운동을 엄벌주의로 처벌하여 일본인의 사상을 통제하고 치안질서를 확보하는 데 큰 성과를 거두고 있었다.[91]

그러나 조선에서는 일본과 달리 코민테른의 '자본주의 제3기론'에 의거하여 미일전쟁설이 확산되며 대중투쟁이 고양되어 새로운 민족해방운동으로 전개되고 있었다. 이에 조선 통치의 성과를 효율적으로 극대화하는 것이 긴요했던 우가키는 '내선융화' 이데올로기 정책으로 혁명적 민족운동을 엄격히 처벌하며 산업개발정책을 추진했다. '내선융화'는 조선 통치가 한국인을 희생시키거나 수탈하는 것이 아니라 한국인을 일본인과 하나로 '융화'하여 '일본국가'의 일원이 되게 한다는 것이었다. 한국인도 일본인처럼 일제의 국민으로서 잘 살게 하려는 것이라고 했다. 그 실상은 한국인에게 일본 천황에게 충성하는 신민이 되어야 한다고 일본국체관을 강제하는 '일본국민정신' 강제 정책이었다. 조선산업화를 성공적으로 수행하기 위하여 '국민정신'을 동원하는 지배이데올로기 정책이었다.[92] 이런 의미에서 우가키의 '내선융화'는 식민지 동원을 위한 조작적 '국민동원' 지배이데올로기의 효시라고 할 수 있다.

우가키는 "평화와 질서, 능률과 선정(善政)을 유지하기 위해서는 현시의 상황에서 조선 통치에 대한 내지인의 우위를 점하는 것이 절대로 필요하다"고 생각했다.[93] 그는 공산주의운동의 탄압에 박차를 가하며 '정신교화'라는 이름으로 한층 강력한 사상통제를 실시했다. 농공병진정책은 한반도 전역에서 각 기관을 동원하여 '사회교화'와 '자력갱생'을 주창하

---

91 전상숙, 2005a, 「일제의 식민지 조선 행정일원화와 조선 총독의 '정치적 자율성'」, 『일본연구논총』 21, 205-206쪽.

92 宇垣一成, 1970, 앞의 책, 949쪽·972쪽; 鎌田澤一郎, 1937, 앞의 책, 421쪽.

93 宇垣一成, 1970, 앞의 책, 857쪽.

면서 한국인의 민족의식과 공산주의의 박멸을 병행하며 전개되었다.[94]

1932년 10월에 우가키는 형무소장회의에서 과격한 '사상범'이 구금(拘禁)의 위력과 엄한 시찰을 느낄 수 있도록 해야 한다고 강조했다. 동시에 범죄의 원인과 사상의 감염 정도 및 사상의 '전향(轉向)' 가능성 등 다양한 변수들을 고려하여 그에 걸맞은 적절한 처우를 실시해야 한다고 역설했다. 사상범은 엄벌의 대상이지만 정책적으로 이끌어서 변절이나 전향하여 일본에 협조하면 이를 구별해서 '보도유액(輔導誘掖)'해야 한다는 것이었다.[95] 우가키의 사상범 보도유액 시책은 일본의 전향 시책과 맥을 같이하는 것이었다. 1931년 일본에서 사법차관 통첩 제270호로 사상범을 반체제 변혁세력이 아니라 사회의 일원으로서 정책적으로 받아들이는 사상범의 '전향'을 인정한 데 따른 것이었다.[96] 그리하여 1932년에 「사상범 보호처분 취급 규정」이 제정된 것과 맥을 같이한 것이었다.

우가키는 일본에서 '전향'을 정책화하여 사상범을 다시 사회의 일원으로 받아들이고자 한 '사상선도' 방침에 조응한 사상통제정책을 실시했다. 일제의 사상범 전향 시책은 고학력 엘리트인 사상범 공산주의자들을 발본적으로 검거해 처벌하는 것이 불가능하자 그들을 정치사회적으로 공산주의와 단절시켜서 다시 사회의 일원으로 받아들여 활용하는 것이었다. 이때 사상범을 받아들이는 정책적 판단의 준거는 천황제 일본의 '국체'를 인정하고 받아들인다고 서약하는 것이었다. 이른바 전향서를 작성하여 '전향'을 성명하면 이를 인정하고 받아들이는 적극적인 사상통

---

94 박경식, 1986, 앞의 책, 336쪽.
95 『朝鮮總督府官報』, 1932.10.19.
96 長部謹吾, 1937, 「思想犯保護に就て」, 『司法研究』 21-10, 53-56쪽.

제정책이었다.⁹⁷ 당시 조선에서는 전향정책이 공식적으로 실시되지는 않았지만 일선 검경(檢警)에서 부분적으로 '훈계 방면'이나 '기소유예' 등을 통해서 사상범을 회유하여 전향으로 이끄는 소극적인 방식이 활용되고 있었다. 이러한 비공식적인 사법적 사상통제정책을 우가키는 형무소 피감자를 대상으로 한 '사상선도' 방식으로 시행한 것이다. '사상선도'란 조선총독부의 검경이 지도와 교육으로 사상범을 사상적으로 전환시킨다는 것이었다. 이를 총독부는 "학교교육보다 더 철저하게 하지 않으면 안 된다"는 입장에서 실시했다.⁹⁸

엄격한 처벌과 병행된 사상선도는 그 효과를 보이는 사람들을 적절하게 대우하는 '보도유액'으로 이어졌다. 이러한 사상통제정책의 궁극적 목적은 항일 민족운동을 지도하는 한인 엘리트 사상범들의 '전향'이었다. 그리고 전향자들의 생활을 보장하여 이를 반면교사로 '일본 국민으로서의 혜택'을 선전하는 것이었다. 이러한 우가키의 '내선융화' 시책은 1932년에 '국민정신작흥운동'으로 구체화되었다. 일본에서 1923년 관동대지진으로 심각해진 경제적·사회적 피해와 불안에 대처하기 위해 대대적인 '국민운동'으로 전개했던 '국민정신 고양 운동'을 조선에서 전개한 것이었다. 다이쇼 천황이 공포한 「국민정신 작흥 조서」 발표일인 11월 10일을 기념하여 한국인에게 일본인으로서 '국민'의식을 가져야 한다고 강제했다. 「국민정신 작흥 조서」 발표일 전후 일주일이 '국민정신 작흥 주간'으로 정해져 관공리, 학생 등에 신사 참배가 강요되었다.⁹⁹

---

97 전상숙, 2004a, 『일제시기 한국 사회주의 지식인 연구』, 지식산업사, 270쪽.
98 朝鮮總督府高等法院檢事局思想部, 1931. 10. 15, 「司法から見た思想問題」, 『思想月報』.
99 李淳衡, 1999, 「朝鮮工業化論と宇垣一成總督の政策」, 堀眞淸 編著, 『宇垣一成とその時代: 大正·昭和前期の軍部·政黨·官僚』, 新評論社, 175쪽.

한편 세계대공황 이후 국제적으로 군비경쟁이 심화되고 일본 정계가 군부를 중심으로 재편되는 가운데 1935년 일본에서 '천황기관설(天皇機關說) 사건'과 '국체명징운동(國體明徵運動)'이 전개되었다. 천황기관설 사건은 동경대 헌법학자이자 귀족의원인 미노베 다쓰키치(美濃部達吉)가 종래와 같이 천황을 하나의 기관으로 자유주의적으로 해석한 것을 일본 정부가 반(反)국체사상이라고 정치적으로 문제시한 사건이었다. 이 사건을 전환점으로 일본 정부는 일본천황제를 의미하는 국체를 정체(政體)와 일체화하고 '국체명징운동'을 전개했다. 통치권과 일체화된 국체가 신성불가침한 것, 수호해야 할 것이 되었다. 헌법에 대한 정통적인 해석을 부정하고 정부가 제시한 '국체'관이 절대적인 것이 되었다. 정치지도세력의 국가관으로 변형된 국체의 개념은 건국 이래 일본을 통치해온 신무(神武) 천황의 계통을 이은 황통(皇統)의 불변성을 강조하며 천황을 받드는 제국일본이 되었다. 지배체제에 대한 어떤 비판도 용납하지 않겠다는 의미였다.[100]

이러한 때 조선총독 우가키는 국민정신작흥운동에 이어 더욱 적극적인 사상통제정책으로 '심전개발(心田開發)운동'을 실시했다. 1935년 1월 조선총독부 국장회의 훈시에서 처음으로 심전개발운동을 제기했고, 이후 1월 16일부터 개최된 각 도 참여관회의에서 '신앙 및 의례에 관한 건'으로 협의되었다.[101] 우가키 총독은 '정신작흥'에서 "나아가 일반 민중이 건전한 신앙심을 환기하고 배양하여 마음의 밭(심전)을 윤택하게 하

---

100 전상숙, 2005b, 「일제 파시즘기 사상통제정책과 전향」, 『한국정치학회보』 39-3, 207쪽; 전상숙, 2017a, 앞의 책, 151-153쪽.
101 宇垣一成, 1970, 앞의 책, 990-991쪽.

며 각자 자신의 업을 열심히 행하는 안심입명(安心立命)의 경지에 도달하길 바라마지 않는다"고 강조했다.[102] 마음의 수양을 의미하는 불교 용어인 '심전(心田)'을 차용하여 조선인도 '일본 국민'처럼 '건전한 신앙심을 환기하고 배양'하기 위하여 '정신적'으로 수양해야 한다는 것이었다. 이는 우가키의 종교관에 입각한 것으로, "정신의 건조함은 신앙으로 윤택해질 수 있다"는 것이었다.[103] 이러한 '심전개발운동'이 내선융화를 위한 조선인의 '국민정신' 수양을 촉구하는 것으로 전개되었다.

심전개발운동은 본국의 '국체명징운동'에 조응한 것이었다. 1936년 1월 조선총독부는 '심전 개발시설에 관한 건'이라는 '실행안'을 통해서 심전개발운동의 본래 취지가 한국인의 정신과 사상 전반이 일본인의 사상과 국가 관념을 가져야 한다는 데 있다는 것을 분명히 했다.[104] 심전개발운동은 한국인에게 일본인의 "바른 인생관"과 "국민으로서 견실한 국가관과 사회관을 확립"하여 "문화의 향상을 기하고 국력의 강화를 기"하게 한다는 것이었다.[105] 총독부는 심전개발운동 실행안의 목표가 일본의 국체 관념을 분명히 하고, 경신숭조(敬神崇祖) 사상과 신앙심을 함양하며, 보은·감사·자립의 정신을 양성하는 데 있다고 했다.[106] 이러한 실행안을 발표한 후 심전개발운동은 포괄적이고 노골적인 천황제 지배이데올로기 정책을 핵심으로 한 '정신교화' 정책으로 확립되었다. 그리하여

---

102 「道參與官打合會に於ける總督訓示」, 1935. 1. 16, 『施政に關する諭告·訓示竝演述』.
103 宇垣一成, 1970, 앞의 책, 956-957쪽.
104 朝鮮總督府警務局, 1936, 「卷頭言 心田開發」, 『朝鮮』 1936년 3월호.
105 朝鮮總督府警務局, 1936, 今井田淸德, 「第二四半世紀の第一年頭に立て」, 『朝鮮』 1936년 1월호.
106 「心田開發施設に關する件」, 『朝鮮總督府官報』, 1936.1.30.

한국인을 일본천황에게 충성을 맹세하는 '신민(臣民)'으로 만들기 위하여 다양한 사상교육이 실시되었다.

이러한 심전개발운동과 같은 사상통제 이데올로기 정책이 우가키 총독이 조선공업화와 함께 재임 중 가장 주의를 기울인 정책이었다.[107] 농공병진정책을 지탱하는 정신적 기반을 조성하는 이데올로기 지배정책은 우가키의 일선만블록 노선에 입각하여 한국 사회를 재편성하는 기반이었다. 일종의 전체주의적 국민정신동원 지배이데올로기 정책으로, 우가키가 이러한 조작적 국민정신동원 이데올로기 정책을 실시한 것은 한국인이 단일 민족의식이 강해서 내선융화를 실현하기 어렵다고[108] 판단했기 때문이다. 그러므로 총독부의 관권에 의한 탄압과 규제가 필수적으로 수반되었다.

우가키는 '내선융화' 시책에 순응하지 않는 민중에게는 억제와 압박도 필요하다는 것을 분명히 했다.[109] "일본제국의 지배를 이완시키는 사태"는 강력한 탄압과 규제의 대상이 되었다.[110] 우가키는 1935년 '국체명징' 성명 이후 정체(政體)와 일체화된 국체관에 입각한 일본의 사상통제 강화정책에 조응하여 심전개발운동을 전개하며 일본천황제 국체를 받아들이고 조선총독의 시책에 무조건적으로 순응하지 않으면 처벌의 대상으로 삼았다.[111] 이러한 사상통제정책은 조선을 만주와 일본을 잇는 핵심 지역으로 개발하기 위한 총동원 지배이데올로기 정책이었다.

---

107 李淳衡, 1999, 앞의 글, 177쪽.
108 최유리, 1997, 『일제 말기 식민지 지배정책 연구』, 국학자료원, 25쪽.
109 宇垣一成, 1970, 앞의 책, 870-871쪽.
110 宇垣一成, 1970, 위의 책, 894쪽.
111 전상숙, 2005a, 앞의 글.

2. 중일전쟁에 '조선병참기지화'로 솔선한 미나미 지로 7대 총독

우가키가 조선총독으로 재임해 있는 동안 일본에서는 '혁신'을 내세운 영관급 장교들의 쿠데타가 잇따랐다. 또한 1931년 관동군이 독자적으로 도발한 만주사변은 일본 정부가 추인하게 됨으로써 정당내각이 군부의 행동을 통제할 수 없다는 사실을 증명한 것이 되었다. 뒤이은 5·15사건으로 정당내각이 무너지고 사이토를 수반으로 '거국일치(擧國一致)'를 표방한 중간내각으로 군부내각이 들어서는 도화선이 되었다. 거국일치 사이토 내각은 만주국을 건국하고 만주철병을 요구하는 국제연맹의 결의를 거부하며 국제연맹을 탈퇴했다. 또한 군비강화에 걸림돌이 되는 워싱턴군축조약을 일방적으로 파기했다. 열강과 본격적으로 대립하기 시작한 일본은 국제적으로 고립되어갔다.[112]

'거국일치'를 표방한 내각수상 사이토는 조선총독 시기에 추진했던 조선 통치 구상의 핵심 중 하나였던 조선인 참정권 문제를 조선 귀족 박영효와 조선식산은행 총재인 아루가 미쓰토요(有賀光豊)를 귀족원 칙선 의원에 추천함으로써 실천에 옮겼다.[113] 한편 사이토 내각의 수립은 세계대전 이래 확산된 총력전사상이 전쟁에 의한 '거국일치' 곧 전쟁을 지휘하는 군부에 의한 거국일치로 연계된 것이었다. 전쟁 수행에 찬성하지 않는 사람들은 거국일치에 동조하지 않는 사람들로서 비애국적인 사

---

112 이향철, 1987, 앞의 글, 147-156쪽.
113 전상숙, 2012, 앞의 책, 128-159쪽.

람들로 규정되어 정치에서 배제되었다. 그러므로 지도층 내에서 총력전체제의 구축과 방법을 둘러싼 갈등과 분열이 상존했다.[114] 사이토 수상의 조선인 귀족원 칙선의원 임명은 그러한 이견의 일부를 표출한 것이었다.

사이토의 거국일치 내각은 정당정치가 종말을 고하고 파쇼적 군부내각으로 넘어가는 교량 역할을 했다. 1934년에 총리대신을 사임한 사이토는 1935년 12월에 천황의 최측근인 내대신이 되었다. 그리고 1936년 2월 26일 육군 황도파 청년장교들의 쿠데타 시 저격당해 생을 마감했다. 일본 육군 황도파 청년장교들이 '쇼와유신(昭和維新)'과 '손노토오칸(尊皇討奸, 간신배 척살 천황 중심 정치)'을 주창하며 일으킨 쿠데타 미수사건인 2·26사건은 군부가 통제파를 중심으로 '숙정(肅正) 작업'을 벌여서 황도파를 제거하는 결과를 낳았다. 3월 사건 이후 우가키 군벌을 대체해간 군부 내 황도파와 통제파의 파벌항쟁에서 통제파가 육군을 장악하며 영향력을 확대하기 시작한 것이었다. 2·26사건 이후 군의 일원적 통제가 회복되어 '위로부터의' 파시즘체제화가 본격 추진되었다.[115]

황도파가 몰락하자 기회가 왔다고 판단한 우가키는[116] 하라다 수상의 만류를 뿌리치고 조선총독을 사임하고 일본으로 돌아가 고대하던 '천황'의 '대명'을 받았다. 우가키는 정우회 총재파와 민정당 주류파의 정민연휴(政民連携) 운동에 힘입어 조각의 기회를 얻었다. 그렇지만 예상치 못

114　須崎愼一, 1999, 『日本ファシズムとその時代』, 大月書店, 369쪽.
115　高橋正衛, 1965, 『二·二六事件: 「昭和維新」の思想と行動』, 中央公論社, 119-133쪽; 石田雄, 1976, 「'ファシズム期'日本における傳統と'革新'」, 『思想』 619; 이향철, 1987, 앞의 글, 156-159쪽.
116　宇垣一成, 1970, 앞의 책, 843-844쪽.

한 난관에 부딪혀 조각에 실패했다. '혁신'을 주창한 통제파가 주도하는 육군이 1936년 5월에 부활된 「육군대신현역무관제」를 근거로 육군대신을 임용하지 않아 우가키의 조각을 저지했기 때문이다.[117]

군의 뜻으로 우가키의 조각을 저지한 것은 육군참모부 작전부장 이시와라 간지(石原莞爾, 1889-1949)였다. 관동군 작전주임 참모로서 만주사변을 일으킨 인물이자 2·26사건을 참모본부 제2작전과장으로서 진압했던 이시와라를 비롯한 혁신 장교들에게 우가키는 구시대의 인물이었다. 그들은 조선보다 만주 개발을 중시했다. 우가키가 수상이 되면 '혁신' 군부가 만주국을 소련에 대한 전진기지로 개발하기 위하여 심혈을 기울이고 있는 '36개사단계획'이나 '산업개발 5개년 계획'에 장애가 될 것이었다.[118]

우가키는 스스로 '혁신'임을 자임했지만 3월 사건 이후 그는 '군사적 합리성'을 추구하는 인물이 아니라 '정권을 추구'하는 인물로 간주되었다. 그의 정당·재벌과의 관계와 외교관·대륙정책에 대한 입장 등은 재래의 번벌세력과 결이 같은 것으로 '서정일신(庶政一新)'을 도모하는 통제파의 '혁신'과 대립하는 것이었다.[119]

1920년대 말 1930년대 초 일본에서 부상한 '혁신' 세력은[120] 메이지

---

117 이형철, 1991, 『일본군부의 정치지배-15년 전쟁기(1931-45)의 민군관계연구-』, 법문사, 115-116쪽.

118 井上淸, 1980, 『宇垣一成』, 朝日新聞社, 32쪽.

119 佐佐木隆, 1979, 「陸軍'革新派'の展開」, 『宇垣昭和期の軍部』, 山川出版社, 14쪽, 16쪽; 加藤陽子, 1993, 앞의 책, 227-236쪽; 橫山臣平, 1973, 앞의 책, 279-280쪽.

120 일본의 '혁신'세력은 제1차 세계대전을 통해서 대두한 총력전 사상을 갖고 만주사변을 일으킨 군통제파와 영·미협조주의 외교관을 견지하며 재벌과 결탁하여 기득권을 누리고 있는 재래의 군벌타도·반독점·공익 우선주의를 주창하며 국내 정치구조

유신의 목표였던 국가 통일과 팽창주의적 자립 및 사회정의 수립이 입헌정치 아래서 완수되지 않았으므로 메이지유신의 목적을 완수해야 한다는 입장이었다. 황도파의 유신 완수 방법이 일본천황 중심의 '이상주의 역사관'이었다면, 통제파의 역사관은 '정치와 국가 전략에 대한 실용주의적이고 공리주의적인 역사관'을 갖고 합법적인 방법으로 세력을 확장하여 군부의 전권 아래 정치체제를 재편성해 국가총력전체제를 구축해야 한다는 것이었다. 통제파의 국가총동원체제는 만주를 거점으로 군부가 주도하는 국가의 혁신을 지향했다.[121] 이시와라가 2·26사건을 진압하여 군부 내 헤게모니를 통제파가 장악하고 우가키의 조각을 좌절시킨 것은 군과 내각을 '혁신' 통제파의 영향력 아래 둔 것이었다. 통제파의 육군 대륙정책 구상을 실현하기 시작한 것이었다.

그들은 2·26사건 이후 관동군 통제파와 이념적 공감대를 형성하고 있던 '혁신관료들'[122]과 뜻을 같이하여 정부와 경제 주요 부처에서 요직을 점했다. 조선에 「중요산업 통제법」의 적용을 강조하며 정치체제 개편('혁신')을 본격화했다. 1936년 8월에 일본 정부는 5상(수상, 육상, 해상, 장상, 외상) 회의에서 '국책 대강'을 결정했다. 이 '국책 대강'은 이후 태평양

의 혁신을 주창한 관료들을 말한다. 이들은 '제국일본의 발전'이라는 관점에서 대륙정책을 추진하며 국내 정치구조를 혁신하여 영·미와의 전쟁에서도 생존할 수 있는 식민지를 포함한 일본의 자급적 광역경제권 구축을 지향한 총력전체제, 대동아공영권을 주창했다(찰머스 존슨 저, 장달중 역, 1984, 『일본의 기적』, 박영사, 130-132쪽; 이향철, 1987, 앞의 글, 136-157쪽; 黑野耐, 2002, 앞의 책, 95-99쪽·207-208쪽; 장형익, 2009, 앞의 글; 전상숙, 2012, 앞의 책, 167-216쪽).

121 T. 나지타 저, 박영재 역, 1992, 『일본근대사: 정치항쟁과 지적 긴장』, 역민사, 165-175쪽.

122 찰머스 존슨, 1984, 앞의 책, 130-132쪽; 吉川隆久, 1990. 4, 「革新官僚の思想と行動」, 『史學雜誌』 99-4.

전쟁으로 이어진 군부독재의 기본 구상이었다.[123] 군부는 본격적으로 국가총동원기관을 설치해야 할 필요를 확인하고 국책 차원에서 만주 산업개발 5개년 계획을 입안했다.[124] '광의국방(廣義國防)'과 '서정일신(庶政一新)'이 제정되고 경제와 재정 및 국민 생활 모두 군국주의 일색으로 되었다. 2·26사건을 경계로 국민 대중의 총력을 단번에 국가 목적이라는 이름으로 동원하는 체제 정비 작업 곧 군부파시즘체제 정비 작업이 시작되었다.[125]

이러한 때 우가키의 추천으로 미나미가 조선총독으로 부임했다. 미나미 총독은 만주사변 소식을 들은 우가키가 "나의 대리자"라고 할 정도로 군부에서 대표적인 우가키계로 분류되었다.[126] 그는 우가키의 추천으로 그의 뒤를 이어 육군대신과 조선총독이 되었다. 미나미는 러일전쟁 이후 관동도독부 참모를 지내고 1910년부터 유럽에서 2년 동안 군사 유학을 했다. 1929년 8월부터 1930년 12월까지 조선주둔 일본군사령관을 지냈고, 이후 우가키의 후임으로 1931년 4월에 육군대신이 되었다. 그러나 만주사변에 대한 책임과 청년장교들의 지지를 얻지 못해 1931년 12월에 교체되었다. 1934년에 미나미의 후임 아라키 육군대신이 사임하며 황도파가 힘을 잃었고 하야시 센주로(林銑十郎, 1876-1943)가 육군대신으로 취임하자 통제파 세력과 제휴했다. 그리고 통제파에게

---

123 井上淸, 1989, 『昭和天皇の戰爭責任』, 明石書店, 12쪽.
124 岸信介, 1936, 「重要産業統制法の改正を通じて見ずる我國産業統制法の動向」, 『商工經濟』 2-4, 33-34쪽; 淺田喬二·小林英夫 編, 1986, 『日本帝國主義の滿洲支配』, 時潮社, 596-597쪽.
125 전상숙, 2005a, 앞의 글, 314쪽.
126 宇垣一成, 1970, 앞의 책, 812-813쪽.

우가키를 배제하는 움직임을 철회하라는 제안도 했다.[127]

하야시는 만주사변 발발 당시 조선군사령관으로서 선전칙령(宣戰勅令)에 따르지 않고 독단으로 조선주둔군을 이끌고 월경해 만주를 침공했기 때문에 '독단월경사령관(獨單越境司令官)'이라고 불린 인물이었다. 당시 육군대신이었던 미나미가 와카쓰키 레이지로(若槻禮次郎) 수상에게 만주사변이 중국군의 대공포화 때문에 멈출 수 없는 자위 행동이었다고 보고하여 그를 도운 인연이 있었다. 1934년 12월에 관동군사령관이 된 미나미는 만주국의 군사권과 행정을 총괄하며 동북3성을 순차적으로 점령하는 정책을 확대시켰다. 2·26사건 후에 사임하고 우가키의 추천으로 조선총독이 되었다.[128]

미나미는 대표적인 우가키계로 분류되지만 우가키가 평화외교로 일본의 국제적인 고립을 예방하고자 했던 것과는 달리 국제연맹을 탈퇴해서라도 일본이 자유롭게 활동해야 한다는 입장이었다. 이 점에서 소련과 불가침조약 체결을 시도하고 영·미와 충돌하더라도 적극적으로 중국에 진출해야 한다는 북수남진(北守南進)정책을 추진한 통제파와 접점이 있었다. 통제파와 제휴한 미나미는 북수남진정책의 선봉에 선 관동군의 사령관이었다.[129] 따라서 만주 인식에도 우가키와 차이가 있었다.

우가키의 일선만블럭론이 '정공업지대 일본-조공업지대 조선-농업과 원료지대 만주'를 묶는 제국주의 발전 모델이었던 데 비해서 통제파는 영·미와의 대결도 불사해 만주를 일본의 독자적인 권역으로 확보하

---

127 北岡伸一, 1979, 「陸軍派閥對立(1931-1935)の再檢討」, 『昭和期の軍部』, 山川出版社, 66-77쪽; 升味準之輔, 1980, 『日本政黨史論 6』, 東京大學出版會, 123-147쪽.
128 御手洗辰雄 編, 1957, 『南次郎』, 南次郎傳記刊行會.
129 北岡伸一, 1979, 앞의 글, 66-82쪽; 升味準之輔, 1980, 앞의 책, 123-147쪽.

고 중국으로 진출하려 했다. 만주국을 완충지대로 구상한 우가키와 달리 통제파와 관동군은 만주를 중국 진출을 위한 대륙병참기지로 공업화하려 했다. 관동군은 만주의 군수공업화 육성을 계획하고 이를 '중요산업의 국가 통제' 방침으로 정해서 시행했다. 그리하여 국제연맹 탈퇴 이후 본격화된 일본의 국제적 고립은 1934년 12월의 워싱턴조약 단독 폐기와 1936년 1월의 런던군축회담 탈퇴로 서양 열강과 대립각을 세우며 심화되어갔다.[130]

혁신·통제파와 같이한 미나미의 외교와 만주 인식은 그가 조선총독이 되었을 때 '광의국방(廣義國防)의 완성'과 '선만일여(鮮滿一如)'로 제시되었다. 조선총독 미나미는 우가키와는 대조적으로 통제파 군부의 입장에 있었다고 할 수 있다. 그렇지만 관동군사령관이었던 미나미는 통제파의 반자본 입장과는 달리 군부와 자본이 동거하는 만주의 안정기를 이끌었다. '국방북진정책'에서는 통제파와 같았지만, 혁신관료와 통제파가 주장하는 '혁신'의 요체인 '공익적' 관점에 선 '반독점·반재벌'에는 입장을 달리했다.

이 점에서 미나미는 혁신 관료와 통제파가 기피하는 대상의 하나였다. 또한 조선총독이 된 미나미는 전임 우가키 총독의 일선만블록개발론처럼 자본과 결합하여 조선의 산업개발을 추진하는 입장이었다.[131] 조선 통치관에서 우가키와 관점을 같이한 미나미의 통치는 조선공업화를 추진한 우가키의 정책을 계승·조정하는 방식으로 실시되었다. 이 과정

---

130 桶口弘, 1941, 『計劃經濟と日本財閥: 轉換期日本財閥の對立的構成』, 味燈書屋, 214-220쪽; 伊藤隆, 1969, 『昭和初期政治史研究: ロンドン海軍軍縮問題をめぐる諸政治集團の對抗と提携』, 東京大出版會.

131 淺田喬二·小林英夫 編, 1986, 앞의 책, 153-156쪽.

에서 미나미는 일본 정부가 조선공업화를 인정하지 않을 수 없게 하는 정치력을 발휘했다.

미나미와 통제·혁신파 사이에 존재하는 만주와 조선의 개발에 대한 입장 차이는 미나미가 조선총독이 되었을 때 '조선산업화'에 대한 이견으로 표출되었다. 무엇보다도 일본 정부는 국책·국방 차원에서 일본의 총력전체제 구축을 본격화하고자 일만블록을 추진했기 때문에 만주 산업개발과 경제적으로 마찰을 일으키는 한반도의 산업화를 반대했다. 기본적으로 그들은 반도 조선에 더 이상 관심이 없었다. 이미 '일본제국'의 일부가 된 조선은 작은 산악지대로서 섬나라 일본을 개발의 여지가 풍부한 만주와 몽골 이북 대륙으로 연결하는 연육교일 뿐이었다.[132]

이에 대하여 미나미는 현실적으로 본국의 '일만지(日滿支)' 총력전체제 구축을 인정하면서도 조선총독으로서 우가키처럼 본국의 총력전체제 구축에 한반도의 입지를 설정했다. 그러나 우가키와는 달리 일본 정부의 일만블록에 '선만일여'를 통한 '일선만지' 블록론을 제시하여 일본 총력전체제에 기여하는 반도 조선의 입지를 설정하고 인정받고자 했다. 조선산업화를 둘러싼 일본 정부와 미나미 총독의 입장 차이는 결국 미나미가 중일전쟁 발발을 계기로 조선총독의 '상대적 자율성'에 의거한 우가키의 조선산업화를 전시적으로 재편하여 '조선병참기지화'정책을 추진하는 것으로 전개되었다. 그리하여 일본에서 혁신파가 1941년 '적색 사건'으로 몰락할 때까지 미나미의 조선 지배정책과 일본기획원을 중

---

132 윤건차, 2003, 『한일 근대사상의 교착』, 문화과학사, 198-201쪽; 방기중, 2004, 앞의 글, 87-89쪽; 전상숙, 2012, 앞의 책, 212-214쪽.

심으로 한 혁신 관료들이 이끄는 일본의 총력전체제 구축 정책은 정치적으로 긴장과 조정을 반복하는 길항관계를 형성했다.

1) '조선 통치 5대 정강'과 대륙전진병참기지정책

1936년 8월 5일 미나미 지로(南次郎, 1874-1955)가 우가키의 후임 조선총독으로 임명되었다. 미나미는 조선총독으로 내정되었을 때 '조선'에 일본천황이 방문할 수 있게 하는 것과 징병제의 실시를 조선 통치 목표로 정했다.[133] 일본천황이 방문할 수 있을 정도로 한반도를 내지처럼 안정화시키겠다는 포부를 밝힌 것이었다. 미나미는 조선총독으로 취임하기 직전 성명서에서 "동양 평화의 근간은 일·만 양국의 불가분의 관계를 더욱 견고히 하는 데 있으며 조선과 만주국은 접경하고 있기 때문에 양 민족은 하나로서 공존공영"하지 않으면 안 된다고 했다.[134] 이것이 1937년 5월에 발표한 '조선 통치 5대 강령' 중 '선만일여' 슬로건으로 제시되었다. 미나미 총독의 '선만일여'는 "일만일체(日滿一體) 필연의 내용으로서 선만일여(鮮滿一如)의 실체 성립"을 목적으로 한다는 시정방침이었다.[135] 이는 미나미가 조선 통치의 "중점은 만주국과의 불가분 관계를 더욱 증가하는 데 근저가 있다"고[136] 한 바와 같이 조선을 만주와 함께 일본이 대륙으로 진출하는 데 일익을 담당하게 하겠다는 것이었다.

미나미가 조선총독이 되었을 때 일본에서 군 통제파와 혁신 관료들

---

133 御手洗辰雄 編, 1957, 앞의 책, 434-445쪽.
134 朝鮮總督府, 1940, 앞의 책, 409쪽.
135 御手洗辰雄 編, 1957, 앞의 책, 435쪽.
136 朝鮮總督府, 1940, 앞의 책, 409쪽.

은 급격히 총동원체제 구축을 추진하며 「중요산업 통제법」을 조선으로 확대하고자 했다. 이는 1936년 8월 국가정책 차원에서 준비한 만주 산업개발 계획을 제도적으로 정비하여 진행하는 것을 급선무로 한 것이었다. 우가키 총독의 '조선특수성론'에 의거한 '자치통제' 방침의 조선산업화에 통제를 가하는 것이었다.[137]

미나미는 우가키가 1936년 2·26사건 직후 3월에 조선총독 사임을 본국에 요청했다가 반려된 후 7월에 재차 청원하여 조선총독의 교체가 결정되는 과정을 거치며 조선총독으로 임명되었다. 우가키의 사의 표명 이래 미나미의 취임을 전후하여 조선총독부는 원칙적으로 본국에 협조하는 통제 방침으로 변하고 있었다.[138] 그러나 미나미가 조선총독으로 확정되어 8월 24일에 우가키로부터 사무 인계를 받을 때 조선총독부 식산국은 종전처럼 자치통제 방침을 밝혔다. 이에 입각하여 「중요산업 통제법」을 조선에 시행하는 문제를 논하는 조선산업경제조사회에 임하라고 전달했다.[139] 이때는 우가키의 조각이 논의되던 시점이었다.

조선총독으로 부임한 미나미는 우가키의 조각이 유산된 후인 1936년 10월에 일본 정부의 조선에 대한 경제통제법 적용 문제를 해결하기 위하여 우가키 총독이 기획했던 조선산업경제조사회에 참석했다. 일·선·만 관련 인사 76명이 참가한 이 조사회에서 미나미는 조선산업화와 자치통제 문제를 해결했다. 그는 여기서 '일만불가분 강화의 국책수행'과 '광의국방의 완성'을 천명했다.[140] 이것은 농공병진정책이 일본

---

137 전상숙, 2009a, 앞의 글, 124-171쪽.
138 鈴木正文, 1938, 『朝鮮經濟の現段階』, 帝國地方行政學會朝鮮本會, 106쪽.
139 穗積眞六郞, 1936, 「重要産業統制法に就て」, 『朝鮮工業協會會報』 41號, 97쪽.
140 朝鮮總督府, 1936, 『朝鮮産業經濟調査會議錄』 8-9, 朝鮮總督府, 8-9쪽.

총력전체제 엔블록의 일만블록에 종속적인 위치라고 인정하여 우가키의 노선을 수정한 것이었다.

그렇지만 이것은 다른 한편으로 미나미가 본국 정부의 대륙정책에 대하여 조선의 독자적인 입지를 고집하지 않고 만주와 접한 반도라는 지리적 위치를 활용하여 '선만일체'와 '선만일여'의 논리로 조선 산업개발이 일본총력전체제 구축에 기여하는 의미를 우회적으로 제시해 부정할 수 없게 한 것이기도 했다. 그리하여 일본 정부가 종래 인정하지 않던 조선산업개발의 블록적 의의를 인정하게 하는 결과를 낳았다. 일본 정부는 조선산업의 진흥이 국책과 국방 차원에서 중요하다고 공식적으로 인정했다.[141]

미나미는 일본 정부의 일만블록에 조선의 위치를 설정했다고 할 수 있다. 그 결과 논란이 되었던 「중요산업 통제법」의 조선 시행을 결정하되 일본과는 다른 '조선의 특수성'을 인정하여 통제의 권한을 조선총독에게 주고 본국은 간섭하지 않기로 합의되었다.[142] 그리하여 미나미는 조선총독으로 부임하며 표방한 '일만일체'와 그 필연으로 규정했던 '선만일여' 정책의 방향을 선명히 했다.

미나미는 1937년 4월 20일에 개최된 도지사회의에서 조선산업개발과 조선 통치의 기본 방침으로 '조선 통치 5대 정강'을 공포했다. 조선 통치 5대 정강은 국체명징(國體明徵), 선만일체(鮮滿一體), 교학진작(敎學振作), 농공병진(農工竝進), 서정쇄신(庶政刷新)이었다. '선만일체'는 조선

---

141 伊藤隆, 1989, 「'國是'と'國策'·'統制'·'計劃'」, 『日本經濟史 6』, 岩波書店, 347-353쪽; 방기중, 2004, 앞의 글, 80쪽; 전상숙, 2012, 앞의 책, 232-234쪽.
142 방기중, 2004, 위의 글, 94-97쪽; 전상숙, 2009a, 앞의 글, 132-133쪽.

산업개발과 관련한 새로운 슬로건이었다. 일본 정부의 일만일체(日滿一體)에 부응하여 만주산업개발5개년계획에 대한 적극적인 호응을 강조한 것이었다. 미나미는 우가키가 시작한 '농공병진'정책을 조선산업개발의 기본 노선으로 설정해 전면 확대 강화하겠다고 했다. 그는 농공병진의 목적이 선만일체·선만일여(鮮滿一如)라는 대방침에 기초하여 일만블록의 '국책 대강'에 순응하고 '광의국방'을 완성하기 위한 엔블록의 생산력 확충에 부응하는 데 있다는 점을 재차 강조했다.[143]

이에 따라서 "국책공업"의 '진흥'이 새롭게 강조되었다. 무산철광 개발계획이 진행되고 "연료국책의 달성"이라는 취지 아래 인조석유사업과 무수알콜 증산계획이 추진되었다. 섬유자원 확보를 위한 면화와 양모 증산계획, 펄프의 증산 등이 강조되었다.[144] 이와 함께 미나미는 만주국·관동군과 협력을 강화했다. 한인 항일운동자들에 대한 공동 대책을 기하면서 만주와 조선 간 국경교량협정, 조선 북부 3항 시설의 확충, 압록강 공동기술위원회의 설치, 수력발전협정, 선만척식회사의 설립, 통관과 우편 및 수산 협정 등을 추진했다.[145]

그렇지만 미나미의 선만일체와 농공병진 강화정책은 여전히 일본 정부의 관심 밖에 있었다. 군 통제파와 혁신 관료들이 주도한 만주산업개발5개년계획에 25억 엔의 자본이 투자되고 신흥 재벌 닛지쓰가 만주중공업을 설립하며 만주 개발이 본격화된 것과 대조적이었다. 따라서 막대

---

143 「道知事會議に於ける南總督訓示」, 1937.5, 『朝鮮』, 5-6쪽; 방기중, 2004, 앞의 글, 100쪽.

144 「道知事會議に於ける南總督訓示」, 1937. 5, 『朝鮮』, 5-6쪽; 「道知事會議に於ける大野政務總監訓示」, 1937. 5, 『朝鮮』, 13-14쪽.

145 殖産局相工課, 「鮮滿一如の經濟的施設に付て」, 1937. 6, 『朝鮮』, 172-176쪽.

한 자금을 필요로 하는 조선산업개발은 비용을 조달하는 것이 관건이었다. 뿐만 아니라 조선의 엔블록에 대한 종속적인 위치는 만주와 무역마찰 등 자본과 시장의 충돌이 예상되어 현실적으로 구현하기 어려운 일이었다.[146]

때문에 엔블록에 기여하는 조선의 위치를 설정하여 일본 정부의 인정을 받는 것이 정책적·정치적으로 중요했다. 미나미가 관동군사령관 당시 고문으로 발탁하여 조선총독부 정무총감으로 함께한 내무관료 출신 오노 로쿠이치로(大野綠一郎)가 적시했듯이 "내선만(內鮮滿)"간의 "복잡한 상극관계"를 적당히 처리하여 안배하는 것이 정치적으로 중요했다. 그것은 "하나의 제국 국책으로서 내선만 일체의 구체적인 방책을 만드는 것"이었다.[147] 미나미는 1937년 6월 15일에 제1차 고노에 내각이 '재정 3원칙(국제수지 적합, 물자수급 조정, 생산력 확충)'을 결정하자 6월 18일에 만주산업개발5개년 계획에 조응하는 '조선산업개발5개년계획'을 수립하여 1938년부터 시작하기로 결정했다.[148]

이러한 시책은 2·26사건을 경계로 국민 대중의 총력을 일거에 국가 목적이라는 이름으로 동원하는 체제정비 작업이 시작된 일본 상황에[149] 적극 부응한 것이었다. 일본 정부는 총동원 실시가 "군의 사활 문제"이자 "경제의 안정을 기하기 위해서도 중대한 관계를 갖고 있다"는 입장에서

---

146 鈴木正文, 1938, 앞의 책, 99-103쪽·188-189쪽; 윤건차, 2003, 앞의 책, 198-201쪽.
147 「鮮滿産業貿易懇談會」, 1937. 6, 『朝鮮』, 159쪽.
148 全國經濟調査機關聯合會朝鮮支部 編, 1939, 「朝鮮經濟日誌」, 『朝鮮經濟年譜』, 改造社, 21쪽.
149 하마구찌 하루히코저, 김석근 역, 1988, 『근대일본의 지식인과 사회운동』, 삼지원, 195쪽.

총동원을 구현하는 데 박차를 가했다.[150] 이미 혁신·통제파 군부는 1935년에 국가총동원을 준비하기 위하여 각 성을 초월한 국책 종합 통제기관으로 내각조사국을 설치했다. 국가총동원을 준비하는 국책의 통일을 기하며[151] 이 기관의 실권을 장악해 발언권을 강화했다. 군부대신 현역무관제를 부활하는 등 군부파시즘 독재체제를 구축하며 1936년 8월에 군부독재의 기본 구상인 '국책 대강'을 결정했다. 국책 대강은 동아시아 대륙에서 일본의 지위를 확보하고 남방해양으로 발전하는 것을 근본 국책으로 했다. 북방 소련의 위협을 제거하고, 미·영에 대비하여 일본·만주국·중국 3국간에 긴밀히 제휴하며, 남방 해양 특히 외남양 방면으로 발전을 꾀하는 것이었다.[152] 이를 위해 '광의국방'과 '서정일신'이 제창되고 모든 국민생활이 군국주의 일색으로 바뀌었다.[153]

1937년 5월에 내각조사국을 기획청으로 재편하여 요직을 차지한 군은 관료기구처럼 지도권을 행사할 수 있게 되었다. 6월에는 조선군사령부에 조선인 병역 문제에 대한 의견 제시를 요구했다. 이에 조선군사령부가 작성한 '조선인 지원병제도에 관한 의견'은 조선인에게 황국의식을 확실히 갖게 해서 장래 일본의 병역 문제를 해결하는 시험적인 제도로 조선인 청년을 지원 형식으로 현역에 복무시킬 것을 제안했다.[154]

이러한 때 1937년 7월 7일 노구교 사건이 발발했다. 노구교 사건은

---

150 由井正臣, 1973, 「總力戰準備と國民統合」, 『史觀』 86·87, 108쪽; 전상숙, 2004b, 앞의 글, 246쪽.
151 鈴木隆史, 1970, 「總力戰體制と植民地支配: '滿洲'の場合」, 『日本史研究』 11, 96쪽.
152 外務省 編, 1966, 『日本外交年表竝主要文書 下』, 原書房, 544-545쪽.
153 井上淸, 1989, 앞의 책, 425쪽.
154 朝鮮軍司令部, 「朝鮮人志願兵制度に關する意見」, 『季刊現代史』 6, 352쪽.

군부가 총동원체제 구축을 전격화하는 전환점이 되었다. 당초 일본 정부와 참모본부의 실질적인 책임자이자 만주사변의 주역인 이시와라는 만주사변의 경험을 바탕으로 국력을 신장하기 위하여 전쟁을 확대하지 말 것을 주장했다. 그러나 고노에 수상과 히로다 외상은 육군 강경파의 파병안을 수용하여 전면전으로 들어섰다. 1937년 7월 산업통제 관련 법안을 가결한 일본 정부는 전면전에 대비하여 총동원 계획의 일부를 실시하기로 했다. 8월 28일에는 '국민정신 총동원 실시 요강'을 결정하여 국민정신동원·전시총동원을 결의했다. 9월 2일에 총동원을 실시하는 범위와 정도를 결정한 '지나사변에 적용해야 할 국가총동원 계획 요강'을 결정했다. 이전까지 '북지사변(北支事變)'이라고 하던 것을 '지나사변(支那事變)'이라고 했다. 이어서 9월 4일에 제72회 임시의회를 소집했다. 여기서 군수공업동원법 적용에 관한 법률과 수출입품 등에 관한 임시 조치에 관한 법률, 임시자금조정법 등 군수동원과 총동원에 관련한 중요한 전시 입법의 실시가 결정되었다.[155]

1937년 10월 25일에 기획청과 자원국을 통합하여 총동원을 통괄하는 기획원이 설치되었다. 기획원은 군부의 헤게모니 아래 각 성의 전문 관료들 특히 혁신 관료들을 동원한 관료기구였다. '혁신 관료'들의 근거지가 된 기획원은 전시총동원을 위한 경제체제를 '공익 우선주의'에 입각한 국가 경제계획과 강력한 경제통제를 통하여 확립하고자 했다. 국가 총동원법과 물자동원 계획이 기획원의 긴급 과제가 되었다.[156]

---

155 안자코 유카, 2006, 「조선총독부의 '총동원체제'(1937-1945) 형성 정책」, 고려대학교대학원 박사학위논문, 67-68쪽.
156 由井正臣, 1973, 앞의 글, 108쪽; 古川隆久, 1987, 「國家總動員法をめぐる政治過程」, 『日本歷史』 469; 古川隆久, 1992, 『昭和戰中期の綜合國策機關』, 古川弘文館.

이렇게 노구교 사건은 만주사변 이래 국가사회주의의 세례를 받은 관동군 통제파와 혁신 관료들이[157] 단기간에 국가총동원 관련 법제와 기관을 창설하며 전시총동원체제를 구축하는 전환점이 되었다.

이러한 정세변화는 조선총독 미나미에게 직접적으로 영향을 미쳤다. 미나미는 만주와 접한 조선의 지정학적 위치를 활용한 '선만일여'를 통하여 '일선만지' 곧 조선을 통해서 만주 이북으로 팽창해가는 '병참기지정책'을 선언했다. 중일전쟁은 미나미 총독에게 조선병참기지화와 이를 위한 '자치통제'에 의한 조선공업화를 실천하는 방침을 굳히는 배경이자 명분이 되었다. 미나미는 1937년 7월 임시도지사회의에서 "내선일체인 반도 민중에게" "널리 시국의 중대성을 철저히 주지시킬 것"을 지시했다.[158] 그리고 본국의 내각정보위원회를 본뜬 조선중앙정보위원회를 조선총독부에 설치했다.

조선중앙정보위원회는 내각정보위원회처럼 정보의 개발과 선전에 관한 중요 사항을 조사, 심의하고 연락, 조정하는 최고기관이었다.[159] 정무총감을 위원장으로 하여 조선총독부 각 부 국장과 과장, 조선군참모장, 진해요항부사령관, 조선헌병사령관 등이 참가했다. 조선총독부의 사상과 정보에 대한 대책을 수행하면서 전시 한국인의 사상을 통제하여 '국민정신을 앙양'하여 전쟁협력체제를 확립하기 위한 기구였다.[160] 일본

157　小林英夫, 1975, 『'大東亞共榮圈'の形成と崩壞』, 御茶の水書房, 47-53쪽.

158　朝鮮總督府, 1940, 「國民精神總動員專賣聯盟の指導者講習會に於ける政務總監訓示」, 『朝鮮に於ける國民精神總動員』, 朝鮮總督府, 107쪽.

159　堂本敏雄, 1939, 「朝鮮に於ける情報宣傳」, 『朝鮮』 1939년 0월호, 26쪽.

160　堂本敏雄, 1939, 위의 글, 26쪽; 君島和彦, 1977, 「朝鮮における戰爭動員體制の展開過程」, 藤原彰·野澤豊 編, 『日本ファシズムと東アジア』, 靑木書店, 83쪽.

에서 내각정보위원회가 설치되고 대만에서 대만임시정보부가 설치되자 조선총독부는 7월 27일부터 8월 20일까지 조선에 각도정보위원회를 설치했다.[161] 이렇게 미나미는 단기간에 조선총독부를 식민지 총동원체제로 구축해갔다.

무엇보다도 미나미는 한국인의 정세 인식과 사상을 통제하는 데 주력했다. 조선중앙정보위원회를 조선총독부와 육해군을 중심으로 조직한 것이 이를 대변한다. 미나미는 1937년 8월 18일에 개최한 '시국선전 방책에 관한 간담회'를 필두로 각 학교에 '애국일'(9월 6일)을 설정하고 '국체명징과 내선일체, 그리고 위난극복의 정신'을 확립하기 위한 행사들을 실시했다. 9월에는 총독부 관방문서과 내에 보도계를 신설하여 '시국 인식에 필요한 자료 공급 사무를 개시'하고, 동시에 자원과를 설치하여 조선총동원계획 관련 업무와 방공계획 전반 업무를 관장하게 했다.[162]

1937년 9월에 미나미는 제1회 산업부장회의를 개최했다. 여기서 그는 "대륙작전군에 대하여 내지로부터 해상수송로를 차단당하는 경우가 있어도 조선의 능력만으로 그것을 보충할 수 있을 정도까지 조선의 산업 분야를 다각화하고, 특히 군수산업의 육성에 역점을 두어 만전을 기할 필요가 있다"고 훈시했다. 이는 사실상 본국에 대한 '조선 병참기지화 의지'를 표명한 것이었다.[163] 같은 9월에 「조선산금령」이 공포되어 정화(正貨) 준비와 확보를 위한 산금정책 강화를 성명했다. "제국의 장래는 오늘날 금의 증산을 두 배로 기대해야" 한다고 했다. "오늘 그 대책을 강

---

161 君島和彦, 1988, 「조선에 있어서 전쟁동원체제의 전개과정」, 최원규 엮음, 『일제말기 파시즘과 한국사회』, 청아출판사, 173-174쪽.
162 朝鮮總督府, 1940, 앞의 글, 548쪽.
163 御手洗辰雄, 1942, 『南次郎の朝鮮統治』, 京城日報社, 40-41쪽.

구하지 않으면 후일 후회하게 될 것"이라며 "금후의 산금정책을 추진시켜야 한다"고 강조했다.[164] 이러한 시책들과 함께 농촌진흥운동의 갱생계획은 사실상 백지화되고, '식량증산을 위한 부락생산확충계획'으로 전화되어 전시체제에 부응하는 운동이 되었다.[165]

한편 조선군사령부는 육군성의 요청으로 1937년 11월 '조선인지원병제도 실시요항'을 작성해 제출했다. 조선군사령부는 장기적으로 조선인을 일본군 병역으로 활용하는 방안을 제시했다. 조선인청년지원병제도에서 더 나아가 전시 조선인의 사상통제를 극대화할 수 있는 방안도 제안했다. 지원병으로 나갔다가 현역으로 만기 제대했거나 하사관으로 임관된 후 제대한 한인을 '재향군인'으로서 병적을 유지하게 해 활용하자는 것이었다. 조선군사령부는 육군성에 그들이 군사교육을 통해서 체득한 일본군 정신을 일상에서도 유효하고 적절하게 활용할 필요가 있다고 했다. 그들을 적극적으로 규율을 통제하는 경찰관이나 소비조합원 등 관공리 단체원으로 채용하여 조선 민중 일반에게 국체 관념을 배양하고 일본정신을 고취하는 조선인 지도자로 활용하자는 것이었다. 이는 조선인들이 일본국 국민으로서 영광과 책무를 느끼게 지도하여 '조선인 국민정신 동원'을 극대화할 수 있는 방안이라고 했다.[166]

1937년 9월에 일본에서 제정된 「수출입품 등 임시조치법」과 「임시자금조정법」이 조선에서도 각각 9월과 10월에 적용되며 전시 경제통제가 본격화되었다. 이러한 상황에서 기획원은 엔블록 전체를 대상으로 한 종

---

164 鈴木武雄, 1942, 『朝鮮の經濟』, 日本評論社, 190-191쪽.
165 『동아일보』, 1939.5.12.
166 「朝鮮人志願兵制度實施要項」

합적 계획인 제1차생산력확충계획(1938-1941)을 수립했다. 이 계획은 '조선'을 배제하고 일만블록의 생산력 확충을 중심으로 했다. 이에 중일전쟁 발발 직전 자치통제 방식의 '산업개발5개년계획'을 수립하여 1938년부터 시작하기로 결정하고 중일전쟁이 발발하자 조선총동원체제를 준비하던 미나미는 대책을 세웠다. 1938년 2월 9일에 조선총독부시국대책준비위원회를 설치하여 본국의 일만블록 중심 총동원체제 구축에 대응했다.[167]

먼저 미나미는 한국인을 전쟁에 동원하는 정책을 실행했다. 1938년 2월 22일 칙령 제95호 「육군특별지원병령」이 공포되었다. 같은 날 도지사회의에서 미나미 총독은 "황도정신을 원리로 한 통치 임무"를 신속히 달성하는 것이 '내선일체'를 구현하는 것이라고 선언했다. 이를 위하여 "2가지 중요한 시설"을 이루어야 한다고 강조했는데, "조선인지원병제도 실시"와 "학교의 쇄신과 확충"이었다. 그리하여 「육군특별지원병령」과 「조선교육령」의 개정이 이루어졌다. 이 두 법제는 "반도의 일본화" 곧 '내선일체'를 구현하기 위한 "표리와 형상의 관계"로 실시되었다.[168]

이로써 미나미가 조선총독으로 부임하며 주요 통치 목표로 설정한 징병제를 실행할 수 있게 되었다. 그리고 이를 뒷받침하고자 1938년 3월에 칙령 제103호로 제3차 「조선교육령」 개정을 실시했다. 이러한 조치는 본국의 병력 부족에 실질적으로 기여하여 일본 정부의 총력전체제 구축에 일익을 담당하는 조선의 위치와 총독정치를 인정하게 하는 의미

---

167 김인호, 1998, 『태평양전쟁기 조선공업연구』, 신서원, 46-58쪽; 방기중, 2004, 앞의 글, 103-106쪽; 전상숙, 2012, 앞의 책, 202-205쪽.

168 朝鮮總督府, 1940, 앞의 글, 803쪽.

를 내포한 것이었다.

「육군특별지원병령」이 실시됨으로써 호적법의 적용을 받지 않는 17세 이상 제국 신민인 조선인은 육군에 지원하여 복무하게 되었다.[169] 육군특별지원병제도의 주요 내용은 조선 청년 가운데 조선총독부의 육군병 지원자 훈련소 과정을 수료하거나 수료할 수 있는 자를 현역이나 제1보충역으로 영입시키는 것이었다.[170] 표면적으로 이것은 '내선일체'의 기치에 합당하게 조선 청년에게도 황국신민으로서의 권리를 동등하게 부여하고 대우한다는 것이었다. 그러나 실상은 부족한 일본군 병력을 한국인으로 확충하고 그에 필요한 중견인물을 양성하는 것이었다.[171]

1938년 4월에 일본은 '물자동원계획'과 '생산력확충계획'을 양대 축으로 한 「국가총동원법」을 제정했다.[172] 「국가총동원법」은 5월부터 조선과 대만에서도 시행되었다. 이 법은 형식상 '칙령'에 의했지만 실질적으로는 정부가 의회의 승인 없이 일체의 것을 통제할 수 있게 한 것이었다.[173] 군부의 정치력이 더욱 상승되고 일본 사회는 전시체제로 전환되었다. 1938년 5월에 기획원을 비롯해서 중앙 각 청과 조선·대만 등 식민 각 청 관계자들이 국가총동원회의를 개최하여 총동원 강화 방침을 확고히 했다. 국가총동원 태세 강화에 맞추어 국가총동원계획의 완성과

---

169 朝鮮總督府, 1938, 「內鮮一體ノ强化徹底二關スル件」, 『朝鮮總督府時局對策調査會諮問案參考書』, 46쪽; 綠旗日本文化硏究所 編, 1939, 『朝鮮思想界槪觀』, 綠旗聯盟, 35쪽.

170 朝鮮總督府, 1940, 앞의 글, 804-805쪽.

171 君島和彦, 1977, 앞의 글, 94쪽.

172 本間重紀, 1979, 「戰時國家獨占資本主義の法體制-戰時企業統制に限定して」, 『戰時日本の法體制』, 東京大學出版會, 233-234쪽.

173 由井正臣, 1973, 앞의 글, 108쪽; 古川隆久, 1987, 앞의 글.

기구 정비의 촉진 그리고 '총후시설'과 '국민정신 총동원' 등이 포괄적으로 검토되었다. 「국가총동원법」을 기본법으로 한 후속 경제통제 법규가 제정되고, 식민지를 포함한 총동원계획의 구체적인 내용이 협의되었다. 이렇게 1938년부터 본격화된 전시 물자총동원으로 조선 경제는 무역과 자금 및 물자의 수급과 소비 등 광범위한 경제통제를 받게 되었다.[174]

이러한 일본의 움직임은 미나미가 조선산업경제조사회를 통해서 정부와 타협했던 조선총독의 자치통제 방침을 실질적으로 무력화하는 것이었으므로 미나미는 이 문제를 타개하고자 공세적으로 대책을 모색했다. 미나미는 1938년 5월에 「저품위함금(含金)광물매장장려금교부규칙」을 발표하여 저질 광석 채굴에 고율의 보조금을 지급하며 지하자원의 개발을 장려했다.[175] 산금정책의 강화와 적극적인 장려로 일본의 총 산금량에서 차지하는 조선의 산금량 비율이 증가했다. 또한 중일전쟁 이후 전략물자로 적극 장려된 군수 지하자원 산출액도 급증했다. 그리고 1938년 5월에 미나미는 경성로타리대회와 일만실업협회총회에서 조선병참기지화정책의 추진을 처음으로 표출했다.[176]

미나미 총독의 조선병참기지화정책은 '내선(內鮮)블록'이 일본과 가장 긴밀한 위치에 있는 엔블록의 '심부(深部)'에 존재하는 "내지 경제의 대륙전위"라고 규정했다.[177] 종래 일만블록에 대한 조선의 종속적 위치를 인정했던 것을 부정한 것이다. 미나미는 1938년 8월 제1회 산업부장회

---

174 김인호, 1998, 앞의 책, 49쪽; 배성준, 2001, 「일제말기 통제경제법과 기업통제」, 『한국문화』 27호; 방기중, 2004, 앞의 글, 104쪽; 안자코 유카, 2006, 앞의 글, 70쪽.
175 박경식, 1986, 앞의 책, 425쪽.
176 「朝鮮に於ける國民精神總動員」, 1940, 338쪽.
177 全國經濟調查機關聯合會朝鮮支部 編, 1939, 앞의 글, 75쪽.

의에서 '병참기지정책'이 "조선의 사명"이라고 선언했다.[178] 그리고 '조선의 특수성'을 이유로 기피했던 일본의 공황 대책으로 만들어진 중소공업자의 카르텔법과 공업조합법을 제령으로 손질하여 1938년 제령 제27호 「조선공업조합령」으로 제정하고 9월 1일부터 시행했다.[179]

「조선공업조합령」은 총독부의 전시 자치통제의 방향을 드러낸 것이었다. 일본의 그것과 비교해보면 「조선공업조합령」은 총독부가 상무이사의 임면권(제28조)과 이사 선임 인가권을 갖고 필요시 이사와 감사의 해임도 할 수 있도록(제29조) 했다. 조선총독이 중소기업만 아니라 대기업도 포함한 산업설비의 신설과 확장에 대한 허가권(제13조)과 공업조합의 설립 명령권(제50조)을 갖도록 했다. 조선총독부가 강력한 관권으로 공업단체와 제조업자를 일괄적으로 조직·통제할 수 있도록 한 것이었다. 이러한 「조선공업조합령」은 일본의 「중요산업단체령」을 선취한 것이었다.[180] 「조선공업조합령」의 시행은 미나미가 중일전쟁 이후 「중요산업통제법」의 조선 실시가 불가피해지자 조선총독의 특수한 제령권에 의거하여 어떻게 조선 총동원을 실행했는지 잘 보여준다.[181]

이와 같이 미나미 총독은 중일전쟁을 계기로 본국의 만주 중심 총력 전체제 구축에 대하여 조선병참기지화정책을 천명하며 조선총독의 자치통제에 의한 조선공업화의 의지를 분명히 했다. 그리고 1938년 7월에 생필품의 물가 등귀와 전시 물자 관리를 위하여 경제경찰의 신설을 승

---

178 全國經濟調查機關聯合會朝鮮支部 編, 1939, 위의 글, 403쪽.
179 日本商工會議所 編, 1938. 8, 「朝鮮工業組合令」, 『經濟月報』; 朝鮮銀行調查課, 1938, 『朝鮮工業組合令實施と金融組合との關係』, 9쪽.
180 배성준, 2001, 앞의 글, 381쪽.
181 전상숙, 2012, 앞의 책, 233-235쪽.

인했다.[182] 9월에 조선총독부시국대책조사회를 개최한 미나미는 조선총독의 자율권에 의거하여 병참기지정책을 실시한다고 천명했다. 그는 개회사에서 시국대책회의의 목적이 전환기의 "획기적인 계획"을 수립하기 위한 것이라고 밝혔다. 전환기 조선이 "제국 유일의 대륙 발판"으로서 "병참기지로서의 특별 사명"을 가진다고 했다. 조선의 병참기지 사명은 '내선일체' 정신에 입각하여 정신적·물질적으로 조선총동원을 완수하는 데 있다고 역설했다.[183]

이 회의에서 제시된 조선총독부 시국대책준비위원회의 분야별 생산력 확충 계획을 보면 '조선병참기지정책이라는 획기적인 계획'이 바로 '군수공업 확충 계획'임을 알 수 있다.[184] 우선 1938년부터 주요 전시 11개 업종에 대한 4개년 개발계획의 실시를 선언했다. 전시 주요 11개 업종은 경금속, 석유와 대용품, 소다, 유안, 폭약, 공작기계, 자동차, 피혁, 철도 차량, 선박, 항공기 등이었다. 이 계획은 1937년 6월에 만주산업개발5개년계획에 대응하여 1938년부터 시행하기로 결정했던 것을 병참기지정책에 준하여 체계적인 생산력 확충 계획으로 구체화된 것이었다. '조선병참기지정책'의 천명은 본국의 일만지블록 건설 방침에 대하여 총독부가 군수공업 중심의 중공업 분야 개발에 집중할 것임을 선언한 것이었다. 총독의 '자치통제'로 조선이 일본과 만주를 잇는 '일선만지'블록 건설에 기여하겠다는 것이었다.[185]

---

182 마쓰다 토시히코, 이종민·이형식·김현 옮김, 2020, 『일본의 조선 식민지 지배와 경찰』, 경인문화사, 616-619쪽.

183 「朝鮮總督府時局對策調査會會議錄」, 1938, 9-20쪽.

184 「朝鮮總督府時局對策調査會諮問答申書」, 1938, 135-146쪽.

185 전상숙, 2012, 앞의 책, 235쪽.

종전과 달라진 미나미의 조선병참기지화정책 선언에 대해서 일본 정부 관료와 만주 측 인사들은 비판적이었다. 그렇지만 기획원은 대체적으로 조선총독부의 입장을 수용했다.[186] 만주에 집중하고 있던 일본 정부로서는 미나미의 조선병참기지정책과 생산력 확충 계획이 불편할 수밖에 없는 것이었다. 그러나 전시총동원에 솔선수범하고 있는 미나미의 입장과 전쟁 수행에 도움이 될 병참기지정책을 굳이 거부할 명분이나 이유도 없었다. 그리하여 병참기지정책이 조선산업개발 논리로 확정되었다. 따라서 일본 정부는 국책 차원에서 미나미의 조선 생산력 확충 계획에 대한 자금지원을 확대하지 않을 수 없었다. 그렇지만 일만지 생산력 확충을 추진하는 일본 정부의 자금지원은 안정적이지 않았다. 그러자 미나미는 우가키처럼, 또한 만주에서 이미 했던 것처럼 일본 자본을 유치하여 추진했다.[187] 일본 정부도 조선의 경제경찰제도 창설을 승인하여 1938년 11월에 칙령 제714호로 「조선총독부내임시직원 설치제중개정」에 의해 경제경찰이 발족되었다.[188]

이렇게 미나미가 조선병참기지정책을 일본 전시 경제통제하의 '조선산업개발 논리'로 확정한 것은 우가키 총독의 농공병진정책을 국책적·국방적 의미에서 만주산업개발정책과 병렬적으로 위치시킨 것이었다. 이는 조선산업화의 '자치통제'가 지닌 구조적인 문제를 심화시켰다. 본국의 '일만지블록' 노선에 입각하여 우가키의 '일선만블록' 노선을 전시

---

186 「朝鮮總督府時局對策調査會會議錄」, 1938, 223-275쪽; 김인호, 1998, 앞의 책, 44-46쪽.

187 「朝鮮總督府時局對策調査會會議錄」, 1938, 290-291쪽; 방기중, 2004, 앞의 글, 109-110쪽.

188 마쓰다 토시히코, 2020, 앞의 책, 620쪽.

적으로 재편·변용한 미나미의 '일선만지블록' 노선은 일본 자본의 유치를 촉진했기 때문이다. 이미 일본 대자본의 독점적인 지배구조로 구축되어 운영된 조선공업의 독점적 지배구조가 심화되었다.

　1930년대 후반 미나미의 조선공업화정책은 조선총독의 특수한 국가적 통치권에 입각하여 일본 이식자본의 독점을 강화하며 생산력 확충을 위하여 엔블록 차원의 국가적 계획경제통제를 실시했다. 그리하여 당대에도 지적된 바와 같이 상반된 자유주의적 이익추구와 전체주의적 국가통제가 결합된 "변태적인 경제통제"체제를 형성했다.[189] 이러한 전시총동원 경제정책으로 인해서 집중적으로 피해를 보는 것은 한인 중소자본과 가내공업이었다. 조선총독의 자치통제를 통한 전시공업화의 모순구조는 조선 경제와 유기적인 연관성이 취약한 식민지 독점구조와 한인 중소자본 및 가내공업의 지속적인 양극 분해와 결합이라는 이 시기 조선경제의 식민지적 특질을 반영하는 것이었다.[190]

2) 전시 '국민'총동원체제 구축과 공업화 정책

　미나미 총독은 당면한 조선산업조사회를 통하여 본국의 일만블록 생산력 확충 계획을 인정하며 조선 산업개발과 그에 대한 조선총독의 자치통제 방침을 인정받는 정치적 교섭력을 발휘했다. 자신감을 가진 미나미는 중일전쟁 발발을 계기로 본국 정부의 총동원체제 구축에 대응한 조선 통치 정책을 추진했다.[191] 일본 정부의 일만블록 중심 생산력 확충

189　鈴木正文, 1939, 『大陸兵站基地論解說』, 綠旗聯盟, 99쪽.
190　방기중, 2004, 앞의 글, 111쪽.

계획 추진에 조선병참기지정책을 천명하고 조선전시공업화 방침을 선언했다.

일본 정부가 미나미의 조선병참기지정책을 원론적으로 인정한 것은 예상외로 중일전쟁이 1년을 넘기며 장기화되면서부터였다. 군 강경파는 과감하게 일격을 가하면 중국이 항복할 것으로 예상했지만 중국군은 끈질기게 저항했다. 전선이 확대되며 대병력을 차례로 투입하는 실정이었다. 명확한 작전계획도 없이 도발한 중일전쟁이 장기화되면서 전쟁물자와 군수생산 자재가 결핍되었다. 이에 대처하기 위하여 일본은 총동원 체제 구축을 국책으로 확정하고 1938년도 물자동원계획을 실시했다. 그러나 물자동원계획은 실시되자마자 처음부터 원자재를 수입에 의존하는 일본 경제의 모순과 취약성의 한계를 드러냈다.[192]

고노에 후미마로(近衛文麿) 내각은 교착된 중일전쟁 상황을 타개하고자 1938년 11월 이른바 '동아 신질서' 성명을 발표했다. 일본·만주·중국(日滿中) 3국이 '동아 신질서'의 건설을 공동의 목표로 통합하여 선린우호와 공동 방공 및 경제 제휴의 결실을 거두어야 한다는 것이었다.[193] 이 선언과 함께 기획원을 중심으로 '혁신 세력'이 주도하는 전체주의 체제혁신론이 확산되고 군부의 방식으로 문제를 해결하는 군부의 정치력이 고조되었다. 1938년에 물자동원계획이 시행되며 전시 경제통제의 틀이 거의 완성되었다. 1938년부터 4개년계획으로 생산력 확충 계획이 결

---

191 御手洗辰雄 編, 1957, 앞의 책, 440쪽; 南次郎, 1937. 1,「年頭所感」,『朝鮮』, 4쪽.
192 山崎志郎, 1987,「生産力擴充計劃の展開過程」,『戰時經濟』, 山川出版社; 서정익, 2001,「전시 일본의 생산력확충계획 연구」,『호서대학교논문집(사회과학편)』 20-1, 241-268쪽; 전상숙, 2004b, 앞의 글, 30-35쪽.
193 外務省 編, 1965,『日本外交年表竝主要文書 上』, 原書房, 407쪽.

정되었다. 1939년 3월부터 면사, 휘발유, 사료, 유안, 철강 등에 대한 배급제가 시작되었다. 5월에는 물자동원계획, 무역계획, 교통 및 전력동원계획이 작성되었다. 6월에는 노무동원계획이, 7월에는 자금통제계획이 차례로 작성되었다. 1939년 7월 칙령 제451호로 「국민징용령」이 제정되어 노동 면의 동원체제도 법적으로 강화되었다. 같은 7월에 미국이 「미일통상항해조약」의 폐기를 통고함으로써 일본의 불안 요소가 가중되었다. 이어서 1939년 9월에 일어난 제2차 세계대전은 유럽에서 수입하던 것을 더욱 어렵게 했고, 일본의 물자동원계획 실시는 점점 더 어려워졌다.[194]

1939년 이후 물자 공급이 점점 더 절박해지자 일본 정부는 조선에 이전과 비교할 수 없을 정도로 많은 양적·질적 동원을 요구했다.[195] 이에 대응하여 미나미는 1939년 6월 1일부터 「국가총동원법」에 근거한 「국민 직업능력 신고령」을 총독부령 제78호로 제정하여 실시했다. 이른바 '국민등록제도'가 조선에서도 실시되었다. 조선총독부는 일본의 국가총동원계획에 필요한 한국인 노동자의 실태를 조사하기 시작하여 한국인의 직업능력을 등록하게 하고 관리했다.[196] 특히 일본의 부족한 청년 노동 인력을 보충하기 위하여 기획원은 '조선인 이입에 관한 건'을 수립했다. 이에 입각하여 일본 정부는 부족한 청년 노동력을 한국인으로 보충했다. 1939년 9월에 일본각의가 결정한 '조선인 이입에 관한 건'은 한국인 노동자를 집단적으로 동원하는 '강제연행'(강제동원)의 법적 근거가

---

194 서정익, 2001, 앞의 글, 250쪽; 서정익, 2003, 『일본근대경제사』, 혜안, 256-259쪽.
195 안자코 유카, 2006, 앞의 글, 71-78쪽.
196 堂本敏雄, 1939, 「朝鮮に於ける情報宣傳」, 『朝鮮』 1939년 7월호, 105-106쪽.

되었다.[197]

　미나미는 1939년 10월 1일부터 일본에서 칙령 제451호로 7월 15일부터 전면 시행된 「국민징용령」을 조선에도 적용하기 시작했다. 조선총독부령 164호 「국민징용령 시행규칙」에 의거하여 군요원 등을 중심으로 '국민징용'이 제한적으로 적용되었다. 조선총독이 징용의 명령과 해제 등 징용에 관한 결정권을 장악하여 실시했다. 1939년 11월에는 일본의 기획원처럼 조선병참기지정책의 생산력 확충과 물자동원계획을 종합적으로 다루는 주무부서로 '기획부'가 총독부에 설치되었는데, 그것은 본시 1937년 7월 미나미 총독의 조선 통치 5대 강령 중 서정쇄신의 일환으로 구상된 것이었다. 이것이 2년 후 병참기지정책이 천명된 후에 설치되었다. 기획부는 본국의 국가총동원계획에 부응한 조선총독부의 경제통제 운영 사무를 관장했다.[198]

　제2차 세계대전 발발 당초에 아베(阿部) 내각은 불개입을 성명했다. 그러나 1939년 10월에 해군이 완성한 '유럽전쟁에 따른 당면 대외시책'은 이미 전쟁 개입을 전제로 했다. 또한 육군사령부도 1940년 4월에 "지금이야말로 난인(蘭印: 현재의 인도네시아) 점령의 절호의 기회"라는 등 군부는 남진정책에 적극적으로 움직였다.[199] 결국 1940년 7월에 조각된 제2차 고노에 내각은 '신질서 수립'을 새로운 전쟁 목표로 설정했다. '팔굉일우(八宏一宇)'의 정신에 입각한 '강력한 신정치체제의 확립'과 '대동아

197　小林英夫, 2004, 『日本帝國と總力戰體制』, 有志舍, 157-167쪽; 전상숙, 2014, 「강제동원의 과거사 해소를 위한 역사정치적 고찰」, 『아세아연구』 57-3, 103쪽.
198　『朝鮮總督府官報』, 1939.12.2.
199　日本國際政治學會太平洋戰爭原因硏究會 編著, 1963, 『太平洋戰爭への道 (別卷)』, 朝日新聞社, 322-325쪽.

신질서의 확립'을 이루자는 '기본 국책 요강'이 국책으로 결정되었다. 이에 매진하기 위하여 국토계획 설정요강 등이 결정되었다.[200] 기본 국책 요강의 핵심은 "1. 국민경제 재편성 완성, 2. 자존권 편성(自存圈編成) 강화, 3. 동아공영권 확대 편성"이었다. 이 기본 목적은 '일만지'를 일환으로 자급자족적인 국방국가체제를 완성하는 것이었다.[201]

이와 같은 일본 정부의 '신질서 수립' 선언에 대하여 1940년 7월에 미나미는 "병참기지로서 조선의 실력을 최고도로 발휘"해야 한다는 취지를 성명했다. 그리고 8월에 병참기지정책의 '브레인트러스트'가 될 국토계획위원회를 중심으로 물동계획위원회와 생산확충위원회 등 3개의 특별위원회를 설치한다고 발표했다.[202]

한편, 조선의 쌀 생산에 낙관적이었던 미나미는 1939년에 큰 가뭄으로 쌀 사정이 악화되자 잡곡 혼식을 장려했다. 그러면서도 쌀의 공출은 강제했다. 미나미는 일본의 미곡증산계획에 따라서 1940년부터 적극적이고 장기적인 새 미곡증산계획을 작성하여 1940년에서 1946년까지 6개년 계획으로 실시하기로 했다. 이 미곡증산계획은 필연적으로 조선의 쌀 소비 규제를 동반했다. 1939년에 각 도와 부군(府郡)에 식량배급조직이 결성되고 모든 쌀에 대한 공출제가 실시되었다. 식량배급조직을 통한 공출제는 검사 기준은 엄격한 데 반해서 공정 쌀값은 낮았다. 또한 대금 지급 시기도 일정하지 않았다. 게다가 쌀 대금에서 1할을 공제하여 강제로 저금하게 했다. 따라서 농민은 생산과 수입, 소비, 그 어느 면

200　石川準吉, 1967,『國家總動員史, 資料編第四』, 國家總動員史刊行會, 20쪽.
201　石川準吉, 1967, 위의 책, 1038쪽.
202　『조선일보』, 1940.7.17.

에서도 예측할 수 있는 밑바탕을 거의 잃었다. 오직 긴축만이 강제되었다. 더욱이 쌀이 부족한 곳에서는 잡곡의 배급조차 원활하지 않았다. 조선 농민은 비료 대금과 부채의 변제는 물론이고 식량 조달조차 곤란한 지경이 되었다. 그럼에도 불구하고 미나미는 생산력 증가가 한계에 부딪히자 전시총동원을 강화하여 생산력을 확보하고자 했다. 미나미는 공출정책을 더욱 강화했다. 이는 농업생산력의 급감으로 이어졌다. 극심한 수탈이 농민의 생산 의욕을 감퇴시켜서 수탈의 바탕마저 파괴했다.[203]

전시 농업수탈로 인한 농민의 열악한 상태와는 대조적으로 농촌경제에 필요한 비료와 농구, 직물류 등 소비 물가는 턱없이 높았다. 50퍼센트 이상에 이르는 지주에 대한 소작료와 수리조합비, 공과금, 간접세 등 부담이 농민에게 가중되었다. 열악한 농민의 형편은 더욱 악화되었고, 이러한 조선 농민의 빈곤화는 소작농을 증가시켰다. 이는 일본인 소유지와 일본인 지주가 증가한 것과는 대조적이었다.[204]

1940년 8월 27일 일본각의는 이른바 '신체제 성명'을 결정했다. 신체제 성명은 이른바 '고노에 3원칙' 선언 이래 부동의 이데올로기가 된 '동아 신질서' 건설이라는 목표를 달성하기 위한 국내 정치체제 개편안이었다. 전시총동원을 이끌 수 있는 실질적인 정치력을 결집하여 강력한 정치체제를 결성하는 것이 국책으로 결의된 것이다.[205] 9월 24일에 일본

---

203 김문식, 1971, 「일제의 농업-산업구조를 중심으로」, 아세아문제연구소, 『일제의 경제침탈사』, 민중서관, 105쪽; 이송순, 2003, 「전시기(1937-1945) 조선의 미곡증산정책 실시와 그 성격」, 『사총』 56, 100-105쪽.

204 전상숙, 2004a, 앞의 책, 157쪽·256-257쪽.

205 松尾章一, 1977, 『日本ファシズム史論』, 法政大學出版局, 72쪽; 전상숙, 2004a, 위의

각의가 결정한 '국토계획 설정요강'에는 '대동아 건설'과 관련하여 조선의 위치 설정은 물론이고 조선에 대한 언급조차 없었다.[206] 일본 정부가 결정한 '제국일본'의 자급적 경제권을 형성하는 일본 국토계획 곧 대동아공영권의 구축은 국가의 기능 일체를 국방의 견지에서 강력하게 일원적으로 재편성하는 '고도국방국가건설론'으로, 식민지와 세력권을 포함한 '제국일본'의 자급적 경제권을 형성하는 것이었다.[207] 그런데 거기에 조선의 입지나 계획은 포함되지 않았다.

일본 정부는 원론적으로 미나미 총독의 조선 병참기지정책을 인정했지만 조선은 여전히 중요한 곳이 아니었다. 정부의 대동아공영권 건설은 통제파가 주도하는 남수북진 정책에 입각한 것으로 그 중심은 '일만지 엔블록'이었다. 일본 정부에게 조선은 전시식량계획을 완성하는 차원에서만 고려되었다.[208] 그러면서도 인접한 조선에 세계대전으로 더욱 어려워진 인적·물적 자원의 동원과 생산 확충을 점점 더 많이 요구해갔다.[209] 이에 미나미는 조선총독의 자율적 통치권을 활용한 자치통제 강화로 맞선 것이었다. 공세적으로 일본 국토계획에 조선병참기지정책의 의미를 설정하고 반도 조선의 지정학적인 입지를 강조했다.

1940년 9월 5일 미나미 총독은 국민정신총동원조선연맹이 주최한

책, 31쪽.

206 企劃院研究會, 1941, 『國防國家の綱領』, 新紀元社, 127-132쪽.

207 企劃院研究會, 1941, 위의 책, 165-171쪽; 企劃院研究會 編, 1943, 『大東國土計劃』, 同盟通信社; 石川準吉, 1982, 「國家總動員史資料編 3」, 國家總動員刊行會, 20-21쪽; 전상숙, 2017a, 앞의 책, 287-292쪽.

208 『조선일보』, 1939.10.23.

209 堂本敏雄, 1940, 「朝鮮に於ける情報宣傳」, 『朝鮮』.

'전시 국민생활 강조 기서식' 강연에서 자신의 '신체제관'을 공식으로 천명했다. 그는 '신체제'의 근본 정신은 한마디로 '국체본의'에 기초하여 '황모익찬(皇謨翼贊)'과 '멸사봉공'하는 '황도정신'에 있다고 했다. 그는 신체제의 의미가 "일본의 옛 모습으로 복고하는 것", "팔굉일우의 대이상에 기초한 천황친정(天皇親政)으로 돌아가는 것"이라고 규정했다. 그러므로 모두 한마음 한뜻으로 "거국일치체제(擧國一致體制)"를 구축하고 '멸사봉공'의 '국가지상주의'로 그 정신을 실천해야 한다고 역설했다.[210]

이러한 '조선 신체제'관은 일본의 신체제가 체제 혁신의 논리였던 것과는 대조적이었다. 미나미는 신체제가 과격한 체제 혁신의 논리가 아니라고 단언했다. 오히려 신체제는 '국체본의'의 '황도정신'과 '멸사봉공'의 국가주의 이념에 입각하여 식민지를 포함한 기존 지배질서를 바탕으로 추진되어야 한다고 천명했다. 이렇게 미나미는 본국의 혁신세력들이 선언한 신체제에 대하여 종래 자신이 갖고 있던 황도주의 입장에서 신체제를 재정리하고 이를 조선 신체제 구축으로 천명했다.[211]

그리고 같은 9월에 미나미는 조선병참기지정책이 일만지 종합개발계획의 중요한 일환이라고 주장하는 동시에 그 전제 위에서 "조선 독자의 국토계획 즉 부분적 계획"을 추진할 수 있다고 밝혔다.[212] 미나미는 '조선 신체제'라는 경제를 재편성하는 핵심은 일본과는 다른 조선의 특

---

210 南次郎講演錄, 1940. 10, 「南總督新體制を設く」, 『總動員』 2-10, 19쪽.
211 南次郎, 1940. 10, 「施政三十年を迎ふ」, 『總動員』 2-10, 4쪽; 南次郎講演錄, 1940. 10, 「南總督新體制を說く」, 『總動員』 2-10, 19-20쪽; 津田剛, 1940. 10, 「新體制の意義と我等」, 『綠旗』 5-10; 編輯部, 1940. 12, 「朝鮮의新體制」, 『朝光』 6-12; 방기중, 2005, 「조선 지식인의 경제통제론과 '신체제' 인식」, 방기중 편, 『일제하 지식인의 파시즘체제 인식과 대응』, 혜안, 74-81쪽.
212 矢倉一郎, 1940. 9, 「朝鮮國土計劃論(一)」, 『朝鮮行政』, 50-53쪽.

수한 성격상 경제체제를 새롭게 혁신하는 것이 아니라고 했다. 그는 본국의 종합국토계획에 일익을 담당하는 조선의 국토와 자원을 개발하여 전시 생산력 확충에 기여하는 것이 조선 신체제의 핵심이라고 역설했다. 이것이 바로 조선병참기지정책의 지역적 의의라고 강조했다.[213]

이와 같이 미나미는 '공익 우선'이라는 원칙 위에 전면적인 계획적 경제통제 강화와 동아 광역경제 확립을 주장한 기본 국책 요강에 대하여 조선병참기지정책이 일본 국토개발계획 차원에서 경제 신체제에 가장 잘 부합하는 생산력 확충 경제 재편성 정책이라고 역설했다.[214] 이미 일본의 신체제 운동 이전부터 주장했던 '대륙전진병참기지론'이 대동아공영권의 국토계획에 조응한 '조선국토계획'이라는 점에서 그 어느 것보다 일본의 신체제 경제 재편성의 성격을 갖는다고 강조했다.[215] 그리고 1940년 10월 7일에 조선병참기지정책의 생산력 확충 계획과 물자동원 계획 관련 주요 사항을 조사 심의하는 기구로 기획위원회를 설치했다.[216]

미나미는 조선 병참기지정책을 본국의 전시 고도국방국가를 건설하는 종합국토개발계획 차원에서 경제적으로 재편성한 정책으로 재설정하고 이를 본국의 혁신과는 다른 복고적·수구적 성격을 갖는 조선의 특수성 때문이라고 했다. 이렇게 본국의 혁신 관료들과 결을 달리하는 미나미 총독의 조선 신체제의 병참기지정책은 그 국가적 의의와 조선의

---

213 鈴木武雄, 1940. 10, 「半島産業發達の現段階とその發展への展望」, 『朝鮮』, 28-29쪽.
214 방기중, 2007, 「1940년 전후 조선총독부의 '신체제' 인식과 병참기지강화정책」, 『동방학지』 138, 129-131쪽.
215 鈴木武雄, 1940. 10, 앞의 글, 29쪽.
216 『朝鮮總督府官報』, 1940.10.7.

지역적 중요성을 역설한 '조선블록개발론'이었다. 이는 미나미 총독이 세계대전기 일본 정부의 북수남진정책에 입각한 국가통제 확대에 대하여 독점자본에 기반한 '조선특수사정론'과 '자치통제' 방침을 고수하며 조선병참기지정책의 강화 곧 조선공업화의 관철을 천명한 것이었다.[217]

한편, 일본의 혁신 관료들이 '대동아국토계획'에서 조선의 입지를 설정하지 않은 데 비해서 육군이 1940년 4월에 작성한 '국토개발계획지도요강'에는 미나미처럼 조선을 보는 관점이 존재했다. "조선에서 지금 발양하고 있는 병참기지적 성격을 평가한다면 군수공업의 이주정책을 완성하는 데 절대적으로 조선을 제외하고는 불가능"하다는 것이었다.[218] 조선총독의 상대적 자율통치권이 사실상 유지된 것으로도 알 수 있는 것처럼 일본의 군부와 지배세력 일각에서는 재래의 국방적 견지에서 조선 반도의 지정학적 중요성과 기능을 중시하는 인식이 존속하고 있었다.

1940년 10월 30일, 미나미는 조선총독부국토계획위원회를 설치하고 병참기지화정책의 추진을 공식화했다.[219] 조선총독부에 국토계획위원회가 설치된 것은 그간 임의적이고 비체계적으로 운영된 조선총독부의 '관치(官治)주의' 자치통제 시스템을 체계화한 것이었다.[220] 미나미의 '조선 신체제'는 국민총력운동으로서 통합되어 일원적인 운동과 행정 체계를 구축하는 것이었다. 본국에서 신체제 운동이 각 부문별로 전개된 것

---

217 방기중, 2007, 앞의 글, 131쪽; 전상숙, 2012, 앞의 책.
218 『植銀調査月報』, 1940. 6, 116쪽.
219 朝鮮總督府, 『朝鮮總督府官報』 1940.10.30.
220 「朝鮮總督府國土計劃委員會設置」, 1940. 11, 『朝鮮』, 72쪽; 방기중, 2007, 앞의 글, 133-134쪽.

과는 대조적이었다.²²¹ 미나미의 조선 신체제는 식민지의 전시총동원체제를 강화하는 것이었다. 조선총독이 본국보다 앞서서 더 강력하고 일원적으로 총독부의 국가적 행정권을 통해서 조선을 총동원체제로 완비하여 실행하려는 것이었다.

이와 같이 미나미가 공세적으로 조선 신체제의 조선블록개발 정책을 실시한 이면에는 대륙 침략 과정에서 경제블록 건설의 정책적·이론적인 방향을 주도한 일본기획원 혁신세력의 추락이 있었다. 1940년 12월에 일본기획원이 최종 결정한 '경제 신체제 확립 요강'에는 그간 혁신의 대상이 되었던 소유와 경영의 분리라는 원칙과 이윤사상 배격의 논리가 부정되었다. 그 대신에 민영 본위의 기업체제와 적정한 기업이윤이 인정되었다. 재벌 및 독점자본과 타협·협력하여 전쟁과 생산력 확충을 추진할 수밖에 없는 일본 자본주의의 구조적 성격을 결국 '혁신'할 수 없었던 것이다.²²² 이는 종래 미나미의 조선산업화를 놓고 긴장관계를 형성했던 본국 '혁신'의 주요 내용 변화를 수반한 것으로, 일본 혁신세력의 퇴조를 예고한 것이었다. 1941년 4월에 기획원의 주요 혁신 관료들이 '적색 혐의'로 검거되었다. 이와 함께 고노에 성명 이래 일본총동원정책을 사실상 주도해온 급진적인 '체제 혁신'의 분위기가 사실상 해체되어 갔다.²²³

1941년 4월에 일소중립조약이 조인되었다. 그리하여 삼국동맹의 체결에 전제된 제2차 세계대전의 참전과 1941년 7월의 '전쟁 수행에 관한

221　昭和16年 第79回帝國議會說明資料(司政), 1941, 601-602쪽.

222　柴垣和夫, 1979, 「'經濟新體制'と統制會: その理念と現實」, 『ファシズム期の國家と社會2 戰時日本經濟』, 東京大學出版會; 방기중, 2005, 앞의 글, 84쪽.

223　伊藤隆, 1983, 『近衛新體制』, 中央公論社, 182-183쪽.

물자동원상의 요망', 9월 어전회의에서 결정된 제국 국책 요령 등이 도 조 히데키(東條英機) 내각으로 이어졌다. '제국 국책 요령'은 유럽에서 독일과 이탈리아의 불패와 일본의 지구불패(持久不敗) 태세 완비를 전제로 하여 영·미와 전쟁이 불가피하다는 군 통수부의 판단에 입각하여 책정된 것이었다.[224] '익찬정치체제'로 대표되는 일국일당체제의 강력한 일본 제국주의 군부파시즘 지배체제 확립으로 이어진 것이었다.[225]

이러한 일본 정치의 보수로의 팽창주의 세력의 변화가 미나미가 내선일체와 병참기지정책을 강화 발전시킨 국토개발론을 표방하며 조선 신 체제의 확립을 주창한 배경이었다. 혁신세력이 보수 반동적인 지배세력에 의하여 몰락한 후 우경화된 일본 군부파시즘체제에 미나미의 조선 통치 방침은 더 이상 이데올로기적으로나 정책적으로 갈등하지 않고 수렴되어갔다.[226] 총독이 일본의 '대륙병참기지'라고 선제적으로 규정한 조선은 '태평양전쟁'을 도발하며 멈출 수 없게 된 일본의 총력전 수행을 위한 생산력 확충에 더욱 기여하는 식민지총동원체제로 구축되어갔다.

중일전쟁의 장기화로 노동력 수요가 급증하고, 노동력은 조선에서도 일본에서처럼 농업인구에서 공급되었다. 1940년경까지 조선총독부는 농촌의 '과잉 노동력 인구'를 낙관적으로 전망했다. 그러나 1939년부터 일본과 조선 내 한인 노동력 동원이 본격화하면서 농업 노동력도 부족해지기 시작했다. 그리하여 1940년 이후 한국의 농업은 일본의 물자동원계획에 의해서 배급 제한을 받게 되었던 것이다. 동시에 농업노동력과

---

[224] 外務省 編, 1965, 앞의 책, 544-545쪽.
[225] 전상숙, 2004a, 앞의 책, 33-34쪽.
[226] 津田剛, 1940. 10,「新體制の意義と我等」,『綠旗』 5-10; 編輯部, 1940. 12,「朝鮮의 新體制」,『朝光』 6-12.

군수산업으로 노동력을 보충해야 하는 과제를 해결하며 농업생산력도 제고해야 하는 상황이 되었다. 게다가 일본 정부는 전쟁의 장기화와 1939년 한반도의 대가뭄으로 식량 생산이 위기에 처하자 1940년도 이후 본격적으로 식량증산계획을 세웠다. 이는 즉각 한국에 영향을 미쳐서 일본의 식량증산계획에 따른 제한을 받게 되었다. 인구의 70~80퍼센트가 농업인구인 한국에서 농업정책은 매우 중요했다. 1939년에 이미 본국 전시체제에 호응한 식량 대책으로 증미계획과 미곡공출을 개시하며 식량증산계획을 강화했던 미나미는 이를 더욱 촉진했다. 1939년의 대가뭄으로 증미계획이 실패하자 새로 1940년부터 1945년까지 6개년계획으로 '조선증미계획'을 개시하여 식량 배급을 본격화했다. 그리고 1941년부터 조선의 미곡 중심 정책을 '식량전작물 증산계획'으로 전환했다. 쌀 대용으로 잡곡의 증산을 도모했다. 그렇지만 계획한 수량을 충족하지는 못했다.[227]

또한 미나미는 비교적 노무자원이 풍부하고 공장과 사업장의 노무관리가 충분하지 않다는 이유로 가능한 늦춰온 국민징용령을 1941년부터 전격 확대하여 실시했다. 부족한 노동력 동원에 박차를 가한 것이었다. 1939년에 주로 기술자를 대상으로 실시했던 「국민 직업능력 신고령」이 16세 이상 40세 미만 노동 가능한 일반 남자 모두로 확대되었다. 1941년부터는 총독부가 신규 노동자를 지정하는 '일반징용'으로 군요원을 송출하기 시작했다.[228] 그리고 1942년에 정식으로 한인 징병제를

---

227 이송순, 2003, 「전시기(1937-1945) 조선의 미곡증산정책 실시와 그 성격」, 『사총』 56, 100-1-5쪽; 안자코 유카, 2007, 앞의 글, 165-167쪽.
228 朝鮮勞務協會, 1943. 8, 「朝鮮の勞務に取て」, 『朝鮮勞務』 3-2·3, 14-15쪽.

1944년부터 실시하기로 결정했다. 이렇게 미나미 총독은 일본총력전에 필요한 한인 동원을 확대, 강화해갔다.

3) 3차 「조선교육령」 개정과 '황국신민화', 사상통제 강화 정책

미나미 총독은 2·26사건 이후 일본에서 '광의국방'과 '서정일신'이 주창되고, 「사상범 보호관찰법」을 제정하는 등 총동원체제 정비 작업이 시작되자 이에 조응한 정책을 실시했다. 미나미는 1936년 12월 제령 제16호 「조선 사상범 보호관찰령」과 「조선총독부 보호관찰소제」, 「조선총독부 보호관찰심사회 관제」를 제정했다. 이른바 '사상범'에 대한 국가적 엄벌제도를 수립하여 실시했다.[229] 조선총독으로서 미나미가 우선적으로 한 일은 본국의 총동원체제 정비 작업에 조응하여 한국인의 '국민'정신을 동원하는 사상통제정책을 강화한 것이었다. 일본에서와 같이 한국인에게 일본국의 '완전한 국민적 자각'을 요구하는 이른바 사상 '전향'을 제도적으로 실시했다. 어떤 사회정세 변화에도 흔들리지 않고 일본인으로서 '국민'의식을 견지해야 한다는 것이었다. 미나미는 일체의 일본 관련 비판을 허용하지 않았다.[230]

노구교 사건이 발발하자 미나미는 바로 1937년 7월 8일 그것이 민심에 미칠 영향을 심각하게 예상했다. "조선인과 중국인의 동향 등에 대

---

229 전상숙, 2004a, 앞의 책, 261-262쪽; 전상숙, 2005c, 「전향, 사회주의자들의 현실적 선택」, 방기중 편, 『일제하 지식인의 파시즘체제 인식과 대응』, 혜안, 335-337쪽.

230 增永正一, 1937. 1, 「朝鮮に於ける思想犯保護觀察制度の實施について」, 『司法協會雜誌』16-1, 85쪽; 京城保護觀察所 編, 1941, 『保護觀察制度の概要』, 京城保護觀察所, 6쪽.

한 사찰 경계 방법을 전화로 통첩"했다. 이어서 11일에는 "북지 방면의 조선인 피해 상황 등에 대한 신문과 라디오 등에 대한 보도 제한"을 척 무성에 지시했다. 민심의 불안정과 이로 인한 사고 방지에 주력하여[231] 중국 침략전쟁에 대한 한국인의 동향을 주시하며 경계를 강화했다.

미나미는 1937년 7월 15일 임시도지사회의에서 "내선일체인 반도 민중에게" "널리 시국의 중대성을 철저히 주지시킬 것"을 지시하고, 본국의 내각정보위원회를 본뜬 조선중앙정보위원회를 설치했다. 미나미는 조선을 전쟁협력체제로 확립하고자 했다.[232] 1937년 8월 본국에서 '국민정신 총동원 실시 요강'을 결정하고 총동원 관련 입법을 결정하자, 미나미는 '국체명징과 내선일체·위난극복의 정신'을 확립하기 위한 행사들을 실시하고, 총독부에 총동원과 방공 관련 업무를 관장하는 자원과를 설치했다. 9월에는 "조선의 능력만으로" "그것(대륙작전)을 보충할 수 있을 정도"로 조선을 일본의 '병참기지화'할 것을 천명했다.[233]

그런데 정작 병참기지화의 주역이 되어야 할 조선인들이 조선총독부 당국이 보기에 "지나치게 무관심하다"고[234] 할 정도로 일본의 행보에 냉담했다. 소련과 국경을 접하고 있는 한반도는 '제국' 내부의 방공을 치안 유지의 핵심으로 한 일본에게 지정학적으로 중요한 곳이었다. 당시 일본

---

231 『支那事變關係』, 한국역사연구회 편, 1992, 『일제하 사회운동사 자료총서 2』, 고려 서림, 430쪽.

232 朝鮮總督府, 1940, 「朝鮮に於ける國民精神總動員」, 『國民精神總動員』, 민족문제연구소, 2000, 『일제하 전시체제기 정책사료총서 50』, 한국학술정보(주), 337쪽; 전상숙, 2004a, 앞의 책, 45쪽.

233 御手洗辰雄, 1942, 『南次郎の朝鮮統治』, 京城日報社, 40-41쪽; 君島和彦, 1977, 앞의 글, 74쪽; 전상숙, 2004a, 앞의 책, 248-249쪽.

234 『支那事變關係』, 1992, 444쪽.

은 1937년에서 1938년 초에 걸친 인민전선사건과 1938년 9월의 일본 공산주의 단체 검거 등으로 사상 범죄 전력자에 대한 경계를 강화했다.[235] 이런 상황에서 조선 민중 사이에서는 전쟁이 장기화되며 신문 등을 통해서 장기화된 전쟁의 의미와 일본에게 불리한 정황 등이 확산되고 있었다. 중일전쟁이 제국주의적 침략이고 일본 군부의 전단적인 무력행사라는 등 반전과 반군적인 언동이 표출되며 반일독립 욕구가 드러났다.

한국인들의 혼란과 불안감이 가중되고 반일 심리가 확대되자 미나미는 사상통제를 강화했다. 한반도를 대륙침략의 후방기지로 설정한 미나미는 '내선일체'를 강조하며 방공·방첩 정신 보급에 철저를 기하는 정책을 실시했다.[236] 1937년 10월 미나미는 「황국신민의 서사」를 공포하고, 이를 학생, 관공리, 각종 단체원, 회사와 은행원 등에게 각종 집회의식에서 낭송하도록 강제했다. 「황국신민의 서사」는 "황국신민으로서의 자각을 촉구하여 국민정신의 앙양을 도모"하여, 한국인과 일본인이 '국체'를 중심으로 일체라는 의식을 주입시키는 것이었다. 일본이 중일전쟁 개시 직후인 1937년 7월 22일에 '국민정신'을 앙양하여 시국 인식을 강화함으로써 국민을 총 결속하기 위하여 설치한 조선중앙정보위원회의 사업 중 하나로 만들어진 것이었다. 이 서사는 소년용과 성인용으로 제정되었는데, 소년용 100만 부와 성인용 20만 부가 인쇄되어 배포되고 신문과 잡지 등에도 게재되었다. 영화로도 제작·상영되고 라디오에서 방송하는 등 각종 수단을 동원하여 황국신민이 될 것을 선전하고 강요했다.[237]

---

235 전상숙, 2005c, 앞의 글, 338쪽.
236 市瀨五郎, 1942, 『朝鮮の思想運動を回顧する』, 大東亞文化聯盟, 42쪽.
237 박경식, 1986, 앞의 책, 385-386쪽; 최유리, 1997, 앞의 책, 71-77쪽.

「황국신민 서사」에 담겨 있는 '국체명징'과 '내선일체' 및 '인고단련'이라는 3대 강령이 '교학쇄신의 3대 강령'이 되었다. 이것이 형식적으로나마 자유주의 등 여러 사상에 기초했던 교육을 대체했다.[238] 미나미는 1938년 2월에 조선 통치정책의 의무와 통치 목적을 재천명했다. 그는 조선 통치의 목적이 "황도정신을 원리로 하는 통치 임무"와 "반도를 일본화하여 내선일체를 구현"하는 것이라고 성명했다. 이를 위한 중요한 '2가지 시설'로 '조선인지원병제도의 실시'와 "학교의 쇄신·확충"을 선언하고 1938년 11월「방공법」을 시행하며 사상을 통제하는 경찰의 수를 꾸준히 증가시켰다.[239]

1938년 3월 4일 미나미 총독은 칙령 제103호로「조선교육령」을 개정하여 공포했다(제3차「조선교육령」). 개정된「조선교육령」은「육군특별지원령」과 함께 공포되었다. 이들 법령이 공포될 즈음에 미나미는 유고를 발표했다. 유고에서 그는 "조선 통치의 목표는 조선인(斯域同胞)에게 황국신민의 본질에 철저하게 하고 내선일체와 더불어서 치평(治平)의 즐거움에 의지하여 동아(東亞)의 사안에 대처(處)하는 데 있다"는 것을 분명히 했다. 그리고 "신동아 건설"에 매진하는 "우리 제국의 중책"에 부응하는 길이 "국체명징, 내선일체, 인고단련의 3대 교육방침에 철저히 임하여 대국민다운 지조와 신념을 연성하는 것을 근간으로 해야 한다"고 강조했다.[240]

개정「조선교육령」을 작성한 것은 미나미의 핵심 브레인이자 '반도

---

238 綠旗日本文化硏究所 編, 1939,『朝鮮思想界槪觀』, 綠旗聯盟, 34-35쪽.
239 전상숙, 2004a, 앞의 책, 264쪽; 마쓰다 토시히코, 2020, 앞의 책, 572-578쪽·613쪽.
240 『朝鮮總督府官報』號外, 1938.3.4.

의 히틀러'라고 불린 관동국(關東局: 관동청의 후신) 관료 출신 국수주의자 시오바라 도키사부로(鹽原時三郞) 학무국장이었다. 그는 「황국신민 서사」에 담긴 국체명징·내선일체·인고단련을 3대 강령으로 하여 '황국신민'의 완성을 목적으로 개정 「조선교육령」을 작성했다.[241] 시오바라는 '국체명징'과 '내선일체'가 '황국신민'을 공통분모로 하여 황국신민이 된다는 의미라고 했다. '인고단련'은 "일본이 약진하는(躍進皇國) 부담을 감내할 수 있는 자질을 단련하여 황국신민으로서 활동할 것을 보증하는 것"이라고 역설했다.[242] 미나미는 이러한 「조선교육령」의 개정이 한국인의 학제와 교과과정을 일본인 학교와 같게 하는 것이라고 했다. 민족적 구별을 철폐하여 '내선일체'를 구현한다는 것이었다. 구체적으로 이것은 첫째, 제도상 전면적으로 내선일체의 취지를 구현한다. 둘째, 한국인이 황국신민으로서 굳게 단련하여 대국민의 자질을 훈련하게 한다. 셋째, 한국인이 실기와 실제 능력을 습득하도록 해 국가에 필요한 재목으로 양성한다고 했다.[243] 이에 따라서 보통학교는 소학교로, 고등보통학교는 중학교로, 여자고등보통학교 고등여학교로 명칭이 변경되었다. 한국어 교육 이외의 교과과정은 모두 일본인 학교와 같게 변경되었다.[244]

그런데, 제3차 「조선교육령」의 주요 내용은 일본 육군성의 요구로 조선군이 작성했던 '조선인지원병제도에 관한 의견'과 '국민교육에 대한 방책'에서 한국인을 일본군으로 활용하기 위해서는 한국인의 일본어 교

---

241 정재철, 1985, 『일제의 대한국식민지교육정책사』, 일지사, 401쪽; 宮田節子, 1985, 『朝鮮民衆と'皇民化'政策』, 未來社, 42-43쪽.
242 鹽原時三郞, 1940. 1, 「事變下における朝鮮敎育」, 『文敎の朝鮮』.
243 朝鮮總督府, 1940, 앞의 글, 782쪽.
244 朝鮮總督府, 1940, 앞의 글, 35쪽.

육과 황민화 교육이 강화되어야 한다고 한 내용을 그대로 수용한 것이었다. 다시 말해서 한국인을 병력 자원화하기 위하여 '황국신민화'를 강제하고 일본어 교육을 강화한 것이 「조선교육령」을 개정한 실제 목적이었던 것이었다. 제3차 「조선교육령」에서 교육의 기본 방침이 '황국신민'의 완성이라고 한 이래 '황민화'라는 말이 모든 정책에 사용되었다.[245]

이렇게 「조선교육령」을 개정한 시오바라 학무국장은 한반도에서 황국신민의 적은 공산주의와 민족주의라고 규정하고 이 두 사상을 단호히 응징할 것을 선언했다. 이른바 '황국신민화'는 제1차 「조선교육령」 이래 주창된 한국인의 '제국신민화'라는 슬로건을 전시체제인 군부파시즘의 식민지총동원체제를 구축하는 조작적 지배이데올로기이자 이데올로기적 슬로건으로 강화한 것이었다. 제3차 「조선교육령」은 한마디로 대륙전진 병참기지화정책에 필요한 한국인을 황국의 신민으로 양성하여 전장으로 동원하는 교육제도 개혁이었다. 이 「조선교육령」 개정 이후 한국인에 대한 '국체의 본의'가 천명되고 더욱 강제되었다.[246]

'국체(國體)'는 이른바 천황을 받드는 제국인 천황제 일본을 의미한다. '국체의 본의'는 천황의 제국인 국가에 대한 충성을 강제하는 것이 되었다. 근대 일본천황제 국가를 한국인의 국가로 받아들여서 '황국신민'으로서 책임과 의무를 철저히 해야 한다는 것이었다.[247] 이러한 국체관은 지속된 전쟁을 통해서 강화된 일본 내셔널리즘을 의미하는 것이었다. 두 차례에 걸친 일본 정부의 국체명징 성명 이후 국체는 지배체제

---

245 최유리, 1997, 앞의 책, 57쪽·184-185쪽.
246 「學務局長演示要旨」, 1938, 『文敎の朝鮮』 152, 16-22쪽; 정재철, 1985, 앞의 책, 401-402쪽.
247 朝鮮總督府, 1940, 앞의 글, 784-785쪽.

에 대한 어떠한 도전이나 비판도 용납하지 않는다는 것이 되어 일본의 교육계와 사상계를 국가주의 일색으로 채색했다. 내각에 설치된 교학쇄신평의회는 전국 학교에 "국체의 본의에 따라 일본정신을 부흥시키라"고 지시했다. 교육칙어와 천황의 신격화가 국민사상 배양의 유일한 기준이 되었다.[248] 이러한 국체 개념을「국체의 본의」라는 팸플릿으로 간행하여 배부하고 교학국을 설치하여 국민정신총동원운동을 실시하는 등 태평양전쟁으로 돌입되어갔다. 개인주의와 자유주의는 부정되어야 할 것이 되고 '혁신'과 파시즘, 대동아공영권 논리가 방출되었다.[249]

미나미는 이러한 본국의 군부파시즘화에 조응하여 중일전쟁 발발 직후부터 '내선일체'를 강조하며 제3차「조선교육령」을 통해서 '황국신민화'에 박차를 가했다. 조선인에게 황국신민 의식을 내재화시키고자 했다. 1938년 7월 중일전쟁 1주년을 기하여 불가피해진 전쟁의 장기화에 대비하여 국민정신총동원조선연맹을 발회했다. 일본에서 국민정신총동원운동이 시작된 지 9개월 만이었다. 이 연맹은 '국민정신'을 강제하기 위한 통제체제를 사회 말단까지 조직적으로 구축한 것이었다.[250]

국민정신총동원조선연맹의 목적은 "내선일체의 구현화"였다. 조선연맹은 중앙연맹으로부터 도＞부군도(府郡島)＞면＞정동리부락(町洞里部落)에 이르는 지방연맹 조직과 기타 관공서를 비롯하여 학교와 회사, 은행, 공장, 대상점 등 각종 연맹을 조직했다. 그리고 그 아래 말단에 애국반을 두는 순으로 조직되어 하나의 전국적인 조직망을 완성했다.[251] 이와

---

248 강동진, 1980, 앞의 글, 374쪽.
249 전상숙, 2005c, 앞의 책, 319-325쪽.
250 전상숙, 2004b, 앞의 글, 45-46쪽.
251 綠旗日本文化硏究所, 1939, 앞의 책, 37-38쪽; 전상숙, 2004b, 위의 글.

같이 미나미의 '내선일체'는 조선 물자를 동원하는 병참기지정책의 이데올로기이자 조선을 일본전시총동원의 총후로 구축하는 '황민화 이데올로기'였다.[252]

그러므로 방공방첩을 강화한 미나미는 「사상범 보호관찰법」을 집행하는 기관인 보호관찰소를 중심으로 사상 전향자들을 모아서 '시국대응전선사상보국연맹'을 결성했다.[253] 이 연맹은 "사상국방전선"을 결성한다는 반공단체로 설립되었다.[254] 1938년 8월에 사상보국연맹과 연계하여 경무국을 중심으로 '조선방공협회'를 조직했다. 이러한 시책들은 "민간의 방공망"을 일층 강화한 것이었다. 반제국주의·민족독립을 주창하는 "공산주의"를 "박멸"하고, "간첩"을 "방지"하여 "일본정신"을 "앙양"하기 위해서였다.[255] 1939년에는 조선총독부 경무국과 각도 경찰부 경찰계에 각각 방호과와 방공계가 설치되었다. 사상보국연맹은 1939년 10월에 제1회 통상대회(通常大會)를 개최했다. 여기서 반코민테른 결의를 하는 등 중국을 포함하여 일본에 위협이 되는 이른바 '적색포위망'에 대한 반공을 선언했다.[256]

병참기지화정책을 천명한 미나미는 '내선일체'를 외무성을 통해서 국외에 거주하는 한국인에게도 동일하게 적용했다. "지금까지의 총독정

---

252 「朝鮮總督府時局對策調查會二關スル總督告辭要地」, 1938, 205-206쪽; 방기중, 2004, 앞의 글, 106-107쪽; 전상숙, 2004b, 앞의 글, 58-64쪽.

253 綠旗日本文化研究所, 1939, 앞의 책, 42-43쪽.

254 「時局對應全鮮思想報國聯盟의 活動狀況」, 1939, 『思想彙報』.

255 「最近に於ける思想運動情勢に鑑み裁判並檢察上考慮すべき點其の他」, 1937, 『思想彙報』.

256 전상숙, 2004a, 앞의 책, 264-265쪽.

치에서 볼 수 없었던 명확한 의식 아래"그 어느 때보다 내선일체가 강조되고 한국인에 대한 사상통제가 실시되었다.[257] 그리하여 조선의 언론도 통폐합했다. 1940년 1월에 미나미는 『동아일보』와 『조선일보』에 『매일신보』와 통합하여 자진 폐간할 것을 종용했다. 4월에는 총독부에 기획부를 설치하여 세계대전으로 더욱 악화된 국가총동원을 강화한 경제통제를 본격 운영했다. 이어서 국민정신총동원위원회와 동 간사회가 설치되었다. 이 위원회와 간사회가 총독부 내에 '총괘(總掛)'로 작동되도록 했다. 국민정신총동원에 관한 중요 사항을 조사 심의하고 기본 방침을 정하여 국민정신총동원조선연맹과 긴밀하게 운동을 기획하고 지도하게 했다.[258]

이 위원회와 간사회, 그리고 국민정신총동원연맹에 관한 사무는 국가기밀을 관장하는 관방문서과에서 일괄적으로 관리했다. 그리고 총독부는 1940년 3월에 대륙병참기지 조선의 특수성을 감안하여 국가기밀문서를 취급하는 데 신중을 기하고자「조선총독부 기밀문서 취급 규정」을 제정했다.[259] 국민정신총동원조선연맹 사무가 관방문서과에 속한 것은 미나미의 시정에서 조선연맹이 '국가기밀'에 속할 만큼 중요했다는 의미이다. 조선총독부는 총독부의 기구가 "군관민의 협력"으로 정비·강화되었다고 선전했다.[260]

일본국민정신총동원운동의 목적은 거국일치·견인지구·진충보국이

---

257 綠旗日本文化硏究所, 1939, 앞의 책, 36쪽.
258 朝鮮總督府警務局, 1941,「昭和16年 第79回帝國議會說明資料(官房文書)」, 민족문제연구소 편, 2001,『일제하 전시체제기 정책사료총서 7』, 한국학술정보(주), 338쪽.
259 「昭和16年 第79回帝國議會說明資料(官房文書)」, 303쪽.
260 「朝鮮に於ける國民精神總動員」, 1940, 342쪽.

었다. 여기에 조선의 신체제 운동에는 "내선일체의 통치 방침을 철저히 함과 동시에 반도 동포의 급속한 황국신민화를 도모"한다는 목적이 추가되었다. 식민지 조선의 '국민'정신총동원운동은 단지 전시의 일시적인 운동이 아니라 "조선 통치의 대방침으로서 항구적으로 실천"해야 할 것으로 설정된 것이다. 미나미 총독은 조선 신체제 운동이 "본 운동에 의해서 정신적 체제가 단순히 지나사변에만 그치지 않고, 대소·대구미 관계, 기타 중대 사태에 대해서도 반도 동포가 미동도 하지 않는 정신적 체제를 미리 수립할 것을 목적으로" 한다고 강조했다.[261] 외형상 민간단체 운동으로 조직된 조선의 국민정신총동원운동은 명실공히 조선총독부의 정책적 '보익(輔翼) 기관'이었다. 총독부가 주도하여 한국인에게 '국민'정신의 철저를 운동화한 '국민운동' 기관으로 제도화한 것이었다.[262] 이에 따라서 강화된 한인 언론 탄압으로 『동아일보』와 『조선일보』는 더 이상 버티지 못하고 8월 11일자로 폐간했다.

1940년 9월에 미나미는 7월에 일본 정부가 공포한 '신질서 수립' 선언에 대응하여 국민정신총동원조선연맹의 조직을 총독부의 행정과 합체한 전국적 통일체제로 정비했다. 그는 조선총독의 독자적인 입장에서 조선연맹을 '국민총력운동'으로 '개조'하여 조선을 신체제로 구축하고 황국신민화를 강화했다. 그리고 농촌진흥운동을 조선연맹과 일체화시켜서 '국민정신'을 강화하는 데 집중했다. 미나미가 천명한 '조선 신체제'의 핵심은 조선인의 '국민정신 강화'를 통해서 조선총동원체제를 공고히 구축하여 본국의 총동원에 보다 더 기여할 수 있게 하는 것이었다. 미나

---

261 「朝鮮に於ける國民精神總動員」, 1940, 344쪽.
262 「朝鮮に於ける國民精神總動員」, 1940, 345쪽; 전상숙, 2004b, 앞의 글.

미는 '내선일체'가 바로 '신체제' 정신의 구현이자 고도국방국가·대동아 공영권 건설의 기초 관념이라고 공식적으로 표명했다.[263]

이렇게 추진된 미나미의 '조선 신체제'는 일본의 신체제 운동이 정치운동을 포함한 데 반해서 정치운동은 포함하지 않았다. 이른바 "정신적 실천 단체"였다.[264] 황국신민인 조선인은 '국민'으로서 권리나 정치적 발언권은 인정되지 않은 채 일제의 파시즘체제를 지원하는 '식민지 파시즘' 지배체제 구축에 동원되었다.[265] '조선 신체제'의 수립은 '대동아전쟁'이 결전 단계에 이르렀다는 정세 인식에 입각한 것이었다. "전쟁 완수에 총력을 결집하여 철통 수비를 완비"하려는 것이었다.[266] 보다 효과적이고 강력하게 식민지 조선을 전시총동원체제로 구축하는 것이었다.

그러므로 미나미는 방공과 국체관에 입각한 한국인의 민족정신말살과 황국신민화 정책을 강화해갔다. 1941년 1월 시국대응전선사상보국연맹을 사상보국운동으로 합리화하고 사상범에 대한 보호사업을 진전시킨다는 명목으로 '대화숙(大和塾)'을 조직했다. 그리고 사상보국연맹을 대화숙으로 해소시켰다. 대화숙의 목적은 사상범들을 총괄적으로 집단 관리·관찰하며 전향시키는 데 있었다. 각 보호관찰소의 소장이 직접 사상범들에게 황국신민으로 전향할 것을 더 강력히 강제했다. 그리고 각도 경찰부에 방호과가 설치되었다. 방공·소화·수방을 일괄적으로 관장하

---

263 南次郎, 1940. 10, 「施政三十年を迎ふ」, 『總動員』 2-10, 4쪽; 방기중, 2007, 앞의 글, 123-125쪽.
264 國民總力朝鮮聯盟 編, 1945, 『朝鮮に於ける國民總力運動史』, 『일제하 전시체제기 정책사료총서 49』, 473-474쪽.
265 전상숙, 2004b, 앞의 글, 49-50쪽.
266 國民總力朝鮮聯盟 編, 『國民總力運動要覽』, 1943, 민족문제연구소 편, 2000, 『전시체제기 정책사료총서 51』, 한국학술정보(주), 104쪽.

기 위해서였다. 이와 같이 미나미는 꾸준히 증가시킨 경찰력을 통해서 일선 반공집행기관을 세밀화하고 통합하여 총체적으로 한국인을 황국신민화하는 데 박차를 가했다.[267]

이러한 미나미의 시정은 1941년 3월에 「조선교육령」의 일부를 개정하는 것으로 이어졌다. 조선총독부령 90호로 「국민학교규정」을 공포하여 4월 1일부터 '소학교'를 일본처럼 '국민학교'로 바꿔 부르게 했다. 학교의 명칭 교체는 한국인들의 일상 속에서 일본국과 일본'국민'이라는 용어가 익숙해지는 정치적 효과를 노린 것이었다. 조선총독부는 이 사실을 굳이 감추지 않고 오히려 홍보했다. 일본이 동아(東亞)와 동아 세계에서 갖는 역사적인 사명을 감안하여 반도 조선 '국민'이 기초적인 연성(鍊成)을 완수할 수 있는 교육체제를 확립했다고 선전했다. 한국인들을 '황국신민'으로서 일제의 침략전쟁을 뒷받침하는 '국민'으로 양성해내는 국가주의 학교가 바로 '국민'학교이고 그 교육이 '국민교육'이었다.[268]

그러므로 '국민'학교 교과과정에서는 그나마 선택과목으로라도 명목을 유지했던 '조선어' 과목이 완전히 폐지되었다. 한인 어린이를 대상으로 한 한국어 교육을 완전히 말살함으로써 언어와 언어를 통해서 계승되는 민족의식을 말살하고자 했다. 그리고 1942년 12월에는 1946년도부터 의무교육제도를 실시한다고 발표했다. 이러한 제3차 「조선교육령」 개정의 후속 조치는 1944년부터 실시될 징병제의 기반을 조성하는 것 중 일부였다. '조선인 지원병제도'를 시행하여 한국인을 일본군의 병력

---

267 전상숙, 2004a, 앞의 책, 264-265쪽.
268 정재철, 1985, 앞의 책, 463쪽; 최유리, 1997, 앞의 책, 60쪽; 전상숙, 2017a, 앞의 책, 269-270쪽.

으로 활용하자면 당장 군에 복무할 수 있을 만한 최소한의 일본어를 습득시켜야 했다.[269]

일본은 1941년 12월에 이른바 '태평양전쟁'을 도발하여 병력 동원 계획을 재검토하지 않을 수 없게 되었다. 태평양전쟁의 도발로 필요 병력이 1942년의 350만 명을 정점으로 약 200만 내지 250만 명 정도 증가했다. 이에 비하여 3년 복무를 기준으로 유지될 수 있는 일본인 병력은 육해군을 합쳐서 총 120만 명 정도로 산정되었다. 그러므로 부족한 병력을 장기적으로 확보하기 위한 대책이 다각적으로 강구되었다. 결국 불가피하게 그간 국방 안보상의 이유로 유보했던 '외지 민족'을 활용하는 쪽으로 관심이 주어졌다. '태평양전쟁' 도발 이후 일본은 "외지 민족을 병력으로 활용하는 것은 이제 의논할 시기가 아니라 초미의 급무"가 되었다.[270]

병력 부족의 문제는 노동력 부족과 직결된 문제였다. 이 문제를 일본은 더 나아가서 언제 해결될지도 모르는 지난한 '지나사변' 이래 계속된 전쟁과 관련하여 일본 민족을 보존하는 문제로까지 인식했다. 자신들이 일으킨 전쟁이 언제 끝날지 모르는 상황이 되자 끊임없이 일본인 병사들을 전쟁에 내보내게 되면 일본 민족 자체가 보존되기 어려울 수도 있다는 지극히 이기적이고 극단적인 인식이 공감대를 형성했다. 그리하여 1942년 5월에 일본 정부는 일본인 대신에 한국인을 병사로 징발하는 조선인 징병제를 1944년부터 실시한다고 발표했던 것이었다.[271] 전쟁으

---

269 정재철, 1985, 앞의 글, 463쪽; 최유리, 1997, 앞의 책, 60쪽.
270 陸軍省兵務課, 1942, 「大東亞戰爭ニ件フ我カ人的國力ノ檢討」, 高崎隆治 編, 1977, 『十五年戰爭極祕資料集』1, 龍溪書舍.
271 최유리, 1997, 앞의 책, 192-197쪽.

로 인한 병력 부족의 문제가 조선인 징병제 실시로, 그리고 이에 필요한 조선인의 일본어 교육을 위한 의무교육으로 귀결되었다. 이렇게 언제 끝날지 모르는 지난한 전쟁에 '일본 민족의 보존'을 위하여 한국인·한민족의 생명을 요구한 것이 조선인 징병제의 시행이었다.[272] 「조선교육령」을 개정한 '국민학교'와 '국어' 교육 강화는 일본인 대신 한국인의 생명을 차출해 전쟁을 치르기 위한 일제의 병력 동원 준비작업이었다.

이러한 미나미의 '내선일체'를 내세운 황국신민화 관제 '국민운동'은[273] 1941년 일본기획원에 대한 '적색혐의' 사건으로 체제 혁신 분위기가 해체되고 대정익찬회가 수립된 것이 배경이었다. 일본에서 혁신세력이 몰락하고 복고적 황도정신에 충실한 국가주의 정책이 전개되자 미나미는 '일본제국'의 '신민'인 '조선인'에 대한 '일본인과 같은 권리'를 말하기 시작했다. '조선인'과 일본인의 제도상의 평등을 언급하며 '전 일본인'의 총후봉공을 역설하기 시작했다. 1942년 4월 중순에 미나미는 전쟁에서 승리하기 위한 '현세즉응의 운동 방침'으로 '지도자 양성'과 그 중대성을 강조하고, 조선인 총동원을 위한 조직체제의 말단에 있는 애국반 조직을 어떻게 전투 단위로 전력화할지 구체화하기 시작했다.[274] 미나미는 전쟁이 '태평양전쟁'으로 확대되자 일제의 전력을 보강하기 위하여 본국의 군부 파시즘 지배체제에 기여하는 식민지파시즘 지배체제를 구축하고 '조선인 국민'을 말단까지 동원하는 체제를 정비했다.

---

272 田中武雄, 1960, 「小磯總督時代の槪觀」, 東洋文化硏究·學習院大學東洋文化硏究所, 243쪽.

273 방기중, 2005, 앞의 글, 86쪽.

274 國民總力朝鮮聯盟 編, 1945, 앞의 책, 513쪽.

3. 소결: 일제의 침략적 군부파시즘화에 솔선한 조선총독의 전쟁 지원 산업화정책

우가키가 조선총독으로 부임한 것은 1920년대 말 1930년대 초 일본 정계가 쇼와공황에 이은 세계대공황으로 난국을 타개할 방침을 놓고 영미협조주의와 적극적 대륙정책으로 양분되는 한편 일본 자본주의의 성장과 밀착된 기성 정치구조를 혁신해야 한다는 세력이 부상하던 때였다. 모두 일본의 지속적인 성장과 이를 위한 대륙정책의 필요에 입각했지만 그 추진 시기와 방법에 대한 이견으로 분열되었다. 바로 당면한 난국을 적극적인 북진정책을 통해서 타개해야 한다는 입장과 아직은 영·미와 대결하기에는 역부족하니 시간이 걸려도 일본의 힘을 키워서 준비를 갖추고 북진정책을 추진해야 한다는 입장이었다. 우가키는 후자의 입장이었다.

우가키는 육군 조슈벌의 마지막 계승자인 다나카와 같이 영·미협조주의 외교관을 가졌다. 신해혁명을 계기로 조선징병제도의 기초를 제시했던 조선「2개 사단 증설 주장 의견서」로 다나카의 눈에 띠어 군정가로 성장한 우가키는 과감한 군제 개혁을 통한 군비의 근대화로 청년장교들의 신망을 얻어 '우가키 군벌'을 형성했지만 그들의 기대를 등지고 조선총독이 되었다. 조선총독으로서 러일전쟁 시 주목했던 한반도를 중심으로 한 자신의 총력전체제 구상을 실시하여 금의환향하는 발판을 마련하고자 했다.

우가키가 조선총독으로 부임하기 전후에 드러나기 시작한 우가키를 지지했던 '혁신' 청년장교들과 엔블록을 구축하는 총력전체제에 대한 우가키 간의 입장 차이는 조선총독이 된 우가키의 조선산업화 통치 방침과 본국 지배세력의 대륙정책 추진 방식의 차이로 현재화되어 갈등을 야기했다. 일본총력전사상의 원형이자 실현자라고 평가되는 우가키의 총력전체제 구상은 '일본해의 세토나이카이화' 구상이었다. 일본의 총력전체제 구상은 구미의 경제블록화에 대항할 수 있는 일본제국주의의 자급자족 권역을 구축하는 것이었다.

우가키의 총력전체제 구상에서 반도 '조선'은 섬나라 일본과 반도 이북 만주를 잇는 핵심으로 설정되었다. 우가키가 러일전쟁 때 2개월 간 한반도에 주둔하며 만주를 확보하고 조선 함경도를 경유하여 중국으로 진출하는 식민지 침략 루트를 구상했던 것이 조선총독이 되어서 조선산업화와 조선 교두보관에 입각한 식민지 경영으로 이어진 것이었다. 한반도는 정공업지대 일본과 농업·원자재 지역으로 설정된 만주, 곧 섬과 대륙을 잇는 반도로서 조공업지대로 산업화해야 한다는 것이었다. 반도 조선이 일본 총력전체제의 핵심이 되어야 한다는 것이다.

만주사변을 '제국흥쇠의 중대 문제'로 반긴 우가키는 총력전체제 구상에 입각한 조선 통치를 통해서 '모국의 진운에 공헌'하고자 했다. 만주사변이 발발하자 본국에서 대두한 일만블록과 조선 개발을 결합하여 '일선만블록'으로 정리하고 조공업지대로 설정한 조선의 산업화를 추진했다. 우가키의 조선산업화는 농업인구가 절대다수인 조선의 사정상 농촌진흥운동과 병행되어 농공병진정책으로 전개되었다. 일본의 만주 중심 대륙개발정책에서 주변부에 있던 조선 경제는 거의 파탄 상황이었으므로 조선 산업은 인프라를 구축하고 공업 발전의 기본이 되는 원전을 개발하는 등 공업화를 추진할 수 있는 기초를 마련하기 위한 자본을 조달하는 것이 관건이었다. 이를 우가키는 일본에서 시행 중인 「중요산업

통제법」을 조선에 적용하지 않음으로써 일본 자본이 자유롭게 투자하여 이윤을 추구할 수 있는 새로운 시장을 제공하는 방식으로 해결했다.

더불어 전형적인 일본주의자로 평가되는 우가키는 '문화정치'로 인해서 한국인들의 사상이 '불순'해졌다고 생각하여 한국인의 사상을 통제하는 데도 심혈을 기울였다. 이른바 '내선융화'를 표방하며 한국인에게 일본정신을 강제하고 일본인이 우위를 점하게 했다. 이러한 우가키 총독의 시정은 문화정치의 종식을 알리는 것이었다.

우가키의 조선산업화는 일만 중심의 총력전체제를 지향하는 일본 정부에게 만주 개발과 마찰을 일으키는 문제였다. 또한 우가키 총독기에 일본에서는 1935년 '국체명징성명'과 '국체명징운동'이 전개되며 본격적으로 일원적 통제체제가 구축되어 우가키의 조선산업화도 통제의 대상으로 했다. 그러므로「중요산업 통제법」의 조선 시행을 놓고 조선총독 우가키와 일본 정부가 대립했다. 그러나 우가키는 조선총독으로 재임하는 동안 조선총독의 특수한 자율통치권과 본국의 정치적 인맥을 배경으로 자치통제 방식으로 조선공업화를 관철했다. 그리하여 후임 미나미 총독이 중일전쟁을 계기로 '대륙전진병참기지화'정책을 실시하며 조선공업화에 박차를 가하는 기반이 되었다.

미나미는 우가키의 추천으로 육군대신에 이어서 조선총독까지 하게 된 대표적인 우가키 군벌로 꼽히는 인물이었다. 그러나 대륙정책에 관해서는 만주 개발을 중심으로 한 관동군 혁신파와 뜻을 같이했다. 그러므로 미나미는 조선총독이 되어 '일만국책수행'과 '광의국방'을 천명했다. 그러면서도 우가키가 시행한 자치통제에 의한 조선산업화를 계승하여 일본 정부가 원론적으로 인정하게 하는 정치력을 발휘하며 한국인의 사상을 통제하는 데 심혈을 기울였다. 그리고 중일전쟁이 장기화되며 본국에서 본격화된 전시총동원체제 구축에 조선의 입지가 설정되지 않은 채 물자동원에 대한 요구만 증가하자 조선총독으로서 입장을 분명히 천명했다. 미나미는 우가키의 조선산업화정책을 전시적으로 재편하여 조선병참기지정책으로 천명하며 '내선일체'를 정책화했다.

미나미의 조선병참기지정책은 일본의 장기화된 전쟁을 수행하는 데 조선이 앞장서서 일익을 담당하겠다고 선언한 것이었다. 그리하여 일본의 국책과 국방 차원에서 인정된 조선병참기지정책은 군수물자와 군수공업을 중심으로 조선공업화에 박차를 가했다. 이는 근본적으로 황도정신에 입각한 반공주의 일본국가주의라는 사상적 기반을 같이하는 우가키 총독의 자치통제에 의한 친자본 조선산업화정책을 전시적으로 재편하여 계승한 것이었다. 미나미가 병참기지정책을 통해서 일본 정부가 일관되게 간과한 반도 조선을 전시총동원 고도국방국가를 건설하는 자급자족적 경제권역에 입지를 설정하고 솔선해서 국익에 일익을 담당하겠다고 선언한 것이었다.

우가키와 미나미 두 조선총독은 본국의 전시총력전체제에 본국보다 앞장서서 조선의 산업화와 전시 공업화를 통해서 기여하고자 했다. 그럼으로써 섬나라 모국과 중국 대륙을 잇는 반도 조선의 지정학적 의미를 단지 연육교가 아니라 '제국일본'의 발전에 필수적인 교두보로 공고히 하고자 했다. 우가키의 조선산업화는 일본의 총력전체제를 예비하며 구축해간 것이었다. 이에 비해서 미나미의 조선공업화는 본국의 총력전체제 구축이 본격화되는 데 조응하면서 조선의 입지를 설정하고 이를 인정받기 위하여 보다 강력히 전시 식민지총동원체제를 구축하는 것이었다. 그러므로 한국인을 동원하기 위한 '국민정신' 동원, 한국인의 민족의식을 말살하는 사상통제정책이 전쟁 동원과 비례하여 강화되었다. 내선융화로부터 내선일체로 전개되며 황국신민화를 강제하고 황국신민의 의무 이행이 '일본제국 국민 조선인'의 임무가 되었다.

이러한 우가키와 미나미의 조선산업화와 전시 공업화는 기간산업과 자원을 개발하기 위한 자금을 마련하기 위하여 친자본·자본주의 우대 정책을 불가피하게 동반했다. 이는 2·26사건 이후 일본의 군부파시즘화를 주도한 군 통제파·혁신 관료들의 반자본·공익 우선 경제통제정책 및 만주 중심의 산업개발정책과 마찰을 일으켜 조선총독정치를 통제하려는 정부와 갈등관계를 형성했다. 그렇지만 일본 자본주의의 성장과 결부되어 구축된 근대 일본천황제 국가 체제의 특성상 혁신 통제파의 반자본·공익 우선 경제통제정책을 기축으로 한 총동원체제는 처음부터 한계를 표출했다. 장기화된 전쟁은 그 한계를 적나라하게 드러냈고, 전황의 악화가 지속되자 보수반동의 저항이 고조되었다. 결국 1941년 '적색혐의'로 주요 혁신 관료들이 검거됨으로써 1930년대를 이끈 일본 혁신세력은 종말을 고했다. 그 뒤를 이어 일제 군부파시즘체제의 완성이라고 할 수 있는 익찬정치체제가 수립되었다. 미나미 총독과 동질적인 이념적 기반을 갖는 익찬체제의 등장으로 조선총독과 일본 정부 간의 갈등도 해소되며 조선총독부의 솔선적인 식민지 총동원 생산 확충 정책도 심화되었다.

제4장
1940년대 '태평양전쟁'기
'결전'에 대비한 총동원체제의 강화

1941년 10월 내각을 출범한 지 두 달 만에 도조 히데키(東條英機, 1884-1948) 수상은 태평양전쟁을 개시하며 전격적으로 파시즘 지배체제를 구축했다. 12월 7일에 일본은 미국의 태평양 함대 전진기지가 있는 하와이 진주만을 기습 공격하고 무서운 기세로 동남아시아 지역 확보에 나섰다. 그리고 '비상조치'를 구실로 각종 죄목으로 좌익운동 관계자와 전쟁에 반대하는 사람들, 요주의 재일 조선인들을 검거했다. 1942년 4월 30일에 중의원 의원선거(翼贊選擧)를 실시하고 5월 20일에 정치결사 익찬정치회를 조직하며 기타 정치결사들을 해산시켰다. 익찬정치회를 일국일당의 당적 존재로 했다. 1942년 6월이 되면 종래 내무·문부·농림·상공 등 각 성이 지도하던 국민 조직 등 여타 조직을 모두 익찬정치회의 감독하에 두었다.[1] 도조 수상은 침략전쟁을 완수하기 위하여 선거를 통해서 정부와 군부에 전면적으로 협력하는 익찬의회를 확립한 것이다. 의회 세력을 재편성해 '정치력을 결집'함으로써 통제를 강화했다.[2] '익찬정치체제'는 도조 수상을 중심으로 일원적인 국가의 통제 운용 체제로 구축되었다.[3] '일제 군부파시즘 지배체제'가 완성된 것이었다.[4]

　　진주만 기습에서 비롯된 이른바 '태평양전쟁'은 일제 '대동아공영권'의 경제적 자급자족권의 내용과 병력 동원 계획을 불가피하게 재검토하게 했다. 1942년 1월 말 도조 수상이 조선의 징병제 시행을 검토한 것을

1　전상숙, 2004b, 「일제 군부파시즘체제와 '식민지 파시즘'」, 방기중 편, 『일제 파시즘 지배정책과 민중생활』, 혜안, 28-30쪽.
2　萬峰, 1989, 『日本ファシズムの興亡』, 六興出版, 281-283쪽.
3　刈田 徹, 1982, 「天皇制國家のファショ的再編成」, 淺沼和典·河原宏·紫田敏夫 編, 『比較ファシズム研究』, 成文堂, 255쪽.
4　전상숙, 2004b, 앞의 글, 29쪽.

시작으로 미나미 총독과 협의하여 5월 8일에 일본 내각이 조선의 징병제 실시를 결정했다. 이 결정으로 미나미 총독은 부임하며 선언한 조선 징병제 실시라는 소기의 목적을 실현해 조국의 총력전에 일익을 담당했다고 생각하고 조선총독을 사임했다. 후임 조선총독 고이소는 1937년 12월에 조선군사령관으로서 미나미 총독과 함께 육군특별지원병제를 실행시킨 인물이었다. 그러므로 조선에서 징병제를 실시하기에 적합한 인물로 여겨졌다.[5]

이후 일본의 전황은 수세로 전환되었다. 1942년 6월 미드웨이해전에서의 참패는 일본군의 우위가 붕괴되는 태평양전쟁의 전환점이 되었다.[6] 전쟁 국면의 전환으로 일본은 1940년에 일만지 중심의 자급자족적 경제권역으로 구상했던 대동아공영권의 총력전체제 구상에 수정을 가하지 않을 수 없게 되었다. 1942년에 이르면 기획원을 중심으로 한 혁신세력이 몰락하고 혁신사상은 황도주의로 수렴되어갔다. 대동아공영권의 수정에서는 조선병참기지정책의 공업화를 이른바 '내지화' 정책의 일환이라고 하여 생산 확충을 도모하는 변화가 생겼다.[7]

1942년 11월에 패색이 드리운 전쟁 상황에 직면한 도조 수상은 대동아성을 신설했다. 대동아성을 설치한 것은 경제 순환을 무시하고 산업 생산의 전시총동원을 기한 것이었다. 그리하여 척무성과 내각의 흥아원,

---

5 御手洗辰雄 編, 1957, 『南次郎』, 南次郎傳記刊行會, 468쪽; 이형식, 2020, 「고이소 총독 시기 조선총독부의 운영과 통치이념」, 『일본역사연구』 52, 127-128쪽.

6 江口圭一, 1986, 『十五年戰爭小史』, 青木書店, 178쪽.

7 김인호, 1995, 「태평양전쟁기(1940-1945) 일제의 조선공업통제와 생산력 확충」, 『한국사연구』 90, 332-335쪽; 서정익, 2003, 『일본근대경제사』, 혜안, 270-271쪽; 김인호, 2004, 「태평양전쟁시기 조선에서의 생산증강 정책과 그 실상」, 『역사와경계』 52, 151-155쪽.

대만사무국이 폐지되고, 외무성의 일부는 대동아성에 흡수되었다. 식민지 기구까지 포함한 행정기구의 일원적 통합체제 개편이 이루어졌다. 이러한 식민지주의는 1943년 5월에 군수성을 설치하며 더욱 강화되었다. 군수성은 전쟁 수행을 위한 물자와 행정기구를 총동원하는 기구로 기획원과 상공성을 합병해 설치되었는데,[8] 이는 보다 효율적으로 총력전을 수행하기 위하여 초집중적으로 일원체제를 강화한 것이었다.

이러한 때 조선총독으로 임명된 고이소는 군에서 우가키와 미나미에 의해서 등용된 인물로 우가키 군벌 또는 미나미계로 분류되었다. 그는 일본 정부나 전임 총독과 정치적 마찰을 일으키지 않으면서 본국의 전시 총력전을 지원하는 후방 식민지 전시 총동원체제를 강화하는 시책을 실시했다. 군에서 그를 이끌어준 두 전임 조선총독이 일본 정부의 반대에도 불구하고 식민지 조선산업화를 추진하여 마찰을 일으키면서까지 솔선으로 총력전체제 구축에 기여하려 했던 것과는 차이가 있었다. 고이소는 대동아공영권의 경제적 자급자족권역 수정이 이루어지는 데 조응했다. 그는 악화된 전황에 좀 더 기여하고자 일본 의존도가 높았던 조선의 전시 공업화 원료 수급을 최대한 조선에서 자체 조달하는 산업정책을 실시했다. 조선 산업의 자율적 운영을 강화하여 조선공업화의 대일 물자 의존도를 낮추고 보다 많은 생산 물자를 본국에 자급적으로 공급하고자 했다. 일본의 생산 확충 필요에 조선의 산업을 종속적으로 일체화시켜서 생산력의 증강을 기했다. 그리하여 강화된 고이소 총독의 조선 식민지 총동원은 황국신민화와 사상통제 강화를 촉구했다.[9]

---

8   이형철, 1991,『일본군부의 정치지배-15년 전쟁기(1931-45)의 민군관계연구-』, 법문사, 263-265쪽.

그러면서도 고이소는 조선총독 고유의 상대적 자율통치권을 유지하고자 했다. 이는 그가 일본에서 대정익찬회를 만들 때 대정익찬회가 '행정의 이중 시설이고 극언하자면 행정 자체의 모독'이라고 비판하며 대정익찬회의 고문직을 거절했던 것과[10] 맥을 같이한다. 행정권의 고유한 권한을 중시했다고 할 수 있다. 고이소는 1942년 6월에 조선총독으로 부임한 직후 도지사회의에서 본국의 종합적인 통제 일원화에 대하여 "기본적으로 민간업자의 자치통제를 추진하고 부득이할 경우 권력통제를 추진할 것"이라고 밝혔다.[11] 이러한 입장에서 고이소는 일본 정부가 「군수회사법」을 시행하며 1943년 12월부터는 광공업과 농업 양 분야에 군수 생산 책임제를 실시하고 조선과 대만에도 동시에 실행하려 하자 대립했다. 대립의 핵심은 이 법을 시행하는 데 관한 조선총독의 권한이었다. 「군수회사법」의 적용을 둘러싼 일본 정부와 조선총독의 대립은 각 성의 대신과 조선총독의 권한에 관한 것이었다. 일본 정부는 내외지 행정 일원화를 전제로 군수성이 권한을 통일하는 형태로 이 법이 시행되어야 한다고 했다. 그러나 고이소는 조선총독의 종합 행정권과 조선총독 정치의 유지를 주장했다. 그 결과 조선에서 군수 생산 책임제는 당초 일본 정부가 계획했던 것보다 늦게 1944년 10월 27일부터 시행되었다. 「군수회사법」은 항공기와 일본과 조선에 걸친 사업을 실시하는 회사를 제외하고, 조선에서만 사업을 실시하는 회사에 대해서는 조선총독이 지

---

9 小磯國昭, 1963, 『葛山鴻爪』, 小磯國昭自敍傳刊行會, 750쪽; 琴秉洞, 2006, 『日本人の朝鮮觀: その光と影』, 明石書店, 292-293쪽; 中村晃, 1991, 『怒り宰相小磯國昭』, 叢文社.
10 小磯國昭, 1963, 앞의 책, 758-760쪽.
11 「統理方針の大綱」, 1943, 『朝鮮産業年報』, 32쪽.

도·감독하는 것으로 개정되었다.[12]

또한 고이소 총독은 본국의 '국내 방위체제' 구축과 관련해서도 독자적인 입장을 취했다. 1943년 12월 고이소는 '조선의 특수성'을 내세우며 독자적으로 '작전 방위대책 기본 요강'을 책정하고, 이어서 1944년 초 방위사무연락협의회를 설치하고 8월 20일에 조선총독부 방위총본부를 개설하며 총본부 내에 방위대책심의회를 설치했다. 그리고 1944년에 들어서 일본 정부가 국내 방위체제 구축을 본격화하며 8월 15일 각의에서 '총동원 경비 요강'을 결정한 데 대하여 10월에 '조선의 총동원 경비 요강'을 책정했다. 조선의 방위시설 기반을 본국의 총동원 경비 요강에 부응하면서도 조선총독의 입장에서 자율적으로 구축해간 것이었다.[13]

이와 같이 고이소는 조선총독의 권한을 활용한 자치적 조선국 내 방위체제를 구축하여 조선이 안정적인 병참기지로서 일본에 기여하는 데 주력했다. 이러한 조선 통치 방침이 대정익찬회를 '행정 자체의 모독'이라고 비판했던 고이소가 관권으로 국민총력연맹을 재조직하며 조선 방위체제를 구축하는 것으로 전개되었다. '조선 특수성'을 앞세운 고이소의 자율적 조선 통치를 그의 대정익찬회 비판과 함께 재고해보면 고이소는 조선총독 고유의 권한이 존중되는 행정체제를 통해서 안정적으로 조선을 통치하려 한 것으로 보인다.

---

12 「戰爭と朝鮮統治」, 大藏省管理局, 1985, 45쪽; 박경식, 1986, 『일본제국주의의 조선지배』, 청아출판사, 454-457쪽; 안자코 유카, 2006, 「조선총독부의 '총동원체제' (1937-1945) 형성 정책」, 고려대학교대학원 박사학위논문, 225-227쪽.

13 朝鮮總督府警務局, 「昭和19年 第86回帝國議會說明資料」, 『일제하 전시체제기 정책 사료총서 22』, 381-382쪽.

고이소는 태평양전쟁으로 확전되어 일본이 수세로 전환되는 시기에 조선총독으로 부임하여 미나미의 병참기지정책을 통한 조선총동원의 연장에서 조선을 통치했다. 표면적으로 드러난 고이소의 조선 지배정책은 일본의 행정 일원화 조치와 함께 보면 기능적으로 전임 미나미 총독의 시책을 그대로 계승했다고 할 수 있다. 그렇지만 다른 한편으로 보면 '일본제국'의 전쟁은 그가 당초에 생각했던 자원을 중심으로 한 자급적 경제권역을 지향하는 총력전체제를 지향하며 끝없이 전개되고 있었다. 조선총독이 된 고이소의 시책은 일제의 생존을 위한 전쟁 수행에 적극 기여할 수 있는 것이어야 했다. 이것이 조선 병참기지정책에 충실을 기하여 본국에 기여하는 방식으로 현재화됨으로써 고이소가 미나미의 시책을 그대로 계승했다는 평가를 받게 했다고 할 수 있다.[14]

고이소는 제1차 세계대전을 경험하며 자원이 부족한 일본이 향후 총력전이 될 전쟁에 대비하기 위해서는 자원 중심의 총력전체제를 구축해야 한다는 일본총력전체제의 주요 관점을 제시한 인물이었다.[15] 조선총독이 된 그는 전황(戰況)을 고려하여 일본의 총력전에 전쟁 물자를 제공하는 자원 보급지로서 조선의 기능을 향상시키고자 했다. 이 과정에서 조선총독의 상대적 자율통치권을 활용하여 나름대로 조선을 안정적으로 통치하기 위한 치안유지 등 현실적인 방식으로 본국의 일원적 총력전체제 강화에 조응했다고 할 수 있다.

그렇지만 이후 아베 총독기에 이르면 조선총독의 자율통치권을 거론

---

14 小磯國昭, 1963, 앞의 책, 750쪽; 이형식, 2020, 앞의 글, 128쪽.
15 纐纈厚, 1981, 『總力戰體制硏究: 日本陸軍의 國家總動員構想』, 三一書房, 32-33쪽; 도베 료이치, 2003, 이현수·권태환 역, 『근대 일본의 군대』, 육군사관학교화랑대연구소, 196쪽.

할 여지가 없을 정도로 일본의 전황이 악화되며 전쟁이 끝을 달렸다. 1945년이 되면 식민지 조선이 일본의 유일한 외부 판입로가 되었다. 일본은 조선과 만주로부터의 식량 수송로도 끊겨서 배급제도 자체가 붕괴되었다. 징병과 징용에 의한 동원 강화로 노동력도 고갈되기 시작했다. 그 결과 여자와 학생을 동원하는 대대적인 노동 동원이 본격화되어 '남김 없는 동원'이 실시되었다.[16] 이러한 일본의 총력전 전황에 부응한 조선총독 아베는 고이소 총독에 이어서 '명실 공히 내선일체화된 일제의 일원적 통제정책'을 강화해 실시했다. 아베 총독 시기에 조선의 생산력 확충은 일본의 생존과 직결되어 본국에서보다 훨씬 더 강도 높게 진행되었다.

1. 조선을 '결전체제'로 구축한 8대 총독 고이소 구니아키

조선의 징병제 시행이 발표된 직후 도조 수상은 고이소 구니아키(小磯國昭, 1880-1950)를 조선총독으로 임명했다. 고이소는 자신이 '조선'을 잘 알고 있고 조선이 내지와 같이 당분간 후방 역할을 맡으면 충분하다고 판단해서 바로 조선총독 직을 승낙했다고 한다.[17] 도조 수상은 처음에는 미나미 총독의 후임으로 아베 노부유키를 고려했다. 그러나 그가 익

---

16 안자코 유카, 2006, 앞의 글, 197쪽.
17 小磯國昭, 1963, 앞의 책, 742쪽.

찬정치회 총재를 맡게 되어 포기하고 조선 사정에 밝은 고이소를 조선 총독으로 임명했다. 고이소는 조선군사령관과 척무대신을 지냈다.[18] 고이소는 미나미가 추천한 것으로 생각했다고 한다.[19]

고이소도 전임 조선총독들(사이토, 우가키, 미나미)처럼 일찍이 한반도를 경험한 적이 있었다. 러일전쟁 당시 중위로서 사단 참모였던 우가키와 함께 한국 진남포에 상륙하여 한반도의 상황을 정찰했었다. 우가키가 육군대신이 되어서 군제개혁을 추진할 때 고이소는 육군성 정비국장으로서 우가키의 군축에 찬성했다. 그리고 우가키의 추천으로 육군대신이 되었다. 고이소는 미나미 총독과도 인연이 깊었다. 미나미가 육군대신일 때 차관으로 임명되어 함께 근무했다. 미나미는 고이소가 사관 학생일 때 교관이었는데 서로 친했다고 한다. 1935년에 고이소가 조선군사령관이었을 때 조선총독이 우가키였고 그 후임 조선총독이 미나미였다. 조선총독으로 부임한 미나미는 조선군사령관이었던 고이소에게 조선 통치의 기본을 무엇으로 해야 하느냐고 물어보았다고 한다. 고이소는 즉각 "말할 것도 없이 내선일여(內鮮一如)"라고 응답했고, 이에 미나미는 바로 그렇다고 응수했다고 한다. 조선 통치에 대한 인식이 고이소와 미나미가 같았다고 할 수 있다. 중일전쟁 발발 이후 고이소는 육군대신이 되어 1938년 7월에 조선군사령관을 그만두었다. 이후 두 차례에 걸쳐서 척무대신을 역임한(1939.4-1939.8, 1940.1-1940.7) 후 일선에서 물러나 있다가 1942년 5월에 미나미의 후임으로 조선총독이 되었다.[20]

18　이형식, 2020, 앞의 글, 128쪽.
19　小磯國昭, 1963, 앞의 책, 750쪽.
20　琴秉洞, 2006, 앞의 책, 292-293쪽; 中村晃, 1991, 앞의 책.

고이소도 우가키처럼 제1차 세계대전을 경험하며 열강의 전쟁 형태를 조사·연구하여 일본군부에서 형성되기 시작한 총력전체제에 대한 구상을 갖고 있었다. 그는 군에 일본의 총력전체제 구축에 중요한 제안서를 작성했다. 1917년 8월 육군 참모본부의 병요지지반장(兵要地誌班長)이었던 고이소는 총력전 관련 보고서인 『제국국방자원』을 작성했는데, 이 보고서는 일본의 총력전체제 구상에 중요한 국방정책 제안서로 평가된다.

여기서 고이소는 일본총력전체제의 중요한 관점을 제시했다. 장기전에 대비하여 부족한 필요자원을 확보하고 전시 경제체제로 원활하게 이행하기 위한 총력전체제를 구축해야 한다는 것이었다. 그는 장기적인 소모전에 대비하여 군수품의 생산 능력을 유지하는 문제와 이를 위하여 안정적으로 자원을 확보하는 문제를 강조했다. 그리고 필요한 자원을 만주와 몽골 지역에서 획득해야 한다고 했다. 실제로 몽골을 직접 조사한 바 있는 고이소는 중국과 몽골을 국가총력전체제를 실현할 수 있는 곳으로 주목했다. 고이소가 『제국국방자원』에서 명시한 이 총력전 구상이 자원 공급지로 만주와 몽골 지역에 주목한 군부 총력전체제 구상의 원점이 되었다. 또한 고이소는 일본이 자급자족할 수 있게 전환하는 능력을 보유하면서도 국제적 분업경제를 적극적으로 이용해서 이득을 도모해야 한다고 했다. 그는 평시의 경제와 전시의 경제 사이의 조정을 언급하며 6대 주요 국방 경제정책을 제시했다. 그것은 수입 무역의 제한, 수출 무역의 촉진, 국내 자원의 보존과 증수, 원료의 저장, 공업의 전환을 위한 준비계획, 대륙과의 교통 연락 확보 등이었다. 이렇게 고이소는 자원이 부족한 섬나라 '일본제국'이 열강의 일원으로서 생존할 수 있는 방안을 자원 중심의 총력전체제 구축으로 제시했다. 이것이 '대동아공영권'의 자급자족적 경제권역 구축이라는 군부파시즘 지배체제의 총력전체제 구축으로 이어졌다. 그리하여 고이소는 "국가총동원정책의 추진자"라고 평가된다.[21]

고이소는 자원 공급지로 주목한 만주와 몽골을 필두로 군부의 총력전체제 구축이 본격화되며 장기화된 전시 자원 확충을 위하여 남방으로 진출하여 세계대전을 치르는 일본총동원체제가 곤경에 처했을 때 조선총독이 되었다. 일본총동원체제에서 입지가 설정되어 있지 않으면서도 전임 조선총독의 병참기지정책과 본국과 가장 밀접한 지정학적 위치상 불가피하게 필수적인 생산 확충 요지로 작동하고 있던 조선의 총독이 된 것이다.

조선총독이 된 고이소는 우가키의 추천으로 육군대신을 역임했지만 우가키가 염원하던 조각의 기회를 맞았을 때 육군이 육군대신을 임명하지 않자 우가키가 직접 요청했던 육군대신 취임을 거절하여 우가키가 내각을 구성할 수 없게 되는 데 일조했다. 고이소는 2·26사건 이후 우가키를 따르던 혁신 청년장교들처럼 그와 결별한 것이었다. 그러므로 그는 군부에서는 우가키 군벌 또는 미나미파로 분류되었지만 그들과는 다른 행보를 보였다. 이는 고이소가 우가키의 조각 요청을 거절하고 조선총독이 될 때 자신이 조선을 잘 알고 있고 조선이 당분간 내지와 같이 후방 역할을 맡으면 충분하다고 생각했다는 그의 말에서 상징적으로 잘 나타난다고 할 수 있다.

만주와 몽골 자원 중심의 일본총력전체제를 구상했던 고이소는 육군 군부처럼 조선의 역할을 중요하게 생각하지 않았다. 내지와 같이 전시

21　纐纈厚, 1981, 앞의 책, 32-33쪽; 纐纈厚, 1982, 「小磯國昭: 國家總動員政策の推進者」, 富田信男 外 著, 『政治に干涉した軍人たち』, 有斐閣; 도베 료이치, 2003, 앞의 책, 196쪽.

일본의 총후로서 현상유지만 하면 된다고 생각했다. 대정익찬회의 고문을 거절한 고이소는 관권으로 민간의 '국민운동'을 조직화하여 강력히 사회를 통제하는 대정익찬회나 미나미 총독의 국민총력운동에 비판적이었다.[22] 그렇지만 그는 이를 표출하지 않고 원만한 태도로 정치적으로나 정책적으로 논란을 야기할 수 있는 가능성을 피했다. 고이소는 자신의 생각을 표출하여 전임 미나미나 정부와 마찰을 일으켜서 정치적 파장이 일어나는 것을 원치 않았다.[23]

고이소는 기본적으로 조선 통치가 '내선일여', '내선일체'가 되어야 한다고 생각했다. 그는 내선일체를 통치상 유일한 목적으로 삼아서 진전시킨다는 신념을 갖고 조선총독으로 부임했다. 그는 한국인의 사상을 개조하는 일이 하루아침에 이루어지지는 않겠지만 자신이 조선총독으로 재임하는 동안 이를 실현시키고자 했다. 그리하여 실무적인 사안으로 조선인 관리를 활발하게 등용했고, 조선인 기업에 대한 지도를 추진했다. 차별취체 관련 규정을 철폐하고 조선인의 정치참여 실현 등 다양한 시책을 모색했다. 그는 조선총독부의 행정체계를 통해서 그러한 시책들을 실현하고자 했다.[24]

조선 징병제 시행이 발표된 직후에 취임한 고이소 총독이 재임한 시기(1942.5-1944.7)는 일본의 전황 악화가 가속화되던 때였다. 1943년 가을부터 연합국의 본격적인 반격이 예상되었고, 이에 일제는 점령지의 자발적인 전쟁 협력을 이끌어내고자 대동아회의, '대동아선언'으로 대표되

---

22 小磯國昭, 1963, 앞의 책, 758-760쪽.
23 小磯國昭, 1963, 위의 책, 760쪽.
24 小磯國昭, 1963, 위의 책, 565-567쪽.

는 '대동아공영권'의 수정을 시도했다. 이에 고이소는 학도병의 출진, 징병제 실시, 식량 공출과 징용 등 조선의 인적·물적 자원을 총동원하는 수탈을 더욱 강화했다.[25] 이러한 고이소의 시정은 본시 그가 생각했던 것처럼 총독부의 행정체계만으로는 성과를 내는 방향으로 전개될 수 없었다. 그리하여 자신이 비판했던 대정익찬회처럼 미나미 총독이 총독부와 일체화한 국민총력운동을 적극 활용하여 한국인을 강력히 관제 동원하는 방식으로 이루어졌다.

그 결과 고이소는 미나미 총독의 조선 통치 방침을 그대로 계승했다는 평가를 초래했다. 그는 조선을 일본의 총력전/총동원체제에 보다 더 적극적인 전시 물자동원지로 작동할 수 있게 '결전체제화'했다.

1) 일본 '신체제', 결전체제에 조응한 조선총동원체제 강화 정책

1942년 5월 조선총독으로 부임한 고이소는 조선 통치의 기본을 "조선 이천육백만 대중을 근본적으로 일본인화하는 것과 시국에 공헌하기 위하여 최대한으로 생산력을 증강하는 데(極力生産增強) 두었다."[26] 이러한 조선 통치 방침을 본국에서 대동아성을 설치하고 1942년 6월에 내외지 행정 일원화 조치를 취한 데 부응하여 국민정신총동원조선연맹을 개편하며 실시했다. 조선연맹의 개편은 내선일체에 입각하여 '일본국민인 조선인'에게 "자기 민족성의 본질을 스스로 성찰하여 깨닫게 하고(內省自得) 각자의 직업에 근면한 교양단체로 만드는 것"을 목적으로 했다. 조선

---

25   이형식, 2020, 앞의 글, 156쪽.
26   小磯國昭, 1963, 앞의 책, 751쪽.

인이 '민족성의 본질을 내성자득'하게 해야 한다고 한 것은 내선동조를 인정하라는 것이었다. 그것이 조선인이 "내선동조(內鮮同祖)의 사실을 인식하여 내선일체가 된 선조의 유훈을 존중하고 인류 사상의 최고봉이라 믿어 의심치 않는 도관념(道念)의 구명에 의거하여 자기 직역(職域)의 향상에 근로(勤勞)하는 것"이라고 했다. 그리고 이는 "다시 말해서 행정의 지도와 조응한 시국하에서 필요한 물적 생산에 기여하는 것"이라고 했다.[27] 한마디로 조선인이 일본 국민으로서 전쟁 수행에 필요한 생산력 확충에 기여해야 한다는 것이었다.

그러므로 고이소 총독의 시정방침은 전시 생산력 증강을 위한 물적·인적 동원을 강화하기 위하여 '일선동조론'을 주입하는 '조선인의 일본민족/국민화' 사상통제정책을 근본으로 했다. '내선일체'를 통치상 유일한 목적으로 삼아 '국체본의'의 투철과 '일선동조(日鮮同祖)'를 강조하며 조선인을 일본민족/국민으로 만들고자 했다. 조선인에게 직접적으로 '국체 본의의 투철'을 공식적으로 천명한 것은 고이소가 처음이었다.[28] 고이소가 말하는 '국체 본의'는 메이지시대 이래 일본의 국체론이 가진 신화적 요소와 중일전쟁 이후 이민족을 '황국의 신민'으로 포섭하려는 새로운 국체론을 절충하면서도 정당정치와 파시즘을 비판하고 이민족을 일본인(일본 국민)으로 포용하는 팔굉일우의 황도론과 신도의 국교화를 구상한 것이었다. 일선동조론에 입각하여 천황에 대한 맹목적인 충성과 '대동아전쟁'에서 천황의 군대로서 싸우다 죽을 것을 강요하는 것이었다.[29] 이렇

---

27 小磯國昭, 1963, 앞의 책, 760-761쪽.
28 『京城日報』, 1943.1.7; 小磯國昭, 1963, 앞의 책, 565-567쪽.
29 이형식, 2020, 앞의 글, 139-142쪽.

게 고이소에 의해서 미나미 총독 때 시오바라가 강조했던 '일선동조론'이 조선인을 일본 국민화하는 정책의 근간이 되었다.

이러한 고이소의 일선동조론은 일본이 1943년 전황이 본격적으로 악화되며 동남아 점령지에서 협력을 이끌어내기 위하여 버마와 필린핀의 독립을 발표한 뒤 더욱 거세졌다. 일본의 조치가 조선인의 독립의식을 자극하여 '대동아공영권'의 균열을 증폭시켰기 때문이다.[30] 당초에 고이소는 조선 시정은 내외지 행정 일원화에 앞서서 미나미가 조선총독정치기구와 "표리일체 밀접불리(表裏一體 密接不離)한 유기적 관계"로[31] 조직한 국민총력운동조선연맹을 개편하는 것부터 시작되었다. 고이소의 조선총독 부임이 일본에서 내각의 외곽 단체로 국민총력운동중앙연맹이 결성되고 "준전시체제(準戰時體制)로부터 순전시체제(純戰時體制)로 전환하며 국민총력동원이 계획 단계에서 실시 단계로"[32] 접어들 때였기 때문이었다.

고이소는 조선총독으로 부임한 직후인 1942년 6월에 국민총력운동조선연맹 이사회를 개최했다. 그는 조선의 국민총력운동에 대하여 다음과 같이 훈시했다. 첫째, 국체의 본의에 철저하게 천업회홍(天業恢弘)으로 매진할 것. 둘째, 일시동인의 '성지(聖旨)'에 기초하여 '도의조선'을 건설할 것. 셋째, 지도자 스스로 수양연성에 정진할 것. 넷째, 상의하달과 하정상통(下情上通)을 더욱 철저히 할 것. 다섯째, '성전(聖戰)' 완수의 신

---

30 이형식, 2018, 「'내파'하는 '대동아공영권': 동남아시아 점령과 조선통치」, 『사총』 93.
31 「昭和16年 第79會 帝國議會 說明資料(警務)」, 『일제하 전시체제기 정책사료총서 6』, 468쪽.
32 國民總力朝鮮聯盟 編, 1945, 『朝鮮に於ける國民總力運動史』, 민족문제연구소 편, 2000, 『일제하 전시체제기 정책사료총서 49』, 한국학술정보(주), 473쪽.

념을 더욱 깊이 실천으로 구현할 것. 여섯째, 운동은 항상 새롭게 되도록 할 것 등이었다.[33] 이러한 입장에서 국민총력운동조선연맹 조직을 개편한 고이소는 '국체의 본의'에 철저를 기하여 조선을 총체적으로 전쟁 수행에 총동원하고자 했다.

이러한 고이소의 시정은 한때 그가 비판했던 방식을 오히려 강화한 것이었다. 그리하여 국민총력운동조선연맹의 기본 이념이 되고 중요 목표가 된 '도의조선' '확립'의 내용은 다음과 같았다.[34] 한마디로 '대동아전쟁'이 세계 인류를 개인주의와 자유주의, 공리주의와 유물주의의 지배 아래 두려는 불합리한 서양제국주의 질서를 타도하고 일본 건국 이래 대이념이 된 팔굉일우의 황도정신에 근거한 도의적 질서로 재편성하는 것이라는 것을 조선인들이 받아들이게 해야 한다는 것이었다. 조선을 '국체 본의'에 근거한 '도의적 수련'으로 생활 전 분야를 정화하여 순수한 '도의정신'에 입각한 황도일본의 대동아공영권 모범 지역으로 건설해야 한다는 것이었다.[35]

특히 고이소는 마지막 여섯 번째 항목인 '항상 운동을 새롭게 할 것'을 강조했다. 이것이 11월 국민총력운동조선연맹의 기구개혁으로 현재화된 것이었다. 국민총력운동조선연맹 기구개혁은 본부의 사무국을 간소화해 강화한 것이었다. 종래의 11부를 총무·연성·후생·경제·선전 5부로 간소화하고, 그 아래 14과를 두었다. 각 과의 책임자를 모두 순수한 민간인으로 배치하고, 각 부처에서 관은 모두 손을 떼도록 했다.[36] 미

---

33 國民總力朝鮮聯盟 編, 1945, 위의 책, 516쪽.
34 國民總力朝鮮聯盟 編, 1945, 위의 책, 67쪽.
35 朝鮮總督府情報課, 1942. 12, 「國體本義の透徹」, 『朝光』.
36 國民總力朝鮮聯盟 編, 1945, 앞의 책, 517쪽.

나미 총독이나 대정익찬회처럼 고이소도 국민총력운동조선연맹을 자발적인 민간단체로 외형을 개편한 것이었다. 고이소는 조선연맹의 실천기구를 "창의공부(創意工夫)에 의한 발랄(潑剌)운동을 전개하여" 실로 민심의 자발적 발로에 의한 "순 민간의 애국운동으로 기획"했다. 관이 주도하는 '하정상통' 민간 애국운동으로 기획해 실행시켰다.[37]

또한 종래 조선인만으로 조직했던 임전보국단(臨戰報國團)과 군사사상 보급을 위해 결성된 군사보급협회를 발전적으로 해소하여 국민총력운동조선연맹으로 포섭했다. 그리고 국민총력운동지도위원회를 '국민총력운동연락위원회'로 개칭하여 새로 발족했다. 종래 관과 민간단체의 관계를 '지도'라고 해 수직적 관민관계가 드러난 것을 수정한 것이었다. '연락'으로 바꾸어 관과 민간이 수평적 관계로 보이게 했다. 이를 조선총독부는 '기구를 개혁한 정신'이라고 강조했다. 그리고 조선의 '국민운동'이 관제운동에서 벗어나 강력하게 '솟구치는 민의'에 기초한 자발적인 '국민'운동으로 그 '본부의 진용이 전환'되었다고 선전했다.[38]

고이소가 취임 직후 국민총력운동조선연맹과 조선총독부의 기구를 개편한 것은 일본의 제2차 세계대전 참전 이후 전시 물자 동원에 조선의 역할이 더욱 중요해졌기 때문이었다. 전황이 악화일로에 있을 때 부임한 고이소는 솔선해서 조선의 생산력 확충을 위해 제도 개편을 단행했다. 국민총력조선연맹 기구를 총독부와 "합리적으로 일체화"하여 원활한 사무를 통해 "운동의 중앙 지도기관으로서 기능을 발휘할 수 있도록"하고, 이를 조선연맹이 "군관민의 연락기관으로서" 총독의 시정을 원활히 총

---

37 國民總力朝鮮聯盟 編, 1945, 위의 책, 517-518쪽.
38 國民總力朝鮮聯盟 編, 1945, 위의 책, 517-519쪽.

력운동으로 이행되게 했다고 선전했다.[39]

또한 일본에서 식민지의 행정일원화 관제 개정이 이루어지자(1942년 칙령 제725호, 제726호, 제729호) 이에 따라 조선총독부의 행정을 일본 행정체제와 일원화하는 개편을 단행했다. 종래 정당내각이 들어선 후 시도된 조선총독의 상대적 자율통치권에 대한 통제는 번번이 추밀원과 원로회의에서 전임 조선총독들(사이토와 미나미)의 천황에 직예한 조선총독의 '특수한 권한'과 '조선의 특수성' 주장에 부딪혀 실현되지 못했다.[40] 그렇지만 고이소는 전임자들과 달리 본국의 일원적 통제체제 구축에 적극 부응하여 일본의 전시총력전체제에 기여하는 정책을 실시했다.

태평양전쟁 개시 직후부터 일본에서는 전쟁 수행을 위한 자원의 필요에서 확대할 수밖에 없는 점령지 문제를 관장하기 위하여 새로운 기구를 설립해야 할 필요가 제기되었다. 1942년 초부터 새로운 식민지 영토 전반을 관할하는 '대동아성(大東亞省)' 설치가 본격화되었다. 그간 일본 영토 이외의 지역을 관장한 척무성을 폐지하고, 척무성이 관할하던 조선과 대만을 "내지에 준하여 취급"하고 조선 관련 사무를 내무성에 이관하는 방안이 제기되었다.[41] 1942년 7월에 개최된 '대동아건설심의회'에서는 종래 대동아국토계획의 중심이었던 '일만지경제건설요강(1940. 10)'을 수정한 지역 건설 지표를 세웠다. 여기서 조선은 내지에 포함되어 "특별히 고도공업에 중점을 두고 그 비약적인 확충을 꾀하는 동시에 적

---

39 國民總力朝鮮聯盟 編, 1943, 『國民總力運動要覽』, 민족문제연구소 편, 2000, 『전시체제기 정책사료총서 51』, 한국학술정보(주), 105쪽.

40 전상숙, 2004b, 앞의 글, 38-39쪽; 전상숙, 2005a, 「일제의 식민지 조선 행정일원화와 조선 총독의 '정치적 자율성'」, 『일본연구논총』 21.

41 外務省百年史編纂委員會 編, 1969, 『外務省の百年 下』, 原書房, 701-703쪽.

지적업에 의하여 기타 중공업화·화학공업·광업의 진흥과 전력의 확충을 도모할 것"이 결의되었다. 외지 조선을 내지 일본과 동일한 범주에 포함시켜서 전시 공업생산의 확충을 결정한 것이다. 전쟁 수행에 필요한 중화학공업의 생산 능력을 증가시키고자 조선과 대만 지역에 대한 '내지화'가 결정된 것이었다.[42]

그 결과 1942년 9월 각의에서 '대동아성 설치에 관한 건'과 함께 '내외지 행정의 일원화에 관한 건'이 결정되었던 것이다. 내외지 행정 일원화의 주요 내용은 조선의 행정을 "필요한 범위에서 내지와 같이" 취급한다는 것이었다. 그리하여 내무대신이 조선총독부와 대만총독부에 관한 사무를 통리하고, 각 성의 대신이 각 성의 주요 임무와 관련해서 조선과 대만의 행정을 감독하게 했다.[43] 이 결정으로 총독부가 자율적으로 관장하던 조선과 대만의 행정사무를 일본 내무성이 감독하게 되고, 이에 의거하여 1942년 11월에 대동아성이 신설되었다. 대동아성은 그간 형식상 외지의 행정을 총괄하던 척무성과 내각의 흥아원, 그리고 대만사무국을 폐지하고 외무성의 일부를 흡수했다. 이러한 조치는 '태평양전쟁' 개시 이래 전선이 확산되며 필요한 물자 조달이 난항을 겪자 취해진 것이었다. 효과적인 전쟁 수행을 위해 행정기구를 일원적으로 전면 개편한 것이었다.[44]

이에 따라서 1942년 칙령 제725호로 내무대신의 조선총독에 관한 사무 통리와 관리국의 조선총독부에 관한 사무 관장이 실시되었다.

---

42 김인호, 1995, 앞의 글, 335-336쪽.
43 外務省百年史編纂委員會 編, 1969, 앞의 책, 708-708쪽.
44 전상숙, 2005a, 앞의 글, 286-287쪽.

1942년 칙령 제729호로 내무대신의 조선총독에 대한 조선총독부 관련 사무 관리상 필요한 '지시'와 총리대신과 각 성 대신의 해당 사무 관련 조선총독 감독이 가능해졌다. 칙령 제729호 「조선총독 및 대만총독의 감독 등에 관한 건」으로 관제를 수정하여 조선총독에 대한 '지시' 권한에 의거해 내무성에 중요 사항을 처리하는 관계 각 청 담당자로 구성된 연락위원회를 두었다. 그리하여 일본 중앙정부의 각 성이 관계 조선총독부 행정을 통일적으로 총괄할 수 있게 되었다. 1942년 칙령 제726호로 내무차관을 회장으로 한 연락위원회는 관계 각 청 고등관을 위원으로 충원하여 운영되었다. 명문화된 칙령으로 중앙정부의 내무대신이 조선총독에 대하여 지시·감독할 수 있도록 한 것이 큰 변화였다. 종래 인정되던 조선총독의 상대적 자율통치권을 중앙정부가 통제할 수 있게 되었다. 익찬의회를 통해서 수상을 정점으로 구축된 일제의 일원적 국가 통제체제가 제도적으로 조선에까지 직접 관통하게 되었다.[45]

이러한 조치에 따라서 1942년 11월에 조선총독부의 행정 합리화와 관계 신체제를 표방한 관제 개정을 실시한 고이소는 내외지 행정 일원화 결정에서 인정된 '조선의 특수성'에 의거한 조선총독의 자율성을 적극 활용해 조선을 통치했다. 내무대신은 대만과는 달리 조선총독에 대하여는 단지 '통리상 필요한 지시'만 할 수 있도록 되어 조선총독의 상대적 자율성은 사실상 견지되었기 때문이었다. '조선의 특수성'을 앞세워 총독의 통치권을 견지한 고이소는 본국의 정책에 조응하며 선험적으로 더욱 강력하고 일원적인 식민지 통제체제를 구축했다.[46] 이러한 고이소 조선총독

---

45 전상숙, 2005a, 앞의 글, 287-288쪽.
46 전상숙, 2005a, 앞의 글 참조.

정치의 특질을 상징적으로 보여주는 것이 총독부의 관제 개정이었다.

고이소 총독은 후생국과 기획부를 폐지하고 기획 사무와 국민총력운동 및 감찰 사무 등을 종합적으로 총괄하는 총무국을 신설했다. 종래 기획부가 주로 담당한 총동원계획 관련 사무는 총무국으로 이관했다. 물자의 수급과 조정 및 생산은 물자별로 식산국과 상공국으로 이관하고, 물가 조정은 식산국으로 이관되었다. 물자동원계획과 생산확충계획이 실시됨에 따라 매년 증대한 총동원 물자 관련 실무를 각각의 물자를 담당하는 부국으로 이관한 것이었다. 그 결과 보다 신속하게 총동원 업무를 효율적으로 처리할 수 있게 되었다. 총동원 물자를 주로 다루던 식산국도 소속 과마다 다소의 업무 관리 분담과 정리가 이루어졌다. 조선총독과 정무총감의 직속 기구로 조선총독부의 참모본부가 설치되었다. 총무국에는 기획실과 감찰과·문서과·정보과·국민총력과·국세조사과로 1실 5과가 설치되었다. 조선총독과 정무총감의 직속 기구인 총무국은 총독부의 두뇌 역할을 담당했다. 조선총동원 관련 주요 안건에 대한 예산 통제권을 가진 총무국은 국책 수행에 만전을 기했다. 기획실은 법령 심의도 관장했다. 그리하여 총동원계획 등 주요 정책과 이에 관한 법령을 종합적으로 조정할 수 있는 구조가 마련되었다. 국민총력운동을 통한 조선인 통제 강화와 총동원계획의 기초 자료가 되는 국세 조사가 이루어졌다. 특히 경제통제 등을 통한 개개인에 대한 상황 파악 등 총동원 행정의 주된 관장 사항이 확실하게 한 부처로 집중되어 효율성이 높아졌다.[47]

1943년 9월 독일의 동부전선 후퇴와 이탈리아의 항복 선언은 일본

---

47 안자코 유카, 2006, 앞의 글, 145-146쪽; 이형식, 2014, 「조선총독부 관방의 조직과 인사」, 『사회와역사』 102, 32쪽; 이형식, 2020, 앞의 글, 135쪽.

의 태평양전쟁 수행에 결정적인 전환점이 되었다. 일본 정부는 삼국동맹에 의거한 원래의 방침을 근본적으로 변경해야 했다. 전선을 대폭 축소한 일본은 '절대국방권'을 설정했다. 본토에서의 전쟁에 대비한 국내 전시 준비 태세를 철저하게 강화한 것이었다. 이러한 상황에서 일본 정부는 1943년 9월 21일에 '현 정세하 국정 운영 요강'을 의결했는데, 이 요강은 이후 국책의 기본방침이 되었다. 통수와 국무의 긴밀화 촉진, 국내 태세 철저 강화, 기민한 철수가 명시되었다. 특히 국내 태세 철저 강화가 강조되고 그 방책이 작성되었다. 그 주요 내용은 군수 생산을 총력전 수행에 중요한 항공기 생산에 집중할 것, 일본과 만주를 통한 식량 자급의 확립, 국민 동원과 국내 방위체제 철저·강화 등이었다.[48] 국책의 기본이 국내 방위체제의 철저·강화라고 명시한 것은 이번이 처음이었다. 이 국책 결정을 실현하고자 1943년 11월에 행정 사무 간소화가 실시되고 군수성이 설치된 것이다. 1942년에 이어 대규모로 단행된 행정 사무 간소화와 군수성 설치는, 조선과 대만 등 외지의 주요 군수 관련 동원까지 총괄적으로 군수를 필두로 총동원하는 동원 행정을 일원화한 것이었다.[49]

이에 즉응하여 1943년 12월에 고이소는 조선총독부의 행정 개혁을 실시했다. 1942년의 행정 간소화보다 훨씬 대규모로 단행되었다. 고이소가 "총동원상에서 조선에 주어진 사명을 달성하기 위하여" 실시했기 때문이었다. 고이소는 '조선에 주어진 총동원의 사명'이 식량의 증산·지하자원과 군수물자의 개발과 증산·해륙 수송력의 증강·징병 등 물적·

---

48 歷史學研究會 編, 1972, 『太平洋戰爭史5 太平洋戰爭 II 1943-1945』, 青木書店, 238쪽.

49 안자코 유카, 2006, 앞의 글, 195-198쪽.

인적 자원을 적극 동원하는 것이라고 강조했다. 이러한 조선의 사명을 다하기 위하여 고이소는 일본에서처럼 중앙과 지방의 물자 동원과 생산력 확충 관련 사무 행정을 일원화했다. 조선총독부의 행정기구 개편은 생활필수품 관련 사무의 일원화, 교통 및 운수 관련 사무의 일원화를 중심축으로 했다. 이 개혁으로 '반도의 군수성'이라고 불린 '광공국'이 신설되었다. 광공국은 군수성처럼 종래 조선총독부 총무국이 주관하던 물자 동원 관련 사무와 사정국이 소관하던 토목 관련 사무 중 항만 관계 이외의 사무, 그리고 노무 관계 사무, 농림국이 소관한 산림 관계 사무를 총괄했다. 광공국 1국에서 물자의 동원·노무·토목·목재 관계 사무를 총괄하여 농수산 이외의 생산력 확충에 관한 사무를 일원적으로 추진할 수 있게 했다.[50] 광공국의 설치는 생산 부문과 노무 부문의 행정을 일원화하여 총독부의 생산 확충과 노동력 동원을 보다 신속히 실행할 수 있게 한 것이었다. 특히 수송력 강화 문제는 고이소가 직접 진두지휘할 정도로 중요했다.[51] 전황이 악화되어 물자를 동원하는 것 못지않게 중요한 것이 동원한 물자를 전투지와 본국으로 수송할 수 있는 수송력을 강화하는 것이었기 때문이었다.

    그러므로 중앙관청을 개혁한 고이소는 총독부의 정책 집행 효율성을 실질적으로 높이기 위하여 지방행정 개혁을 병행했던 것이었다. 1943년 11월에는 '지방기구 개혁 요강'을 책정하여 총동원 업무 처리를 신속히 하고자 중앙 업무를 하부 조직으로 이양하고 지방장관의 권한을 강화

---

50   水田直昌, 1961, 「昭和19年度總督府豫算について」, 近藤釼一 編, 1961, 『太平洋戰下終末期朝鮮の政治 2』, 朝鮮史料編纂會, 32-34쪽; 廣岡喜男, 1944, 「地方行財政の決戰化」, 『朝鮮行政』 23-3, 3쪽.

51   이형식, 2020, 앞의 글, 136쪽.

했다.[52] 이어서 12월에는 '조선 통치의 특수성'에 의거하여 방위 대책을 시급히 조정하고자 '작전방위대책 기본 요강'을 책정했는데, 이 방위 요강은 앞에서 언급했듯이 총독이 '조선의 특수성'을 표방하며 독자적으로 책정한 것이었다. 내외의 시국에 비추어 조선의 종합적인 방위력 가운데 경비력을 급속히 최고로 증강하는 것이 목적이었다. 이를 위하여 중점 사항으로 유사시에 유지되는 관공 우위의 기능을 지속할 것, 치안을 절대적으로 확보할 것, 중요한 도시의 방위와 지리적인 민족적 특성을 감안하여 모략 행위를 방위할 것 등이 명시되었다.[53] 긴요한 전시총동원에 집중하는 동시에 이로 인해 생길 수 있는 조선 치안질서와 조선인 통제에도 미흡함이 없도록 해야 한다는 것이었다.

이와 같이 고이소는 조선이 일본의 총동원에 보다 많이 기여하게 하려 했다. 그리하여 본국과 일원적인 식민지 총동원체제를 구축하면서 조선의 자체적인 물자 동원에 주력했다. 동원 강화로 야기될 수 있는 문제에 대처하고자 '조선 특수성'론을[54] 활용했다. '조선의 특수성'은 내외지 행정 일원화가 추밀원에서 심의될 때 추밀원 고문 미나미가 조선총독을 천황에 직예시킨 조선의 특수성과 조선총독의 위상을 이유로 견지시킨 것이었다. 그리하여 칙령으로 결정된 내외지 행정 일원화에서 조선총독에 대한 내무대신의 '감독권'은 단지 '지시'할 수 있는 것으로 수정되었다. 사실상 조선총독의 상대적 자율통치권은 고수된 것

---

52 朝鮮總督府司政局地方課, 1943, 11·12, 「地方廳の機構整備に關する件」, 『朝鮮行政』, 70-71쪽.

53 朝鮮總督府警務局, 1944, 「昭和19年 第86回帝國議會說明資料」, 381쪽.

54 전상숙, 2009, 「'조선 특수성'론과 조선 식민지배의 실제」, 신용하 외, 『식민지 근대화론에 대한 비판적 성찰』, 나남, 124-175쪽.

이었다.⁵⁵ 그러므로 행정체제의 권한을 중시한 고이소는 긴급한 본국의 일원적 총력전 강화에 부응하면서도 조선 통치에 관해서는 조선총독으로서 주어진 권한을 적극 활용한 총독정치를 실시할 수 있었다.

이와 함께 같은 1943년 11월에 고이소는 국민총력운동연락위원회 사무국도 새로 개편했다. 연락위원회 출범 1년 만이었다. 고이소는 기존의 총무·연성·실천·홍보 외에 '징병 후원 사무부'를 설치하고, 한상룡(韓相龍)을 총장으로 영입했다. 민간 조선인의 '국민운동'이라는 외피를 씌운 국민총력운동조선연맹의 형상을 공고히 하여 조선인 '국민' 징병을 강화하기 위해서였다. 징병 후원 사무부의 설치는 조선인들이 "징병제에 감격하여 사무국에 쇄도하는 성금을 기초로" 하여 가능했다고 선전되었다. 국민총력운동의 기구 개편이 조선인들의 "대동아전쟁 수행에 반도가 갖는 사명이 점점 높아져" 일본의 국제적인 위용을 인식하게 되어서 자발적인 참여로 이루어졌다고 홍보했다.⁵⁶

국민총력조선연맹은 조선총독부가 조선인의 일본 국민 정신을 총동원하는 외곽 단체였다. 형식적으로는 민간단체였지만 실질적으로는 조선총독부 행정기구와 표리일체로 조선총독의 시정 '보익(輔翼) 기관'이었다. 사실상 조선총독부의 말단 대민 국민총동원 업무를 맡은 관제 기구였다. 그 기구 개혁은 이른바 '국민운동' 중앙지도기관으로서의 기능을 최대한 극대화하고자 조선총독부 행정기구와 "합리적 일체화"를 도모한 것이었다.⁵⁷

---

55 전상숙, 2005a, 앞의 글, 296-299쪽.
56 國民總力朝鮮聯盟 編, 1945, 「朝鮮における國民總力運動史」, 『일제하 전시체제기 정책사료총서 49』, 520쪽.
57 國民總力朝鮮聯盟 編, 1943, 앞의 글, 104-105쪽.

이러한 조직 개편을 고이소는 명실공히 자발적인 '국민운동'이 되었다고 선전했다. 그리고 1943년 민·관 조직 개편 이후 국민총력조선연맹 각도 연맹 조직을 정비하는 데 주력했다. 조직적으로 "각 직역(職域) 연맹을 사봉대(士奉隊) 조직으로 강화"했다.[58] 각도 연맹 조직을 각 직역별 봉사체제로 구축하여 총동원의 효과를 높인 것이었다. 이러한 조선의 국민총력운동 조직 정비는 "대동아전 완승을 위하여 조선에서 할 수 있는 전력을 최대로 발휘"할 수 있게 하는 것이 '관건'이라는 관점에서 이루어졌다.[59] 고이소는 처음에는 조선을 "내지와 같이 당분간 후방 역할을 맡으면 충분하다고" 생각했지만 당면한 현실은 달랐다. 때문에 1943년 9월 본국의 '국내 태세 강화 방책' 결정에 의거하여 조선의 강제동원을 극대화하며 조선을 식민지 결전체제화했다.

고이소는 '내선일체'를 강조하며 "종래와는 다른 청신발랄(清新潑剌)한 정신운동"을[60] 전개했다. '일선동조론'이 역설되고[61] 조선총동원 시책들은 '일본제국'의 생존과 직결된 총력전을 수행하는 관제적 조선총동원을 강화했다. 그리하여 1943년 12월 일본의 군수성 설치에 즉응하여 조선총독부의 산업 행정기구도 오직 전쟁 목적에 집중시키는 대규모 개혁이 단행되며 조선은 '결전체제화(決戰體制化)'되었다. 1944년 들어 일본이 본격적으로 '국내 방위체제'를 구축하며 통제 강화를 위해 '결전 비상조치 요강'을 결정하자 고이소는 제2차 행정 간소화 조치를 취했다. 본국의 결전체제화에 맞추어 조선총동원을 신속하고 효율적으로 시행할

---

58 國民總力朝鮮聯盟 編, 1945, 앞의 책, 522-523쪽.
59 國民總力朝鮮聯盟 編, 1945, 위의 책, 530쪽.
60 國民總力朝鮮聯盟 編, 1943, 앞의 글, 519쪽.
61 이형식, 2020, 앞의 글, 137-149쪽.

수 있게 말단 행정 부문을 강화하며 조선을 식민지 결전체제로 구축 했다.[62]

이와 같이 하여 고이소는 조선의 총동원체제가 본국의 익찬체제와 유기적으로 통합된 일원적 행정체제를 이루게 했다. 본국의 총력전 수행을 위한 총동원 결전체제에 즉응하는 식민지 총동원 결전체제를 구축한 것이다. 조선총독부의 식민지 행정이 바로 일본총력운동으로 이행될 수 있게 했다. 그리하여 조선은 제2차 세계대전을 수행하는 일제의 고도국방 국가체제가[63] 일원적으로 관통되는 전시총력전체제로 강력히 편입되었다.

2) '대동아공영권', 광역 경제권 실현을 위한 경제통제와 수탈 정책

1942년 7월에 일본은 '대동아건설심의회'를 개최했다. '대동아공영권'을 국내 결전체제에서 도나리구미(隣組)와 애국반 등이 긴밀히 협력하여 전체 국력을 총력 발휘하는 것처럼 만들기 위해서였다. '대동아공영권'도 일종의 도나리구미 조직처럼 긴밀히 제휴하여 경제권 전체의 총력을 한층 유효하게 발휘할 수 있게 하려는 것이었다. 악화된 일본의 총력전 국면에 대응하기 위하여 1940년 10월에 혁신 관료들이 기획원에서 작성한 '일만지 경제건설 요강'을 수정했다. 새 지역 건설 지표를 세웠지만 '대동아광역경제' 건설의 중점은 종전처럼 일만지의 자급을 토대

---

62 전상숙, 2004b, 「일제 군부파시즘체제와 '식민지 파시즘'」, 방기중 편, 『일제 파시즘 지배정책과 민중생활』, 혜안, 38-43쪽.
63 國民總力朝鮮聯盟 編, 1945, 앞의 책, 500쪽.

로 했다. 그리고 일본 중심의 해양제도인 북변경제지구, 조선과 만주 및 북중국과 중중국 중심의 대륙지구, 그리고 대만과 남중국 및 불령 인도차이나와 말레이시아·인도네시아·보르네오·미얀마로 3개 단위지구로 분할되었다. 조선과 대만은 각 지역을 결합하는 병참루트로서 강력한 경제 단위로 건설하고자 했다. 이러한 대동아건설심의회의 구상 변화는 혁신 관료 몰락 후 일만지 중심의 자급적 광역경제권 총력전 수행에 불가피한 병참을 위하여 남진(南進)을 결정하며 이루어졌다. 항복하지 않는 한 끝을 알 수 없게 된 총력전을 수행하기 위하여 현실적으로 병참루트 병참계획을 재설정한 것이었다. 이에 따라 조선과 대만이 각 지역을 결합하는 병참루트로서 지역 자급단위들을 경제단위로 강력히 결합하는 곳으로 자급적 광역경제권의 내용이 수정된 것이었다.[64]

여기서 이전까지는 혁신세력의 대동아국토계획에서 형식적으로는 일본에 포함되어 내지와 같이 간주한다고 했지만 실질적으로는 구체적인 위치 설정이 없었던 조선의 입지 변화가 주목할 만하다. 실질적으로 내지와 같이 간주된 조선은 공업화를 통한 물자 동원의 기능을 인정받고 그 역할 강화를 요구받은 것이었다. 특별히 정밀공업·기계공업·병기공업 등 고도공업에 중점을 두고 그 비약적인 생산 확충을 꾀하며 적지적업에 의해 기타 중공업과 화학공업 및 광업의 진흥과 전력의 확충을 도모하는 내지와 같은 기능이 요구되었다. 조선은 대만과 함께 '내지화'하여 중화학공업의 확충을 꾀해야 하는 곳이 되었다. 조선의 지정학적 특성상, 북중국·만주와 연결한 알루미늄과 마그네슘의 생산·확충과 남방에 대한 식량 보전 및 수력발전의 확충, 그리고 전력과 금속 카바이

---

64 藤岡啓, 1942, 『大東亞經濟建設の構想』, アルス, 49쪽; 김인호, 1995, 앞의 글, 335쪽.

드·소다 공업 등과 연계할 것 등이 요구되었다. 이러한 대동아공영권의 수정으로 조선은 '대륙경제지구의 병참루트'로서 '지역경제 자급의 중핵'이자 '대동아경제권의 중핵' 또는 '대륙권 황국의 일부'라고 추켜세워졌다. 이는 그에 상응한 통제와 생산 확충을 강요하는 것이었다.[65]

이와 같이 일본의 '태평양전쟁' 도발 이래 악화된 전황은 대동아공영권의 수정으로 이어졌고, 이는 조선 통치와 관련하여 일본 정부의 조선공업화에 대한 인식을 변화시켰다. 우가키 총독의 정치적 위상과 미나미 총독의 일본 총력전체제에 솔선적으로 기여하는 공업화를 거부할 명분이 없었기 때문에 조선산업화를 원론적으로만 인정했던 일본 정부는 조선공업화에 기초한 물자 동원을 현실적으로 인정했다. 선제적으로 총력전에 대비한 우가키의 만주와 일본을 잇는 조선산업화와 이를 토대로 한 미나미의 조선병참기지화는 일본이 위기에 처하게 되자 공식적으로 인정받았다.[66]

이러한 일본 정부의 조선산업화에 대한 인식 변화에 조응하여 고이소는 경제정책의 기본을 '산업의 자주체제 확립'으로 설정했다. 그리고 대륙 및 남방과의 교류 증대를 꾀했는데, 특히 북방대륙에 대한 긴급한 수급을 고려하여 선박 문제와 조선 경제의 자주체제 확립 적극화를 강조했다.[67] 종래 조선공업화 원료와 물자를 일본에 집중적으로 의존해온

---

65 東洋經濟新報社, 1943, 「決戰體制確立と朝鮮經濟の再編成」, 『朝鮮産業年報』, 20쪽; 박경식, 1986, 앞의 책, 453-454쪽; 김인호, 1995, 앞의 글, 335-336쪽.

66 鎌田澤一郎, 1933, 『朝鮮は上る』, 千倉書房, 314-318쪽; 鈴木武雄, 1939. 11, 『大陸兵站基地論解說』, 綠旗聯盟.

67 朝鮮殖産銀行調査部 編, 1940. 6, 『植銀調査月報』, 殖産銀行調査部, 26-27쪽; 김인호, 1995, 앞의 글, 336쪽.

것에서 탈피하여 최대한 조선에서 자체적으로 수급하여 일본의 부담을 덜어주기 위해서였다. 다각적으로 조선의 공업화 원료 물자가 모색되었다. 고이소는 1942년 6월의 도지사회의에서 한반도는 전쟁 이후에도 일본 경제권역에 직물을 공급하기 위하여 방직공업을 빠르게 육성해야 한다고 했다. 조선이 단순히 북방권의 자급뿐만 아니라 일본에 소비재를 보급하는 데도 기여해야 한다는 것이었다.[68] 고이소의 '조선산업의 자주체제 확립' 방침은 조선 산업구조를 독자적인 전시 공업생산력 확충이 가능한 구조로 변화시키려는 것이었다. 결국 조선총동원을 강화하는 것이었다.

고이소는 만주국의 관세율 인하와 철폐에 대응하여 총독부의 '국경관세 특례'를 확대했다. 만주국 물자에 대한 수입세 일부를 철폐하고,[69] 1943년 1월 1일부터 조선과 만주국 국경의 세관 소재지 내 세관 수속 간소화를 결정했다. 3월에는 '경제개발 촉진'을 위하여 건설공사 용품이 조선과 만주국 국경을 통과할 때 관세법을 적용하지 않기로 결정했다.[70] 그 결과 물자의 유통이 촉진되었다. 1943년 1월에 일본군이 과달카날섬에서 패퇴하여 전황이 역전되고 제3국과의 무역관계까지 두절되었다. 4월에 고이소는 전략물자 증산 정책을 실시했다. 철, 석탄, 경금속, 선박, 비행기 등 '5대 초중점 산업'을 중심으로 전략물자의 증산과 '전력증강 8대 시책'을 실시했다. 조선이 직접 함선과 비행기 산업을 운영하는 것은 불가능했으므로 조선에서 가능한 비행기와 선박을 만드는 경금속을

---

68 김인호, 1995, 앞의 글, 343쪽.
69 송규진, 2001, 『일제하의 조선무역 연구』, 고려대학교 민족문화연구원, 172-174쪽.
70 송규진, 2013, 「일제의 대륙침략기 '북선루트'·'북선3항'」, 『한국사연구』 163, 389-390쪽.

증산하고 선철이나 철광석을 증산하거나 목선을 증강하는 데 집중했다. 열세에 빠진 본국의 총력전에 적극적으로 기여할 수 있는 '최대한의 전쟁 동원이 가능한 자급체제'를 꾀한 것이었다.[71] 그리하여 4월에는 일본 육군이 인천 조선기계제작소에 의뢰한 잠수정 3대를 인천조병창이 지원하면서 각종 원자재와 부품을 최대한 조선에서 조달하며 건조하게 되었다.[72]

이와 같이 고이소는 일본의 전쟁 수행이 난국에 처할수록 조선의 생산을 더욱 확충하는 데 박차를 가했다. 1943년 12월 군수성이 설치되자 조선총독부 역시 산업행정기구를 오로지 전쟁 목적에 집중시킨 대규모 개혁을 단행하고 총독부의 행정체계를 일원적인 통합체제로 대폭 축소·집약하여 조선을 전시체제화했다. 식량의 증산은 물론이고 지하자원과 군수물자의 개발과 증산, 육해수송력의 증강과 징병 등 모든 자원을 수탈할 수 있는 가능성과 효율성을 제고하며 본국의 생산 확충에 부응했다.

이러한 시정은 전임자들이 '조선 특수성'을 앞세워 정부의 일원적 식민지 통제를 거부했던 것과는 달랐다. 내각의 행정 간소화, 내외지 행정 일원화, 국내 결전태세 강화를 위한 생산력 증강 방침에 부응하여 조선총독부의 행정기구를 재편하고 내각의 일원적인 통제체제 구축에 함께하여 본국 정부와 갈등의 소지를 만들지 않았다. 그러면서도 조선 통치와 직결된 생산 확충이나 치안질서 유지와 같은 문제에는 사실상 견지된 조선총

71　川合彰武, 1944. 1,「朝鮮重工業の基礎」,『總督府調査月報』, 8쪽; 김인호, 1995, 앞의 글, 338-339쪽.
72　남도현, 2014,『무기의 탄생』, 플래닛미디어, 280-296쪽.

독의 상대적 자율통치권을 적극 활용하여 독자적인 조선 통치 행정이 가능하도록 했다. 그 결과 조선 통치의 중압으로 작용한 일본 정부의 방침에 고이소는 생필 물자와 식량자원의 강제적·약탈적 공출, 노무자원의 무리한 송출 등을 보다 강력히 강행하며[73] 조선을 전시체제화했다.

대동아공영권을 표방한 일제의 남방정책은 '제국일본'의 침략전쟁을 패전으로 끝내지 않기 위하여 전시 물자와 경제를 유지하기 위한 자원을 충당하는 것이었다. 이러한 현실을 일제는 '대동아공영권'이라고 하여 민족 단위로 건설된 서양제국주의에 대한 비판적 대결의식과 결부시켜 '대동아'의 '공영'을 표방하며 호도했다. 일본제국주의의 생존을 위한 대외 팽창 전쟁을 도의적인 것으로 합리화하고 선전했다. 서구 산업사회의 제국주의와 식민지 국가의 독립 요구를 모두 민족국가를 형성하려고 해서 생긴 문제라면서 독립 민족국가에 대한 욕구를 부정적인 것으로 비난했다. 반면에 동양 사회사상의 근본은 작게는 가정 크게는 국가를 본위로 하는데, 그중에서도 특히 일본이 '하나의 대가족 국가(一大家族國家)'를 이루어 천황과 신민이 '의로운 신민'의 관계를 이루고 '정(情)은 부자를 겸한 것'을 본질로 한다고 역설했다. 이러한 논리에 입각하여 일제의 팽창을 반서구, 동양에 의한 동양 민족의 해방으로 합리화하며 '국제 공존공영의 사상'으로 포장했다. '대동아공영권'의 기본 이념과 뿌리가 '동양의 도의'에 있다고 하여 세계 제국주의적 구질서를 파괴할 새로운 '일본정신이 현현'되어야 한다고 역설했다. 그리하여 일제의 대(對)서양 전시 총력전체제 구축이 일본을 맹주로 동양인의 동양을 구축하여 세계가 평화로운 신질서를 확립하는 거점을 건설하는 것이

---

73 이형식, 2020, 앞의 글, 137쪽.

라고 정당화한 것이었다.[74] 이러한 맥락에서 일제는 1941년 12월 세계대전이 시작되자 영·미와의 전쟁을 중일전쟁도 포함해서 '대동아전쟁'이라고 했다. 그리고 전쟁의 목적이 '대동아 신질서 건설'에 있다고 발표했다.[75]

대동아공영권을 표방하며 생산 확충에 박차를 가한 일본은 가상 적국과 싸우는 데 필수적인 구체적인 실행 물자의 수급 계획이나 동맹국의 전력과 전략에 대한 객관적인 예측도 구비하지 못했다.[76] 만주사변에서 본격화된 일제의 침략전쟁은 장기적인 미래 예측이나 구체적인 전략을 구비하지 않은 채 승승장구했다. 그러나 1937년 노구교 사건으로부터 장기화된 '북지사변'은 예상치 못한 끈질긴 중국의 민족적 저항에 막혀 교착 상태에 빠지면서 '지나사변'으로, 중일전쟁으로, 제2차 세계대전으로 연계되었다. 그러므로 일제는 패배를 인정하지 않는 한 전쟁 수행을 위한 물자 수급을 위하여 '대동아 신질서'를 주창하며 '제국일본'의 생존과 직결된 총력전체제의 구축을 지속하게 되었다. 육군은 압도적으로 우세한 독일군이 조만간 영국 본토 상륙을 결행할 것으로 예측했지만 독일의 대 소련전 중시 기본 전략과 군사력의 한계를 보지 못했다. 해군은 전쟁 당초에 뜻밖의 선전으로 사기가 올라 미 항공모함을 제거하

---

74 國民總力朝鮮聯盟防衛指導部, 1941. 6,「內鮮一體ノ理念及其ノ具現方策要綱」,『일제하 전시체제기 정책사료총서 50』, 56-57쪽.

75 藤原彰·松本貞雄,「太平洋戰爭論, 木板順一郎 編,『體系日本現代史 3』, 日本評論社, 238-239쪽.

76 山崎志郞, 1987,「生產力擴充計劃の展開科程」,『戰時經濟』, 山川出版社; 大石嘉一郎, 1994,「第二次世界大戰と日本資本主義」,『日本帝國主義史 3』, 東京大學出版會; 서정익, 2001,「전시 일본의 생산력확충계획 연구」,『호서대학교논문집(사회과학편)』 20 등 참조.

고자 미드웨이해전을 치렀지만 주력 항공모함을 잃고 전세를 역전당했다. 과달카날 섬의 패배와 같은 해 1월 독일군이 스탈린그라드공방전에서 항복을 선언한 것은 제2차 세계대전의 결정적인 전환점이 되었다.[77] 그러므로 1943년 9월에 일본은 적국이 일본 본토를 공격한다는 전제 위에서 국내 방위체제를 정비하는 국책을 결정했던 것이었다.

일본은 1941년 물동계획을 책정할 때 독일과 소련의 개전으로 '외국에 의존하는 물자의 취득을 단념'했다. 이처럼 일본의 물자동원계획은 정세변화에 따른 책정 구조에 큰 변화를 수반했다.[78] 이는 필연적으로 조선총독이 병참기지정책을 천명하고 솔선해서 전시총력전체제의 생산력 확충에 기여하고 있는 인근 조선에 대한 물자 동원 요구 증가로 이어졌다. 전쟁 상황상 고이소는 조선의 생산력 확충계획 가운데서도 특히 광업의 증산에 집중했다. 1942년에 이미 군수산업으로 지정된 '중요광물'의 개발과 증산계획이 제2차 5개년계획으로 개시되었다. 고이소는 1942년 9월에 전시 광산의 증산을 강조하는 운동을 실시하고, 1943년 7월에는 조선에서 대부분 생산되던 텅스텐광과 수연광, 흑연광, 형석, 운모 등의 광물을 긴급히 개발·증산하고자 조선중요광물긴급개발조사단을 설치했다. 동시에 광산의 증산을 저해하는 요인 중 하나였던 광산 송전선의 건설과 광물의 원활한 수송을 위한 광산도로의 건설·개수를 실시했다. 9월부터 중요광물비상증산강조운동이 실시되었다.[79]

---

77 荒井信一, 1971, 「太平洋戰爭と滿州侵略」, 江口朴郎·荒井信一·藤原彰 編著, 『世界史における1930年代: 現代史シンポジウム』, 靑木書店, 25-26쪽; 서정익, 2005, 「전시(1937-1945) 일본의 국제관계와 대외무역」, 『한국경제학보』 12-1, 66쪽.

78 안자코 유카, 2006, 앞의 글, 157쪽.

79 中村隆英, 1977, 「戰爭經濟とその崩壞」, 朝尾直弘 外編, 『岩波講座 日本歷史21: 近代

특히 1943년의 국책 방침에 따라 설치된 군수성은 조선과 대만 등 '외지'의 동원 행정을 일원화해 실시했다.[80] 이는 가장 밀접한 지역인 조선에 대한 물자 동원 요구를 더욱 강화했다. 고이소는 조선총독부 행정체제를 개편하여 광공국을 설치하고 조선을 결전체제화했다. 이러한 고이소의 본국 총력전 수행에 즉응한 조선 통치가 당초에 대동아국토계획의 생산 확충 계획에 부재했던 조선의 입지가 설정되며 조선을 대륙경제지구의 병참루트로서 지역경제 자급의 중핵이라고 인정하는 결과를 낳은 것이었다. 그러므로 이 시기 일제의 경제통제는 조선을 제2의 일본으로서 정치·경제·군사적으로 일본이 처한 부하를 전가하는 것이었다.[81]

조선은 공식적으로 일제의 가장 중요한 전시 물동지로서 결전체제화되었다. 일본은 남방전선에서 패퇴하여 남방으로부터의 자원이 두절되면서, 중국대륙으로부터 자원을 수송하는 것에 일제의 사활이 달렸다. 선박 부족과 연합국의 잠수함 공격 위협 때문에 자원의 수송은 거의 대부분 조선을 중계지로 하여 일본으로 수송되었다. 1942년 10월에 일본 정부는 '전시육상운송의 비상체제확립에 관한 건'을 결정했다. 석탄 수송 확보를 중심으로 철과 그 외 중요물자의 해상수송을 육상운송으로 전환한 것이다. 이에 따라서 조선총독부도 조선철도에 의한 석탄의 수송을 '되도록이면 내지 대륙 간의 중계수송을 실시한다'는 방침을 세웠다. 고이소는 직접 최중요 사안이 된 수송력의 증가를 지시하며 본국의 총력전 수행에 조선총동원의 충실을 기했다. 조선철도의 수송력 강화와 항

8』, 岩波書店, 131쪽; 안자코 유카, 2006, 앞의 글, 180-181쪽·209-211쪽.
80 「軍需省設置要綱」, 石川準吉, 1982, 『國家總動員史資料編 3』, 國家總動員刊行會, 105-106쪽.
81 김인호, 1995, 앞의 글, 350쪽.

만의 해안 시설 개선, 일본과 조선 간 항로 강화 실시가 결정되었다. 조선의 대륙 물자 중계수송은 대륙 물자를 우선 철도로 경성에 집약하고 거기서 조선 남부의 각 항을 경유하여 일본으로 해상운송했다.[82]

1943년에 일본 군수성은 5월부터 화북·관동주·북조선의 각 항구에서 해상으로 수송된 대륙의 물자를 조선철도로 조선 남부의 여러 항구로 운반해 선적하는 대륙 물자의 조선 중계를 시작했다.[83] 조선의 수송력이 일본 본토에 물자를 공급하는 생명선이 되었다. 조선의 물동계획은 조선 내 생산력확충계획을 입안하여 기타 사업 및 관수 등의 필요량을 예상한 후 물동에 필요한 필수 자재의 이입을 본국에 요구하면 계획상의 배당량이 결정되고 그 배당량에 따라서 실제 배당을 받는 방식으로 이루어졌다. 그런데 조선은 광공업 생산에 필요한 물자의 대부분을 일본에서 가져오는 것에 의지했다. 그러므로 조선의 물동계획은 일본 정부로부터 얼마나 많은 실질적인 배당을 받는지에 따라서 실제 생산 확충이 결정되었다. 조선과 일본 간의 자재 운반은 해상수송으로밖에 할 수 없었다. 그런데 이 시기 배선 문제는 물동계획을 책정하는 데 중심이 될 정도로 선박 부족이 심각했다. 배당량만큼이나 수송 수단을 확보하는 것이 조선의 물동계획에 중요한 요인이 되었다. 1943년에 조선에서 100퍼센트 자급할 수 있던 품목은 보통선, 망간광, 코발트, 전기동, 납, 아연, 알루미늄, 석면, 운모, 형석, 마그네슘, 면화, 양모, 시멘트, 카바이드, 곡물

---

82 林菜成, 2002, 「戰時下朝鮮國鐵の組織的對應: '植民地'から'分斷'への歷史的徑路を探って」, 東京大學大學院 博士論文, 76-77쪽.

83 朝鮮總督府企劃部, 「生産力擴充計劃の推移狀況如何」, 「昭和18年第84回帝國議會說明資料」, 민족문제연구소 편, 2001, 『일제하 전시체제기 정책사료총서 19』, 한국학술정보(주).

등이었다. 반면에 보통강장재, 보통강단강, 석탄, 공업염 같은 중요물자는 자급율이 극히 낮았다. 또한 특히 중요한 필수물자인 특수강장재, 휘발유, 중유 등은 조선에서 생산량이 극히 적거나 입수가 불가능했다. 이러한 상황에서도 조선총독부는 1942년에 조선생산확충계획을 76퍼센트나 달성했다. 또한 1943년에도 시국적으로 다소 확충이 부진한 품목이 있기는 했지만 '대체로 양호'하다고 총독부가 평가할 정도로 본국의 군수 중점주의 물동에 적극 부응했다.[84] 이러한 조선총독부의 물자 동원은 결국 조선인에 대한 수탈 강화를 의미하는 것이었다.

한편 1942년 이후 조선에서도 식량난이 심각해졌다. 1943년도에는 일본으로의 식량 공급이 제로가 되고 외국미 449만 석을 수입해야 하는 실정이 되었다. 이것도 수송선이 없어서 수송 불가한 상황이었다.[85] 고이소 총독이 직접 수송력 강화를 지시하고 점검한 이유였다. 고이소는 1943년부터 급박해진 식량 수급 사정에 대처하여 모든 잡곡을 통제의 대상으로 하고 보다 강력한 식량 종합대책을 세우고자 했다. 조선총독부는 식량의 국가적 관리를 방침으로 삼고 본부와 각도에 식량 통제 관련 기구를 정비했다. 1943년 6월에 조선총독부 법률 제91호로 「조선식량관리특별회계법」이 제정되었다. 8월에는 제령 제44호로 「조선식량관리령」,「조선미곡배급조정령」이 제정·실시되었다. 이에 기초하여 조선식량영단(營團)이 설립되어 주요 식량에 대한 국가적 관리 통제체계가 확립되고, 식량 관리 기구로 농림국과 양정과를 확충하여 검사과를 신설

---

84 「昭和18年第84回帝國議會說明資料」, 2001, 410-417쪽; 안자코 유카, 2006, 앞의 글, 158-161쪽, 180쪽.

85 原朗·山崎志郎 編, 2001, 『後期物資動員計劃 資料 1』, 現代史料出版, 175쪽; 안자코 유카, 2006, 위의 글, 165쪽.

했다. 각도에 식량부를 신설하고 본국과 절충하여 1943년 9월에 칙령 제747호로「조선총독부 지방관제 개정」에 반영했다. 각도에 내무, 산업, 경찰, 식량, 4부제로 식량부가 확충 정비되었다. 식량부는 결전 식량의 증산과 확보를 목적으로 하여 산업부의 일부분과 미곡검사소의 소관 사무를 취급했다. 식량의 매입과 매도, 검사 등 식량 관련 관리와 생산 사무를 관장했다.[86]

1943년 9월에 일본 국내 방위체제 정비에 초점을 둔 군수성이 설치되자 조선은 일본에 긴요한 '대륙병참기지'로서 일본 총력전체제 안으로 한층 더 편입되었다. 11월 본국의 행정사무 간소화에 이은 12월의 조선총독부 행정기구 개혁으로 광공국·농상국·교통국이 신설되었다. 모두 조선의 물동과 생산력 확충 관계 생산 및 노무 부문의 행정을 본국의 중점주의에 준하여 일원화시킨 것이었다. 조선의 생산력 확충 계획과 노동력 동원 행정이 더욱 종합적으로 신속히 실시될 수 있게 되었다. 광공국은 본국의 군수성과 같이 물동과 생산의 확충을 총괄했다. 농상국은 종래 농림국 소관이던 농업생산 부문과 식산국 소관이던 상공업 관계 유통 부문을 통합하여 생활 필수물자의 생산부터 배급까지 일괄적으로 관장했다. 식량의 증산·공출·배급 문제가 총괄적으로 해결되었다. 특히 농업 부문 중 쌀을 중심으로 조선의 식량 부족이 심각한데도 총독부는 산미의 공출량을 증대했다. 사전할당제를 실시하여 조선 농가의 부담이 커졌다.[87] 이로 인하여 조선 농촌에서는 공출 기피나 공출 대상이 아닌

---

86 이형식, 2020, 앞의 글, 136쪽.
87 전강수, 1990,「전시체제하 조선에 있어서의 미곡정책에 관한 연구」,『경제사학』14, 125-126쪽.

작물의 작부 이행, 담당 직원과 농민의 충돌 등 공출을 둘러싼 문제가 심화되었다. 교통국은 선박 부족과 해상권 상실로 해상운송이 차단되자 육해공 운수교통을 일원적으로 운영하게 했다. 종래에는 일본으로 물자 수송이 주로 해운을 이용했지만 선박 부족과 해상권 상실로 조선을 경유해 대륙으로 물자를 수송하는 것이 유일한 판로가 되었다. 때문에 총독부는 조선의 전시 수송력 강화를 긴급한 과제로 삼았다. 1944년도 예산에 2억 1,700만 원 이상 신규 예산을 계상하여 수송력 강화정책을 가장 중시했다. 그러므로 조선의 항만 정비가 조선철도의 건설·개량과 함께 일본으로 해상운송을 확보하는 데 긴급 과제가 되었다.[88]

1943년에 조선과 만주국 국경의 세관 소재지 내 세관 수속 간소화와 건설공사 용품의 관세법 적용 완화를 단행했던 조선총독부는 1944년 5월에 칙령 제321호「관세정률법(關稅定率法)」에 의한 제3조의 2규정에 의거해 '수입세의 면제 등에 관한 건'을 발표했다. 만주국에서 생산된 모든 제품에 대한 수입세가 전면 면제되었다. 관세 철폐로 만철을 경유하여 조선철도로 수송하는 루트와 북부 만주의 물자를 조선 북부 항구를 통해 동해를 거쳐 일본으로 보내는 루트가 중시되었다. 그리하여 정비된 북선루트는 한반도 북부 지역과 만주·일본의 중심 지역으로 화물과 여객을 더 많이 운송하여 조선의 기능을 충실히 했다.[89]

1944년에 접어들면서 일본은 '국내 방위체제' 구축을 전격 강화했다. 1944년도 국가동원계획은 '항공 전력'을 중심으로 한 '국가 총력

---

[88] 水田直昌, 1974,『總督府時代の財政』, 友邦協會, 13-34쪽·89쪽; 이상의, 2002,「1930-40년대 일제의 조선인노동력동원체제 연구」, 연세대학교대학원 박사학위논문, 164-165쪽; 안자코 유카, 2006, 앞의 글, 198-199쪽.

[89] 송규진, 2013, 앞의 글, 390쪽.

의 철저한 전력화'를 유일한 방침으로 결정했다. 총동원계획 전체를 군수 부문에 그것도 특히 항공기 생산에 집중한 초중점 방침이 결정된 것이었다. 이 초중점주의는 일본 국내 물적 자원의 철저한 전력화와 항공기 관련 물자 및 육해 수송력의 유지·증강, 최저 수요 식량의 우선 확보 등을 핵심으로 했다. 이러한 1944년 물동계획은 여전히 '일만지를 통한 중요물자 교류에 관한 기간 계획'을 지시했다. 이는 '대동아공영권'의 연결을 통해서 가능한 것이었다. 그러나 주요 품목의 공급력은 급속히 약해졌다. 계획에 가장 큰 장애는 부족한 물자를 보급해줄 해외 수송력의 격감이었다.[90]

이러한 때 식민지 조선은 비록 내지와 같이 취급한다고는 했지만 여전히 일만지 중심의 '대동아공영권'에서 공식적인 입지는 없었다. 그런데 반도 조선은 중국대륙의 자원 수송에 사활이 달린 일제에 실질적으로는 가장 중요하고 또 유일한 물동지였다. 선박 부족과 연합국의 잠수함 공격 위협 때문에 자원 수송은 거의 대부분 조선을 중계지로 하여 일본으로 수송되었기 때문이었다. 1942년경에는 주로 석탄, 철, 소금, 콩이 중계수송품이었다. 그러나 1944년에 접어들면 중계수송 품목에 강재, 비철금속, 콩깻묵 등이 추가되었다. 수송량도 1943년에 47만 6,251톤에서 1944년에 354만 1,797톤으로 1년 만에 7배 이상 증가했다. 1944년에 들어 남방 해상운송이 완전 두절되어 조선 중계수송의 부담이 급증했기 때문이었다.[91]

조선 중계수송의 격증은 조선의 물동계획에서 볼 때 철도 방면에서

---

90 안자코 유카, 2006, 앞의 글, 207-209쪽.
91 林采成, 2002, 앞의 글, 77쪽.

조선의 자재 할당을 증가시켰다. 그러나 다른 한편으로 보면 일본에서 오는 자재의 이입이 한층 더 제한되었으므로 조선 내 자원의 자급율을 높이지 않으면 안 되는 상황을 낳았다.[92] 그런데 1944년도 이후 일본물동계획의 초중점주의에 의해서 조선에서 현물을 획득하는 것도 굉장히 곤란해졌다. 조선은 일본에 비해서 물자 배당 이후 적어도 6개월 이상 입수가 지연되었다. 배당액도 몇 퍼센트는 항상 사실상 삭감되었다. 이러한 상황은 1943년에 들어서면서부터 더욱 심해진 것이었다. 1943년도 1/4분기에 58퍼센트였던 입하율이 2/4분기에는 26퍼센트밖에 되지 않았다. 공장이나 광산에서는 생산자재를 획득하는 것이 어려워졌다. 그러자 횡령, 암거래, 종업원의 자재 도난이 격증했다. 특히 광공물의 경우 생산기기나 자재를 취급하는 '악질 브로커'의 암거래가 격렬해지기도 했다.[93]

자금과 자재, 노동력과 수송력이 부족한 상황에서도 고이소 총독은 1944년에 본격적으로 징용에 의한 동원을 개시하며 조선을 총동원하는 데 박차를 가했다. 1944년 2월에는 노동력 동원을 위한 징용의 적용 범위를 넓혀 광산노동력을 충원했고, 광산노동자 확보를 위하여 특별알선제도를 신설했다. 특히 '중점사업'이라고 한 공장 등의 현직 노동자에 대해서는 현원징용(現員徵用)을 실시했다. 4월부터는 주요 광산회사에 생산책임제도를 시행하여 생산량 확충을 더욱 강화했다.[94] 이러한 조치를

---

92 안자코 유카, 2006, 앞의 글, 212-213쪽.
93 朝鮮總督府企劃部, 1943, 「昭和18年第84回帝國議會說明資料(警務, 遞信, 企劃外)」, 『일제하 전시체제기 정책사료총서 19』, 406쪽; 朝鮮總督府企劃部, 1944, 「昭和19年第86回帝國議會說明資料」, 『일제하 전시체제기 정책사료총서 22』, 463쪽; 안자코 유카, 2006, 위의 글, 212-216쪽.
94 김민영, 1995, 『일제의 조선인노동력 수탈 연구』, 한울아카데미, 64-79쪽; 김인호, 1996, 「일제의 조선공업정책과 조선인자본의 동향(1936-1945)」, 고려대학교대학원

취한 후 총독부는 1944년 4월부터 징병제가 실시되고 현원징용이 적용되어 1944년 8월까지 반년 사이에 노동자의 이용과 가동률이 대폭 개선되었다고 평가했다. 그 결과 1943년도 조선총독부 생산력 확충 계획의 달성률이 90퍼센트에 달했다. 1944년 상반기(4월-9월)에도 109퍼센트의 '대체로 양호'하다는 성과를 거두었다.[95] 이 모두 관제 민간운동을 통한 정책적 통제를 찬성하지 않는다고 했던 고이소 총독이 관권을 통해서 '자발적인 국민'의 협조를 동원해 조선총동원을 극대화한 결과였다.

3) 4차 「조선교육령」 개정과 조선 청년 강제징용, '국민'총동원 정책

1942년 5월에 일본 정부가 1944년부터 조선의 징병제 실시를 결정한 것은 지난해진 전장에서 일본인의 생명을 구하기 위하여 조선인의 생명을 정책적으로 희생시키는 것이었다. 이러한 조선의 징병제 실시를 일제는 '내선일체'와 '황국신민화'의 성과라고 선전했다. 조선총독부 학무국 학무과장 야기 노부오(八木信雄)는 징병제가 "반도 동포 모두 진정한 황국신민으로서 국방의 중임을 담당하여 역사가 있고 명예로운 황군의 진가를 발양할 수 있는 수준에 도달했다는 것을 인정"하는 것이라고 강조했다.[96] 내선일체가 이루어져서 조선인들이 황국신민이 되었기 때문에 징병제를 실시할 수 있게 되었다는 것이었다. 다나카 다케오(田中武

박사학위논문, 215-216쪽; 이상의, 2006, 『일제하 조선의 노동정책 연구』, 혜안, 252-253쪽.

95 「昭和19年第86回帝國議會說明資料」, 1944. 8, 44쪽·471쪽; 안자코 유카, 2007, 앞의 글, 225쪽.

96 八木信雄, 1942, 「徵兵制度施行の疑意」, 『朝鮮』 1942년 7월호, 40쪽.

雄) 정무총감도 "반도 동포가 이제 숭고한 병역에 복역할 수 있는 위치에 도달했다는 것을 확인시킨 결과" 이를 일제가 인정한 것이라고 역설했다.[97] 그러면서 '황군'인 병사가 되는 것은 '영광된 존재'가 되는 것이고, 병역은 무엇으로도 대신할 수 없는 '초신성(超神聖)'한 일이라고 하면서 징병 의무의 이행이 "일가(一家) 전체에 더할 수 없는 환희"라고 했다.[98]

이렇게 조선총독부는 조선인 징병제 실시를 조선인의 내선일체와 황국신민화의 결과라고 선전했다. 그렇지만 1938년에 지원병제도를 실시하면서 50년 후에나 조선에서 징병제를 시행할 수 있을 것이라고 예상했던 것에 비해서 단지 4년밖에 지나지 않았는데 조선인 징병제를 실시해야 하는 것이 일제의 현실이었다. 태평양전쟁으로 이어진 장기전의 확대에 전력(戰力)이 절대적으로 부족했다. 조선의 징병제 실시는 단지 "일본 전력 증강의 하나로 실시된 것"이며 "전력이 부족했기 때문이었다". 따라서 종래 조선인을 차별하는 근거로 활용해온 '민도'나 민족의식이 강한 '조선의 특수성'은 문제되지 않았다. "민도인지 무엇인지 하는 문제가 아니라 시국 관계로부터 징병제를 실시해야 할 필요가 급박"했다. '일본제국'의 생존을 위하여 태평양전쟁을 도발하며 확전 일로의 상황에 처한 일본은 일본군 병력 자원이 절박한 실정이었다.[99]

그러나 조선인을 징병하는 문제는 여전히 저조한 한국인의 일본어 사용으로 인하여 최소한의 군대 내 의사소통과 병력 동원에 필요한 일

97　田中武雄, 1960, 「小磯總督時代の槪觀」, 東洋文化硏究·學習院大學東洋文化硏究所, 244쪽.
98　磯矢伍郞, 1942, 「建軍の本義と徵兵制實施」, 『朝鮮』 1942년 7월호.
99　陸軍省兵力課, 1942. 1. 20, 「極祕大東亞戰爭件フ我カ人的國力ノ檢討」.

본어 교육과 일본 생활습관을 가르칠 필요를 수반했다. 총독부가 호적 정비 작업을 통해서 파악한 징병 첫해의 대상 인원은 약 22만 명이었다. 이 중에서 약 11만 명, 50퍼센트 정도가 소학교 교육을 전혀 받지 않은 일본어 문맹 상태였다.[100] 때문에 조선총독부는 "징병제를 펴려면 의무교육을 실시하는 것이 적당하다"고 판단했다.[101] 이른바 '국민교육'을 통해서 일본어와 일본 생활습관을 가르칠 필요가 있었다. 징병제의 실시는 최소한의 기본적인 일본어와 일본식 생활양식, 특히 군사활동에 필요한 일본어 교육이 필수적이었다. 이것이 바로 조선인 의무교육제도 시행이 제기된 이유였다.[102]

1942년 6월 국민총력연맹전선회의에서 '도의조선' 건설과 지도자의 수양연성(修養鍊成)을 강조했던 고이소 총독은 징병제 시행을 준비하는 작업의 일환으로 10월에 제령 제33호 「조선청년특별연성령」을 공포하고 11월 3일부터 시행했다. 조선총독부 학무국에 연성과를 설치하고 국민총력조선연맹을 재편하여 연성부를 신설했다. 국민총력조선연맹 연성부에 사상과·연성과·청년과·군사보급과를 두어 '황국신민'을 연성하는 데 총력을 기울였다.[103] 제령 제33호의 목적은 학교교육을 전혀 받지 못한 징병 대상 청년 11만 명이 군에 복무할 경우 필요한 자질을 '연성'하고 근로에 적응하는 소질을 겸비시키는 것이었다. 부족한 필요 인력을 조선청년으로 해결하고자 법령 규정에 의해 선정된 17세 이상 21세 미만 조선 청년들에게 청년특별연성소에서 기본적으로 1년간 600시간 연

100　近藤鈊一 編, 1961, 앞의 책, 23쪽.
101　田中武雄, 1960, 앞의 글, 242-244쪽.
102　田中武雄, 1960, 위의 글, 220쪽.
103　이형식, 2020, 앞의 글, 150쪽.

성의 의무를 부여했다. 연성 교육은 주로 '국어 학습·체위 향상·일본식 생활 수련'이었다. 총 600시간 중 400시간이 일본어 습득에 할당되었다. 이 법령에 의거하여 1942년 12월을 기해 전 조선에 공립 청년특별연성소 715개와 사립 26개가 개설되었다. 1943년에는 공립 연성소가 1,922개나 증설되었다. 대부분 기존 초등학교 시설을 이용한 청년특별연성소의 교육은 교원과 현역 군인이 담당했다. 초등학교 교육을 마친 사람들에 대해서도 입영 전 단기 연성 교육 실시가 계획되었다.[104]

1942년 12월에 조선총독부는 1946년부터 조선에서 의무교육제도를 시행한다고 발표했다. 1943년 1월 조선총독부 신년 시무식에서는 "철저히 황민으로 연성되지 못한 징병제도를 실시하는 것은 혼령 없는 시체와 같다"고[105] 하여, 황국신민으로의 연성이 더욱 강조되었다. 이에 준하여 1943년 3월에 「조선교육령」이 네 번째로 개정되었다. 이른바 (제4차) 「조선교육령」은 징병제를 시행하기 위하여 일본어 교육의 강화와 상용화를 실질적으로 본격화한 것이었다. (제4차) 「조선교육령」은 교육의 전시체제화를 목적으로 한 일련의 정책들과 함께 기능했다. 그리하여 정상적인 학교의 교육 기능을 완전히 마비시키고 학교를 전시총력전체제의 노동력 공급원으로 동원하는 국가주의적 교육체계를 만들었다.[106] (제4차) 「조선교육령」은, 1943년 2월 일본군의 과달카날 섬 패배로 패색이 짙어지자 '군수성'으로 상징되는 일본 국내 방위체제 정비

---

104 近藤鈠一 編, 1961, 앞의 글, 23쪽; 최유리, 1997, 『일제 말기 식민지 지배정책 연구』, 국학자료원, 203-205쪽.

105 『每日新報』, 1943.1.9.

106 정재철, 1985, 『일제의 대한국식민지교육정책사』, 일지사, 463-364쪽; 최유리, 1997, 앞의 책, 61쪽.

와 군수 생산의 생산 확충에 집중하면서, 조선에서도 조선 전토를 병영화하는 작업을 추진하여 전쟁에 필요한 노동력과 병력을 동원하기 위한 기초작업이었다. 이 개정으로 1941년에 「국민학교 규정」을 통해 폐지된 조선어 교육이 중등학교와 사범학교에서도 폐지되었다. 형식적으로나마 선택과목으로 존속하던 조선어 과목은 학교교육에서 배제되었다. 그 대신에 '국어'로서의 일본어 교육과 '국민도덕'으로서의 일본 도덕, '국토지리'로서의 일본 지리 등 교과목을 '국민과'라는 종합 교과로 통일시켰다. 조선인에 대한 '일본 국민화' 교육을 전면 강화한 것이다.[107]

1943년 4월 고이소는 도지사회의 훈시에서 '국가의 결전체제'하 조선 교학 부문의 임무를 강조했다. 특히 '학행일체(學行一體)'와 '심신일여(心身一如)'의 '연성(鍊成)'을 깊이 단련하는 것이 임무라고 했다. 그리고 「조선교육령」을 개정한 1943년에는 전력을 다하여 식량 증산을 기하는 데 국민학교 이상 각종 학교 학생들이 농업보국에 참가해 봉사시키는 방침을 취한다고 했다. 그러니 학생들은 한편으로는 증산에 힘쓰고 다른 한편으로는 연성에 힘써서 두 배의 효과를 올리라고 훈시했다.[108] 이어서 조선총독부 정무총감 다나카는 '훈시 요지'를 통해 총독의 훈시를 설명했다. 다나카는 심신의 연성과 학업의 체득은 결전체제하에서 행학일체(行學一體)의 정신을 앙양하고 학도의 근로 동원을 강화하여 적극화·조직화시킴으로써 근로 실천하는 사이에 이루어지는 것이라고 설명했다. 이와 같이 조선총독부는 전시 학교에 관한 비상조치를 실시했다. 학교의 정비 전환, 군사 교육의 강화, 근로 동원의 철저 등을 과감하게

---

107 정재철, 1985, 앞의 책, 468-469쪽.
108 『朝鮮總督府官報』, 1943.4.7.

실천함으로써 필승 태세의 기본을 배양해야 한다고 강조했다.[109] 고이소 총독을 비롯한 조선총독부는 일본의 전시총동원을 강화해야 하는 '비상시국'임을 더 이상 감추지 않았다.

고이소의 (제4차) 「조선교육령」은 학교를 통해서 조선인 학생을 전시동원하기 위한 준비 작업이었다. 1943년 10월에 일본 육군성은 결국 조선인 학생에 대한 징병 유예를 폐지하고 '학병제'를 실시했다. 전문학교와 대학에 재학 중인 조선인 학생은 전장으로 내몰렸다.[110] 일본은 부족한 전시 노동력을 전방위적인 조선인 노동력 동원으로 충당했다. 그렇지만 조선인을 징병해 활용하는 데 필수적인 일본어 교육과 일본어의 상용은 뜻한 대로 진행되지는 않았다. 조선인 징병을 결정하고서도 결국 학병제를 실시하게 된 것이 이를 상징한다.

사실 일본 정부는 1941년 9월에 영·미와의 개전을 결정하며 노무동원의 직접 대상을 일반 노동자에서 '일반 국민'으로 넓혔다. '근로보국 정신'의 확립을 강조하며 "근로는 국민의 의무이고 국가의 요구에 따라 행해야 한다"고 강조했다. 학생과 일반 국민을 새로 임시 요원으로 편성해 동원함으로써 일반 노동자인 상시 요원을 군수산업으로 집중 동원했다.[111] 그럼에도 물동계획이나 생산확충계획과 마찬가지로 노동력 동원도 인적자원의 부족으로 근본적으로 개편하여 시행하지 않으면 안 되었다. 물자와 마찬가지로 노동력 배치도 중점화의 철저를 기본 방침으로 삼았다. 이를 위하여 행정 간소화가 이루어지고 국민 동원 계획도 강화

---

109 『朝鮮總督府官報』, 1944.4.13.

110 정재철, 1985, 앞의 책, 467쪽.

111 河棕文, 1996, 『戰時勞動力政策の展開: 動員のロジック, 動員機構, 勞動力需給狀況を中心に』, 東京大學日本史研究室, 199쪽.

된 것이었다. 그러므로 1939년부터 일본의 신규 일반 노동자의 수요에 조선인 이입 노동자가 포함되었다. 그리고 그 수가 매년 증가했다. 1941년을 경계로 군 요원으로 동원되는 조선인 노동력이 대폭 증대했다. 1942년 이후에는 그 수요가 다방면에서 급증했다. 조선인 노동자는 주로 생산 확충 산업과 토목 건축업에 충당되었고, 이들의 중요성은 더욱 높아졌다. 1942년 2월에는 「조선인 노무자 활용에 관한 방책」이 별도로 작성되어 각의에서 결정되었다. 1942년 5월부터 토목건축 노동자 동원과 같이 수요가 집중된 부문의 중요 공장에 대해서는 조선총독부의 행정기구가 필요한 인력을 알선하는 '관 알선' 방식이 취해졌다. 총독부의 관 알선으로 조선 남부 지역의 노동자를 조선 북부 지역의 공장으로 동원하는 노동자의 동원이 이루어졌다. 이와 함께 부족한 노동자를 각 도의 근로보국대를 활용하여 동원하기 시작했다. 이렇게 일본의 노동력 부족을 조선의 노동력 동원으로 충당하는 것이 확대되자 조선총독부는 본격적으로 조선의 노동력 동원 계획을 책정했다. 그리하여 1942년 이래 일본으로 동원되는 조선인의 비율이 급격히 증가했다.[112]

1943년 7월부터는 '자유 모집의 내용을 가미한 특수한 관 알선제도'가 시행되었다. 광산노동자와 일부 공장노동자를 동원하는 행정 수속을 간소화하여 더욱 신속하게 노동력을 동원할 수 있게 한 것이었다. 이른바 '노무자 특별 알선' 방식이 실시된 것이다. 만성적으로 부족한 광업노동자는 열악한 노동조건 등으로 인해서 도망가는 경우가 많아서, 이를 충당하기 위해 취해진 조치였다.[113]

---

112 朝鮮勞務協會, 1944. 2, 「勞務課長說明要旨」, 『朝鮮勞務』 4-1, 19-20쪽; 안자코 유카, 2007, 앞의 글, 183-184쪽.

1943년 10월에 조선총독부는 9월에 일본에서 각의 결정된 「현 정세 하 국정 운영 요강」 방침의 하나인 '동원체제 강화'에 대응하여 정무총감 담화로 '생산 증강 노무 강화 대책 요강'을 발표했다.[114] 조선의 결전 체제화에 따른 조선 내 노동력 동원 정책 방침을 제시한 것이었다. 조선 총독부는 '생산 증강'을 위하여 군의 작업청이나 군이 관리하는 공장, 생산력 확충 계획에 해당하는 공장과 사업장, 그밖에 조선총독부가 필요하다고 인정한 군수공장이나 사업장의 노동력 확보를 우선으로 하고, 이를 위한 조선 내 노동력 수요의 조정을 정책화했다. 1944년에 들어서 고이소 총독은 종래 군 요원 등 극히 일부에 대하여 제한적으로 실시한 징용에 의한 동원을 본격적으로 개시했다.[115] 특히 토목건축 부문의 노동력을 보충하는 데 활용된 근로보국대를 1944년부터 전면적으로 활용하도록 지시했다. 각도에서 필요한 노동력을 근로보국대를 통해서 적극적으로 동원할 수 있게 한 것이었다.[116]

1944년 2월에 조선총독부는 '국민 등록'의 범위를 한층 더 확대하여 만 12세 이상 만 50세 미만 남자를 대상으로 했다. 기능자 등록에서는 그 범위를 만 50세 이상 만 60세 미만 남자와 만 12세 이상 40세 미만 여자까지 확대했다. 그 결과 1944년 5월까지 기능자나 기술자로 등록된 인원이 총 48만 5,188명이었다.[117] 이렇게 생산력 확충 계획을 실질적으로 완수하기 위한 제반 대책을 시행한 결과 조선총독부는 전년도에 비

113　朝鮮總督府司正局勞務課, 1943. 8, 14쪽.
114　朝鮮勞務協會, 1943. 9, 「生産增强勞務强化對策要綱」, 『朝鮮勞務』 3-4, 2-4쪽.
115　이상의, 2002, 앞의 글, 223-227쪽.
116　朝鮮勞務協會, 1944. 2, 「勞務課長說明要旨」, 『朝鮮勞務』 4-1, 19쪽.
117　「第86回帝國議會說明資料」, 1944. 8, 앞의 글, 278-283쪽.

해서 비약적으로 높은 동원 실적을 올렸다. 이러한 조선총동원 강화 조치와 함께 총독부는 1944년 4월부터 경제경찰의 수를 대폭 증가해 공장과 광산 등 사업장을 관할하는 제일선에 배치했다. 경제경찰은 일제의 제일선에서 알선 노동자의 공출, 날품팔이 노동자의 통제와 훈련, 취업독려, 근로보국대의 취업, 징용 실시 등 노동자 동원과 관리 전반에 걸쳐서 조선인을 단속했다.[118] '제국일본'의 '외지'로 설정된 조선의 '일본제국 국민'인 조선인에게는 일본 국가의 동원에 응해야 할 의무와 함께 늘 국가적 기구인 조선총독부의 '감시'와 '단속'이 수반되었다.

2. 조선 '결전체제' 유지에 박차를 가한 9대 총독 아베 노부유키

2년여 간 지속된 고이소 총독의 조선 통치는 고이소가 일본 총리로 임명되며 1944년 7월로 종료되었다. 아시아 전역에서 전쟁을 치르고 있던 일제 군부는 전쟁을 수행하고 있는 군인을 총리로 선정해서 전선에서 빼내올 수 있는 처지가 아니었기 때문에 조선총독으로 재직하여 전시 상황을 잘 몰랐던 고이소를 총리로 임명했다. 군부는 물론이고 정치인이나 일본천황까지도 그가 적임자라고는 생각하지 않았다. 그러나 마땅한 인물이 부재하여 고이소가 총리가 되었다고 한다. 일본 총리가 된 고이소는 전황이 완전히 수세에 몰리고 오키나와에 미군까지 진주하는

---

118 마쓰다 토시히코, 2020, 앞의 책, 644-653쪽.

상태가 되자 직접 현역 육군대신으로 복귀하여 겸직으로 군대를 운영하겠다고 했다가 역풍을 맞아 1945년 4월에 쫓겨나듯이 총리직에서 물러났다.[119] 고이소의 수상 영전과 함께 1944년 7월 24일에 제9대 조선총독으로 취임한 인물이 아베 노부유키(阿部信行, 1875-1953)였다.

아베 총독은 고이소와 마찬가지로 일본 군부에서 우가키계로 알려졌다. 그는 1928년 육군대신 우가키 밑에서 차관을 지냈고, 우가키가 병으로 앓아누웠을 때 우가키의 육군대신 직을 대리했다. 이런 우가키와의 인연 때문에 우가키파로 분류되어 2·26사건에 대한 책임을 지고 예비역으로 편입되었다. 그러나 1938년 8월 노몬한에서 소련과 교전 중이던 일본에서 「독소불가침조약」 체결의 충격으로 히라누마 기이치로(平沼騏一郞, 1867-1952) 내각이 총사직하며 친독일 노선이 후퇴하고 영·미와 관계 개선이 중시되자 친영미 노선이 아닌 인물로 아베가 추대되어 수상이 되었다. 아베는 1939년 8월부터 1940년 1월까지 약 5개월 간 제36대 일본 수상을 역임했다. 일본 수상 재임 시 아베는 제2차 세계대전에 휘말리지 않기 위하여 중립정책을 쓰며 장기전이 된 중일전쟁을 종전시키고자 했다. 그러나 「미일통상항해조약」을 계속하기 위한 미국과의 교섭은 실패했고 대중국 정책도 진전을 보지 못했다. 내정 면에서도 물가의 동결과 총동원법의 전면적인 발동, 서일본과 조선의 극심한 가뭄 등이 겹쳐서 경제가 악화되면서 국민들의 불만이 팽배했다. 수상 아베는 총선거를 실시하여 국면을 전환하려고 했지만 육군의 반대로 총리직에서 물러나게 되었다. 그리고 후임 내각에서 중국 특파대가 되어 중국과

---

119 阿部薫, 1937, 『朝鮮都邑大觀』 民衆時論社, 2쪽; 谷サカヨ, 1943, 『第14版 大衆人物錄 外地 滿·支 海外編』, 帝國秘密探偵社, 41쪽.

의 교섭을 맡았다. 1940년 10월 고노에 내각이 이른바 '익찬선거'를 시행한 후 1942년 4월에 결성한 익찬정치체제협의회의 회장이 되었고, 5월에 결성된 익찬정치회의 총재와 귀족원의 의원이 되었다. 이후 고이소 조선총독이 총리로 내정되며 후임 총독으로 아베를 지명하여 제9대 조선총독이 되었다.[120]

아베가 조선총독이 되었을 때 일본의 전황은 그 어느 때보다 심각했다. 아베는 일본 정부의 수반이 된 고이소 총독이 구축한 조선총동원 결전체제 시책을 그대로 이어갔다. 조선 민족 말살과 조선인들을 전쟁으로 동원하는 정책을 전쟁이 종료될 때까지 강행했다. 외지 조선인의 징병과 징용, 여성정신대 동원, 학도병 동원에 전념했고, 국민의용대를 편성하여 전쟁에 비협조적인 조선인들을 무자비하게 탄압하고 검거했다. 아베의 조선 통치는 패전에 임박한 일제의 실상을 대변했다고 할 수 있다. 아베는 조선총독 취임 1년 만에 일본이 항복을 선언하자 1945년 9월 9일 할복자살을 시도했다. 그러나 실패하고 항복 조인식장에 나와 항복 조인 문서에 서명해야 했다.

1) 전쟁 말기 조선인 동원과 회유를 촉구한 '국민화', 참정권 정책

1942년 5월 일제의 조선징병제 실시 결정과 이를 내선일체와 황국신민화가 달성된 결과라고 한 조선총독부의 선전은 그에 합당한 '일본

---

120 中外商業新報編輯局, 1932, 『政治家群像』, 千倉書房, 267-271쪽; 馬場恒吾, 1941, 『國家と人物』, 高山書院, 12-131쪽; 芳賀登 等 編集, 2000, 『日本人物情報大系 29: 憲政編 9』, 皓星社, 12쪽·362쪽; 北岡伸一, 1999, 『政黨から軍部へ, 1924-1941』, 中央公論新社; 御廚貴 編, 2013, 『歷代首相物語』, 新書館.

국민'으로서의 참정권 요구 움직임을 불러일으켰다. 징병제 시행 결정은 수면 아래 잠재해 있던 일부 조선인들의 정치참여에 대한 요구를 포함하여 민족차별제도 철폐 요구가 본격적으로 표출되는 계기가 되었다. 종래 일제는 일시동인의 조선 통치 방침에 의거하여 외지 조선인을 일본 '국민'으로 본다면서도 국민으로서의 권리 요구에 대해서는 '외지인'의 병역의무 불이행을 이유로 시세와 민도를 표방하며 유보했다. 그러나 이제 조선인들은 '내지인'과 같이 병역의 의무를 지게 되었다. 조선총독부는 이를 '내선일체의 완성'이나 '황민(皇民)연성의 완성'이라고 선전했다. 이는 필연적으로 '내선일체의 구현'을 상징하는 외지 조선인에 대한 참정권 부여, 내지도항제도 철폐, 관공리에 대한 가봉의 전면적인 지급과 같은 차별 대우와 제도의 철폐 요구를 초래했다.[121]

조선총독부는 이미 1920년대 조선인들의 참정권 요구를 경험한 바 있었으므로 1938년에 지원병제도를 실시하면서 1939년부터 조선인의 참정권 문제를 검토했다.[122] 이때 조선총독부는 종래와 같이 귀족원과 중의원에 모두 조선인 의원을 참가시키는 방법을 고려했다. 이전에 조선인에게 참정권을 부여하더라도 조선인 의원을 일본 중의원에 참여시키는 것에 대해서는 부정적이었던 것에서 달라진 것이었다. 조선총독부는 일본 의회에 보낼 의원을 엄선해야 한다는 전제 위에서 조선인의 참정권 실시를 고려했다. 조선인의 일본 의회에 참가 가능성까지 염두에 두지 않으면 안 되게 된 현실을 실질적으로 고민했다. 그렇지만 여전히 조선

121　近藤鈇一 編, 1961, 앞의 책, 58-59쪽; 朝鮮軍司令部, 1942. 6, 「朝鮮に對する徵兵制施行の閣議決定公表に關する反響調査」, 22-23쪽.
122　「極祕 制度改正ニ關スル諸資料」, 1939. 11.

총독부는 종래의 조선지방의회개설론은 자칫 자치령에 대한 요구로 전환되어 조선 통치에 대한 통제권을 잃기 쉽다고 생각했다. 때문에 조선지방의회개설론은 절대 불가하다는 단호한 입장을 확인했다. 자치령에 대한 요구는 '내선일체'라는 일제의 기본 입장에서 일탈하기 때문이라고 했다. 조선인에게 참정권을 부여하더라도 조선인들이 독립으로 연결시킬 수 있는 가능성은 당초에 차단해야 한다는 것이었다.[123]

1930년대 말 1940년대 초 지원병제도의 실시에서 징병제 실시를 결정하기까지 1930년대 이래 소강 상태를 보였던 조선 민족개량주의 진영의 참정권 운동이 재연되고 이를 예상한 총독부의 조선인 참정권 문제 대응책이 본격 검토되기 시작했다. 조선총독부는 이른바 '대동아전쟁'의 전황이 불리하게 전개되며 일본이 항복하지 않는 한 끝을 알 수 없는 상황이 되자 본국의 부족한 인적·물적 자원 조달에 적극 협조하며 조선인을 총동원하기 위한 시책을 적극화했다. 무엇보다도 부족한 병력을 보충하는 것이 급선무였다. 이를 위하여 조선총독부는 그간 실시한 관의 지도 육성으로 교육이 보급되고 인격이 도야되어 조선인의 '민도'가 '향상'되었다고 선전했다. 그리하여 이를 이유로 미룬 조선인에 대한 국민적 평등을 제도화할 가능성을 언급하기 시작했다. 조선인에 대한 제도적인 평등은 조선인이 고도의 교양을 축적하여 생활 태도를 쇄신하는 책임감으로 직무에 '정헌(精獻)하는 기백'이 충만하게 되면 해결할 것이라고 했던 바였다. 전황의 악화가 그 제도상의 평등 문제를 거론하게 했다.[124]

123　御手洗辰雄, 1957, 『南次郎の朝鮮統治』, 京城日報社, 473쪽.

124　國民總力朝鮮聯盟 編, 1945, 앞의 글, 57-58쪽.

특히 고이소가 수상이 되자 그가 조선총독 시기에 내선일체라는 조선 통치 방침에 입각하여 구체적인 방안으로 제시했던 의무교육제도와 참정권 실시 문제가 구체적으로 논의되고 거론되었다. 그리고 징병제 실시 결정 때처럼 조선이 이미 "만주사변으로부터 10년간 지나사변으로부터 대동아전쟁으로 일본의 결의 있는 진전 중에 조선의 전력을 충실히 생육하여 물자로 사람으로 그리고 조직으로" 내선일체를 충실히 이행했다고 치하했다. 그러므로 외지 조선은 "대동아전쟁에서는 이제 병참기지는 아니고, 내지와 혈육을 같이하는 전력이 되었다"고 강조하며 외지 조선을 '제2의 내지'라고 했다.[125] 그러나 이른바 '제2의 내지'가 된 조선은 여전히 내지와 "혈육을 같이하는 전력"이지 '내지'는 아니었다.

이러한 고이소의 조선에 대한 선전은 종래 다방면으로 활용된 '조선의 특수사정·조선 특수성'에[126] 대한 논리의 전환을 동반했다. 종래 '조선 특수성'은 조선인의 민족의식이 강한 것을 이유로 조선인의 강한 반일 독립정신 때문에 정치참여를 원천 봉쇄하고 사상을 통제하여 치안질서 유지에 우선한 통치를 실시해야 한다는 조선총독정치의 명분으로 활용된 것이었다. 그러나 더 이상 조선의 특수성이나 민도를 논하며 조선인의 권리 요구를 무조건 묵살하면서 조선인의 징병을 유보할 처지가 아니었다. 반도 조선은 섬나라 일본제국주의의 전시총동원을 지탱하는 핵심적 실지가 되었다. 조금이라도 더 인적 동원을 이끌어내야 하는 실정이었다.

125　國民總力朝鮮聯盟 編, 1945, 앞의 글, 512쪽.
126　전상숙, 2012, 『조선총독정치 연구: 조선총독의 '상대적 자율성'과 일본의 한국지배정책 특질』, 지식산업사, 5장 참조.

조선인에 대한 참정권 부여는 일제가 조선인 총동원을 명실공히 '일본 국가'의 '국민'적 요구로 공공연하게 일층 강제할 수 있는 좋은 구실이 될 것이었다. 일제는 외지 조선인에 대한 민족적 차별을 합리화했던 '조선 특수성'이란 명분을 자연스럽게 뒤로 물렸다. 그리고 조선인에게 "각기 그 본분을 다하여 억조 일심 국가의 총력을 들어 선전의 소임을 군도 관도 민도 모두 일심이 되어 총력 결집하여" "총력운동"을 충실히 실천할 것을 요구했다. 일본의 전시총력전체제에 '국민'으로서 의무의 수행을 요구했다.[127]

조선총독부는 징병제 시행을 고려하며 그에 대한 대책으로 조선인의 정치참여 문제를 적극 고려했다. 특히 고이소는 전쟁으로 조선인 징병제 실시가 결정됨으로써 조선인도 일본인과 똑같이 병역의 의무를 지게 된 이상 그에 상응하여 조선인에게 참정권을 부여하는 것이 불가피하다고 생각했다. 다만 그의 생각은 중의원 의원을 선출하는 방안을 선출 정원의 반수 또는 2/3 정도를 조선총독부가 관선으로 선출해야 한다는 것이었다. 참정권은 부여하되 조선총독부가 관권으로 외지의 조선인을 통제할 수 있도록 안전장치를 갖추어야 한다는 입장이었다. 이러한 입장에서 고이소는 1943년 말부터 조선인의 정치참여 제도에 대한 연구를 진행시켰다.[128] 그렇지만 일본국 헌법의 적용 여부를 기준으로 한 '내지'와 '외지'의 구분을 제도적으로 수정하는 문제는 거론되지 않았다.

한편 일본에서도 진주만을 기습하고 파죽지세로 동남아를 침공하여 승리를 거둔 직후인 1942년 5월 9일 도조 수상이 쇼와 천황에게 미나미

---

127 國民總力朝鮮聯盟 編, 1945, 앞의 글, 512쪽; 전상숙, 2004b, 앞의 글, 62-64쪽.
128 小磯國昭, 1963, 앞의 책, 765-766쪽.

조선총독의 경질과 조선의 징병령 시행을 상주하면서 조선인 참정권 문제가 전격 논의되기 시작했다. 소위 '익찬선거'에서 당선된 조선군 출신 '조선대의사' 가네코 데이치(金子定一)는 1943년 2월 제81회 제국의회 대정부 질문에서 외지의 조선인과 대만인에게 일본인과 동등한 참정권을 부여할 것과 조선에서 우선 의원 25명을 선출할 것, 조선인과 대만인에 대한 징병령 시행 등을 내용으로 하는 질문안을 준비했다. 일본의 정계는 여전히 조선인에게 참정권을 부여할 경우 조선인 의원이 일본 의회에 참석하여 캐스팅보트를 행사할 수 있는 가능성을 우려해 부정적이었다. 그러나 전황이 악화일로여서 '대동아선언'을 발표하는 한편 국제정세도 연합국에 유리하게 전개되자 참정권으로 식민지 민중을 달래려는 시도가 지속되었다. 도조의 대동아정책은 오히려 조선인의 독립 염원을 고조시켰다. 이를 우려한 전 조선총독부 학무과장 출신 중앙조선협회 이사 유게 고타로(弓削幸太郎)는 전 조선총독부 학무국장 출신으로 협회의 전문이사인 세키야 데이사부로(關屋貞三郎)에게 자치론이나 독립론을 완전히 봉쇄하기 위해서는 참정권을 성명할 필요가 있다고 진언했다. 또한 제국의회에서도 1944년부터 시행한다고 한 징병령의 실시를 앞두고 조선인의 독립론이나 자치론을 봉쇄하기 위하여 참정권을 부여하자는 건의가 계속되었다. 다른 한편으로는 1943년 10월 14일 필리핀이 독립하고 연합국에서도 조선문제를 논의하기 시작했다. 1943년 11월 '카이로회담'은 한국의 독립을 명시하는 등 국제정세도 변하고 있었다. 특히 일본은 국제적으로 한국의 독립을 처음으로 명시한 카이로선언을 무시할 수 없었다. 게다가 1944년 6월에 연합군이 노르망디에 상륙하고, 7월에는 미군이 일본의 본토 방위를 위한 '절대방위권'으로 설정한 사이판을 점령했다. 이에 새로 조각하게 된 전 조선총독 고이소는 외지 조선

인의 참정권 문제를 본격적으로 논하기 시작했다.[129]

여전히 일본에서는 조선인 의원의 일본 의회 참석에 반대하는 입장이 강했지만 조선 현지에서 징병제를 시행해야 하는 조선총독부가 징병제 실시를 결정하며 해결하고자 했던 참정권 문제가 조선총독부가 작성한 원안대로 관철되었다.[130] 1945년 1월에 일본의회에서 법률 제34호 「중의원 선거법 중 개정 법률안」과 칙령 제193호 「귀족원령 중 개정안」이 통과되었다. 이에 의거하여 외지 조선인에 대한 참정권 부여가 대만과 동시에 처음으로 공식 제도화되었다. 중의원의 경우 조선인 의원의 캐스팅보트 행사 가능성을 공선(公選)에 의한 중의원 선출 원칙으로 관리할 수 있게 했다. 이에 따라 선거 방법이 중요해졌다. 조선총독부와 일본 정부 모두 보통선거는 피한다는 것을 기본 입장으로 하여 제한선거를 결정했다. 선거권자는 국세 15원 이상 납부자들로 한정되었다. 조선총독부는 이러한 규정이 일본에서 선거법을 처음 실시할 때 정한 기준이라고 했다. 1945년 당시 조선인 인구 약 2천만 명 가운데 상위 2.3퍼센트에 한정하여 중의원 의원을 선거할 수 있는 참정권이 부여되었다. 이 중 국세 상위 2.3퍼센트 중 29퍼센트는 일본인이었다. 선거구와 의원 수는 조선과 대만을 합하여 총 28명으로 결정되었다. 이 중 23명이 조선인으로 배당되었다. 조선 13개 도를 하나의 선거구로 하여 각 선거구에 최소 1명의 의원을 배정하고 각도 인구 100만 명당 1명씩 더하는 방식으로 의원 수가 결정되었다. 일본 측은 이러한 의원 수의 산출로 조선과 대만을 통산한 의원 1인당 유권자 수가 3만 1천 내지 2천 명이라고 했다.

129　이형식, 2018, 앞의 글, 98-106쪽.
130　小磯國昭, 1963, 앞의 책, 766쪽; 田中武雄, 1960, 앞의 글, 236-238쪽.

이는 일본의 비율과 같다고 강조했다. 이렇게 제정된 중의원 의원선거 관련 법률은 그 시행 시기를 명시하지 않았다. 단지 칙령으로 정한다고만 했다. 결과적으로 조선이 식민지로부터 해방될 때까지 의원선거는 한 번도 실시되지 않았다.[131]

일본 귀족원에는 조선과 대만에 거주하는 만 30세 이상 남자 중 명망 있는 사람 10명 이내, 7년 임기로 칙임하여 참가시키기로 결정되었다. 일본의 귀족원 의원 임기는 종신이었다. 그렇지만 외지 조선과 대만의 귀족원 의원은 7년을 임기로 규정하여, 참정권제도에도 민족적·제도적 차별을 두었다.[132] 외지 조선의 귀족원 의원은 1932년에 박영효(朴泳孝, 1861-1939)가 칙임된 것을 효시로 하여 1941년에 박중양(朴重陽, 1872-1959), 1943년에 이진호(李軫鎬, 1867-1946)가 이미 칙임되어 있었다.[133] 그렇지만 외지 조선인을 내지 일본 귀족원 의원으로 공식적인 제도로 인정한 것은 이때가 처음이었다. 공식적인 참정권제도의 일환으로 외지의 귀족원 의원 10명 중 7명이 조선인으로 할당되었다. 3명은 대만인으로 할당되었다. 1945년 4월에 귀족원 의원으로 7인이 칙선되었는데, 김명준(金明濬), 박상준(朴相駿), 박중양, 송종헌(宋鍾憲), 윤치호(尹致昊), 이진용(李珍鎔), 한상룡(韓相龍) 등이었다. 이들은 4월 스즈키 내각이 성립한 직후 임시의회에 참가하게 되었다.[134]

---

131 田中武雄, 1960, 앞의 글, 236쪽; 최유리, 1997, 앞의 책, 241-246쪽.

132 山本有造, 1992, 『日本植民地經濟史硏究』, 名古屋大學出版會, 50쪽.

133 小磯國昭, 1963, 앞의 책, 765쪽; 御手洗辰雄, 1957, 앞의 글, 473쪽; 친일반민족행위진상규명위원회, 2009, 『친일반민족행위진상규명 보고서 IV-11』, 친일반민족행위진상규명위원회, 85-206쪽.

134 임종국, 1985, 『일제하의 사상탄압』, 평화출판사, 266쪽; 최유리, 1997, 앞의 책, 241쪽.

일본은 고이소가 분명히 언급했듯이 조선인 징병제 실시를 결정하지 않았더라면 참정권 문제에 어떤 식으로건 관심을 갖지 않았을 것이다. 조선인 징병제라는 병역의 의무를 조선인에게 부여하는 한 조선총독과 조선총독부는 늘 강조했던 이른바 '일본국 국민'으로서의 조선인의 책임과 의무에 따른 권리, 근본적으로는 '내선일체'라는 조선 통치 방침에 대하여 어떤 식으로라도 설명할 필요가 있었다.[135]

다시 말하면, 일본이 남진을 결정하지 않아도 될 정도로 총력전을 치르기 위한 물자가 유통되었더라면, '태평양전쟁'을 도발하지 않아도 될 정도로 중일전쟁이 장기화되지 않고 지난한 교착 상태에 처하지 않았더라면, 그래서 '일만지(日滿支)'를 중심으로 한 자급자족적인 경제권역을 구축해 유지할 수 있었더라면, 결과적으로 일본이 도발한 '북지사변'에 중국이 예상 밖의 끈질긴 민족적 항전을 계속하지 않고 어느 정도에서 항복함으로써 '지나사변'으로 전개되지 않고 사변이 끝났더라면, 외지 조선인에 대한 일본제국 '국민'으로서의 권리를 인정하는 상징과도 같은 참정권 문제는 정책으로서 표면화되지 않았을 것으로 생각된다. 조선인에 대한 '국민으로서의 권리'는 이른바 시세와 민도를 이유로 내선일체를 강조하며 계속 유보되고, 외지의 '일본인', 외지의 '일본 국민'으로서의 의무 요구만 강화되어갔을 것이다.

2) 총체적 생산력 증강을 위한 전 사회적 공출과 수탈 강화 정책

아베가 조선총독이 되었을 때 일본의 전황은 끝을 달리고 있었다. 일

---

135 田中武雄, 1960, 앞의 글, 224쪽; 小磯國昭, 1963, 앞의 책, 765쪽.

본은 1944년 2월 트럭도(Truk島)의 대공습으로 많은 선박을 상실했다. 군부도 작전과 국력 모두 한계에 도달했음을 인정했다. 물동과 수송이 극히 곤란한 상태에서 연합군의 잠수함 공격은 더욱 격화되었다. 5월에 일본은 인도네시아 동부 항로의 사용이 불가능해졌고, 6월에는 미군이 사이판에 상륙하여 트럭과 사이판 항로를 포기했다. 결국 7월에 일본이 국내 방위를 위한 절대방위권으로 설정했던 사이판까지 함락되자 도조 내각은 총사직했다. 후임 고이소·요나이(米內光政) 연립내각은 1944년 8월 이후 일본 황궁에서 일주일에 두 번씩 수상과 외무대신·해군대신·2명의 참모총장이 참가하는 최고전쟁지도회의를 대본영 정부연락회의를 대신하여 진행했다.[136]

1945년 4월에 스즈키 간타로(鈴木貫太郎, 1868-1948) 내각이 성립된 직후에는 수송력이 극도로 떨어져서 식량 수송을 우선하는 결정을 할 지경이 되었다. 그리하여 1945년 5월부터 일본은 만주와 조선에서 곡류와 소금을 수송하는 데 전념했다. 독일은 항복하고 수송력 감퇴와 식량 핍박은 심각했다. 개전 이래 최대의 위기에 직면한 일본은 6월에 「의용병 병역법」을 제정하고 「전시 긴급조치법」으로 내각에 독재권을 부여했다. 이를 빌미로 조선에서부터 동해(일본해) 쪽 일본의 여러 항구로 상륙작전 방식으로 특공조의 수송을 실시했다. 6월 말에는 일본 국내의 전장화(戰場化)에 따른 운수 긴급대책을 입안했다. 7월 세이칸(靑函) 연락선[아오모리(靑森)와 하코다테(函館)를 연결하는 연락선] 연결이 전멸하고 일본해 연안과 조선 각 항구에 기뢰가 투하되었다. 일본해 항구 간 수송도 불가능하여 국가총동원계획도 종식되었다.[137]

---

136 서정익, 2003, 앞의 책, 276-277쪽.

1944년 후반기부터 일본 본토에 대한 미군기 공습이 본격화되어 식량 부족으로 굶어죽기 직전 수준이 되었다. 일본은 국내 전시체제가 내부로부터 붕괴되는 것이 현저해졌고, 1945년에 들어서는 거의 고립 상태가 되었다. 이는 조선에 일본의 '대륙병참기지'로서 '일본제국'의 총력전체제 안으로 한층 더 편입될 것을 요구했다. 1944년도 국가동원 계획요령에 '대동아 각 지역과의 결합 긴밀화'라고 명시되었듯이 조선의 노동력과 병력 등 인적자원과 농산물, 광물자원 등 자원이 거듭 중시되었다. 인천조병창에서는 각종 원자재와 부품을 최대한 조선에서 조달하며 1944~1945년간 250척의 배를 만들었다. 1945년에는 200개의 무전기를 만들었다.[138]

　특히 해상운송과 자원 두절이 더욱 심각해진 1944년 후반부터는 조선의 지하자원에 대한 의존이 커지고 중요해졌다. 8월 24일에 「내지와 조선의 철광석 비상개발 이용에 관한 건」이 결정되었다. 1944년도 이후 일본의 국철강철 생산계획은 해상운송력을 최대한 절감하는 것을 우선으로 했다. 내지와 외지 조선에서 철광석을 철저하게 긴급히 개발하여 이용하기로 했다. 결국 외지 조선의 철광석을 긴급 증산하는 것이 일본이 총동원할 수 있는 물자의 전부였다. 이러한 광업 중점 정책도 수송력 부족으로 실제로 실행될 수 없었다. 전쟁 말기 광업 행정은 거의 멈춘 상태였다.[139]

　이러한 상황에서 조선총독으로 부임한 아베는 1944년 8월 27일 임시도지사회의에서 '대동아전쟁의 금일 사태'가 매우 중대하다고 강조

137　서정익, 2003, 앞의 글, 278-279쪽.
138　남도현, 2014, 앞의 책, 280-296쪽.
139　林采成, 2002, 앞의 글, 84쪽; 안자코 유카, 2006, 앞의 글, 197쪽·228쪽.

했다. 전쟁의 규모가 클수록 반드시 그에 상응하는 간난과 고뇌가 심각한데 이를 인내하며 최후의 순간까지 승리의 희망을 잃지 않고 혈전건투를 계속하는 국민에게 승리의 영광이 올 것이라고 훈시했다. 일본의 총력전 수행에 필요한 조선인의 지속적인 인내와 동원을 강조했다. 조선총독 아베는 무엇보다도 먼저 일본에 부족한 식량을 공급하는 공출을 강화했다. 1944년도부터 양곡 전반에 대한 국가 관리가 시작되어서 정부 매입이 실시되고 있었음에도 불구하고 양곡 공출을 더욱 강화하는 '농업 생산 책임제'를 실시했다. 농업 생산 책임제는 1943년의 공출량 사전할당제와 표리일체를 이루어 조선 농민의 부담을 가중시켰다. 1944년 7월에 일본 정부는 「외지의 미곡 등 증산과 공출 장려에 관한 특별조치」를 결정했다. 아베는 이에 의거하여 「조선의 양곡 증산과 공출 장려에 관한 특별조치 요령」을 만들고 「농업 생산 책임제 실시요강」을 제정했다. 그리하여 일본에서 정해진 조선 공출 농업 생산을 조선총독부가 그 책임 수량을 설정해 조선 농민에게 부과했다. 책임 수량은 원칙적으로 부락 단위로 할당되지만 지주가 식량작물의 생산을 책임지게 함으로써 지주제의 착취 기능을 국가적 권력에 편입시켰다. 총독부의 조선 농민에 대한 압력이 농민들에게 실질적으로 가해지도록 한 것이다. 총독은 농민에게 중대한 '전국(戰局) 인식을 일층 심화하여 증산하는 전사(戰士)로서 열의를 앙양·진작하여 정신감투(挺身敢鬪)할 것'을 역설했다. 부락이 혼연일체가 되어서 연대의 공동 책임 아래 총력을 식량 증산·공출에 결집함으로써 국가의 요청에 부응하는 데 매진해야 한다고 강조했다.[140]

---

140 朝鮮銀行調査部 編, 1944, 『大戰下の半島經濟』, 朝鮮銀行調査部, 2쪽; 전강수, 1990, 앞의 글, 125-129쪽; 이윤갑, 2013, 『일제강점기 조선총독부의 소작쟁의 연구』, 지식산업사, 192-193쪽; 서정익, 2014, 「전시 일본의 농업통제」, 『논문집(사회과학

1944년의 식량수급계획은 1943년과 그 전해에 이은 한발의 연속으로 쌀과 보리 등 잡곡의 수확이 500만 석이나 감소하여 곤란한 상황에서 실시되었다. 조선총독부가 여러 강제 수단을 동원하여 식량 공출에 박차를 가했다. 조선의 농가 소비 삭감은 기본이었다. 그밖에도 일반 소비 주조용이나 기타 특수용 등 각 부문에서 철저한 절약을 독촉하는 한편, 만주에서 잡곡 250만 석을 긴급히 수입하며 쌀의 공출을 강화했다. 이렇게 조선 내 쌀의 수급 조정에 주력한 결과 아베는 군용 쌀과 보리 등 475만 석 정도를 강압적으로 조선 밖으로 공출할 수 있었다. 조선총독부도 양곡의 공출 할당량이 현실적으로 과대하다는 것을 잘 알고 있었지만 1945년도에도 미곡 2,360만 석, 맥류 1,050만 석, 잡곡 960만 석 등을 농업 생산 책임 수량으로 책정했다. 총독부는「미곡 공출대책 요강」을 결정하고 각도에 미곡 공출량을 사전 할당했다. 총독부는 조선의 식량 사정 곤란은 아랑곳하지도 않았다. "내지 이출을 확보하기 위하여 조선의 수요를 압축해서 수급의 균형을 꾀하기 위한 긴급조치를 강구"할 뿐이었다.[141]

조선 농민이 지은 쌀을 거의 공출해갔기 때문에 조선 농민은 해초나 산야초 등 대용식이나 죽을 먹어야 했다. 양곡 생산은 감퇴하는데 그중 공출양은 증대하여 60퍼센트에 달했다. 수출량도 20퍼센트 전후였다. 농민의 식생활은 완전히 부자유해졌다. 이러한 조선 농민의 현실이 일본 '국민'인 '외지 조선인'의 실상이었다. 또한 전세 역전으로 인한 대규모

편)』 33-1호, 59-64쪽.
141 近藤鈗一 編, 1963, 앞의 책, 2쪽·79-80쪽·90-92쪽; 전강수, 1990, 앞의 글, 127-132쪽.

의 조선 노동력 동원은 농촌 노동력의 감소와 직결되었다. 농업생산력의 급감으로 연결되어 일제의 전쟁 능력 저하로 연결되었다.[142]

1944년이 되면 자금 부족도 심각해져서, 국가 자금동원 계획을 책정하는 것조차 극히 곤란한 지경이 되었다. 이에 조선에서는 극심한 경제 형편에도 불구하고 저축이 장려되었다. 조선총독부의 자금계획에서 생산 확충 산업 배분의 비중이 1944년에 63퍼센트, 1945년는 73퍼센트로 가장 높아졌다.[143] 1944년 후반 이후 일본은 국내 방위체제에 박차를 가하면서 조선에서 식량과 인적자원을 공출하지 않으면 전쟁을 치를 수 없는 상태가 되었다. 중일전쟁 이래 일본은 "전쟁에 이겨야 한다는 것은 지상명령"이었다. 항복은 고려되지 않았다. "때문에" 유일한 징용지가 된 조선과 조선인에게 거듭 "이것만큼은 내라고 강력히 제기했다". 중일전쟁 당시 일본은 조선의 식량 생산을 믿고 식량은 염려할 필요가 없다고 평가했지만 전쟁이 장기화되고 유통도 막혀 조선으로부터의 쌀 수급 역시 악화되었다. 그렇지만 조선에서 쌀을 공출하지 않으면 전쟁을 계속할 수 없는 형편이었으므로 일제는 무조건 조선의 식량 공출을 강화했다. 그리고 조선인들에게는 만주에서 조를 들여와 배급했다.[144]

또한 아베는 부족한 병력과 노동력을 충당하기 위하여 조선인에게 일본어 습득을 더욱 촉구하며, 1944년 8월에 "훌륭한 군인을 만들기 위

---

142 박경식, 1986, 앞의 책, 422-423쪽; 전강수, 1990, 132-133쪽; 이윤갑, 2013, 앞의 책, 190-191쪽.

143 안자코 유카, 2006, 앞의 글, 217쪽.

144 水田直昌·土屋喬雄, 1962, 앞의 글, 25쪽; 전강수, 1993, 「식민지 조선의 미곡정책에 관한 연구」, 서울대학교대학원 박사학위논문, 191-193쪽; 전강수, 1995, 「1940년대 한국의 미곡정책」, 『경제사학』 19, 224-226쪽.

하여 국어 생활을 실행하자"는 슬로건을 내걸었다.[145] 더 나아가 「여자정신근무령」을 공포하여 미혼 조선 여성을 일본과 조선의 군수공장 등지로 징용했다. 9월부터는 신규 노동자를 조선총독부가 지정해 동원하는 '일반 징용'의 적용 범위를 확대해 실시했다.

이미 1941년부터 일본으로 송출되던 군 요원의 적용 범위를 확대하여 조선 일반 징용의 80퍼센트가 일본으로 송출되고 있었다. 그런데 1944년 후반이 되면 일본 내 공습이나 노동조건의 어려움이 조선에도 알려지기 시작하면서, 조선인들은 이전에 비해서 일본으로 취업 가는 것을 기피했다. 때문에 조선총독부는 강제 '징용'으로 일본의 부족한 노동력을 충당하고자 한 것이다. 일본의 「국민징용령」(칙령 제451호)에 의거한 징용은 명령으로 특정한 지정 장소에서 일정 기간 동안 근무해야 하는 법적 의무가 수반되는 것이었다. 때문에 이에 응하지 않을 경우 징벌을 받는다는 점에서 다른 동원 방법에 비해 훨씬 강제력이 강한 것이었다.[146]

이어서 아베는 1944년 10월에 「근로동원 본부 규정」과 「학도근로령 시행규칙」을 조선총독부령으로 제정해 공포했다. 전자의 목적은 근로동원을 통해서 생산 전력을 증강하는 것이었다. 후자는 교직원과 학생을 대상으로 학교근로보국대를 조직하여 1년 이내의 총동원 업무를 수행하게 한 것이었다. 학생을 포함하여 동원 가능한 최대의 인력을 법적 강제력을 통해 총동원하는 것이었다. 1944년 11월부터 징병 대상 장정 약 11만 명에 대한 훈련이 시작되었다. 장정의 훈련은 4월의 조선인 징병제 실시 결정 이후 군복무에 필요한 일본어와 일본 생활 교육을 위해 작

---

145 「第85回帝國議會說明資料」, 1944. 8.
146 안자코 유카, 2006, 앞의 글, 237쪽; 이상의, 2006, 앞의 책, 359쪽.

성된 「조선 청년 특별 연성령」에 의거해 실시되었다. 그 주요 내용은 육군지원자훈련소를 군무예비훈련소로 바꾸고, 청년 특별 연성이 끝나 입영할 자를 재연성하는 것이었다. 청년특별연성소에서 훈련시키지 못하는 층에 대해서는 집합특별연성소나 청년별과 등을 이용하여 예비훈련을 실시한 후 군무예비훈련소로 보냈다. 조선인을 병력으로 활용하기 위한 다양하고 적극적인 방안들이 구체화되어 실시되었다. 1944년부터 1945년까지 불과 1년 사이에 청년훈련소 328개, 청년훈련소 별과 656개, 합동훈련소 60개, 청년특별연성소 56개 등 증설 계획이 대대적으로 수립되었다. 기존보다 청년훈련소를 113퍼센트, 청년훈련소 별과를 131퍼센트나 증설했다. 징병되어 소집된 조선인 초년병들은 처음 몇 개월 동안은 일본으로 가 훈련을 받았다. 이후 일본과 조선을 비롯하여 만주·중국·대만과 격전지인 필리핀·자바·수마트라·미얀마 등 동남아시아 각지의 일본 군대로 보내졌다. 조선 내 징병 동원률이 45.9퍼센트나 되었는데, 당시 징병 인원 중 조선인이 가장 큰 비중을 차지했다.[147]

1944년 11월에 조선총독부는 근로동원본부를 설치했다. "근로동원을 원활히 수행하고 근로 능률을 앙양시킴으로써 생산 전력의 증강에 유감이 없도록 하고자" 조선의 노동력 동원 관련 업무를 총괄하기 위해서였다.[148] 아베는 다양한 방식으로 조선 청년의 징병을 강화했지만 결국 일본어 습득률이 낮아 일본어를 할 수 있는 학생들을 대상으로 12월 이후에 일본처럼 학도병의 징집을 결정해 실시했다.[149] 1945년 1월에 조

147　水田直昌, 1961, 앞의 책, 24-36쪽; 최유리, 1997, 앞의 책, 204-205쪽; 안자코 유카, 2006, 위의 글, 244-249쪽.
148　朝鮮總督府警務局 編, 1944. 11·12, 「勤勞動員本部 の設置」, 『朝鮮』, 70쪽.
149　일본어 보급 문제와 한계에 대하여는 최유리, 1997, 앞의 책, 141-171쪽 참조.

선총동원 업무를 총괄하는 기구로 조선총독부 광공국에 근로부를 설치했다. 조선총독부 광공국 근로부는 근로조정과·근로동원과·근로지도과를 흡수하여 조정과·동원과·지도과로 개편되었다.[150]

1944년 12월에 일본 각의는 지속 강화된 동원과 생산 파국에 직면한 식민 통치에 위기감이 돌자 조치를 취했다. 먼저 "조선 및 기타 외지에서 내지인 간 차별을 해소한다는 의도하에 일반 내지인 측에서 조선 동포를 포섭하여 완전한 일본 신민으로 융합·동화하는 것이 조선 통치의 궁극 목표임을 각층이 깊이 인식할 수 있도록 지도할 것"을 요청했다. 그리고 구체적인 조치를 결정해 명령했다. 그것은 식민지 조선인의 내지 도항 제한 및 기타 사항에 관하여 내선인 간 차별감이 없도록 할 것, 조선인 학도의 진학 지도, 졸업생의 취업 알선, 조선인의 등용과 대우 개선, 조선인 노동자의 근로 관리와 원호 쇄신, 내지에 정주하는 조선인이 원한다면 내지 이적을 인정하여 조선인을 구별하는 호적상의 차이 해소 등이었다.[151] 그리고 1945년 1월부터 조선에 의무교육제를 실시한다고 전격 선전했다. 1945년 4월에는 「귀족원령」을 개정하여 일본 귀족원에 외지 조선인 의원을 임명했다. 일제는 파국에 직면하게 되자 조선인 동원을 극대화하기 위한 처방으로 제도적 차별 철폐를 논하며 이를 정책적으로 선전하고 실시하기 시작했다.[152]

---

150 김민철, 2003, 「전시체제하(1937-1945) 식민지 행정기구의 변화」, 『한국사학보』 14호, 309-310쪽.

151 胡北社編輯部, 1977, 『朝鮮における日本人の活動に關する調査』, 胡北社, 110-111쪽.

152 山本有造, 1991, 「日本における植民地統治思想の展開 (2)」, 『アジア經濟』 32-2號, 49쪽; 최유리, 1997, 앞의 책, 215-251쪽; 전상숙, 2004b, 앞의 글, 62-63쪽.

1945년에 접어들면 일본 본토에 대한 공습 피해가 현저해졌다. 일본 대본영 육군부는 9월 이후 연합군의 본토 진공이 불가피하다고 판단했다. 그리하여 내각회의에서 3월 23일에 '국민의용대' 조직을 결정하고,[153] 이어서 3월 10일에 칙령 제94호로 「국민근로동원령」이 시행되었다. 노동력과 관련한 법령들을 통합·정비해 강화한 것이었다.[154] 그리고 「결전 근로동원 실시에 관한 건」을 결정했다. 이는 '본토 결전(決戰)'에 필요한 부분에 집약적으로 한정하여 필요한 노동력을 현역 노동자로 배치 전환해 확보하는 것이었다. 도쿄를 비롯한 도시에 대한 공습이 격화되어 1945년 초가 되면 일본의 노동력 동원은 거의 붕괴 상태였다.[155]

일제는 1944년도 국민동원계획의 대책으로 조선인 노동력의 내지 이입을 '비약적으로 증가'할 것을 결정했다. 일본은 1940년도 이후 노동력 동원 계획 구성에서 조선의 노동력 수요와 공급 계획을 별도로 포함시킬 정도로 조선인 노동력에 대한 의존도가 높았다. 그것이 전쟁 말기가 되자 더욱 높아져 조선인 노동력이 일본에 절대적이었다.[156] 그러므로 조선총독부도 1945년에 심각한 전쟁물자 부족과 노동력의 고갈을 충당하고자 칙령으로 시행한 「국민근로동원령」에 의거하여 광공국에서 조선인 국민근로동원 계획과 실행 업무를 담당하게 했다. 4월부터 「국민근로동원령」이 조선과 대만에서도 실시되었다. 아베는 일본처럼 종래의 노동력 관련 법을 하나로 통합해 통일적으로 실행했다. 제령으로 「국민근

---

153 照沼康孝, 1979, 「國民義勇隊に關する一 考察」, 近代日本硏究會 編, 『近代日本硏究: 昭和期の軍部』 1, 山川出版社, 203쪽.
154 河棕文, 1996, 앞의 책, 285-286쪽.
155 歷史學硏究會 編, 1972, 앞의 책, 123-124쪽.
156 안자코 유카, 2006, 앞의 글, 230쪽.

로동원령 시행규칙」을 시행했다.[157]

전쟁이 막바지에 달한 5월에 일본은 본토 결전에 대비한 「전시교육령」을 발포했다. "학도는 진충으로 국운을 양 어깨에 짊어지고 전시에 긴절한 요무에 정신하고 평소에 단련한 교육의 성과를 유감없이 발휘하고 더불어 지능의 연마에 힘쓸 것을 본분으로 삼아야 한다"는 것이었다. 「전시교육령」은 교직원과 학생을 '학도대'로 조직하여 본토에서 벌어질 전투에 임하게 했다.[158]

일본에서 국민의용대가 결성된 지 2개월 후인 1945년 6월 8일에 조선에서도 국민의용대가 조직되었다. 조선의 국민의용대는 애국반을 말단으로 한 국민총력조선연맹의 조직을 그대로 국민의용대 조직으로 해소·개편한 것이었다. 일본의 국민의용대는 '국민 항전 조직'으로서 '본토 결전'을 전제로 조직되었기 때문에 통솔력 있는 지방 유력자를 대장으로 인선했다. 이에 비해서 조선의 국민의용대는 일본의 조직에 준하면서도 지방 유력자의 대장 인선은 하지 않았다. 조선통치 경험상 조선의 국민의용대가 부대로서 통솔력을 발휘하려면 총독부의 행정 계통을 통해 운용되어야 한다고 판단했기 때문이다. 그리하여 조선의 국민의용대는 부읍면의 장, 직역의 장을 대장으로 하여 조직되었다. 또한 일본에서는 국민의용대를 조직하며 경방단을 국민의용대로 해소했지만 조선에서는 경방단을 경찰의 보조단체로 존속시켰다. 구호기관이나 운수, 통신 등 '특기'를 가진 사람들은 별도의 '특기대'로 편입시켰다.[159] 이렇게 최

157　朝鮮勞務協會, 1945. 4, 「國民勤勞動員令」, 『朝鮮勞務』 4-10.
158　정재철, 1985, 앞의 책, 467쪽.
159　宮田節子 編·解說, 1989, 『朝鮮軍槪要史』, 不二出版, 63쪽; 안자코 유카, 2006, 앞의 글, 205-206쪽.

후의 순간까지 일제는 조선총동원을 강화하고 수탈하면서 조선인의 민족적 항일의식에 대한 경계를 늦추지 않았다.

3) '국가총동원체제' 최후의 동원 정책, 「여자정신근로령」

아베는 1944년 후반부터 전황이 전격 악화되어 해상운송과 자원 두절이 극심해져 조선의 물자 동원에 대한 일제의 의존도가 절대적으로 높을 때 조선총독으로 부임했다. 그러므로 아베 총독은 도지사회의에서 총력전 수행을 위한 조선인의 지속적인 인내와 동원의 필요를 당부했다. 이른바 '국민'으로서의 임무를 역설하며 마지막 남은 자원인 조선 여성에 대한 동원을 실시했다. 아베는 1944년 8월 23일 일본에서 「여자정신근로령」이 칙령 제519호로 공포되어 실시되자 조선에서도 같은 날짜로 동시에 실시했다. 「여자정신근로령」은 필요시 지방장관이 필요한 인원을 근로동원 명령서를 교부하여 만 12세 이상 40세 미만 여자를 정신대로 편성하고 원칙적으로 1년간 근로정신의 의무를 지게 하는 것이었다.[160] 그리하여 종래 관의 지도 아래 남성을 대신하여 총후의 근로를 수행하도록 여자근로정신대를 조직하여 증산에 정신하게 했던 것에 법적 근거를 부여했다.

「여자정신근로령」의 법령상 대원이 된 사람은 「국민 직업능력 신고령」에 의한 국민 등록자로서 가정의 근축(根軸)이 되지 않는 미혼 여성이었다. 지방장관은 작성된 대원 명부 중에서 필요한 인원에 대하여 정신근로명령서를 교부·동원해 정신대를 편성했다. 이에 명령서를 받은 여

---

160 朝鮮總督府警務局, 1944.9, 「彙報」, 『朝鮮』, 87-88쪽.

성이 응하지 않을 경우 취직영서를 계속 교부했다. 그래도 명령에 복종하지 않으면 「국가총동원법」 제6조에 의거하여 1년 이하 징역이나 1,000엔 이하의 벌금에 처했다.[161]

「여자정신근로령」이 시행됨으로써 종래 조선총독부의 지도나 권장과 같은 관 알선 방식으로 여자정신대를 조직하여 2년간 근로하게 했던 것이 이제 공식 법령에 의거한 명령이 가능해졌다. 법적 명령을 강제하게 된 이 법령은 「국민징용령」보다는 강제 조치가 약하고 「국민근로보국협력령」보다는 강제 조치가 강한 중간적인 법령이었다.[162]

「여자정신근로령」은 국가가 직접 필요한 중요 업무에 취업할 것을 명령하는 방식으로 노무 동원을 하는 것이었다. 국가의 명령에 의한 노무 동원은 이밖에도 「국민징용령」·「국민근로보국협력령」·「학도근로령」이 있었다. 「여자정신근로령」은 기본적으로 국민 등록을 한 여성 중에서 「학도동원령」의 적용을 받지 않는 12세에서 40세 여성을 대상으로 했다. 그렇지만 조선에서 여성의 국민 등록은 기능자만 하게 되어 있었기 때문에 그 대상이 극히 제한적이었다. 조선에서는 중등학교 정도의 광공계 학교 졸업자나 실력과 경험이 있는 광산·전기·전기통신·기계·항공기·조선·화학·요업·목공·토목·건축·기상 기술자 등 현직에 취업해 있거나 일한 적이 있는 12세에서 40세 사이의 사람들만 신고 대상이었다.[163]

그러므로 조선총독부는 「여자정신근로령」을 발표한 후 여자정신대

---

161 森田芳夫, 1944, 『國民徵用の解說: 疑問に答へて一問一答式に』, 國民總力朝鮮聯盟, 7-8쪽; 여순주, 1994, 「일제말기 조선인 여자근로정신대에 관한 실태연구」, 이화여자대학교대학원 석사학위논문, 22쪽.

162 『每日新報』, 1944.9.9.

163 『每日新報』, 1944.8.26; 여순주, 1994, 앞의 글, 21-22쪽·54-55쪽.

의 동원을 선전·장려하며 종래와 같이 관 알선에 의한 여자근로정신대 동원을 지속했다. 조선 여성을 여자정신대로 동원하기 위하여 다양한 노력이 행해졌다. 국민총력조선연맹이 주체가 되어 정신대 노래 가사를 모집하고 작곡을 의뢰하여 만든 노래가 『매일신보』에 게재되기도 했다.[164]

국민총력조선연맹은 1944년 8월 18일에 '적국(敵國) 항복 결전 생활운동 실천사항'을 결정했다. 국가의 중요한 시국에 중요한 작업에 종사하게 된 것을 명예로 알고 징용이나 여자정신대에 자진해서 참가할 것을 역설했다. 그렇지만 이전부터 조선총독부의 여자근로정신대 동원에 대하여 세간에서 "여자를 징용한다, 여자를 공출한다"고 하여 '처녀 공출'이라는 말이 떠돌며 인식이 좋지 않았다. 때문에 조선인 부모들은 딸이 14, 15세만 되어도 조혼을 시키거나 피신시켰다. 정신대 동원을 가능한 피하고자 했다.[165]

그리하여 여자정신대 결성에서 일본의 경우에는 학교장이나 여자청년단장, 부인회장 등이 필요한 조치를 취하게 했던 데 비해서, 조선의 경우에는 다른 관변단체보다 특히 학교의 역할이 두드러졌다. 관이 주체가 되어 동원 대상자가 많이 속해 있는 학교를 통해 동원해내는 관 알선의 성격이 강했다. 근로보국대와 여자근로정신대도 원호(援護)에 해당되어 「국민징용 부조 규칙」에 따른 조치가 시행되었다.[166] 이와 같이 조선에서는 관 알선에 의한 여자정신대 동원이 「여자정신근로령」 시행 후에도 계속되었다.[167] 관이 주도하는 관 알선이나 '원호'는 용어만 '알선'이

---

164 『每日新報』, 1944.8.23, 26; 『大東亞』 14-13, 1944, 112-115쪽.
165 『每日新報』, 1944.3.6, 5.19; 『서울신문』, 1970.8.14.
166 『每日新報』, 1944.5.10.
167 森田芳夫, 1944, 앞의 책, 66쪽.

었다. 조선총독부 당국이 "성질상 징용의 경우와 같으므로 원호에도 징용과 같은 취급을 하기에 이르렀다"고 인정한 바였다.[168] 그러므로 여자정신대 동원은 관에 의한 강제성이 컸다. 그 결과 동원 효과도 컸다.

조선에서 결성된 여자근로정신대와 관련하여 보도된 것 중에서 국내로 근로 동원된 경우는 평양여자근로정신대뿐이었다. 나머지는 일본, 특히 도야마현 후지코시 공장과 나고야현 미쓰비시 공장으로 집중 동원되었다.[169] 조선총독부는 「여자정신근로령」을 시행함으로써 통상 남자들이 담당했던 일들 중 여자도 할 수 있는 일을 여자가 하도록 했다. 그 일을 담당했던 남자는 중요산업으로 전출시킨다고 했다.[170]

그러나 실제로는 남자만 가능하다고 여겨진 중노동에 동원하는 것이었다. 여성들은 사실상 남성과 마찬가지로 부족한 전시 노동력을 충당하는 데 활용되었다. 일제는 「여자정신근로령」이라는 법적 강제력을 통해서 절대적으로 부족한 노동력을 조선 여성 동원으로 보충했다. 그러므로 전쟁의 상황이 극도로 악화되고 동원할 노동력이 심각하게 고갈되자 1944년 11월에 일제는 「여자 징용 실시와 여자정신대 출동 기간 연장에 관한 건」을 통첩했다. 그리고 「군수회사 징용규칙」을 일부 개정해 공포했다. 곧바로 여성을 생산 활동에 투입할 수 있도록 여성의 동원을 획기적으로 강화한 것이었다. 그러나 같은 11월부터 시작된 미국의 대규모 공습으로 일본 정부가 군수공장 노동력 동원에 사실상 통제력을 잃어가며 그러한 여성의 징용도 사실상 별다른 효과를 보지 못했다.[171]

---

168   森田芳夫, 1944, 위의 책, 49쪽.
169   『每日新報』, 1944.4.19; 森田芳夫, 1944, 위의 책, 66쪽; 여순주, 1994, 앞의 글, 55쪽.
170   朝鮮總督府警務局, 1944.9, 앞의 글, 87-88쪽.
171   여순주, 1994, 앞의 글, 22쪽.

사실 일본 정부와 조선총독부는 1941년 10월부터 전국적으로 '국민개로운동'을 실시하여 여성 노동력의 활용을 적극화했다. 부족한 노무긴급대책의 일환으로 11월에 칙령으로 「국민근로보국협력령」을 공포했다. 국민 개로에 법적 근거를 부여한 이 법령은 내지 일본과 외지 조선에서 동시에 시행되었다. 조선총독부는 「국민근로보국협력령」에 의거하여 기존의 국민총력조선연맹이 지도하던 근로보국대를 국민근로보국대로 개편·조직했다. 이 조직 개편은 보다 체계적이고 강력하게 노무 동원을 실시하며 조선 여성에 대한 동원을 본격적으로 강화하기 시작한 것이었다. 조선총독부는 14세 이상 25세 미만의 미혼 여성을 전부 국민근로보국대로 편성했다. 이 연령에 해당하지 않더라도 총독부는 필요하면 여성들이 "지원"하는 형식을 취해서 동원했다. 원칙적으로 1년에 30일을 근로하도록 했다. 그렇지만 "특별히 필요한 경우나 본인의 동의가 있을 때"는 30일을 초과해 근로할 수 있게 했다.[172]

이러한 조치는 결국 일제가 필요하면 얼마든지 누구든 동원할 수 있게 한 것이었다. 이후 조선총독부는 1943년 9월에 「여자근로동원 촉진에 관한 건」을 10월에 「생산 증강 노무 강화 대책 요강」을 결정했다.[173] "국민징용의 철저"를 통해서 "부인 동원의 강화"를 촉구하기 위해서였다.[174]

조선총독부는 특히 징병제 실시에 대비하여 병력으로 빠져나간 남성 노동력을 여성 노동력으로 확충하고자 했다. 이러한 과정을 통해서

---

[172] 『每日新報』, 1941.11.23., 12.1, 2; 國民精神總動員忠淸南道聯盟 編, 1939, 『國民精神總動員聯盟要覽』, 國民精神總動員忠淸南道聯盟, 민족문제연구소 편, 2000, 『일제하 전시체제기 정책사료총서』 51, 한국학술정보(주), 353-357쪽.

[173] 『生産增强勞務强化對策要綱』, 1943. 9, 3-4쪽.

[174] 『每日新報』, 1943.10.9.

1944년에 공포된 「여자정신근로령」은 종래 활용되던 여성 노동력에 대한 국가적 동원에 여성을 직접 대상으로 하는 법적 근거를 부여해 활용되었다. 이로써 여성에 대한 국가적 동원이 전격적이고 체계적으로 강력하게 실시되었다.

본시 여자정신대·여성 노무 동원은 여성들을 "총후 생산력 확충"을 위한 노동력으로 동원하는 것이었다. 그러나 조선에서는 근로정신대로 동원되었다가 일본군 위안부로 끌려 나가는 경우가 있었다.[175] 일본은 1937년에 '북지사변'이 발발한 이후 중국 전선을 중심으로 전쟁이 장기화되면서 지리적으로 중국과 인접한 조선이 매춘과 관련한 국제 조약의 걸림돌도 없었기 때문에 일본군 위안부를 동원하는 데 유리하다고 생각했다. 그리하여 일본의 육군성과 내무성, 외무성, 그리고 조선총독부가 군위안부를 동원하기 위한 기반을 정책적으로 조성하여 시행했다. 군위안부 동원 방식은 민간업자의 취업 사기나 군경에 의한 폭력 등이 주로 활용되었다. 그렇지만 조선총독부의 '관 알선'으로 결성된 근로정신대를 통해서도 군위안부의 동원이 이루어졌다. 일본은 만주사변을 도발한 이래 1930년대 초부터 1945년 패전을 인정할 때까지 지속적으로 일본군 위안부를 동원했다. 일본군 위안부로 동원된 조선 여성은 대부분 16세에서 17세의 어린 여성들이었다. 그들은 일본 군대가 점령하여 설치한

---

[175] 최은수, 2020, 「'제국의 위안부', 하루미(春美)의 소환과 식민지 지배: 영화 『여자정신대』에서 『제국의 위안부』까지」, 『일본연구』 83; 박정애, 2020, 「총동원체제기 식민지 조선에서 정신대와 위안부 개념의 착종 연구: 정신대의 역사적 개념 변천을 중심으로」, 『아시아여성연구』 59-2; 강혜경, 2021, 「전시총동원체제기 여성의 강제동원과 사실 규명의 과제」, 『The Journal of the Convergence on Culture Technology』 7-1 참조.

각 지역의 군위안소 거의 모든 곳에 투입되었다.[176]

특히 조선총독부가 1943년 9월에「여자근로동원 촉진에 관한 건」을 결정하여 "부인 동원의 강화"를 본격화하면서 학교를 중심으로 정신대가 조직되었다. 어린 여학생들이 정신대를 지원한다는 신문기사가 연일 보도되었다. 1944년에 조선에서「여자정신근로령」이 실시된 이후 국민학교 6학년 때 교장선생님의 권유로 정신대에 지원했다가 바로 군위안부로 동원되었다는 조선 여성들의 증언이 상당수 있다.[177]

이러한 사실은 당시 조선총독부가 정신대와 군위안부를 별도로 구별하지 않고, 조선 여성들을 전방위적으로 동원하여 임의로 활용했음을 알 수 있다. 한국보건복지부에 신고한 170여 명의 피해자 중 6명이 근로정신대로 동원되었다가 군위안소로 끌려갔다고 증언했다. 이 증언은 적지 않은 수의 여성들이 근로정신대에 지원했다가 군위안부로 강제 편입되었음을 시사한다. 군위안부로 끌려간 사람들은 대부분 빈곤한 농가 출신으로 학력이 낮았다.[178] 이에 비해서 학교를 중심으로 동원된 근로정신대 출신으로서 군위안부로 끌려간 사람들은 상대적으로 학력이 높았다.[179] 이와 같이 일제는 장기화된 전황의 악화로 심화된 노동력의 고갈을 여성, 식민지 조선의 여성을 동원하여 적극적으로 확충하며 그 일부를 무

---

176 이애리, 2004,「일본군 위안부의 동원실태에 대한 고찰」, 경남대교육대학원 석사학위논문, 54쪽.

177 한국정신대문제대책협의회·한국정신대연구소 편, 1997,『강제로 끌려간 조선인 군위안부들 증언집 II』, 한울, 225-243쪽.

178 정진성, 2001,「일본군위안소 제도의 성립」,『일본군'위안부'문제의 책임을 묻는다』, 풀빛, 35-37쪽.

179 여순준, 1994,「일제말기 조선인 여자근로정신대에 관한 실태연구」, 이화여자대학교 대학원 석사학위논문, 38쪽.

차별적으로 징발해 일본군 위안소로 보내는 반인륜적인 악행을 자행했다.

일본이 자료를 소각해 전체 규모는 알 수는 없지만 여자근로정신대로 편성된 조선 여성들 상당수가 일본 도야마현의 후지코시(不二越)강재공업주식회사나 나고야의 미쓰비시공장, 시즈오카의 누마즈방직공장, 요코스카군항 등지로 동원된 것으로 확인되었다. 패전 당시 일본 내에 있던 일본인 여자근로정신대가 47만 2,000여 명에 이르렀다고 한다.[180] 젊은 조선 여성을 일본군의 위안부로 보내는 조선총독부의 관행에 법적 명령권을 부여한「여자정신근로령」은 1945년 3월에 일본처럼「국민근로령」이 실시되면서 다른 조선인 동원 법령과 통합되었다.

3. 소결: '태평양전쟁'기 일본 결전체제에 조응한 조선총독의 '결전체제화' 정책

일본 정부가 '기본국책요강'을 국책으로 결정한 것은 국가의 총력을 발휘하여 '국방국가체제'를 확립하기 위해서였다. 국가총동원체제의 확립을 국책으로 확정하고 가능한 피하고자 했던 영·미와 전쟁까지 감행하게 된 것은 결국 남방의 자원을 확보해야 했기 때문이었다. 남방의 자원을 확보해 전시 물자를 충당함으로써 어려워진 전쟁을 성공적으로 완

---

180 여순주, 1999,「일제 말기 여성정책과 일본군 위안부」,『우리 여성의 역사』, 청년사, 376-378쪽.

수하기 위해서였다. 이른바 '대동아 신질서'를 목적으로 한 새로운 전쟁의 목표는 남진정책을 통해서 군사적으로 난관에 빠진 중일전쟁과 남방문제를 해결하는 것이었다. 이를 위해 영·미와의 총력전에 맞설 수 있는 '일본제국'의 자급자족적 총력전체제의 경제권역을 구축하는 것이었다. 이러한 전쟁은 메이지유신 이래 서양 제국주의에 맞설 수 있는 '제국일본'을 표방하며 건설해온 일제의 생존이 달린 문제였다.

그렇지만 일본 군부의 만주사변 도발에서 시작된 일본의 침략전쟁은 국가적인 미래 예측이나 전략 없이 이루어졌다. 전쟁 수행에 필수적인 구체적인 물자 수급 계획이나 동맹국의 전력·전략에 대한 객관적인 예측이 준비되어 있지 않았다. 때문에 1937년 '북지사변'은 예상하지 못한 중국인들의 강력한 민족적 저항에 부딪혀 '중일전쟁'으로 장기화되어 교착 상태에 빠졌다. 이를 돌파하는 것이 '제국일본'의 사활이 달린 문제가 되었다. 그 해결책으로 결정된 것이 이른바 '대동아 신질서'를 주창한 총력전체제, 국방국가체제의 확립이었다.

미국은 이미 1939년 7월에 「미일통상항해조약」의 폐기를 통보했다. 1940년 1월이 되면 언제라도 대일경제제재를 할 수 있었다. 미국은 1940년 7월에 일본에 대한 항공기용 휘발유 수출을 금지했다. 전시 경제에게 반드시 필요한 석유와 기계류, 금속 등 주요 제품을 수입에 의존하는 일본은 남진정책이 상징하는 엔블록의 확대 곧 '대동아공영권'을 표방한 자원 획득에 나서지 않으면 안 되게 되었다.

일본은 '태평양전쟁'기 4개년간 무역수지가 거의 수입 초과의 연속이었다. 수출 초과가 계속된 중일전쟁기와는 대조적이었다. 태평양전쟁기에는 제3국 무역이 소멸하여 대동아 무역권 안에서만 무역이 이루어졌다. 때문에 그 수입 초과는 심각한 의미였다. 1942년 이래 수출이 급격하게 감소되는 것과는 반대로 1942년에서 1944년 사이에 계속된 수입의 증가는 공영권 내에서 자원을 동원하기 위하여 불가피하게 개발과 생산을 증가했기 때문이었다. 이는 대동아공영권의 자원을 개발하기 위한 것이었지 일본 경제에 기여하는 것이 아니었다. 그러므로 패전을 인정하지 않는 한 멈출 수 없게 된 전쟁을 계속하기 위하여 대동아공영권을 황폐화시키면서까지 일방적으로 수입을 강행한 것이었다.[181]

이러한 일본의 상황이 가장 가까운 식민지 조선의 총동원을 극대화하는 것으로 직결된 것이었다. 남진정책에도 불구하고 대동아공영권의 중핵은 '일만지 블록'이었지만 전쟁 말기에 이르면 제2의 내지와 같이 취급된 조선의 물동이 일본제국의 생명선과도 같았다.

중일전쟁기까지는 자원을 개발하기 위하여 하부 구조를 건설할 수 있는 수출의 여력이 있지만 태평양전쟁기에 들어서는 그런 여지가 소멸했다. 점령 지역에서 약탈적인 성격의 수입만 증가했다. 그나마도 남방과 연락이 두절되고 중국·만주와의 교역조차 어려워진 1945년에는 거의 정지되었다. 영·미에 전쟁을 일으킨 직접적인 계기가 된 석유를 비롯한 자원의 한계와 수송력의 단절이 전쟁 수행을 더욱 힘겹게 했다. 게다가 지배계급 내부의 전쟁 수행을 둘러싼 끝없는 대립은 전쟁 수행 능력을 더욱 약화시켰다. 1943년에 도조 정부는 물자의 증산을 위하여 군부의 반대를 무릅쓰고 재벌과 기타 민간기업의 이윤을 보장해주는 방법을 채택했다. 이는 기초 자재의 부족으로 별 효과도 못 보고 재벌의 전시 이윤만 증대시키는 결과를 낳았다. 태평양전쟁기 무역이 단절되면서 중일전쟁기에 물동을 방해한 외화 문제 대신에 해상수송력의 부족이 물동의

---

181 서정익, 2003, 앞의 글, 280-281쪽.

중요한 장애 요인으로 등장했다. 1945년 4월에서 6월경이 되면 해상수송력이 전년도의 반 정도 수준에 머물러 물자 동원은 식량을 확보하는 것조차 어렵게 되었다. 이러한 일본 경제의 최대 약점을 파악한 미국은 일본 수송선단에 잠수함 공격을 하여 상황을 더욱 악화시켰다. 결국 일본은 본토의 대결전을 준비하며 '정신이 물질을 이긴다'는 이데올로기를 앞세워 국민들을 전쟁으로 내몰았다.[182]

이러한 일본의 전쟁 수행을 위한 총후의 역할을 내지보다 더욱 강력하게 일본이 패전을 인정하는 순간까지 강요당한 것이 외지 조선이었다. 1941년 12월에 아시아와 유럽의 전쟁이 연결되고 일본 정부가 중일전쟁을 포함하여 '대동아전쟁'이라고 한 전쟁의 목적인 '대동아 신질서 건설'은 1942년 6월의 미드웨이 해전으로 전세가 역전당해 난관에 처했다.[183]

고이소가 조선총독으로 부임한 1942년 5월과는 달리 6월부터는 일본의 전세가 역전되며 패전의 기색이 엿보이기 시작했다. 조선총독 고이소는 자원이 부족한 일본은 자원을 중심으로 총력전체제를 구축해야 한다는 총력전사상을 제공한 인물이었다. 군부가 만몽 개발 중심의 총력전체제를 지향하며 북진대륙정책에 박차를 가하고 이로 인해서 지난해 진 전쟁 수행에 필요한 자원을 획득하기 위하여 남방 진출을 국책화하는 데 주요한 관점을 제공했다고 할 수 있다.

고이소는 조선총독으로 부임 직후 역전된 전세에 직면하여 적극적으로 조선의 총동원을 강화하는 정책을 실시했다. 그는 보다 효율적으로

---

182 서정익, 2005, 앞의 글, 70-72쪽.
183 강동진, 1980, 앞의 글, 422-423쪽.

전쟁을 수행할 수 있게 부족한 자원을 확충하고자 했다. 그리하여 일본 정부가 총력전체제를 식민지를 포함한 일원적인 통합체제로 강화하며 대동아공영권의 자급적인 경제권역의 내용을 수정하는 데 조응했다. 일본 정부가 조선을 내지와 같이 취급한다는 데 적극 부응하여 조선 총동원에 박차를 가했다. 특히 1943년 2월에 일본군의 과달카날 섬 패배로 패색이 짙어져 '군수성'이 설치되어 국내 방위체제 정비와 군수 생산에 생산 확충을 집중하자 고이소는 조선 전토를 병영화하는 작업을 추진했다. 고이소는 본국의 결전체제에 대비하여 식민지 조선을 결전체제화했다. 조선을 사실상 최후의 일제 병참기지로 기능할 수 있게 하는 데 박차를 가했다.

무엇보다도 미나미 총독과 함께 조선인 지원병제도를 시행했던 고이소는 부족한 일본군을 충원하는 작업부터 시작했다. 1944년부터 시행될 징병제에 대비하여 「조선교육령」을 개정해 실시했다. 고이소의 (제4차) 「조선교육령」 시행은 일본의 전쟁 수행에 부족한 노동력과 병력을 동원하기 위한 기초 작업이었다. 조선인이 일본군 병사로서 임무를 수행하는 데 필요한 일본어 교육과 일본어의 상용을 전격 강화한 것이었다. 그리하여 한국어 교육을 완전히 일본어 교육으로 대체해버리고 '일본 국민화' 교육을 강화했다. 또한 고이소는 원자재를 일본에서 수입해오던 조선 공업의 일본에 대한 의존도를 줄이는 데 주력했다. 조선의 생산력 확충 계획에서 광업의 증산에 집중하여 최대한 조선 공업의 생산이 자급화될 수 있도록 했다. 이와 함께 조선총독부의 행정체제를 개편하여 일본의 군수성 같은 광공국을 설치해 본국의 물동 강화 요구에 즉응할 수 있게 했다.

이와 같이 고이소가 본국의 결전체제화에 대응하여 식민지 조선을 결제체제화한 것은 본국의 물자 동원 요구에 솔선해서 조선의 총동원체제가 즉각 기여할 수 있게 한 것이었다. 그 결과 패색이 드리운 일본은 당초 대동아 국토 계획에 입지를 설정하지 않았던 '외지' 조선을 내지와 같이 취급하며 대륙경제지구의 병참루트로서 지역경제 자급의 중핵이라고 했다. 조선은 제2의 일본과 같이 설정되었다. 그리하여 식민지 조선은 공식적으로 일본이 부과한 정치·경제·군사적인 부하를 전격적으로 떠맡아 수행하게 되었다.

고이소 총독 시기에 조선은 공식적으로 가장 중요한 일본의 전시 물자 동원지가 되었다. 그리고 후임 아베 총독은 일본이 패전을 인정해 전쟁이 끝날 때까지 조선을 유일한 일본의 물자 동원지로서 기능하게 수탈했다. 1944년에 접어들면서 일본은 '국내 방위체제' 구축을 본격화하며 '국가총력의 철저 전력화'를 유일한 방침으로 결정했다. 전쟁 수행 중인 장군을 빼내올 수조차 없었으므로 조선총독 고이소를 총리로 임명하고 그와 함께 일본 총리를 역임한 바 있는 아베가 조선총독이 되어 조선을 통치했다. 아베는 일본의 총동원계획이 초중점주의를 결정할 정도로 악화된 전황에서 고이소가 구축한 식민지 조선의 결전체제화 시책을 이어갔다.

일본 국내의 물적 자원에 초중점주의를 취해야 할 정도로 주요 품목의 공급력이 약해졌고 특히 해외 수송력이 격감했기 때문에 '일만지를 통한 중요물자 교류'는 조선을 통한 중계수송과 동원이 특히 중요했다. 물동이 고갈된 상태에서 조선의 결전체제 유지에 박차를 가한 아베는 본국 정부와 함께 외지 조선인에 대한 차별을 제도적으로 일본인과 같게 하는 '국민화' 정책을 선전하며 최후까지 조선인의 노동력과 생명을 전쟁에 동원했다. 「국민징용령」·「국민근로보국협력령」·「학도근로령」

등 직접 국가기구가 필요한 업무에 근무를 명령하는 노무 동원을 「여자정신근로령」을 통해서 조선 여성에게까지 실시했다. 아베는 일본이 패전할 때까지 초등학교 연령의 아동에서부터 미혼 여성에 이르기까지 식민지 조선인에 대한 동원을 공식·비공식으로 강화하며 남김없이 동원했다.

결론

1910년 대한제국의 병합(倂合)을 주도한 것은 일본 조슈 육군벌이었다. 근대 일본 육군의 시조로 불리는 야마가타를 필두로 수상 가쓰라와 육군대신 데라우치를 중심으로 군사와 정치가 일치하여 한국을 병합했다. 조슈 군벌은 조선총독을 일본천황에 직예시켜서 조선총독에게 일본천황의 대권(代權)으로 조선을 통치하는 상대적 자율 통치권을 부여했다. 현역 무관 친임관인 조선총독에게 부여된 독특한 전제적인 자율통치권은 형식적으로는 본국 수상을 거치는 것이었지만 실질적으로는 일본천황에 대해서만 책임지게 함으로써 한반도를 메이지 근대 일본 육군 북진대륙정책의 기점으로 만들기 위한 것이었다. 육군이 '대륙국가 일본제국'을 만드는 주역이 되고자 한 제도적 장치였다고 할 수 있다. 반도 '조선'을 섬나라 일본 국가의 한 지역으로 공고히 복속하여 일본을 대륙과 직결시키려는 것이었다. 일본국 헌법이 적용되지 않는 외지로 설정된 조선은 일본이 대륙국가가 되는 초석이자 최소한의 필요조건이었다. 그러나 충분조건은 아니었다.

　육군대신 데라우치를 앞세운 한국 병합은 조슈 육군벌의 야마가타-가쓰라-데라우치가 일본을 실질적으로 지배하며 그 위세가 절정에 달했던 때 이루어졌다. 정치와 군사를 모두 장악한 조슈벌이 북진대륙정책을 국책으로 결정하고 내딛은 첫걸음이 반도 대한제국의 병합이었다. 일제가 한국을 병합한 기본 관점은 한반도가 '일본제국'의 "군비상 중요한 지점으로서 제국의 국방상 조선을 병합하지 않으면 제국 백년의 장기계획을 세울 수 없었기 때문"이었다.[1]

　그러므로 일본은 1910년 그동안 사용하지 않던 '병합'이라는 용어를

1　靑柳綱太郞, 1928, 『總督政治史論』, 京城新聞社, 63쪽.

만들어내 사용했다. 한반도에서 이씨 왕조 혈통을 계승한 대한제국을 식민지화했다고 하지 않고 '병합'한다고 했다. 일본은 한반도를 통해서 북쪽 대륙으로 연결된 대륙국가가 되려는 야망을 굳이 감추지 않았다. '병합(倂合)'이란 앞에서도 언급했듯이 "한국이 완전히 폐멸(廢滅)하여 제국(帝國) 영토의 일부가 된다는 의미"를 '분명히 하고자 사용한 새 용어'였다. 그 어조가 너무 과격하지 않은 문자를 고심해서 "당시 아직 일반에 사용되지 않던 문자를 선택"한 것이었다. 이렇게 일본은 한국을 일본 영토로 영속화하려는 의도를 숨기지 않았다.[2]

같은 맥락에서 조슈 육군벌은 한반도에서 역사문화적 공동체로 존속해온 한국인들이 개항 이후 자주적 근대 국가 건설의 지향 속에서 선포한 '대한제국'을 '일본제국'의 '외지' '조선'이라는 지역명으로 바꾸어 공식화했다. 이는 한반도에서 국가 공동체를 이루고 생활해온 한민족의 역사적 정통성과 이를 계승한 이씨 왕조 국가 '조선'과 그 국민의 역사('조선사')를 '일본제국'의 '한 지역 조선'의 역사로 만드는 것이었다. 조선사를 '일본제국사' 체계의 하위에 종속시켜서 조선 왕조와 민족을 폄하하는 의미를 내포한 것이다.

1911년 한국병합 직후 메이지 천황의 뒤를 이어 다이쇼 천황(大正天皇, 재임 1912-1926)이 즉위했다. 다이쇼기 일본 경제는 만성적인 불황에 가까웠지만 기업 합병과 자본 집중으로 미쓰비시(三菱), 미쓰이(三井), 스미토모(住友) 같은 재벌 기업이 등장했다. 그리고 제1차 세계대전을 맞아서 침체된 일본 경제가 회생하고 경공업과 중공업이 발전했다. 일본은

---

[2] 中塚明, 1977, 『近代日本と朝鮮』, 三省堂, 101-102쪽; 전상숙, 2012, 『조선총독정치 연구: 조선총독의 '상대적 자율성'과 일본의 한국지배정책 특질』, 지식산업사, 52-53쪽.

무역 흑자국이자 채권국이 되었다.

한편 제1차 세계대전은 세계적으로 제국주의로 성장한 자본주의적 발전을 비판하는 '개조' 사조의 확산을 초래했다. 또한 러시아혁명의 영향으로 자유와 민주주의에 대한 요구가 증가했다. 일본에서도 자본주의가 급속히 발전하여 도시 중간층과 무산계급이 성장하며 이른바 '다이쇼데모크라시' 풍조가 확산되었다. 일본의 경제 규모가 확대되고 교육이 확충되었다. 1920년대에 들어서서는 전국적인 사회, 노동, 농민 운동이 전개되고 도시 중간층이 자유주의적 민주정치를 요구하기에 이르러 1925년에 25세 이상 남자를 대상으로 한 보통선거가 실시되었다. 이러한 사회경제적 변화를 배경으로 재래의 군벌과 군벌정치에 대한 비판이 고조되고 정당정치가 발달했다.

한국병합 이후 이와 같은 일본의 정치사회적 변화는 조선 통치에도 영향을 미쳤다. 그 영향은 크게 두 가지 측면으로 나타났다. 첫 번째 영향은 조슈 육군벌의 수상 가쓰라가 정당세력과 제휴하여 군정가로서 명망이 높아진 육군대신 데라우치를 견제해 데라우치의 육군대신 귀임을 저지하고 전임 조선총독으로 유임하게 한 것이었다. 이것은 데라우치가 조선을 육군벌의 독자적인 통치영역화하여 조선을 교두보로 북진대륙정책을 도모하는 조선총독정치체제를 구축하는 결과를 낳았다.

두 번째 영향은 정당내각 수상 하라가 3·1운동을 계기로 외지 총독의 문무병용제 관제 개정을 하고 조선을 정당세력화하고자 전 해군대신 사이토를 조선총독으로 임용한 것이었다. 이는 군벌정치가 약화되고 정당정치가 강화된 것을 상징했다. 동시에 관제 개정에도 불구하고 문관이 아닌 전 해군대신을 현직으로 복귀시켜서 조선총독으로 임명한 것으로 천황에 직예하여 군통수권을 가진 군부와 메이지 국가를 수립한 원로들의 영향력이 여전히 컸다는 것을 의미했다.

이러한 영향은 현상적으로는 일제의 무단통치가 '문화정치'로 바뀌는 변화로 나타났다. 그렇지만 '문화정치'는 정당내각이 임용한 '전 해군대신 사이토 조선총독'이 상징하는 바와 같이 일제 조선 통치 정책의 이율배반성을 의미했다. 정당내각의 내지연장주의의 문화정치를 실시한 조선총독 사이토는 실질적으로 순 무관이었다. 그는 재벌과 결탁한 정당세력의 부정부패와 정당내각의 잦은 교체에 따른 조선총독부 정무총감의 교체로 인하여 조선을 안정적으로 통치하기 어려웠다. 때문에 정당세력과 정당세력의 조선에 대한 영향력 행사를 부정적으로 생각했다. 또한 순 무관인 사이토는 국방의 관점에서 조선 통치의 안정성을 우선시했다. 그 결과 사이토는 조선총독의 상대적 자율통치권을 활용하여 조선을 본국의 정치변화로부터 자유로운 독자적인 조선총독 정치체제로 공고히 하고자 했다. 결국 사이토의 '문화정치'는 헌병경찰을 대신한 보통경찰을 증대하여 사실상 무단적 통제를 강화했다. 사이토의 조선 통치는 당초에 데라우치 총독이 구축한 무단적 조선총독 정치체제를 실질적으로 견지하며 통제를 강화했다.

1910년대와 1920년대 조선총독들은 공통적으로 조선총독의 특수한 권한에 의거하여 조선을 본국의 정치적 영향력으로부터 자율적인 총독 정치체제로 구축하고자 했다. 이는 무엇보다도 조선총독부의 재정 독립을 필요로 했다. 데라우치와 사이토 등 조선총독들은 조선총독부의 재정을 본국 정부로부터 독립시켜 안정적으로 조선을 통치하고자 조선 산업 개발에 관심을 가졌다. 일본 정부는 한반도 이북 만주에 더 관심을 가졌으므로 부족한 재원을 나누어야 하는 조선의 산업개발에 반대했다. 그러나 조선총독들은 독자적으로 조선의 산업을 개발하고자 했다. 이러한 전임 조선총독들의 조선산업화 노력은 금융공황으로 정당정치의 무능함에 대한 비판이 거세지는 가운데 1931년에 조선총독으로 부임한 우가키가 조선산업화를 전격적으로 실시하는 토대가 되었다.

우가키가 조선총독으로 부임한 직후 1930년대 일본에서는 이른바 '혁신'을 표방한 관동군의 만주사변이 발생하고, 1932년 5월 15일 해군 청년장교들을 중심으로 국가 개조를 목적으로 한 쿠데타가 일어나 이누카이(犬養毅) 수상을 살해하는 등 사실상 정당정치가 붕괴되었다. '거국일치'를 표방한 사이토 군부내각이 들어서 군이 다시 정치를 주도하게 되었다. 다시 일본 정치의 전면으로 등장한 군부는 제1차 세계대전을 통해서 부상한 총력전체제 구상과 경제공황에 제대로 대처하지 못한 정당정치의 무능과 부패에 대한 반감을 공유했다. 그들은 일본이 처한 난관을 공세적인 북진정책을 실행하여 돌파하고 반재벌 반정당의 혁신 정치체제로 개혁하고자 했다. 만주사변이 시발이 된 것으로 알 수 있는 바와 같이 1930년대 일본 군부 북진정책의 중심은 만주를 필두로 한 한반도 이북이었다.

일본 총력전체제의 지향은 궁극적으로 영국이나 미국과의 전쟁도 이겨내는 데 있었다. 우가키의 조선산업화를 통한 '일본해(동해)의 세토나이카이(瀬戸内海)화' 총력전체제 구상도 마찬가지였다. 그러나 조선을 총력전체제의 핵심으로 위치지운 우가키의 구상은 자원이 풍부할 것으로 예상된 만주의 산업개발을 통한 일만지(日滿支) 엔블록의 자급자족적 경제권역을 추구하는 1930년대 혁신세력과 차별되는 것이었다. 그러므로 일본 정부는 만주의 산업화와 마찰을 일으키는 조선의 산업화를 반대했다. 그러나 조선총독 우가키는 자신의 총력전체제 구상에 입각한 조선산업화를 통해서 정치적 역량과 정책적 타당성을 입증하고자 했다. 이러한 우가키의 조선산업화정책은 본국의 총력전체제 구축이 본격화되기 이전에 조선통치를 통해서 일본의 총력전체제 구축을 준비하는 것이었다. 실질적으로 일본총력전체제 구축이 시작된 것이었다. 그러므로 사실상 문화정치의 종식을 알리는 것이었다.

미나미 총독은 일본 정부의 경제통제를 원론적으로 수용하면서도 조선의 특수성을 근거로 조선총독의 자치통제에 의한 조선산업화를 일본 정부가 원론적으로 인정하게 하여 길항관계 속에서 조선공업화를 지속했다. 그리하여 혁신세력의 몰락을 배경으로 조선병참기지정책을 선언하고 전시 조선공업화를 강화했다. 미나미 총독의 조선공업화는 우가키 총독의 조선산업화를 전시적으로 재편한 것이었다. 미나미의 병참기지정책은 조선이 일본 총력전체제의 총후로서 중요물자를 동원하는 배후지로 기능하게 했다.

1930년대 조선총독들은 '거국일치'를 표방한 사이토 군부내각의 수립을 계기로 새로운 군부세력이 정치의 전면으로 등장하자 제1차 세계대전을 통해서 군부에서 확산된 일본총력전체제 구상에 입각하여 본국 정부와 마찰을 일으키면서도 조선산업화를 추진했다. 1930년대 전반 우가키 총독의 조선산업화는 사실상 일본총력전체제의 구축이 시작된 것이었다고 할 수 있다. 이를 중일전쟁을 계기로 전시적으로 재편한 1930년대 후반 미나미 총독의 조선 병참기지정책의 전시공업화정책은 일본 정부가 구축하는 총력전체제에 조선총독이 솔선해서 일본총력전체제에 기여하는 전시 산업체제를 갖추어 조선의 입지를 설정하는 것이었다.

미나미의 병참기지정책과 조선 신체제 천명은 일본 혁신세력이 주창한 공익 우선 반독점 일본 신체제의 대동아공영권 총력전체제에 대하여,

친자본 반공 황도주의에 입각한 복고적 국가주의 조선 신체제를 천명하고 일본 독점자본과의 전시 조선공업화를 천명한 것이었다. 이는 기획원을 중심으로 한 혁신 관료가 몰락하고 군부파시즘체제가 황도주의의 국가주의로 귀일한 것과 기조를 같이했다. 그리하여 본국의 총동원체제에 병참기지정책을 통해서 솔선적으로 기여한 미나미의 조선 신체제는 조선을 만주와 병렬적으로 위치지우고 전시공업화에 박차를 가했다. 이것이 일본 정부가 내지의 결전을 준비하며 대동아공영권의 내용을 수정하여 외지 조선을 내지와 같이 취급하는 근거가 되었다.

그리하여 1940년대 고이소 총독이 식민지 조선을 결전체제화하여 일본총동원의 물자 동원 요구에 부응하는 기반이 되었다. 일본은 패색이 짙어지자 '군수성'을 설치하여 일본 국내 방위체제 정비와 군수 생산 확충에 집중하며 식민지 조선에 대한 물자 동원 요구를 증대했다. 이에 고이소는 조선을 결전체제화하여 본국의 물자 동원 요구에 부응하며 적극적으로 조선을 수탈했다. 고이소 총독 시기에 식민지 조선은 공식적으로 또한 실질적으로도 가장 중요한 일본의 전시 물자 동원지가 되었다. 후임 아베 총독에 의해서 일본이 패전을 인정하여 전쟁이 끝날 때까지 일본 최후의 유일한 물동지로 기능했다. 1940년대 조선총독들은 조선의 물자 동원이 고갈된 상태에서도 결전체제를 유지하며 남김없이 동원했다.

이상 살펴본 바와 같이 조선총독들은 모두 무관이었다. 그들은 1910년대 죠슈 육군벌에서 1920년대 정당정치기의 전 해군대신 사이토를 거쳐서 쇼와 군벌을 대표하는 우가키, 그리고 우가키벌로 분류되던 군인들이었다. 근대 일본제국 육군의 창설자이자 「교육칙어」를 제정하고 육군의 북진대륙정책을 국책으로 만든 야마가타를 정점으로 한 조슈 육군벌은 메이지유신 이래 근대 천황제 일본제국이라는 국가체제를 정립하고 한국을 복속하여 만주로 진출하고자 했다. 그들은 일본을 대륙의 제국으로 만들고자 한 메이지 일본의 핵심 정치세력이었다.

그러나 조슈 육군벌은 다이쇼기의 변화를 주도한 데모크라시 풍조 및 육군대학 출신의 대두와 함께 데라우치의 사망을 끝으로 사실상 맥이 끊겼다. 육군대학 출신 신세대 군부를 대표하는 다나카 육군대신은 데라우치의 후임 조슈벌의 적자라고 할 수 있지만 정당세력과 제휴하여 대륙정책을 실하고자 했다. 그리하여 다나카의 눈에 띄어 군정가로 성장한 우가키를 필두로 육군대학 출신 쇼와 군벌이 조슈벌을 대체했다.

쇼와 군벌을 대표하는 우가키는 제1차 세계대전을 치르며 확산된 총력전체제의 자급적 경제권 구축과 거국일치체제 구상을 갖고 일본이 영·미와도 필적할 수 있는 대륙의 제국으로 거듭나야 한다고 생각했다. 우가키는 육군대신으로서 자신의 총력전체제 구상에 입각하여 군제를 개혁하고 현대화하여 새로운 쇼와 군벌을 대표하는 인물이 되었다. 혁신적인 청년장교들의 신망을 얻은 우가키는 죠슈 육군벌의 직계인 다나카가 발탁하여 군정가로 성장한 인물이었다. 그는 번벌세력 및 재벌과 인연이 깊었다. 이 인연은 우가키가 일본 정부와 갈등하면서까지 조선을 조공업지대화하는 산업화를 추진하는 자금 지원으로 이어졌다.

자신을 옹립하려 한 3월 사건을 유산시키고 사이토의 후임 조선총독을 자청한 우가키는 러일전쟁 당시 주목했던 한반도의 지정학적 위치와 신해혁명을 계기로 작성했던 「조선 주둔 2개 사단 증설 주장 의견서」에서 일찍이 조선의 대륙 진출 전진기지 확립을 주창했었다. 그는 조선의 민족 항일운동을 억압하고 징병제도를 실시하여 조선을 대륙으로 진출하는 전진기지로 확립해야 한다고 생각했다. 우가키 총독의 조선 통치는 그 연장선에 있었다. 그리하여 우가키가 자신의 총력전체제 구상에 입각하여 실시한 농공병진의 조선산업화는 미나미의 병참기지화를 위한 전시공업화와「육군특별지원병제」및 1944년「조선인징병제」시행으로 이어져 고이소가 조선을 결전체제화하고 아베 총독이 일본이 항복할 때까지 남김없이 동원하게 하는 토대가 되었다.

앞에서 언급했듯이 우가키가 일본총력전사상의 원형이자 실현자라고 평가되는 것은 조선을 조공업지대로 한 일본총력전체제 구상을 갖고 이를 실현에 옮겼기 때문이라고 할 수 있다. 우가키가 조선인의 민족 항일운동을 억압하며 조선산업화를 통해서 자신의 총력전체제 구상을 현재화하기 시작한 것이 우가키 군벌로 알려진 미나미와 고이소, 아베 총독으로 이어지며 조선을 일본총력전 최후의 물동지로 기능할 수 있게 하는 토대가 되었다. 우가키로부터 시작된 본격적인 조선산업화는 1930년대 말 1940년대 초 일본의 전황이 악화되며 반도 조선이 일본총력전의 주요 물동지에서 유일한 물동지로 기능하는 성과를 내 일본정부가 외지 조선을 내지와 같이 보게 했다.

이와 같이 한국 병합을 단행한 초대 조선총독 데라우치의 조선총독 정치체제 구축에서부터 1920년대 사이토 총독의 문화정치, 1930년대 우가키 총독의 농공병진정책과 이후 1940년대로 이어진 미나미 총독의 대륙전진병참기지정책의 전시공업화, 그리고 1940년대 조선 식민지 총동원정책을 통시적으로 일제의 조선 지배정책이라는 관점에서 보면, 일본천황에 직예한 조선총독의 상대적 자율통치권이 조선총독 정치체제의 특질을 형성했음을 확인할 수 있다. 그리하여 일제 조선 지배정책의 기본입장이 '일시동인'주의→내지연장주의→내선융화→내선일체→황국신민화로 이어지며 한국인에 대한 '일본 국민화', 일본 국민의식을 강제한 민족말살정책이 되었음을 알 수 있다. 조선 민족을 일본 국민화하여 말살하는 통치 이데올로기정책은 일본천황에 직예하여 형성된 조선총독정치체제의 특질과 분리될 수 없는 것이었다. 그리하여 일본천황에 직예한 조선총독의 상대적 자율통치권은 대륙정책과 총력전체제의 조선 교두보관과 직결되는 것이었다.

일제 무관 총독의 조선 통치에서 '국방'과 '경제'는 분리될 수 없는 것이었다. '국방'과 '국민화 통치이데올로기'도 분리될 수 없는 것이었다. 조선산업화를 실시한 우가키의 총력전체제 구상은 한국을 병합한 일본 육군 군부의 국방관에 입각한 북진대륙정책의 연장에 있었다. 이에 비해서 대표적인 우가키 군벌로 평가되는 미나미 총독의 조선공업화는 우가키를 '혁신'의 대상으로 본 혁신 청년장교들의 통제파와 제휴하여 북수남진정책의 연장에 있었다. 1930년대 이래 일본의 정치변동을 배경으로 조선총독들의 일본총력전체제 구상에는 차이가 있어도 조선총독정치의 조선 교두보관에는 차이가 없었다. 그리하여 근대 일본천황제 국가의 '생존'을 위한 전쟁에 조선은 최후의 물자 동원지로 기능하며 남김없이 동원되는 수탈의 대상이 되었다.

이와 같이 조선총독정치를 총체적으로 고찰해보면 식민지시기에 일어난 양적 경제지표 변화가 어떻게, 왜 일어났는지, 그 성과가 근원적으로 무엇을, 누구를 위한 것이었는지, 경제적 성장의 목적과 이익의 주체의 문제가 분명하게 드러난다. 식민지시기 양적 경제지표의 성과를 낸 식민 지배자의 정책 목표와 이를 이루기 위하여 동원된 피지배 식민지 '조선인'들의 삶과 생활 조건이 극명하게 대비된다. 조선총독정치는 '일본제국주의의 식민 지배'의 '본질' 그 자체라고 할 수 있다.

부록

■ 조선총독부 조직 변천 연혁

시기	조직
제1기 1910. 8. 29. - 1919. 8. 19. (3·1운동 전)	1관방 5부제 총독관방: 무관실, 비서과, 참사관 총무부: 문서과, 외사국, 인사국, 회계국 사법부: 민사과, 형사과, 서무과 내무부: 서무과, 지방국, 학무국 탁지부: 사무과, 세관공사과, 사세국, 사계국 농상공부: 서무과, 식산국, 상공국
제2기 (3·1운동 후) 1919. 8. 20. - 1936. 7. 2.	총독관방: 비서과, 참사관실, 외사과 서무부(문서과, 회계과, 통계과, 임시국세조사과, 인쇄소) 토목부(토목과, 영선과) 철도부(감리과, 공무과) 내무국: 제1과, 제2과, 관측소 재무국: 세무과, 관세과, 사계과, 이재과, 전매과, 임시관세조사과 식산국: 농무과, 산림과, 수산과, 상공과, 광무과 법무국: 법무과, 감옥과 학무국: 학무과, 편집과, 종교과 경무국: 경무과, 고등경찰과, 보안과, 위생과
제3기 1936. 7. 3. - 1942.10. 31. (내외지 행정 일원화 전)	총독관방 1937. 9.　　문서과 취급 자원조사와 총동원계획 사무 분리 → 자원과 신설 　　　　　　(물자동원계획, 생산력확충계획 등 기획 업무 관장) 1939. 11. 28.　자원과와 식산국 임시물자조정과 통합 → 기획부 신설(국가총 　　　　　　동원계획 수립 수행 총괄) 1939. 8. 2.　　관방 소속 외무부 승격 → 외사부 신설-외무과, 척무과. 1940. 10.　　학무국 관장 국민총동원 업무를 관방으로 이속 & 본부와 각도 　　　　　　국민총력과 신설 ← 국민총력조선연맹 발족 식산국 1938. 5. 20.　광산과 관장 산금 업무 분할 → 산금과 신설 1938. 9. 28.　상공과, 액체연료지급촉진과 수급조절 사무 & 석탄이용수급 　　　　　　사무 분리 → 연료과 신설 1940. 2. 29.　물가조정과 신설 ←「가격통제령」이후 관련 업무 폭증 농림국 1938. 8. 8.　　축산과 독립-군수축산자원정비, 확보 & 총후 농촌경제 충실 　　　　　　목표 1940. 2. 3.　　미곡과(1936년 설치) 개정, 강화-미곡과 잡곡 생산가격, 수량, 　　　　　　배급 일원적 통제 목적 경무국 1938. 11.　　경제경찰계 신설 ← 경제경찰제도 신설

시기	조직
제3기 1936. 7. 3. - 1942.10. 31. (내외지 행정 일원화 전)	1939. 2. 3.　방호과 설치-방공, 소방, 수방 사무 관장 (1937. 9. 자원과 신설되며 방공계 설치 → 경무국 경무과 주관 소방, 수방 사무 통합) 1940. 2. 3.　경제경찰과 분리, 독립 1943. 12.　방호과 → 경비과로 개칭-경무과의 경위, 경비 사무까지 관장 학무국 1939. 7. 1.　관측소 독립 → 기상대로 개칭 철도국 1938. 6. 28.　공무(工務)과 → 보선(保線)과(선로, 건조물, 철도용지 과리) & 개량과(선로, 건조물 개량) 분할 법무국 1936. 12. 21.　보호관찰소 & 보고관찰소심사회 설치 1939. 12. 27.　법무과 → 민사과 & 형사과로 분할 식산국 상공과, 산금과, 연료과, 수산과, 전기 제1과·제2과(체신국 이관), 물가조정과(기획부에서 이관), 광산과를 분리 개조 → 광정(鑛政)과, 특수광물과 후생국 신설: 1941. 11. 19. 사회과와 노무과(내무국에서 이관), 위생과(경무국에서 이관), 보건과 사정국 신설: 1941. 11. 19. 내무국을 부분 개편 지방과와 토목과(내무국에서 이관), 외무과와 척무과(외사부에서 이관), 국민총력과(총독관방에서 이관) 기획부: 기획과·물자조정 제1과-제3과 → 제4과 개칭
제4기 (내외지 행정 일원화 후) 1942. 11. 1. - 1945. 8. 15.	총독관방: 비서관실, 인사과, 회계과 총무국신설: 문서과, 기획실, 정부과, 국민총력과, 감찰과, 국세조사과(1943. 10. 조사과로 개칭). 사정국: 지방과, 외무과, 사회과, 학무과, 토목과 식산국: 물가과, 철강과, 산금과(1943. 5. 광업정비과로 개칭) 법무국: 1942. 보호과 설치 학무국: 연성과, 편수과(편집과를 개칭)

출처: 〈국가기록원 조선총독부 기록물〉 조선총독부 조직 변천 연혁(https://theme.archives.go.kr/next/government/viewGovernmentInfo.do?menuId=12 2021.7.31.); 김민철, 〈조선총독부의 기구와 변화〉(www.banmin.or.kr); 김운태, 『일본제국주의의 한국통치』, 박영사, 1999 참조.

조선총독의 지배정책 연표

연월일	주요 정책, 법령 및 사건
1910. 8. 22.	한일병합조약 체결
1910. 8. 29.	조선총독부 설치, 조선총독 임시대리 데라우치 공식 업무 시작
1910. 8. 20.	제령 제1호「조선에서 법령의 효력에 관한 건」→ 구한국 시기「보안법」과「신문지법」유지
1910. 9. 10.	「조선주차헌병조령」시행 → 헌병경찰제도 실시
1910. 9. 30.	「조선총독부 임시토지조사국 관제」제정, 10. 1 시행 → 조선총독부의 토지조사사업 본격화
1910. 10. 1.	초대 조선총독 데라우치 공식 취임
1910. 12. 29.	「회사령」제정 → 1911. 4. 1 시행
1911. 8.	「조선교육령」공포 → 11. 1 시행
1914. 4. 1.	군면리 통폐합 행정구역 개편
1915. 7. 14.	「조선상업회의소령」공포 → 국가신도의 조선체제와 확정
1915. 8. 16.	「포교규칙」공포 → 신도, 불도, 기독교만 종교로 인정
1916. 10. 16.	2대 총독 하세가와 취임
1917. 3.	「신사에 관한 건」공포
1917. 6. 9.	「면제」제정 → 10. 1 시행
1917. 7. 17.	「조선수리조합령」제정 → 10. 1 시행
1918. 6. 26.	「회사령」개정
1918. 10.	토지조사사업 1차 완료
1918. 11. 4.	「임시토지조사국 관제」폐지
1919. 4. 15.	「정치에 관한 범죄 처벌 건」공포
1919. 7.	조선신궁 건설
1919. 8. 12.	3대 조선총독 사이토 취임 → 문화정치 실시
1919. 8. 19.	헌병경찰제도 폐지, 보통경찰제도 시행
1920. 4. 1.	「회사령」폐지
1920. 6. 18.	「조선사설철도령」제정 → 1920. 11. 10 시행
1920. 7. 29.	부제 일부 개정 → 1920. 10. 1 시행
1920. 7. 29.	면제 일부 개정 → 1920. 10. 1 시행
1920. 8. 29.	「관세법 등을 조선에 시행하는 건」제정 → 조선과 일본 '통일관세제도' 시행
1920. 8. 29.	「관세법」,「관세정률법」,「보세창고법」및「가치장법」등의 조선에서의 특례에 관한 건 시행
1920. 11.	조선총독부 식산국에 토지개량과 신설, 산미증식계획 본격 시작
1921. 9. 15.	산업조사위원회 개최

연월일	주요 정책, 법령 및 사건
1922. 2. 4.	제2차 「조선교육령」 제정 → 4월 시행
1925. 4. 1.	조선총독부 조선철도 직영 환원
1925. 4. 21.	「치안유지법」 제정, 4. 29 시행
1926. 6.	2기 산미증식계획 시작
1927. 4. 1.	조선총독 임시대리 우가키 업무 시작
1927. 5.	조선총독부 식산국 산하 토지개량부 설치 → 산미증산계획 추진
1927. 9.	조선철도12년계획 수립
1927. 12. 10.	4대 조선총독 야마나시 취임
1927. 12. 28.	「조선토지개량령」 제정 → 1928. 7. 1 시행
1928. 4.	1면1교주의 공포
1928. 6. 29.	「치안유지법」 개정
1929. 8. 17.	5대 조선총독 사이토 취임
1931. 6. 17.	6대 조선총독 우가키 취임
1931. 9. 18.	일본 관동군의 류탸오후 사건(柳條湖事件) 발발 - 만주사변
1932. 1. 8.	조선상공회의소 설립 인가
1932. 2. 17.	「조선전기사업령」 공포
1932. 4. 3.	북선개발계획 15년간 3천만 원 배정 결정
1932. 5. 23.	조선 농민 북만주로 10년계획 백만인 집단이민계획 수립
1932. 6. 3.	일본군·조선군 혼성부대, 압록강 월경 불법 침입
1932. 7.	조선총독부에 농림국 설치 - 농촌진흥운동 추진
1932. 12. 10.	「조선소작조정령」 제정 → 1933. 2. 1 시행
1933. 3.	농가경제갱생5계년계획 실시방침 발표 → 농촌진흥운동 본격화
1934.	산미증식계획 중지
1934. 4. 11.	「조선농지령」 제정 → 10. 20 시행
1935.	심전개발운동 전개
1936. 8. 5.	7대 조선총독 미나미 취임
1936. 10. 20.	조선산업경제조사회 개최
1936. 12. 12.	「조선사상범보호관찰령」 제정 → 12. 21 시행
1937. 4. 20.	조선통치5대강령 발표
1937. 6. 18.	조선산업개발5개년계획 수립
1937. 7. 7.	노구교 사건 발발
1937. 7. 22.	조선총독부 내 조선중앙정보위원회 설치
1937. 7. 24.	조선중앙정보위원회 산하 특무기관으로 각도에 도정보위원회 조직 통첩
1937. 10. 2.	「황국신민 서사」 공포
1937. 11.	조선군사령부, 육군성 요청으로 '조선인지원병제도 실시요항' 수립

연월일	주요 정책, 법령 및 사건
1938. 2. 22.	「육군특별지원병령」 공포
1938. 3. 4.	제3차 「조선교육령」 개정
1938. 4. 2.	「조선총독부 육군병지원자훈련소생도 채용규칙」 제정 실시
1938. 5.	「국가총동원법」 시행
1938. 7. 7.	국민정신총동원조선연맹 결성
1938. 7. 24.	시국대응전선사상보국연맹 결성 → 1941. 1. 대화숙으로 해소
1938. 8. 15.	조선방공협회 창립
1938. 8. 27.	조선총독부 시국대책조사회 구성
1938. 8. 31.	조선총독부 각도 산업부장회의 - 병참기지정책 표명
1938. 9. 1.	「조선공업조합령」 시행
1939. 5. 15.	「국민직업능력신고령」 제정 → 6. 1 시행
1939. 7. 8.	일본 정부, 「국민징용령」 제정
1939. 11. 29.	조선총독부에 기획부 설치
1940. 1. 11.	「조선직업소개령」 제정 → 1. 20 시행
1940. 4.	6개년(1940-1945) 미곡증산계획 수립
1940. 9. 5.	미나미 총독의 '신체제관', 조선 신체제 천명
1940. 9. 5.	조선병참기지정책 공식화
1940. 10.	국민총력조선연맹 설치
1940. 10. 7.	조선총독부에 기획위원회 설치
1940. 10. 30.	조선총독부국토계획위원회 설치
1941. 4. 1.	「'초등학교'규정」 공포, 「조선교육령 중 개정」
1942. 5.	조선인 징병제 1944년부터 실시 발표
1942. 5. 29.	8대 조선총독 고이소 취임
1942. 10. 1.	「조선청년특별연성령」 제정 → 11. 3 시행
1942. 11. 1.	행정 간소화 실시를 위한 조선총독부 부내 임시 직원 설치 제외 26칙령 중 개정
1942. 11. 1.	행정 간소화 실시 등에 따른 조선총독부영림서삼림주사보 및 조선총독부 부·군·도삼림주사보의정원 등 개정
1943. 1. 1.	조선과 만주국 국경 세관 소재지 내 세관 수속 간소화 시행
1943. 4. 1.	4차 「조선교육령」 시행
1943. 6. 21.	「조선식량관리특별회계법」 제정 → 9. 1 시행
1943. 7.	「해군특별지원병령」 공포 → 8월 시행
1943. 8. 9.	「조선식량관리령」, 「조선미곡배급조정령」 제정 → 8. 17 시행
1943. 8. 9.	「조선미곡시장주식회사령」 제정 → 8. 17 시행
1943. 10.	조선인학도지원병제도 실시

연월일	주요 정책, 법령 및 사건
1943. 10. 8.	생산 증가 노무강화 대책 요강 발표 → 여성 노동력 동원
1943. 12. 1.	조선총독부 부내 행정기구 정비 실시 →「국세징수령 시행규칙」등 개정
1944. 2. 8.	「행정 사무 간첩화 실시를 위한 도제 시행규칙」외 10개의 조선총독부령 중 개정
1944. 2. 8.	현원징용(現員徵用) 실시 발표
1944. 5.	만주와 관세 철폐
1944. 5. 1.	「조선총독부 육군병지원자훈련소 규정」및「조선총독부 육군병지원자훈련소생도 채용규칙」폐지
1944. 8.	일반 징용 시작
1944. 8. 18.	「조선총독부 부내 임시직원 설치제」및「조선총독부 지방관 관제」개정
1944. 8. 23.	「여자정신근무령」공포 시행
1945. 2.	「학도 군사교육 강화 요강」공포
1945. 2. 4.	얄타협정(2. 4-11)에서 38도선을 미, 소 점령 군사분계선 확정
1945. 2. 10.	「선원동원령 시행규칙」공포
1945. 2. 23.	전투건설단 설치
1945. 3. 1.	부산-신의주 복선철도 준공
1945. 3. 6.	「경금속 사용판매 제한 규칙」공포 → 3. 10 시행
1945. 3. 9.	「지방세제」개정 → 부, 읍, 면민세 신설
1945. 3. 24.	「조선체력령」공포
1945. 4. 4.	일본 주요 도시 소개(疎開) 실시
1945. 4. 5.	아베 총독, 도지사회에서 한국인 정치참여 허용 강조
1945. 4. 15.	조선총독부, 전시 중요물자 수송 총집중 위해 전철도 여객수송 제한
1945. 4. 16.	조선자급자전태세강화위원회 창립총회 개최
1945. 4. 18.	「조선총독부 학도근로 규정」,「조선체력령 시행규칙」공포
1945. 5. 15.	경성부 종합배급제 실시
1945. 5. 21.	「일본전시교육령」제정 → 7. 1 시행
1945. 6. 14.	「학도근로 시행규칙」개정
1945. 6. 16.	의용병역법에 의거, 국민총력조선연맹 폐지하고 국민의용대 조직
1945. 6. 16.	「조선전시건설단령」시행 - 종합적 토목건축사업 통제 운영
1945. 1.	조선인 참정권 부여 법률 일본 의회 통과
1945. 7. 2.	「군수충족회사령 시행규칙」공포 시행
1945. 7. 8.	일본 본토 결전에 대비한 조선국민의용대 조직
1945. 7. 10.	조선국민의용대, 국민총력조선연맹 통합 흡수
1945. 8. 14.	일본, 포츠담선언 수학 무조건 항복
1945. 8. 15.	일본천황 종전조서 방송

■ 식민 지배기 주요 조약 및 법령 자료

한일병합조약
1910년 8월 22일 조인, 8월 29일 발효.

한국 황제 폐하와 일본국 황제 폐하는 두 나라 사이의 특별히 친밀한 관계를 고려하여 상호 행복을 증진시키며 동양의 평화를 영구히 확보하자고 하여 이 목적을 달성하고자 한국을 일본국에 병합하는 것이 낫다는 것을 확신하고 두 나라 사이에 합병 조약을 체결하기로 결정하였다.

이를 위하여 한국 황제 폐하는 내각 총리대신(內閣總理大臣) 이완용(李完用)을, 일본 황제 폐하는 통감인 자작 데라우치(寺內正毅)를 각각 그 전권위원으로 임명하는 동시에 위 전권위원들이 공동으로 협의하여 아래에 적은 모든 조항들을 협정하게 한다.

1. 한국 황제 폐하는 한국 전체에 관한 일체 통치권을 완전히 또 영구히 일본 황제 폐하에게 양여함.
2. 일본국 황제 폐하는 앞 조항에 기재된 양여를 수락하고, 완전히 한국을 일본제국에 병합하는 것을 승락함.
3. 일본국 황제 폐하는 한국 황제 폐하, 태황제 폐하, 황태자 전하와 그들의 황후, 황비와 후손들이 각기 지위에 응하여 적당한 존칭, 위신, 명예를 누리게 하는 동시에 이것을 유지하는 데 충분한 세비를 공급할 것을 약속함.
4. 일본국 황제 폐하는 앞 조항 이외에 한국 황족과 후손에 대해 상

당한 명예와 대우를 누리게 하고, 또 이를 유지하는 데 필요한 자금을 공여할 것을 약속함.

일본국 황제 폐하는 공로가 있는 한국인으로서 특별히 표창하는 것이 적당하다고 인정되는 경우에 영예 작위를 주는 동시에 은금(恩金)을 줌.

5. 일본국 정부는 앞에 기록된 병합의 결과로 완전히 한국의 시정을 위임하여 해당 지역에 시행할 법규를 준수하는 한국인의 신체와 재산에 대하여 전적인 보호를 제공하고, 그 복리의 증진을 도모함.
6. 일본국 정부는 성의 충실히 새 제도를 존중하는 한국인으로 적당한 자금이 있는 자를 사정이 허락하는 범위에서 한국에 있는 제국 관리로 등용함.
7. 본 조약은 한국 황제 폐하와 일본 황제 폐하의 재가를 받은 것이므로 공포일로부터 이를 시행함.

위 증거로 삼아 양 전권위원은 본 조약에 기명 조인함.
융희 4년 8월 22일 내각총리대신 이완용
메이지 43년 8월 22일 통감 자작 데라우치 마사타케

(출처: 朝鮮總督府, 『朝鮮總督府官報』, 1910. 8. 29.)

조선총독부 관제

1910년 9월 28일 발포, 시행.

제1조. 조선총독부에 조선총독을 두며 총독은 조선을 관할한다.

제2조. 총독은 친임(親任)하며 육군대장으로 이를 충(充)한다.

제3조. 총독은 일본천황에 직예(直隷)하며 위임의 범위 내에서 육해군을 통솔하며 조선 방비의 사(事)를 장(掌)한다. 총독은 제반의 정무를 통할하며 내각총리대신을 거쳐 상주하여 재가를 얻는다.

제4조. 총독은 그 직권 또는 특별위임에 의하여 조선총독부령을 발하며 이에 1년 이하의 징역 또는 금고구류 200원 이하의 벌금이나 과료의 벌칙을 부(附)할 수 있다.

제5조. 총독은 소할 관청의 명령이나 처분에 대하여 규제(規制)에 위반되어 공익을 해하거나 도는 권한을 범하였다고 인정할 때는 그 명령 또는 처분을 취소하며 또한 정지할 수 있다.

제6조. 총독은 소속 부서의 관리를 총독(統督)하며 주임문관(奏任文官)의 진퇴는 내각총리대신을 거쳐 이를 상주하며 판임문관(判任文官) 이하의 진퇴는 이를 전행(專行)한다.

제7조. 총독은 내각총리대신을 거쳐 소속 문관의 서임 서훈을 상주한다.

제8조. 총독부에 정무총감을 둔다. 정무총감은 친임으로 한다. 정무총감은 총독을 보좌하며 부무(府務)를 통리하며 각부국의 사무를 감독한다.

제9조. 총독부에 관방(官房) 및 다음의 5부를 둔다. 총무부·내무부·탁지부·농상공부·사법부.

제10조. 총무부에 인사국·외사국·회계국, 내무부에 지방국·학무국, 탁지부에 사재(司財)국·사계(司計)국, 농상공부에 식산국·상공국을 둔다. 관방, 각부 및 각국의 사무분장은 총독이 이를 정한다.

제11조. 총독부에 다음 직원을 둔다.

제12조. 장관은 각부 의장으로 하고 총독 및 정무총감의 명을 얻어 부무를 책임 관리하며 부하의 관리를 지휘 감독한다.

제13조. 국장은 상관의 명을 얻어 국무를 책임 관리한다.

제14조. 참사관은 상관의 명을 얻어 심의 입안을 주관하거나 각부 각국의 사무를 돕는다.

제15조. 비서관은 총독의 명을 얻어 기밀에 관한 사무를 주관한다.

제16조. 서기관은 상관의 명을 얻어 부무를 주관한다.

제17조. 사무관은 상관의 명을 얻어 부무를 돕는다.

제18조. 기사(技師)는 상관의 명을 얻어 기술을 주관한다.

제19조. 통역관은 상관의 명을 얻어 통역을 주관한다.

제20조. 속(屬), 기수(技手), 통역생은 상관의 지휘를 받아 서무, 기술 및 통역에 종사한다.

제21조. 총독부에 총독 부(附) 무관 2인과 전속 부관 1인을 둔다. 총독부 무관은 육해군 소장 또는 좌(佐)관으로써 이를 임명한다. 총독부 부관(副官)은 참모로 한다. 무관은 육해군 좌위관(佐尉官)으로서 이를 임명한다. 총독부 무관과 부관은 총독의 명을 얻어 사무에 종사한다.

(출처: 朝鮮總督府, 『朝鮮總督府官報』, 1910. 9. 30; 『警務月報』, 1910)

치안유지법

법률 제46호, 1925년 4월 21일 제정, 1925년 4월 29일 시행.

제1조. ① 국체를 변혁하거나 사유재산제도를 부인하는 것을 목적으로 결사를 조직하거나 이에 가입한 자는 10년 이하의 징역 또는 금고에 처한다.
② 전항의 미수죄는 벌한다.
제2조. 전조 제1항의 목적으로 그 목적이 되는 사항의 실행에 관하여 협의를 한 자는 7년 이하의 징역 또는 금고에 처한다.
제3조. 제1조 제1항의 목적으로 그 목적이 되는 사항의 실행을 선동한 자는 7년 이하의 징역 또는 금고에 처한다.
제4조. 제1조 제1항의 목적으로 소요·폭행, 기타 생명·신체 또는 재산에 해를 가할 수 있는 범죄를 선동한 자는 10년 이하의 징역 또는 금고에 처한다.
제5조. 제1조 제1항 및 전 3조의 죄를 범하게 할 것을 목적으로 하여 금품 기타의 재산상의 이익을 공여하거나 그 신청 또는 약속을 한 자는 5년 이하의 징역 또는 금고에 처한다. 공여를 받거나 그 요구 또는 약속을 한 자도 같다.
제6조. 전 5조의 죄를 범한 자가 자수한 때에는 그 형을 감경 또는 면제한다.
제7조. 이 법은 이 법의 시행구역 외에서 죄를 범한 자에게도 적용한다.

부 칙 〈법률 제46호, 1925. 4. 21.〉

1923년 칙령 제403호는 폐지한다.

(출처: https://www.law.go.kr/법령/치안유지법/(00046,19250421 국가법령정보 센터 홈페이지, 2020. 11. 26 검색)

조선청년특별연성령

조선총독부 제령 제33호, 1942년 10월 1일 제정, 1942년 11월 3일 시행.

제1조. 이 영은 조선인 청년에게 심신 단련 기타 훈련을 시행하여 장래 군무에 복무할 경우에 필요한 자질의 연성을 목적으로 함과 아울러 근로에 적응하는 소질의 연성을 기하는 것으로 한다.

제2조. ① 조선에 거주하는 17세 이상 21세 미만의 조선인 남자로 제7조 제1항의 규정에 의하여 선정된 자는 이 영에 의하여 연성을 받아야 한다.

② 제7조 제1항의 규정에 의하여 선정된 자 이외의 조선인 남자로 17세 이상 30세 미만인 자는 지원에 의하여 연성을 받을 수 있다.

제3조. 다음 각호의 1에 해당하는 자는 연성을 받을 수 없는 자로 한다.
1. 조선총독부 육군병지원자훈련소 생도 및 동훈련소를 수료한 자
2. 육해군 군속
3. 법령에 의하여 구금 중인 자
4. 기타 조선총독이 지정한 자

제4조. 다음 각호의 1에 해당하는 자는 특별히 필요한 경우를 제외하고 연성을 받을 수 없는 자로 한다.
1. 국민학교 초등과를 수료한 자
2. 기타 조선총독이 지정한 자

제5조. 연성의 기간은 일반적으로 1년으로 한다. 다만, 전시 또는 사변으로 조선총독이 필요하다고 인정하는 때에는 6월까지 단축할

수 있다.

제6조. 연성은 청년특별연성소에서 실시한다.

제7조. ① 도지사는 조선총독이 정하는 바에 의하여 연성 받아야 하는 자를 선정하여 청년특별훈련소에 입소시켜야 한다.

② 도지사는 전항의 선정을 위하여 필요한 때에는 조선총독이 정하는 바에 의하여 본인에게 출두를 요구할 수 있다.

제8조. 연성 받을 의무를 지는 자가 질병, 기타 불가피한 사고로 인하여 연성을 받을 수 없는 때에는 도지사는 조선총독이 정하는 바에 의하여 연성 받을 의무의 이행을 연기 또는 면제할 수 있다.

제9조. ① 부·읍·면은 청년특별연성소를 설치하여야 한다.

② 특별한 사정이 있는 경우에는 부·읍·면은 조선총독이 정하는 바에 의하여 도지사의 허가를 받아 청년특별연성소를 설치하지 아니할 수 있다.

③ 제1항의 청년특별연성소를 부읍면립청년특별연성소로 한다.

제10조. ① 개인은 청년특별연성소를 설치할 수 없다.

② 개인이 설치한 청년특별연성소는 사립청년특별연성소로 한다.

제11조. 사립청년특별연성소의 설치 및 폐지는 조선총독이 정하는 바에 의하여 도지사의 인가를 받아야 한다.

제12조. 부읍면립청년특별연성소의 설비 및 유지 비용과 직원 봉급·여비, 기타 제 급여나 부읍면립청년특별연성소의 설치에 관한 비용은 부·읍·면의 부담으로 한다.

제13조. 국고는 청년특별연성소를 설치한 자에 대하여 보조금을 교부할 수 있다.

제14조. 청년특별연성소는 연성 받는 자에게 연성을 하기 위하여 필요한 비용을 징수하지 못한다. 다만, 조선총독이 정하는 바에 의하여 도지사의 허가를 받은 때에는 그러하지 않는다.

제15조. 제7조제2항의 규정에 의하여 출두하여야 하는 자 또는 연성 받을 의무를 지는 자의 사용자는 그 사용으로 그자가 출두하거나 연성 받는 것을 방해하지 못한다.

제16조. 이 영에 의한 청년특별연성소가 아닌 곳은 청년특별연성소라 할 수 없다.

제17조. 이 영에서 규정한 사항 외에 연성에 관하여 필요한 사항은 조선총독이 정한다.

제18조. 연성 받을 의무를 지는 자가 정당한 사유 없이 연성을 받지 아니한 때에는 구류 또는 과료에 처한다.

(출처: https://www.law.go.kr/법령/치안유지법/(00054,19410308 국가법령정보센터 홈페이지, 2020. 11. 26 검색)

국민직업능력신고령 제14조의 규정에 의한 관청 피용자의 신고의 특례에 관한 건

조선총독부령 제265호, 1940. 11. 30 타법 개정, 1940. 11. 30 시행.

제1조. 국민직업능력신고령(이하 영이라 한다) 제2조의 요신고자로 조선총독이 지정한 관청(이하 지정관청이라 한다)에 사용되는 자(이하 관청피용자라 한다)는 영 제4조 제1항 제7호·제8호·제14호 및 제15호에 게기하는 사항과 동항 제7호 전단의 자의 기능 정도는 신고하지 않을 수 있다. 영 제4조 제1항의 규정에 의한 신고(이하 일반신고라 한다)를 한 후에 동항 제4호·제7호 또는 제8호에 게기하는 사항에 이동이 생긴 때에도 같다.

제2조. ① 관청 피용자의 신고는 당해 지정 관청을 거쳐 당해 지정 관청 소재지의 소할 부윤·군수 또는 도사에게 하여야 한다. 다만, 지정 관청 소속의 지소·지국·사무소·공장 기타 이에 준하는 곳(이하 지소라 한다)에 근무하는 관청 피용자의 신고는 당해 지소를 거쳐 당해 지소 소재지의 소할 부윤·군수 또는 도사에게 하는 것을 방해받지 아니한다.

② 우편국(경성철도우편국을 제외한다)·전신국·전화국 및 우편소의 관청 피용자로 전기통신 기술자·유선전신 통신사·무선전신 통신사·통신전로공 또는 통신전기공으로 종사하거나 종사한 자의 신고는 소할 체신국 관리 사무를 분장하는 우편국을 거쳐 당해 지방체신국 소재지의 소할 부윤·군수 또는 도사에게 하여야 한다. 〈개정 1940. 11. 30.〉

제3조. 지정 관청 또는 지소는 일반 신고의 경유에 있어서는 영 제4조

제1항 제7호·제8호 및 제14호에 게기한 사항과 동항 제9호 전단의 자의 기능 정도를 당해 직업능력 신고표에 기입해야 한다.

제4조. ① 관청 피용자의 직업능력 신고수첩은 영 제4조 제2항 또는 제6조의 규정에 의한 신고를 하는 경우 외에 신고의 경유에 해당하는 지정 관청 또는 지소에서 보관한다.

② 직업능력 신고수첩을 소지한 요신고자가 관청 피용자가 된 때에는 지체 없이 직업능력 신고수첩을 신고의 경유에 해당하는 지정 관청 또는 지소에 제출해야 한다.

제5조. 관청 피용자가 일반 신고를 한 후에 영 제4조 제1항 제7호 또는 제8호에 게기한 사항에 이동이 생긴 때 또는 사망한 때에는 신고의 경유에 해당하는 지정 관청 또는 지소는 그 취지를 직업능력 신고수첩에 기입하고 당해 지정 관청 또는 지소 소재지의 소할 부윤·군수 또는 도사에게 통지해야 한다. 지정 관청이 관청 피용자의 사용을 정지한 때에도 같다. 이 경우에는 그자의 거주 장소를 거주지의 소할 부윤·도사 또는 도사에게 통지해야 한다.

제6조. 이 영은 임시로 사용된 관청 피용자로서 다음 각호의 자에게는 적용하지 않는다. 다만, 30일을 초과하여 계속하여 사용되게 된 때에는 그러하지 않는다.

1. 30일 이내의 기간을 정하여 사용된 자
2. 사용 기간을 정하지 아니하고 노무공급계약에 의하거나 시험적으로 사용된 자
3. 일일 고용으로 사용된 자

(출처: https://www.law.go.kr/법령/치안유지법/(00054,19410308 국가법령정보센터 홈페이지 2020. 11. 26 검색)

참고문헌

1. 자료

「警察部長ニ關スル中村高等法院檢事長訓示(1922. 5. 22)」, 齊藤榮治 編, 1942, 『高等法院 檢事長 訓示通牒類纂』.

國民精神總動員 編, 1940, 「朝鮮に於ける國民精神總動員」, 『國民精神總動員』, 민족문제연구소 편, 2000, 『일제하 전시체제기 정책사료총서 50』, 한국학술정보(주).

國民總力朝鮮聯盟防衛指導部, 1941. 6, 「內鮮一體ノ理念及其ノ具現方策要綱」, 민족문제연구소 편, 2000, 『일제하 전시체제기 정책사료총서 50』, 한국학술정보(주).

「軍需省設置要綱」, 石川準吉, 1982, 『國家總動員史資料編 3』, 國家總動員刊行會.

南次郎, 1940. 10, 「施政三十年を迎ふ」, 『總動員』 2-10.

南次郎講演錄, 1940. 10, 「南總督新體制を設く」, 『總動員』 2-10.

東洋經濟新報社, 1943, 「決戰體制確立と朝鮮經濟の再編成」, 『朝鮮産業年報』.

司空杓, 1929. 5, 「朝鮮의 情勢와 朝鮮공산주의자의 當面任務」, 『레닌주의』 제1호, 朴慶植 編, 1982, 『朝鮮問題資料叢書 7』, アジア問題研究所.

「三·一運動日次報告(朝鮮軍司令官, 1919年3~8月)」, 姜德相 編, 1976, 『現代史資料』 25, みすず書房.

石森久彌, 1927. 9, 「齊藤總督の歸朝と去就」, 『朝鮮公論』 14-9.

穗積眞六郎, 1936, 「重要産業統制法に就て」, 『朝鮮工業協會會報』 41.

水田直昌, 「昭和19年度總督府豫算について」, 1961, 近藤釼一 編, 『太平洋戰下終末期朝鮮の政治 2』, 朝鮮史料編纂會.

矢倉一郎, 1940. 9, 「朝鮮國土計劃論(一)」, 『朝鮮行政』.

岸信介, 1936, 「重要産業統制法の改正を通じて見ずる我國産業統制法の動向」, 『商工經濟』 2-4.

鹽原時三郎, 1940. 1, 「事變下における朝鮮敎育」, 『文敎の朝鮮』.

外務省調查部第四課, 1939,「倉知鐵吉氏述 韓國併合ノ經緯」.

陸軍省兵務課, 1942. 1. 20,「極祕大東亞戰爭件フ我カ人的國力ノ檢討」.

_____, 1942,「大東亞戰爭二件フ我か人的國力ノ檢討」, 高崎隆治 編, 1977,『十五年戰爭極祕資料集』1, 龍溪書舍.

一記者, 1917. 4,「구주대전과 실업계」,『반도시론』1-1.

日本商工會議所 編, 1938. 8,「朝鮮工業組合令」,『經濟月報』.

長部謹吾, 1937. 7,「思想犯保護に就て」,『司法研究』21-10.

齋藤實, 1920,「新總督施政」,『齋藤實文書 2』, 고려서림

_____, 1920,「朝鮮施政ノ改善」,『齋藤實文書 2』, 고려서림.

全國經濟調查機關聯合會朝鮮支部 編, 1939,「朝鮮經濟日誌」,『朝鮮經濟年譜』, 改造社.

朝鮮軍司令部, 1924. 6. 1,「不逞鮮人ニ關スル基礎的硏究」, 朴慶植 編, 1982,『朝鮮問題資料叢書 6』, アシア問題研究所.

_____, 1937,「朝鮮人志願兵制度に關する意見」,『季刊現代史』6.

_____, 1942. 6,「朝鮮に對する徵兵制施行の閣議決定公表に關する反響調査」.

朝鮮勞務協會,「國民勤勞動員令」, 1945. 4,『朝鮮勞務』4-10.

_____,「勞務課長說明要旨」, 1944. 2,『朝鮮勞務』4-1.

_____, 1943. 8,「朝鮮の勞務に取て」,『朝鮮勞務』3-2·3.

_____, 1943. 9,「生產增强勞務强化對策要綱」,『朝鮮勞務』3-4.

_____, 1944. 4,「勞務管理と經濟警察」,『朝鮮勞務』4-3.

「朝鮮施政方針及施設經營」, 山本四郎 編, 1984,『寺內正毅關係文書: 首相以前』, 京都女子大學.

朝鮮總督府 警務局,「昭和16年 第79會 帝國議會 說明資料(警務)」,『일제하 전시체제기 정책사료총서 6』.

_____,「昭和16年 第79回帝國議會說明資料(官房文書)」,『일제하 전시체제기 정책사료총서 6』.

_____, 1941,「昭和16年 第79回 帝國議會 說明資料 (司政)」, 민족문제연구소 편, 2001,『일제하 전시체제기 정책사료총서 7』, 한국학술정보(주).

朝鮮總督府 高等法院 檢事局 思想部, 1931. 10. 15,「司法から見た思想問題」,『思想月報』.

_____, 1939,「時局對應全鮮思想報國聯盟の活動常況」,『思

　　　　　　　　　　　　　　　想彙報』.

_____, 1942. 6, 「朝鮮に對する徵兵制施行の閣議決定公表に關する反響調査」, 『思想月報』 95

_____, 1937, 「最近に於ける思想運動情勢に鑑み裁判竝檢察上考慮すべき點其の他」, 『思想彙報』.

_____, 1934. 2, 「治安維持法改定法律案」, 『思想月報』.

_____, 1935. 6, 「治安維持法改定法律案及不法團體處罰に關する法律案竝に其の提案理由等」, 『思想彙報』.

_____, 1931. 6. 15, 「朝鮮治安維持法違反調査(2)」, 『思想月報』.

_____, 1934. 1. 15, 「第五次間島共産黨事件論告要旨」, 『思想月報』.

朝鮮總督府 企劃部 編, 1927. 8-10, 「第7回中樞院會議總督代理訓示 (宇垣一成)」, 『朝鮮』.

_____, 1931. 8, 「更始一新之實 朝鮮總督越任聲明書, 總督訓示」, 『朝鮮』.

_____, 1933. 11, 澤崎修, 「北鮮鐵道の委託」, 『朝鮮』.

_____, 1934. 10, 宇垣一成, 「朝鮮の將來」, 『朝鮮』.

_____, 1934. 2, 「朝鮮總督府蝟洋奬勵第一期計劃」, 『朝鮮』.

_____, 1934. 6, 「緬洋奬勵の趣旨竝に計劃の概要に就て」, 『朝鮮』.

_____, 1936. 1, 今井田淸德, 「第二四半世紀の第一年頭に立て」, 『朝鮮』.

_____, 1936. 3, 「卷頭言 心田開發」, 『朝鮮』.

_____, 1936. 4, 「農民訓練特輯號」, 『朝鮮』.

_____, 1936. 4. 12, 視學官, 「農村振興運動과 學校卒業生指導」, 『朝鮮』.

_____, 1937. 1, 南次郎, 「年頭所感」, 『朝鮮』.

_____, 1937. 5, 「道知事會議に於ける南總督訓示」, 『朝鮮』.

_____, 1937. 5, 「道知事會議に於ける大野政務總監訓示」, 『朝鮮』.

_____, 1937. 6, 「鮮滿産業貿易懇談會」, 『朝鮮』.

_____, 1937. 6, 殖産局相工課, 「鮮滿一如の經濟的施設に付て」, 『朝鮮』.

_____, 1939. 7, 堂本敏雄, 「朝鮮に於ける情報宣傳」, 『朝鮮』.

_____, 1940, 堂本敏雄, 「大陸兵站基地小論」, 『朝鮮』.

_____, 1940. 10, 鈴木武雄, 「半島産業發達の現段階とその發展への展望」, 『朝鮮』.

_____, 1940. 11, 「朝鮮總督府國土計劃委員會設置」, 『朝鮮』.

_____, 1942. 7, 磯矢伍郎, 「建軍の本義と徵兵制實施」, 『朝鮮』.

_____, 1942. 7, 八木信雄, 「徵兵制度施行の疑意」, 『朝鮮』.

_____, 1944. 11. 12, 「勤勞動員本部の設置」, 『朝鮮』.

_____, 1944. 9, 「彙報」, 『朝鮮』.

朝鮮總督府 企劃部, 「生産力擴充計劃の推移常況如何」, 「昭和18年第84回帝國議會說明資料」, 민족문제연구소 편, 2001, 『일제하 전시체제기 정책사료총서 19』.

_____, 「昭和18年第84回帝國議會說明資料(警務, 遞信, 企劃外)」, 『일제하 전시체제기 정책사료총서 19』.

_____, 「昭和19年 第86回帝國議會說明資料」, 『일제하 전시체제기 정책사료총서 22』.

_____, 1944. 8, 「第86回帝國議會說明資料」, 近藤鈊一 編, 1961.

朝鮮總督府 司政局 地方課, 1943, 11·12, 「地方廳の機構整備に關する件」, 『朝鮮行政』.

朝鮮總督府 情報課, 1942. 12, 「國體本義の透徹」, 『朝光』.

朝鮮總督府, 「第三部長會意に於ける總督訓示」, 2001, 『朝鮮近代史料硏究-友邦シリーズ』 5, クレス出版.

_____, 1912, 「併合ニ關スル統監ノ告諭」, 『朝鮮總督府施政年報』, 朝鮮總督府.

_____, 1918, 「敎育ニ關スル勅語ノ奉釋上特ニ注意スヘキ諸点」, 渡部學·阿部洋 編, 『日本植民地敎育政策史料集成: 朝鮮篇』16, 淸溪書舍, 1991.

_____, 1920, 「朝鮮民族運動に對スル對策」, 『齊藤實文書 9』, 고려서림.

_____, 1920, 「朝鮮ニ陸軍兵力增加ヲ要スル件」, 『齋藤實文書 2』, 고려서림.

_____, 1928, 『朝鮮の言論と世相』, 朝鮮總督府.

_____, 1935, 『施政二十五年史』, 朝鮮總督府.

_____, 1936, 『朝鮮産業經濟調査會會議錄』 8-9, 朝鮮總督府.

_____, 1937, 『朝鮮施政に關する遺誥·訓示竝に演說集(1927.4-1937.3)』, 朝鮮總督府.

_____, 1938, 「內鮮一體ノ强化徹底ニ關スル件」, 『朝鮮總督府時局對策調査會諮問案參考書』.

_____, 1938, 「朝鮮總督府時局對策調查會ニ關スル總督告辭要旨」, 『朝鮮總督府時局對策調查會諮問答申書』.

_____, 1938, 『朝鮮總督府時局對策調查會諮問答申書』.

_____, 1938, 『朝鮮總督府時局對策調查會會議錄』.

_____, 1940, 「國民精神總動員專賣聯盟の指導者講習會に於ける政務總監訓示」, 『朝鮮に於ける國民精神總動員』.

_____, 1940, 『施政三十年史』, 朝鮮總督府.

廣岡喜男, 1944, 「地方行財政の決戰化」, 『朝鮮行政』 23-3.

「朝鮮總督府官制改正ノ件 樞密院會議筆記」, 『樞密院會議議事錄』 21, 東京大學出版會, 1985.

仲直, 1941, 「高度國防國家の建設と國土計劃」, 『朝鮮行政』.

增永正一, 1937. 1, 「朝鮮に於ける思想犯保護觀察制度の實施について」, 『司法協會雜誌』 16-1.

津田剛, 1940. 10, 「新體制の意義と我等」, 『綠旗』 5-10.

「拓務大臣ト朝鮮總督トノ權限關係(昭和4年8月, 法制局稿金森案)」, 外務省外交史料館所藏 外務省記錄 『拓務省設置關係一件 第1卷: 拓務大臣ト朝鮮總督トノ權限關係』.

「拓務大臣ト朝鮮總督トノ權限關係(昭和4年8月, 法制局稿金森案)」, 外務省外交史料館所藏 外務省記錄 『拓務省設置關係一件 第1卷: 拓務大臣ト朝鮮總督トノ權限關係』.

川合彰武, 1944. 1, 「朝鮮重工業の基礎」, 『總督府調查月報』.

村崎滿, 1943, 「保安法(光武11年法律第2號)の史的素描」, 『司法協會雜誌』 22-11.

樞密院, 1985, 「朝鮮總督府官制改正ノ件 樞密院會議筆記」, 『樞密院會議議事錄』 21, 東京大學出版會.

「治安維持法案議事速記竝委員會議錄」, 姜德相・梶村樹水 編, 1982, 『朝鮮 5: 共産主義運動 1』, みすず書房.

「統理方針の大綱」, 1943, 『朝鮮産業年報』.

編輯部, 1940. 12, 「朝鮮의 新體制」, 『朝光』 6-12.

「學務局長演示要旨」, 1938, 『文敎の朝鮮』 152.

丸山鶴吉, 1932, 「朝鮮警察の回顧」, 『警務彙報』 320.

『大東亞』 『東亞日報』 『매일신보』 『반도시론』 『조선일보』

「농업의 전도유망, 소작접 제정은 급무 宇垣총독 담」, 『조선일보』, 1931.9.4.
「소작료 체납자는 지주가 이작도 무방」, 『조선일보』, 1934.1.31.
「실시 후 차질 속출, 지주의 합법적 억압이 성행」, 『조선일보』, 1934.11.27.
「조선통치에 새로운 추진력」, 『조선일보』, 1940.7.17.

2. 단행본

가타기리 요시오, 이건상 옮김, 2011, 『일본 교육의 역사』, 논형.

강동진, 1980, 『일제의 한국침략정책사』, 한길사.

김대상, 1975, 『일제하 강제 수탈사』, 정음사.

김동명, 2006, 『지배와 저항, 그리고 협력: 식민지 조선에서의 일본제국주의와 조선인의 정치운동』, 경인문화사.

김민영, 1995, 『일제의 조선인노동력 수탈 연구』, 한울아카데미.

김용섭, 1984, 『증보판 한국근대농업사연구』(상)·(하), 일조각.

＿＿＿＿, 1992, 『한국근현대농업사연구-한말·일제하의 지주제와 농업문제』, 일조각.

김운태, 1986, 『일본제국주의의 한국통치』, 박영사.

김인호, 1998, 『태평양전쟁기 조선공업연구』, 신서원.

김준엽·김창순, 1986, 『한국공산주의운동사 2』, 청계연구소.

남도현, 2014, 『무기의 탄생』, 플래닛미디어.

도베료이치 저, 이현수·권태환 역, 2003, 『근대 일본의 군대』, 육군사관학교화랑대연구소.

디트리히 가이어 저, 이인호 역, 1990, 『러시아혁명』, 민음사.

리차드 H. 미첼 저, 김윤식 역, 1982, 『일제의 사상통제: 사상전향과 법체계』, 일지사.

마쓰다 토시히코, 이종민·이형식·김현 옮김, 2020, 『일본의 조선 식민지 지배와 경찰』, 경인문화사.

박석순 외, 2005, 『일본사』, 대한교과서주식회사.

박은식, 1946, 『독립운동지혈사』, 서울신문사.

박찬승, 1992, 『한국근대정치사상사연구』, 역사비평사.

박혜진, 2015, 『일제하 한국기독교와 미션스쿨』, 경인문화사.

방기중 편, 2006, 『식민지파시즘의 유산과 극복의 과제』, 혜안.

배영순, 2002, 『한말 일제초기의 토지조사와 지세개정』, 영남대학교출판부.

서민교, 2009, 『1910년대 일제의 무단통치』, 독립기념관 한국독립운동사연구소.

서정익, 2003, 『일본근대경제사』, 혜안.

송규진, 2001, 『일제하의 조선무역 연구』, 고려대학교 민족문화연구원.

_____, 2018, 『통계로 보는 일제강점기 사회경제사』, 고려대학교출판문화원.

쓰지모토 마사시 외, 이기원·오성철 옮김, 2012, 『일본교육의 사회사』, 경인문화사.

안병직·中村哲 공편저, 1993, 『근대조선공업화의 연구-1930~1945』, 일조각.

鈴木敬夫, 1989, 『법을 통한 조선식민지 지배에 관한 연구』, 고려대학교 민족문화연구소.

오미일, 2002, 『한국 근대 자본가 연구』, 한울.

윤건차, 2003, 『한일 근대사상의 교착』, 문화과학사.

이리에 아키라(入江昭) 저, 이성환 역, 1993, 『일본의 외교』, 푸른산.

이상의, 2006, 『일제하 조선의 노동정책 연구』, 혜안.

이영호, 2018, 『근대적 전환기 토지정책과 토지조사』, 서울대학교출판문화원.

이윤갑, 2013, 『일제강점기 조선총독부의 소작쟁의 연구』, 지식산업사.

이형철, 1991, 『일본군부의 정치지배-15년 전쟁기(1931-45)의 민군관계연구-』, 법문사.

임종국, 1985, 『일제하의 사상탄압』, 평화출판사.

_____, 1989, 『일본군의 조선침략사』 1·2, 청사.

전상숙, 2004a, 『일제시기 한국 사회주의 지식인 연구』, 지식산업사.

_____, 2017a, 『한국인의 근대 국가관, '민주공화국' 재고』, 선인.

_____, 2018, 『한국 근대 민족주의와 변혁이념, 민주공화주의』, 신서원.

전성현, 2011, 『일제시기 조선 상업회의소 연구』, 도서출판 선인.

井上淸 저, 서동만 역, 1989, 『일본의 역사』, 이론과실천.

정연태, 2014, 『식민 권력과 한국 농업: 일제 식민농정의 동역학』, 서울대학교출판문화원.

정재정, 1999, 『일제침략과 한국철도 (1892-1945)』, 서울대학교출판부.

정재철, 1985, 『일제의 對한국 식민지 교육정책사』, 일지사.

정태헌, 1996, 『일제의 경제정책과 조선사회』, 역사비평사.

조석곤, 2003, 『한국 근대 토지제도의 형성』, 해남.

차기벽 엮음, 1985, 『일제의 한국식민통치』, 정음사.

찰머스 존슨 저, 장달중 역, 1984, 『일본의 기적』, 박영사.

철도국, 1977, 『한국철도사 2』, 철도청.

최원규, 2019, 『한말 일제초기 국유지 조사와 토지조사사업』, 혜안.

최유리, 1997, 『일제 말기 식민지 지배정책 연구』, 국학자료원.

친일문제연구회 엮음, 1996, 『조선총독 10인』, 가람기획.

친일반민족행위진상규명위원회, 2009, 『친일반민족행위진상규명 보고서 IV-11』, 친일반민족행위진상규명위원회.

T. 나지타 저, 박영재 역, 1992, 『일본근대사: 정치항쟁과 지적 긴장』, 역민사.

하마구찌 하루히코 저, 김석근 역, 1988, 『근대일본의 지식인과 사회운동』, 삼지원.

한국정신대문제대책협의회·한국정신대연구소 편, 1997, 『강제로 끌려간 조선인 군위안부들 증언집 II』, 한울.

허수열, 1993, 『근대조선 공업화 연구』, 일조각.

_____, 2005, 『개발 없는 개발: 일제하, 조선경제 개발의 현상과 본질』, 은행나무

加藤陽子, 1993, 『摸索する1930年代: 美日關係と陸軍中堅層』, 山川出版社.

江口圭一, 1986, 『十五年戰爭史』, 靑木書店.

_____, 1986, 『十五年戰爭小史』, 靑木書店.

姜德相 編, 1966, 『現代史資料 第25 三·一運動 第1 朝鮮. 第1』, みすず書房.

姜東鎭, 1978, 『日本の朝鮮支配政策史硏究』, 東京大學出版會.

岡本眞希子, 2008, 『植民地官僚の政治史: 朝鮮·臺灣總督府と帝國日本』, 三元社.

季武嘉也, 1998, 『大正期の政治構造』, 吉川弘文館.

高橋正衛, 1965, 『二·二六事件:「昭和維新」の思想と行動』, 中央公論社.

高崎隆治 解說·編集, 1976, 『十五年戰爭極祕資料集』1, 龍溪書舍.

古川隆久, 1992, 『昭和戰中期の綜合國策機關』, 古川弘文館.

纐纈厚, 1981, 『總力戰體制硏究: 日本陸軍の國家總動員構想』, 三一書房.

駒込武, 1996, 『植民地帝國日本の文化統合』, 岩波書店.

臼井勝美·高村直助·鳥海靖·由井正臣 編, 2002, 『日本近現代人名辭典』, 吉川弘文館.

君島和彦 編, 1985, 『大日本帝國の軌跡-大正デモクラシー~敗戰』, 三省堂.

宮島博士, 1991, 『朝鮮土地調査事業史の硏究』, 東京大學東洋文化硏究院.

宮田節子 編·解說, 1989, 『朝鮮軍槪要史』, 不二出版.

宮田節子, 1985, 『朝鮮民衆と'皇民化'政策』, 未來社.

近藤釰一 編, 1961, 『太平洋戰下終末期朝鮮の政治』 2, 朝鮮史料編纂會 友邦協會.

近藤釰一, 1963, 『太平洋戰下終末期朝鮮の政治』 4, 朝鮮史料編纂會 友邦協會.

琴秉洞, 2006, 『日本人の朝鮮觀: その光と影』, 明石書店.

吉野作造 著, 松尾尊充 編, 1970, 『中國·朝鮮論』, 平凡社.

大江志乃夫, 1968, 『近代日本とアジア』, 三省堂.

大山梓 編, 1966, 『山縣有朋意見書』, 原書房.

大藏省管理局, 小林英夫 監修, 2002, 『日本人の海外活動に關する歷史的調査』 通卷 第10冊, ゆまに書房.

渡邊行男, 1993, 『宇垣一成: 政軍關係の確執』, 中央公論社.

渡部學, 1968, 『朝鮮近代史』, 勁草書房.

渡部學·阿部洋 編, 1991, 『日本植民地教育政策史料集成: 朝鮮篇』 16, 淸溪書舍.

鈴木隆史, 1979, 『日本帝國主義と滿洲-1900-1945』, 槁書房.

万 峰, 1989, 『日本フォシズムの興亡』, 六興出版.

朴慶植 編, 1982, 『朝鮮問題資料叢書』 7, アジア問題研究所.

朴慶植, 1965, 『朝鮮人强制連行の記錄』, 未來社.

_____, 1973, 『日本帝國主義の朝鮮支配』 上·下, 靑木書店.

防衛廳防衛研修所戰史室, 1967, 『大本營陸軍部』 2, 朝雲新聞社.

芳賀登 等 編集, 2000, 『日本人物情報大系 29: 憲政編 9』, 皓星社.

北岡伸一, 1978, 『日本陸軍と大陸政策, 1906-1918』, 東京大學出版會.

_____, 1999, 『政黨から軍部へ, 1924-1941』, 中央公論新社.

山邊健太郎, 1971, 『日本統治下の朝鮮』, 岩波書店.

_____, 1971, 『日本統治下の朝鮮』, 岩波書店.

山本四郎 編, 1980, 『寺內正毅日記, 1900-1918』, 京都女子大學.

山本四郎, 1984, 『寺內正毅關係文書-首相以前』, 京都女子大學.

山本有造, 1992, 『日本植民地經濟史硏究』, 名古屋大學出版會.

三谷太一郎, 1995, 『增補 日本政黨政治の形成-原敬の政治指導の展開』, 東京大學出版會.

_____, 1995, 『增補 日本政黨政治の形成-原敬の政治指導の展開』, 東京大學出版會.

森山茂德, 1987, 『近代日韓關係史硏究-朝鮮植民地化と國際關係』, 東京大學出版會.

三人貞史, 1992, 『日本の政黨政治 1890-1937年』, 東京大學出版會.

石川準吉, 1967, 『國家總動員史, 資料編第四』, 國家總動員史刊行會.

小磯國昭, 1963, 『葛山鴻爪』, 小磯國昭自敍傳刊行會.

小林道彦, 1996, 『日本の大陸政策: 1895-1914 桂太郞と後藤新平』, 南窓社.

小林英夫, 1975, 『'大東亞共榮圈'の形成と崩壞』, 御茶の水書房.

小林英夫, 1994, 『植民地への企業進出: 朝鮮會社令の分析』, 栢書房.

_____, 2004, 『日本帝國と總力戰體制』, 有志舍.

小森德治, 1968, 『明石元二郞』 上・下, 原書房.

小早川九郞 編著, 1959, 『朝鮮農業發達史: 朝鮮農業三十年史』, 友邦協會.

_____, 1960, 『朝鮮農業發達史: 朝鮮農業三十年史 資料篇 補訂(朝鮮統治關係重要文獻)』, 友邦協會.

松尾章一, 1977, 『日本ファシズム史論』, 法政大學出版局.

松下芳南, 1967a, 『日本軍閥の興亡 1』, 人物往來社.

_____, 1967b, 『日本軍閥の興亡 2』, 人物往來社.

_____, 1967c, 『日本軍閥の興亡 3』, 人物往來社.

水田直昌, 1974, 『總督府時代の財政: 朝鮮 近代 財政の 確立』, 友邦協會.

水田直昌・土屋喬雄, 1962, 『財政・金融政策から見た朝鮮統治とその終局』, 朝鮮史料編纂會 友邦協會.

升味準之輔, 1980, 『日本政黨史論 6』, 東京大學出版會.

_____, 1994, 『日本政黨史論 4』, 東京大學出版會.

阿部洋 編, 1991, 『日本植民地敎育政策史資料集成(朝鮮編) 17』, 淸溪書舍.

_____, 1968, 『舊法令集』, 有斐閣.

安部博純, 1975, 『日本ファシズム硏究序說』, 未來社.

御手洗辰雄 編, 1957, 『南次郞』, 南次郞傳記刊行會.

御廚貴 編, 2013, 『歷代首相物語』, 新書館.

歷史學硏究會 編, 1972, 『太平洋戰爭史5 太平洋戰爭 II 1943-1945』, 靑木書店.

永島廣紀 編, 2010, 『朝鮮を語る: 南總督の朝鮮統治』, ゆまに書房.

外務省 編, 1965, 『日本外交年表竝主要文書 上』, 原書房.

_____, 1966, 『日本外交年表竝主要文書 下』, 原書房.

外務省百年史編纂委員會 編, 1969, 『外務省の百年 下』, 原書房.

宇都宮太郎關係資料研究會 編, 2007, 『日本陸軍とアジア政策 陸軍大將宇都宮太郎日記』 3, 岩波書店.

宇垣一成, 1968-1970, 『宇垣一成日記 1, 2』, みすず書房.

原圭一郎 編, 1981, 『原敬日記』 5, 福村出版.

有竹修二, 1958, 『齋藤實』, 時事通信社.

伊藤隆, 1969, 『昭和初期政治史研究: ロンドン海軍軍縮問題をめぐる諸政治集團の對抗と提携』, 東京大出版會.

_____, 1983, 『近衛新體制』, 中央公論社.

日本國際政治學會太平洋戰爭原因研究會 編著, 1963, 『太平洋戰爭への道(別卷)』, 朝日新聞社.

日本防衛廳防衛研修所戰史部 編, 1967, 『戰史叢書大本營陸軍部 1』, 朝雲新聞社.

長田彰文, 2005, 『日本の朝鮮統治と國際關契-朝鮮獨立運動とアメリカ 1910-1922』, 平凡社.

財團法人齋藤實子爵紀念會, 1941, 『子爵齋藤實傳 2』, 共同印刷株式會社.

井上淸, 1975a, 『新版 日本の軍國主義 II: 軍國主義と帝國主義』, 現代評論社.

_____, 1975b, 『新版 日本の軍國主義 III-軍國主義の展開と沒落』, 現代評論社.

_____, 1980, 『宇垣一成』, 朝日新聞社.

_____, 1989, 『昭和天皇の戰爭責任』, 明石書店.

朝鮮及滿洲社編纂, 1995, 『朝鮮之研究』, 朝鮮及滿洲社編ソウル(景仁文化社).

朝鮮電氣事業史編纂委員會, 1981, 『朝鮮電氣事業史』, 中央日韓協會.

中村哲, 1993, 『近代日本の朝鮮認識』, 硏文出版.

中村哲・安秉直, 1990, 『朝鮮近代の經濟構造』, 日本評論社.

中村晃, 1991, 『怒り宰相小磯國昭』, 叢文社.

中塚明, 1977, 『近代日本と朝鮮』, 三省堂.

秦郁彦, 1982, 『昭和史の軍人たち』, 文藝春秋.

倉富勇三郎日記研究會 編, 2010, 『倉富勇三郎日記』 1-3, 國書刊行會.

淺田喬二・小林英夫 編, 1986, 『日本帝國主義の滿洲支配』, 時潮社.

村上貞一, 1937, 『巨人齋藤實』, 新潮社.

村井良太, 2005, 『政黨內閣期の成立 1918-27』, 有斐閣.

萩原彦三述, 1969, 『朝鮮總督府官制とその行政機構』, 友邦協會.

筒井淸忠, 1984, 『昭和期日本の構造: その歷史社會學的考察』, 有斐閣.

河棕文, 1996, 『戰時勞動力政策の展開: 動員のロジック, 動員機構, 勞動力需給狀況を中心に』, 東京大學日本史硏究室.

橫山臣平, 1973, 『祕錄 石原莞爾』, 笑蓉書房.

黑野耐, 2000, 『帝國國防方針の硏究:陸海軍國防思想の展開と特徵』, 總和社.

黑野耐, 2002, 『日本を滅ぼした國防方針』, 文春新書.

黑田秀俊, 1979, 『昭和軍閥』, 圖書出版社.

Akira, Iriye, 1965, *After Imperialism: the search for a new order in the Far East, 1921-1931*, Cambridge: Harvard University Press.

_____, 1972, *Pacific Estrangement: Japanese and American Expansion, 1897-1911*, Cambridge: Harvard University Press.

Beasley, W. G. ed., 1975, *Modern Japan: aspects of history, literature, and society*, Berkeley, Cali.: University of California Press.

Beasley, W. G., 1974, *The modern history of Japan*, 2nd ed., New York: Praeger.

_____, 1991, *Japanese imperialism, 1894-1945*, Oxford: Clarendon Press.

Crow, Carl, ed., 1942, *Japan's Dream of World Empire: The Tanaka Memorial*, New York: Harper & Brothers.

Dower, W. John, 1986 *War without Mercy: Rce and Power in the Pacific War*, New York: Pantheon Books, 1986.

_____, 1999, *Embracing defeat: Japan in the wake of World War II*, New York: W.W. Norton & Company/New Press.

Duss, Peter, Myers, H. Ramon, and Peattie, R. Mark R. eds., 1989, *The Japanese informal empire in China, 1895-1937*, Princeton, N.J.: Princeton University Press.

_____, 1996, *The Japanese wartime empire, 1931-1945*, Princeton, N.J.: Princeton University Press.

Duus, Peter, 1995, *The Abacus and the Sword: the Japanese Penetration of Korea, 1895-1910*, Berkeley, California: University of California Press.

Myers, H. Ramon and Peattie, R. Mark eds., 1984, *The Japanese colonial empire, 1895-

1945, Princeton, N.J.: Princeton University Press.

Neu, E. Charles Neu, 1967, *An Uncertain Friendship: Theodore Roosevelt and Japan 1906-1909*, Cambridge, Massachusetts: Harvard University Press.

Nish, H. Ian, 1977, *Japanese Foreign Policy, 1869-1942: Kasumigaseki to Miyakezaka*, London: Routledge & K. Paul.

_____, 1985, *The Anglo-Japanese alliance: the diplomacy of two island empires, 1894-1907*, London: Athlone Press.

_____, 1985, *The origins of the Russo-Japanese war*, London: Longman.

Reynolds, E. Bruce ed., 2004, *Japan in the Fascist Era*, New York: Palgrave Macmillan.

Toland, John, 1970, *The rising sun: the decline and fall of the Japanese Empire, 1936-1945*, New York: Random House.

Young, Louise, 1998, *Japan's total empire: Manchuria and the culture of wartime imperialism*, Berkeley: University of California Press.

3. 논문

강혜경, 2021, 「전시총동원체제기 여성의 강제동원과 사실 규명의 과제」, 『The Journal of the Convergence on Culture Technology』 7-1.

君島和彦, 1988, 「조선에 있어서 전쟁동원체제의 전개과정」, 최원규 엮음, 『일제말기 파시즘과 한국사회』, 청아출판사.

김대호, 2004, 「1910-1920년대 조선총독부이 조선신궁 건립과 운영」, 『한국사론』 50.

김문식, 1971, 「일제의 농업-산업구조를 중심으로」, 아세아문제연구소, 『일제의 경제침탈사』, 민중서관.

김민철, 2003, 「전시체제하(1937-1945) 식민지 행정기구의 변화」, 『한국사학보』 14.

金世正, 1931. 5, 「판례를 통해 본 보안법과 제령 제7호」, 『批判』.

김승태, 1987, 「일본신도의 침투와 1910·1920년대의 '신사문제'」, 『한국사론』 14.

김익한, 1996a, 「1910년대 일제의 지방 지배 정책」, 『사회와역사』 50.

_____, 1996b, 「1920년대 일제의 지방지배정책과 그 성격」, 『한국사연구』 93.

_____, 2006, 「일제의 면 지배와 농촌사회구조의 변화」, 김동노 편, 『일제 식민지 시기의 통치체제 형성』, 혜안.

김인호, 1995, 「태평양전쟁기(1940-1945) 일제의 조선공업통제와 생산력 확충」, 『한국사연구』 90.

_____, 1996, 「일제의 조선공업정책과 조선인자본의 동향(1936-1945)」, 고려대학교대학원 박사학위논문.

_____, 2004, 「태평양전쟁시기 조선엥서의 생산증강 정책과 그 실상」, 『역사와경계』 52.

김정은, 2001, 「1920-30년대 경찰조직의 재편」, 『역사와현실』 39.

김제정, 2018, 「1920년대초반 조선총독부의 산업정책과 조선인 자본가」, 『도시인문학연구』 10-2.

김철수, 2010, 「'조선신궁' 설립을 둘러싼 논쟁의 검토」, 『순천향인문과학논총』 27.

김호범, 1994, 「일제하 식민지재정의 구조와 성격」, 『경제연구』 3-1.

도면회, 2005, 「1910년대 식민지 조선의 형사법과 조선인의 법적지위」, 권태억 외, 『한국 근대사회와 문화 II』, 서울대학교출판부.

동엽, 2019, 「1920년대말 일본 정치와 조선총독경질에 대한 고찰」, 『통일인문학』 79.

마쓰다 도시히코, 2005, 「일본 육군의 중국대륙침략정책과 조선(1910-1915)」, 권태억 외, 『한국 근대사회와 문화 II』, 서울대학교출판부.

문명기, 2016, 「일제하 대만·조선 총독부 세입의 추이와 구조」, 『사림』 56.

박수현, 2001, 「일제하 수리조합사업과 농촌사회의 변동: 1920~34년 산미증식계획기간을 중심으로」, 『중앙사론』 15.

박우현, 2019, 「1920년대 조선사업공채 정책 변화와 재원조달의 부실화」, 『한국사연구』 185.

박정애, 2020, 「총동원체제기 식민지 조선에서 정신대와 위안부 개념의 착종 연구: 정신대의 역사적 개념 변천을 중심으로」, 『아시아여성연구』 59-2.

방기중, 2004, 「1930년대 조선 농공병진정책과 경제통제」, 방기중 편, 『일제 파시즘 지배정책과 민중생활』, 혜안.

_____, 2005, 「조선 지식인의 경제통제론과 '신체제' 인식」, 방기중 편, 『일제하 지식인의 파시즘체제 인식과 대응』, 혜안.

_____, 2007, 「1940년 전후 조선총독부의 '신체제' 인식과 병참기지강화정책」, 『동방학지』 138.

배병일, 2015, 「일제하 토지조사사업의 비교법적 검토」, 『법학논고』 49.

배성준, 2001, 「일제말기 통제경제법과 기업통제」, 『한국문화』 27.
서정익, 2001, 「전시 일본의 생산력확충계획 연구」, 『호서대학교 사회과학연구』 29.
____, 2003, 「전시 일본의 총력전체제와 경제총동원」, 『논문집(사회과학편)』 22.
____, 2005, 「전시(1937-1945) 일본의 국제관계와 대외무역」, 『한국경제학보』 12-1.
____, 2014, 「전시 일본의 농업통제」, 『논문집(사회과학편)』 33-1.
설주희, 2020, 「1920년대 조선총독부의 '교화(敎化)' 전용(轉用): 도덕적인 백성에서 노동하는 '국민'으로」, 『민족문화논총』 76.
손정목, 1987, 「조선총독부의 신사보급·신사참배 강요정책 연구」, 『한국사연구』 58.
송규진, 2013, 「일제의 대륙침략기 '북선루트'·'북선3항'」, 『한국사연구』 163.
신상준, 1973, 「한일합병에 따른 조선총독부의 설치와 조선총독의 지위 및 권한에 관한 행정사적 연구」, 『청주여자사범대학논문집』 2.
신주백, 2000, 「1910년대 일제의 조선통치와 조선주둔 일본군」, 『한국사연구』 109.
쓰루미 슌스케, 1982, 「국체에 관하여」, 『일본제국주의 정신사 1931-1945』, 한벗.
아사노 토요미, 2006, 「일본제국의 통치원리 '내지연장주의'와 제국법제의 구조적 전개」, 『법사학연구』 33.
안유림, 1994, 「1930년대 총독 宇垣一成의 식민정책」, 『이화사원』 27.
안자코 유카, 2006, 「조선총독부의 '총동원체제'(1937-1945) 형성 정책」, 고려대학교 대학원 박사학위논문.
여순주, 1994, 「일제말기 조선인 여자근로정신대에 관한 실태연구」, 이화여자대학교대학원 석사학위논문.
____, 1999, 「일제 말기 여성정책과 일본군 위안부」, 『우리 여성의 역사』, 청년사.
염복규, 2004, 「1910년대 일제의 태형제도 시행과 운용」, 『역사와현실』 53.
오미일, 1994, 「1910-1920년대 공업발전단계와 조선인자본가층의 존재양상」, 『한국사연구』 87.
오선실, 2008, 「1920-30년대, 식민지 조선의 전력시스템의 전환: 기업용 대형 수력발전소의 등장과 전력망 체계의 구축」, 『한국과학사학회지』 40-1.
____, 2020, 「1910-30년대 조선총독부의 전력정책과 식민지 기술관료들의 조선개발인식」, 『인문고학연구논총』 41-1.
오성철, 2005, 「1910년대 일제의 식민지 교육정책과 한국인의 대응」, 권태억 외, 『한국

근대사회와 문화 II』, 서울대학교출판부.

우명동, 1987, 「일제하 조선재정의 구조와 성격」, 고려대학교대학원 박사학위논문.

윤병석, 1969, 「삼일운동에 대한 일본정부의 정책」, 『삼일운동50주년기념논집』, 동아일보사.

윤선자, 1997, 「1910년대 일제의 종교규제법령과 조선천주교회의 대응」, 『한국근현대사연구』 6.

_____, 2011, 「일제의 신사 설립과 조선인의 신사 인식」, 『역사학연구』 42.

이명학, 2020, 「일제시기 행정구역의 개편과 명칭의 변화: 면을 중심으로」, 『한국독립운동사연구』 70.

이상의, 2002, 「1930-40년대 일제의 조선인노동력동원체제 연구」, 연세대학교대학원 박사학위논문.

_____, 2016, 「아시아 태평양전쟁기 일제의 인천조병창 운영과 조선인 학생동원」, 『인천학연구』 25.

이송순, 2003, 「전시기(1937-1945) 조선의 미곡증산정책 실시와 그 성격」, 『사총』 56.

이승렬, 1994, 「역대 조선총독과 일본군벌」, 『역사비평』 24.

_____, 1996, 「1930년대 전반기 일본군부의 대륙침략관과 '조선공업화'정책」, 『국사관논총』 67.

이승희, 2019, 「하세가와 요시미치의 대한 군사·치안 정책」, 『일본학보』 121.

이애리, 2004, 「일본군 위안부의 동원실태에 대한 고찰」, 경남대교육대학원 석사학위논문.

이영학, 2008, 「일제의 토지조사사업과 기록관리」, 『역사문화연구』 30.

_____, 2015, 「1910년대 조선총독부의 농업정책」, 『한국학연구』 36.

_____, 2018, 「1920년대 조선총독부의 농업정책」, 『한국민족문화』 69.

이영훈, 1993, 「쟁점 토지조사사업의 수탈성 재검토」, 『역사비평』 22.

이윤갑, 2007, 「우가키 가즈시게 총독의 시국인식과 농촌진흥운동의 변화」, 『대구사학』 87.

이윤상, 2007, 「일제하 '조선 왕실'의 지위와 이왕직의 기능」, 『한국문화』 40.

이윤상·김상태, 2005, 「1910년대 조선총독부의 재정정책」, 권태억 외, 『한국 근대사회와 문화 II』, 서울대학교출판부.

이정선, 2018, 「공간에 속박된 사람들: 식민지 조선의 민사 법제와 공통법」, 『한림일본학』 33.

이지원, 2020, 「3·1운동 이후 일제의 식민지 사회교화정책과 조선 민족성」, 『학림』 45.
이향철, 1987, 「일본파시즘의 '국가개조' 사상연구」, 『동양사학연구』 25.
이형식, 2020, 「고이소 총독 시기 조선총독부의 운영과 통치이념」, 『일본역사연구』 52.
_____, 2005, 「조선귀족과 일본귀족과의 관계에 대한 자료조사 및 해제」, 친일반민족행위진상규명위원회, 『친일반민족행위진상규명위원회 2005년도 보고서』, 친일반민족행위진상규명위원회.
_____, 2010a, 「야마나시총독(山梨總督)시대의 조선총독부」, 고려대학교 일본사연구회 편, 『동아시아 속의 한일관계사 (하)』, 제이앤씨.
_____, 2010b, 「중간내각 시대(1922.6-1924.7)의 조선총독부」, 『동양사학연구』 113.
_____, 2011, 「무단통치 초기(1910.10-1914.4)의 조선총독부」, 『일본역사연구』 33.
_____, 2014, 「조선총독부 관방의 조직과 인사」, 『사회와역사』 102.
_____, 2018, 「'내파'하는 '대동아공영권': 동남아시아 점령과 조선통치」, 『사총』 93.
_____, 2019, 「조슈파 데라우치 마사타케(寺內正毅)와 조선 통치」, 『역사와 담론』 91.
임이랑, 2020, 「1920년대 조선총독부 학무국 종교과의 설치와 역할」, 『역사문제연구』 44.
임채성, 2008, 「쌀과 철도 그리고 식민지화: 식민지조선의 철도운영과 미곡경제」, 『쌀·삶·문명연구』 창간.
장신, 2007, 「삼일운동과 조선총독부의 사법 대응」, 『역사문제연구』 18.
장형익, 2009, 「근대 일본의 총력전 구상과 '제국국방방침'」, 『군사』 70.
전강수, 1990, 「전시체제하 조선에 있어서의 미곡정책에 관한 연구」, 『경제사학』 14.
_____, 1993, 「식민지 조선의 미곡정책에 관한 연구: 1930-1945년을 중심으로」, 서울대학교대학원 박사학위논문.
_____, 1995, 「1940년대 한국의 미곡정책」, 『경제사학』 19.
전상숙, 2004b, 「일제 군부파시즘체제와 '식민지 파시즘'」, 방기중 편, 『일제 파시즘 지배정책과 민중생활』, 혜안.
_____, 2005a, 「일제의 식민지 조선 행정일원화와 조선 총독의 '정치적 자율성'」, 『일본연구논총』 21.
_____, 2005b, 「일제 파시즘기 사상통제정책과 전향」, 『한국정치학회보』 39-3.
_____, 2005c, 「전향, 사회주의자들의 현실적 선택」, 방기중 편, 『일제하 지식인의 파시즘체제 인식과 대응』.

_____, 2006, 「러일전쟁 전후 일본의 대륙정책과 데라우치(寺內正毅)」, 『사회와역사』 71.
_____, 2008, 「1920년대 사이토오(齊藤實)총독의 조선통치관과 '내지연장주의'」, 『담론 201』 11-2.
_____, 2009a, 「조선 총독정치체제와 관료제: 1910년대를 중심으로」, 『한국정치외교사논총』 31-1.
_____, 2009b, 「'조선특수성'론과 조선 식민지배의 실제」, 신용하 외, 『식민지 근대화론에 대한 비판적 성찰』, 나남.
_____, 2010, 「일제하 한국 민족주의와 사회주의의 접합」, 『한국 민족주의와 변혁적 이념체계』, 나남.
_____, 2012, 『조선총독정치 연구: 조선총독의 '상대적 자율성'과 일본의 한국지배정책 특질』, 지식산업사.
_____, 2014, 「강제동원의 과거사 해소를 위한 역사정치적 고찰」, 『아세아연구』 57-3.
_____, 2015, 「'한국인' 정치 참여 부재와 조선총독부의 관학을 통한 사회과학의 전개」, 『한국정치외교사논총』 37-1.
_____, 2017b, 「전시 일본 국토계획과 대동아공영권 그리고 조선국토계획」, 『사회이론』 51.
전성현, 2009, 「일제하 조선 상업회의소와 '조선철도12년계획'」, 『역사와경계』 71.
정규영, 2007, 「'공립보통학교 1면1교 계획'과 조선인 초등교육(1928-1936)」, 권태억 외, 『한국 근대사회와 문화 III』, 서울대학교출판부.
정문종, 1993, 「1930년대 조선에서의 농업정책에 관한 연구」, 서울대학교대학원 박사학위논문.
정연태, 1990, 「1930년대 '조선농지령'과 일제의 농촌통제」, 『역사와현실』 4.
_____, 2005, 「조선총독 데라우치(寺內正毅)의 한국관과 식민통치」, 권태억 외, 『한국사회와 문화 II』, 서울대학교출판부.
정연태·이지원·이윤상, 1989, 「3·1운동의 전개양상과 참가계층」, 한국역사연구회·역사문제연구소 엮음, 『3·1민족해방운동 연구』, 청년사
정준영, 2011, 「식민지 제국대학의 존재방식: 경성제대와 식민지의 '대학자치론'」, 『역사문제연구』 26.
정진성, 2001, 「일본군위안소 제도의 성립」, 『일본군'위안부'문제의 책임을 묻는다』, 풀빛.

정태헌, 2015, 「조선철도에 대한 만철 위탁경영과 총독부 직영으로의 환원 과정 및 배경」, 『한국사학보』 60.

정태헌·박우현, 2020, 「일제시기 철도재정의 식민지성」, 『한국사학보』 78.

조명근, 2017, 「1920-30년대 대구부협의회·부회 선거와 조선인 당선자」, 『대구사학』 129.

조재곤, 2005, 「1910년대 상업회의소와 조선인 자본가」, 권태억 외, 『한국 근대사회와 문화 II』, 서울대학교출판부.

지수걸, 1984, 「1932-35년간의 농촌진흥운동」, 『한국사연구』 46.

_____, 1999, 「일제의 군국주의 파시즘과 '조선농촌진흥운동'」, 『역사비평』 18.

채영국, 1992, 「삼일운동 전후 일제 조선군」, 『한국독립운동사연구』 6.

淺田喬二, 1984, 「항일농민운동의 일반적 전개과정」, 『항일농민운동연구』, 동녘.

최원규, 1994, 「한말 일제초기 토지조사와 토지법 연구」, 연세대학교대학원 박사학위논문.

최원철, 2010, 「일본통치시대의 조선식산은행과 조선금융조합연합회에 관한 연구」, 『일본근대학연구』 30.

최은수, 2020, 「'제국의 위안부', 하루미(春美)의 소환과 식민지 지배: 영화 『여자정신대』에서 『제국의 위안부』까지」, 『일본연구』 83.

최은진, 2021, 「1920-1930년대 중반 소작입법을 둘러싼 식민지 조선과 일본 사회의 대응과 인식」, 『한국근현대사연구』 96.

허수, 2009, 「제1차 세계대전 종전 후 개조론의 확산과 한국 지식인」, 『한국근현대사연구』 50.

허수열, 1983, 「일제하 한국에 있어서 식민지적 공업의 성격에 관한 일연구」, 서울대 대학원 박사학위논문.

_____, 1985, 「조선인 노동력의 강제동원의 실태」, 차기벽 엮음, 『일제의 한국 식민통치』, 정음사.

홍순권, 1997, 「일제초기의 면 운영과 '조선면제'의 성립」, 『역사와현실』 23.

황민호, 2006, 「『매일신보』에 나타난 3·1운동의 전개와 조선총독부의 대응」, 『한국독립운동사연구』 26.

加藤聖文, 1998,「政黨內閣確立期における植民地支配體制の摸索: 拓務省設置問題の考察」, 東アジア近代史學會 編,『東アジア近代史 1』, ゆまに書房.

江口圭一, 1978,「1930年代論」,『日本ファシズムの形成』, 日本評論社.

姜德相, 1959,「憲兵政治下の朝鮮」,『歷史學硏究』321.

岡本眞希子, 1998,「政黨政治期における文官總督制-立憲政治と植民地統治の相剋」,『日本植民地硏究』10.

古川隆久, 1987,「國家總動員法をめぐる政治過程」,『日本歷史』469.

關屋貞三郎, 1919. 6,「朝鮮人敎育に就きて」,『朝鮮敎育硏究會雜誌』45.

纐纈厚, 1982,「小磯國昭: 國家總動員政策の推進者」, 富田信男 外 著,『政治に干涉した軍人たち』, 有斐閣.

君島和彦, 1977,「朝鮮における戰爭動員體制の展開過程」, 藤原彰・野澤豊 編,『日本ファシズムと東アジア』, 靑木書店.

堀和生, 1982,「朝鮮における植民地財政の展開-1910-30年代初頭にかけて」, 飯沼二郎・姜在彦,『植民地朝鮮の社會と抵抗』, 未來社.

_____, 1982,「朝鮮に於ける植民地財政の展開: 1910-30年代初期にかけて」, 飯沼二郎・姜在彦 編,『植民地期朝鮮の社會と抵抗』, 未來社.

宮田節子, 1973,「朝鮮における農村振興運動」,『季刊現代史』2.

_____, 1991,「皇民化政策の構造」,『朝鮮史硏究會論文集』29.

金早雪, 1985,「日窒コンチェルンにおける朝鮮窒素」, 姜在彦 編,『朝鮮における日窒コンチェルン』, 不二出版.

吉川隆久, 1990. 4,「革新官僚の思想と行動」,『史學雜誌』99-4.

金子文夫, 1986,「1920年代における朝鮮産業開發政策の形成」, 原郞 編,『日本植民地硏究』10.

大江志乃夫, 1992,「植民地戰爭と總督府の成立」, 大江志乃夫 外 編,『岩波講座 近代日本と植民地 2』, 岩波書店.

_____, 1993,「山縣系と植民地武斷統治」, 大江志乃夫 外 編,『岩波講座 近代日本と植民地 4, 統合と支配の論理』, 岩波書店.

大石嘉一郎, 1994,「第二次世界大戰と日本資本主義」,『日本帝國主義史 3』, 東京大學出版會.

鈴木隆史, 1970,「總力戰體制と植民地支配: '滿洲'の場合」,『日本史硏究』111.

林榮成, 2002, 「戰時下朝鮮國鐵の組織的對應: '植民地'から'分斷'への歷史的徑路を探って」, 東京大學大學院 博士論文.

福島良一, 1999, 「宇垣一成における朝鮮統治方針」, 堀眞淸 編, 『宇垣一成とその時代: 大正・昭和前期の軍部・政黨・官僚』, 新評論社.

本間重紀, 1979, 「戰時國家獨占資本主義の法體制-戰時企業統制に限定して」, 『戰時日本の法體制』, 東京大學出版會.

北岡伸一, 1979, 「陸軍派閥對立(1931-1935)の再檢討」, 『昭和期の軍部』, 山川出版社.

山崎志郎, 1987, 「生産力擴充計劃の展開過程」, 『戰時經濟』, 山川出版社.

山本有造, 1991, 「日本における植民地統治思想の展開(2)」, 『アジア經濟』32-2.

山田三郎, 1984, 「併合後半島統治と帝國憲法との關係」, 山本四郎 編, 『寺內正毅關係文書-首相以前』, 京都女子大學.

森山茂德, 1991, 「日本の朝鮮統治政策(1910-1945)の政治史研究」, 『法政理論』23-3・4.

石關敬三, 1970, 「國防國家論と國體明徵」, 早稻田大學社會學研究所, プレ・ファシズム研究部會 編, 『日本のファシズム-形成期の研究-』, 早稻田大學出版部.

石田雄, 1976, 「'ファシズム期'日本における'傳統'と'革新'」, 『思想』619.

松田利彦, 2015, 「1910年代における朝鮮總督府の國境警備政策」, 『人文學報』106.

松下芳南, 1976, 「大正十二年度帝國國防方針」, 『日本國防の悲劇』, 芙蓉書房.

水野直樹, 2000, 「治安維持法の制定と植民地朝鮮」, 『人文學報』83.

水田直昌, 1961, 「昭和19年度總督府豫算について」, 近等鈫一, 『太平洋戰下終末期朝鮮の政治』, 朝鮮史料編纂會 友邦協會.

柴垣和夫, 1979, 「'經濟新體制'と統制會: その理念と現實」, 『ファシズム期の國家と社會 2 戰時日本經濟』, 東京大學出版會.

_____, 1979, 「'經濟新體制'と統制會: その理念と現實」, 『ファシズム期の國家と社會 2』, 東京大學出版會.

刈田 徹, 1982, 「天皇制國家のファショ的再編成」, 淺沼和典・河原宏・紫田敏夫 編, 『比較ファシズム研究』, 成文堂.

由井正臣, 1973, 「總力戰準備と國民統合」, 『史觀』86・87.

尹明憲, 1985, 「朝窒による電源開發」, 姜在彦 編, 『朝鮮における日窒コンチェルン』, 不二出版.

衣笠哲生, 1989, 「中日戰爭の展開と軍部」, 小島恒久 編, 『1930年代の日本-大恐慌より戰

爭へ』, 法律文化社.

伊藤隆, 1989, 「'國是'と'國策'·'統制'·'計劃'」, 『日本經濟史 6』, 岩波書店.

李炯植, 2004, 「'文化統治'初期における朝鮮總督府官僚の通治構想」, 『史學雜誌』 115-4.

_____, 2007, 「政黨內閣期(1924-1932)の朝鮮總督府官僚の統治構想」, 『東京大學日本史學研究室紀要』 11.

李淳衡, 1999, 「朝鮮工業化論と宇垣一成總督の政策」, 堀眞清 編著, 『宇垣一成とその時代: 大正·昭和前期の軍部·政黨·官僚』, 新評論社.

田中武雄, 1960, 「小磯總督時代の概觀」, 東洋文化研究·學習院大學東洋文化研究所 編, 2000, 未公開資料 朝鮮總督府關係者錄音記錄(1)東洋文化研究所所藏 友邦協會·中央日韓協會文庫『十五年戰爭下の朝鮮統治』 2.

糟谷憲一, 1992, 「朝鮮總督府の文化政治」, 『近代日本と植民地 2』, 岩波書店.

照沼康孝, 1979, 「國民義勇隊に關する一 考察」, 近代日本研究會 編, 『近代日本研究: 昭和期の軍部 1』, 山川出版社.

條約局法規課, 1971. 3, 「日本統治時代の朝鮮」, 『外地法制誌』 第四部の二, 11-13.

佐佐木隆, 1979, 「陸軍'革新派'の展開」, 『宇垣昭和期の軍部』, 山川出版社.

中村隆英, 1977, 「戰爭經濟とその崩壞」, 朝尾直弘 外 編, 『岩波講座 日本歷史 21: 近代 8』, 岩波書店.

中塚明, 1976, 「日本帝國主義と植民地」, 『岩波講座 日本歷史 近代 6』 19, 岩波書店.

川北昭夫, 1995, 「1920年代朝鮮の工業化論議について」, 鹿兒島經濟大學地域綜合硏究所 編, 『近代東アジアの諸相』, 勁草書房.

淸水秀子, 1967, 「拓務省設置二關スル件」, 『歷史敎育』 15-1.

春山明哲, 1980, 「近代日本の植民地統治と原敬」, 春山明哲·若林正丈, 『日本植民地主義の展開, 1895-1934年』, 財團法人アジア政經學會.

河合和男, 1985, 「朝鮮工業と日本資本」, 姜在彦 編, 『朝鮮における日窒コンチェルン』, 不二出版.

胡北社編輯部, 1977, 「朝鮮における日本人の活動に關する調査」, 胡北社

橫田耕一, 1989, 「1930年代の政治」, 小島恒久 編, 『1930年代の日本: 大恐慌より戰爭へ』, 法律文化社.

Bruce Cumings, 1989, "The Legacy of Japanese Colonialism in Korea," Duss, Peter, Myers, H. Ramon, and Peattie, R. Mark R. eds., *The Japanese informal empire in China, 1895-1937*, Princeton, N.J.: Princeton University Press.

Coox, A.D., 1988, "The Pacific War," Duus, P. ed., *The Cambridge History of Japan Vol. 6: The Twentieth Century*, Cambridge University Press.

Yasuhiro, Okudaira, 1973, "Some Preparatory Notes for the Study of the Peace Preservation Law in Prewar Japan," *Annals of the Institute of Social Science*, Number 14.

찾아보기

ㄱ

「결전 근로동원 실시에 관한 건」 367
경제통제 325
「경찰범처벌규칙」 53
고이소 301, 302, 303, 304, 307, 308, 309, 310, 311, 312, 313, 314, 318, 319, 320, 321, 322, 323, 324, 327, 328, 329, 332, 339, 345, 347, 348, 349, 350, 353, 355, 358, 390
고이소 구니아키 306
공업화 정책 267
「공통법」 170, 171
광공국 321
「광업령」 60
「교육칙어」 390
교육칙어의 정신 75
국가신도 107
「국가총동원법」 269, 370
국가총동원체제 369
국경 관세 특례 328
국민개로운동 373
「국민근로동원령」 367
「국민근로동원령 시행규칙」 367
「국민근로령」 376
「국민근로보국협력령」 370, 373
국민동원 지배이데올로기 237
국민의용대 368
국민정신 고양 운동 239
국민정신작흥운동 240
「국민정신 작흥 조서」 239
국민정신총동원연맹 286
국민정신총동원운동 289
국민정신총동원위원회 288
국민정신총동원조선연맹 273, 288, 289, 311
「국민 직업능력 신고령」 269, 279, 369
「국민징용령」 270, 364, 370
「국민징용 부조 규칙」 371
국민총동원 정책 340
국민총동원체제 267
국민총력운동 289
국민총력운동연락위원회 323
국민총력운동조선연맹 313, 314, 315
국민총력조선연맹 323, 324, 368
「국민학교규정」 291, 344
국방국가체제 376

국방설치경영 41, 43, 44, 57
군부파시즘 지배체제 309
「군수회사법」 303
「군수회사 징용규칙」 372
군 통수권 17, 44
근로동원본부 365
「근로동원 본부 규정」 364
근로보국대 347
기본국책요강 376
기획부 270
기획위원회 275

ㄴ

내선융화 219, 221, 236, 237
내선일체 219, 262, 282, 286, 287, 290, 293, 310, 312, 324, 340, 341, 350, 352, 353, 358
내외지 행정 일원화 318
내지연장주의 127, 128, 129, 133, 135, 161, 168, 174, 208
농공병진 204, 214
농공병진정책 208, 221, 233, 242, 252, 266
농공병진 조선산업화 202
「농업 생산 책임제 실시요강」 361
농촌진흥운동 220, 230, 232, 233, 234

ㄷ

다나카(다나카 수상) 132, 174, 175, 176, 191, 192, 193, 194, 195, 201, 203, 206, 207, 211, 391
다나카 기이치 127
다나카 내각 179, 201
다이쇼데모크라시 17, 95
다이쇼데모크라시 풍조 84, 85, 86, 115, 121
대동아공영권 17, 209, 273, 300, 308, 313, 325
대동아광역경제 325
대동아국토계획 204
대동아선언 355
대동아 신질서 377
대륙국가 일본제국 384
대륙전진병참기지화 20, 204
대륙전진병참기지화정책 296
대륙정책 216
대륙제국론 136
대륙철도 56
대화숙 290
데라우치 마사다케(데라우치) 36, 40, 45, 50, 58, 65, 67, 84, 103, 115, 130, 132, 163, 192, 193, 391
데라우치 내각 85, 127
데모크라시 풍조 50, 179, 190
「도로규칙」 55

동아 신질서 성명　268
동화주의　73, 74, 75, 80, 83

ㅁ

만선철도경영방책　55
면제　88, 91
모범부락정책　150
무단정치　87
무단통치　45, 88, 111, 112, 149
무단통치체제　40, 91, 104
문무병용제　133, 135, 194
문화정치　17, 123, 124, 126, 127, 133, 135, 137, 139, 140, 143, 149, 150, 152, 154, 174, 190, 197, 206, 208, 212, 236, 296, 387, 389
「미곡 공출대책 요강」　362
미나미 지로(미나미)　204, 247, 248, 249, 250, 251, 252, 254, 258, 261, 263, 264, 266, 267, 269, 272, 273, 274, 277, 279, 280, 281, 282, 286, 287, 290, 296, 297, 301, 302, 305, 307, 311, 322, 389
민족말살정책　393
민족분열정책　147
민족자결주의　121

ㅂ

반도의 군수성　321

방위대책심의회　304
방위사무연락협의회　304
「범죄즉결례」　47
「법인 소득에 관한 규정」　98
병참기지(화)정책　258, 265, 275, 287, 305, 389
병참기지화　281
병합　15, 16
보통경찰제도　140, 146
북진대륙정책　17, 38, 43, 54, 86, 133, 384, 386

ㅅ

「사립학교규칙」　79
「사상범 보호관찰법」　280, 287
사이토 마코토(사이토)　127, 128, 129, 130, 133, 135, 137, 161, 163, 174, 185, 194, 195, 196, 202, 206, 212, 236, 243, 244
산미증식계획　152, 153, 154, 157, 158, 159, 161, 184, 228
산업개발　152, 154
산업개발정책　185, 204, 237
산업의 자주체제 확립　327
산업제일주의　104
산업조사위원회　155, 160, 163
「삼림령」　60
3·1운동　88, 90, 111, 121, 124, 126,

128, 141, 142, 152, 173, 181, 192, 196, 386
상대적 자율성 18, 196
상대적 자율통치권 303
「생산 증강 노무 강화 대책 요강」 373
「서당규칙」 105, 107
「소득세법시행규칙」 102
소작 64
「소작관행 개선에 관한 건」 183
쇼와 군벌 391
「수리조합령」 96
「시가지세령」 52
시국대응전선사상보국연맹 287, 290
시세와 민도 78, 79, 82, 171, 358
식민지 산업개발 154
식민지 산업개발정책 153
식민지총동원체제 278
「신사사원규칙」 108
신사 설치 105
신사(神祠)에 관한 건 109
심전개발운동 240, 242
쌀소동 127

ㅇ

아베 305, 350, 360, 362, 363, 364, 390
아베 노부유키 306, 348, 349
애국반 368

야마나시 한조(야마나시) 174, 175, 176, 185, 186, 187
「어업령」 60
엔블록의 자급자족적 경제권역 388
「여자근로동원 촉진에 관한 건」 373, 375
「여자정신근로령」 369, 370, 371, 372, 374, 376
「여자정신근무령」 364
「연초세령」 52
「외지의 미곡 등 증산과 공출 장려에 관한 특별조치」 361
우가키 가즈시게(우가키) 202, 203, 204, 206, 208, 209, 211, 213, 214, 215, 217, 218, 219, 220, 221, 223, 232, 235, 237, 240, 242, 244, 245, 247, 248, 249, 266, 296, 297, 302, 307, 308, 309, 349, 388, 391
우가키벌 390
육군북진대륙정책의 교두보 117
육군의 북진대륙정책 390
「육군특별지원병령」 261, 262, 283
육군특별지원병제 301
이익선 41, 117
이익선론 38, 172
이익선 조선 37
「인지세령」 98
1면1교주의 187, 188, 189, 190

일본 국민화　172, 344, 392, 393
일본 국토계획　273
일본제국국방방침　38, 86, 113, 130
일본총력전체제　20, 134, 212, 235, 252, 253, 295, 297, 305, 308, 389
일선동조론　312, 313, 324
일선만블록　249, 266
일선만블록 노선　242
일선만(日鮮滿)블록론　216, 217, 248
일선만지　258
일선만지블록　265
일선만지블록론　250
일시동인　66, 73, 74, 75, 83, 137, 168
일시동인주의　45
일한병합조약　15
임전보국단　315

ㅈ

자급자족적 총력전체제　377
자율적인 총독정치체제　68
자율통치체제　51
작전방위대책 기본 요강　304, 322
「잠업령」　96
재정독립 계획　153
전력증강 8대 시책　328
「전문학교관제」　80
「전시교육령」　368
전시 조선총동원체제　22

전시총동원　272
전시총력전체제　297
전쟁 지원 산업화정책　294
전제적인 자율통치권　384
정당내각　87, 111, 132, 133, 165, 175, 179, 192, 197, 202, 206
정당정치　19, 50, 190
「정치에 관한 범죄 처벌 건」　92, 93, 142
제1차 세계대전　17, 87, 99, 100, 101, 120, 154, 157, 186, 203, 204, 208, 209, 305, 308, 388
제2의 내지　353
제2차 세계대전　332
『제국국방자원』　308
조선개발정책　165, 214
조선공업화　104, 202, 216, 228, 242, 250, 258, 264, 276, 296, 297, 327, 389
조선공업화정책　213, 267
조선 교두보관　39, 58, 59, 117, 192, 193, 198
「조선교육령」　23, 73, 74, 76, 77, 78, 79, 80, 82, 168, 171, 172, 261, 280, 283, 284, 286, 291, 340, 343, 345
조선국토계획　204, 275
「조선귀족령」　82
「조선농지령」　231, 232
조선대륙전진병참기지화　208

「조선미곡배급조정령」 335
「조선민사령」 62
조선민족운동에 대한 대책 151
조선방공협회 287
조선병참기지(화)정책 199, 243, 263, 264, 265, 266, 268, 270, 273, 274, 275, 297
「조선부동산등기령」 62
조선블록개발론 276
조선블록개발 정책 277
「조선사업공채법」 51
조선산업개발 59, 67, 68, 159, 186, 208, 233, 253, 255, 266
조선산업개발5개년계획 255
조선산업개발정책 186, 199, 204, 216, 228, 234
조선산업경제조사회 252, 263
조선산업의 자주체제 확립 328
조선산업화 21, 104, 204, 218, 219, 220, 250, 296, 297, 327, 388, 389
조선산업화정책 208, 297
「조선상업회의소령」 71
조선세제조사위원회 162
「조선소작조정령」 231
「조선식량관리령」 335
「조선식량관리특별회계법」 335
조선식산흥업정책 58
조선신궁 110

조선 신체제 274, 275, 276, 277, 290, 389
조선 신체제 운동 289
「조선에서 시행할 법령에 관한 건」 46, 142
「조선에서의 법령의 효력에 관한 건」 47
「조선에서의 참정권 제도 방책」 151
「조선에 시행할 법률에 관한 건」 48
「조선의 양곡 증산과 공출 장려에 관한 특별조치 요령」 361
조선의 총동원 경비 요강 304
조선인 의무교육제도 342
조선인 이입에 관한 건 269
조선인지원병제도 실시요항 260
조선인 지원병제도에 관한 의견 256
조선재정조사위원회 161
조선전기사업령 164
조선종단철도 58
조선중앙정보위원회 258, 281
조선증미계획 279
조선지방의회개설론 352
조선징병제 350
조선철도건설12년계획 167
「조선청년특별연성령」 342, 365
「조선총독부 경찰관서 관제 폐지의 건」 140
조선총독부관제 44
조선총독부국토계획위원회 276

조선총독부 독립예산 5개년 계획 52
조선총독부 방위총본부 304
「조선총독부 설치에 관한 건」 46, 47
조선총독부시국대책조사회 265
조선총독부의 재정 안정화 162
「조선총독부임시토지조사국관제」 61
「조선총독부 특별회계에 관한 건」 48
「조선총독부황실령」 82
조선총독 현역무관제 17
조선총동원 204, 305, 324, 328
조선총동원체제 134, 202, 235, 289, 311
「조선태형령」 53
「조선토지개량령」 158, 183
조선특수사정론 276
조선 특수성 202, 219, 304, 322, 329, 353, 354
조선특수성론 252
「조선형사령」 180
조슈 군벌 50, 384
조슈 육군벌 390, 391
종교과 173
주권선 41
「주세령」 98
지방기구 개혁 요강 321
지방제도 개정 147, 149
「지세령」 62, 97, 98, 99
지원병제도 351, 352

지주경영 65
징병령 355
징병제 251, 340, 341, 352, 354, 356
징용에 의한 동원 339, 347

ㅊ

참정권 136, 151, 176, 197, 243, 350, 351, 352, 354, 355, 356, 358
천황 대권 73
천황의 교육칙어 172
철도건설운동 165
철도광역화정책 54
초연내각 85
총독정치 40
총동원체제 299, 302
총력전체제 17, 196, 204, 206, 208, 209, 210, 213, 216, 232, 305, 308, 309, 388
총력전체제 구축 309
「치안유지법」 126, 127, 143, 144, 145, 146, 152, 173, 177, 178, 179, 180, 181, 182, 198, 201

ㅌ

「토지개량 등기규칙」 183
「토지대장규칙」 62
「토지수용령」 62, 65
토지조사국 60

「토지조사령」 62
토지조사사업 57, 59, 60, 62, 63, 65, 71, 72, 97, 153
특별회계 48, 68, 72

ㅎ

하라 다카시 87, 127, 128, 191
하세가와 요시미치(하세가와) 83, 87, 91
「학도근로령」 370
「학도근로령 시행규칙」 364
학병제 345
한국병합에 관한 조약 36
「한국의 국호를 개정하여 조선으로 하는 건」 16, 47
「한일병합조약」 46
헌병경찰제도 45, 116, 137, 140, 141
헌병경찰체제 46
「헌병 조례 개정의 건」 140
현역 무관 조선총독제 44
「현 정세하 국정 운영 요강」 347
황국신민 285
「황국신민 서사」 282, 283
황국신민화 219, 280, 291, 302, 340, 341, 350
황민화 22, 285, 287
「회사령」 57, 59, 66, 67, 68, 69, 104, 120, 155, 159, 164

동북아역사재단 일제침탈사 연구총서 02

조선총독의 지배정책

초판 1쇄 인쇄　2022년 6월 20일
초판 1쇄 발행　2022년 6월 30일

지은이　전상숙
펴낸이　이영호
펴낸곳　동북아역사재단

등　록　제312-2004-050호(2004년 10월 18일)
주　소　서울시 서대문구 통일로 81 NH농협생명빌딩
전　화　02-2012-6065
팩　스　02-2012-6186
홈페이지　www.nahf.or.kr
제작·인쇄　(주)동국문화

ISBN　978-89-6187-736-7 94910
　　　　978-89-6187-669-8 (세트)

- 이 책은 저작권법에 의해 보호를 받는 저작물이므로 어떤 형태나 어떤 방법으로도 무단전재와 무단복제를 금합니다.
- 책값은 뒤표지에 있습니다. 잘못된 책은 바꾸어 드립니다.